"十四五"职业教育国家规划教材

学前教育专业系列教材

中外学前教育史

（第四版）

主　编　陈文华　马金祥

科学出版社

北　京

内 容 简 介

本书为《中外学前教育史》（第四版），讲述了自原始社会至21世纪初的中外学前教育产生、发展的历史；总结了中外悠久而丰富的学前教育思想和经验；阐明了古代、近现代和当代学前教育发展的艰难历程，以及中外著名教育家为学前教育的发展在理论和实践两方面所做的杰出贡献。本书由中国学前教育史和外国学前教育史两篇构成，这种结合有利于学生全面理解、把握学前教育发展的规律。

本书内容全面系统、史论结合、详略得当、重点突出，适合普通本科院校和高等职业院校学前教育本、专科专业学生学习使用。

图书在版编目（CIP）数据

中外学前教育史/陈文华，马金祥主编. —4版. —北京：科学出版社，2021.11

（“十四五”职业教育国家规划教材·学前教育专业系列教材）

ISBN 978-7-03-070681-2

Ⅰ. ①中…　Ⅱ. ①陈…　②马…　Ⅲ. ①学前教育－教育史－世界－高等学校－教材　Ⅳ. ①G619.1

中国版本图书馆CIP数据核字（2021）第232358号

责任编辑：王　彦　宋俊美 / 责任校对：王　颖

责任印制：吕春珉 / 封面设计：东方人华平面设计部

科学出版社 出版

北京东黄城根北街16号

邮政编码：100717

http://www.sciencep.com

三河市骏杰印刷有限公司印刷

科学出版社发行　各地新华书店经销

*

2007年6月第一版　2024年12月第三十四次印刷

2011年3月第二版　开本：787×1092　1/16

2016年1月第三版　印张：17 1/2

2021年11月第四版　字数：415 000

定价：56.00元

（如有印装质量问题，我社负责调换）

销售部电话 010-62136230　编辑部电话 010-62130750

第四版前言

这本《中外学前教育史》讲述了 21 世纪初期之前的中外学前教育发生和发展的历史，总结了古今中外丰富的学前教育思想和经验，以及著名教育家为学前教育的发展在理论和实践方面做出的杰出贡献。

本书第一版于 2007 年出版后反响良好，2014 年本书第二版入选“十二五”职业教育国家规划教材，2023 年本书第四版入选“十四五”职业教育国家规划教材。为体现职业教育特点，及时反映教育研究的最新成果，更好地服务于教育教学需要，本书作者于 2011 年、2016 年、2021 年、2022 年多次对本书进行再版修订，力求做到文字简洁流畅、内容丰富充实，时代性强。

本书有如下几方面的特色与创新。

1）在内容上，以史为鉴，以古喻今，史论结合，突出时代性，重视培养学生的思维能力和批判意识。本书根据唯物史观和现代学前教育原理对学前教育发展过程和教育学家的思想进行了实事求是的分析和评论，避免意识形态因素和情感因素的不恰当渗入。

2）在体例上，详略得当，重点突出，便于自学。本书对中外学前教育中的重大问题和杰出人物做了较为详细的论述，对某些人物的教育思想进行了整合。

3）在思想性上，深入挖掘我国学前教育思想精华，增强学生的爱国主义热情和自豪感，破除“中国无学前教育理论”的思想禁锢，特别是将党的二十大精神和二十大报告中关于教育发展的论述写入教材，更进一步明确了中国学前教育发展的方向和模式。

本书由山东外国语职业技术大学陈文华教授、潍坊工程职业学院马金祥副教授担任主编，山东外国语职业技术大学张哲、山东英才学院刘健超、山东女子学院王淑芹担任副主编。具体编写分工如下：第一、第二章由张哲执笔；第三、第五章由王聪执笔；第四、第十六章由骆明月执笔；第六、第十七章由栾文艳执笔；第七、第十四章由刘健超执笔；第八、第十五章由马金祥执笔；第九章由陈文华执笔；第十、第十一章由王淑芹执笔；第十二、第十三章由张琪执笔。

在本书编写和修订工作中，我们参考了大量文献，借鉴了许多专家的研究成果，在此向各位专家和同仁，向关心、支持这部教材出版的科学出版社和使用本教材的师生表示衷心的感谢！

第一版前言

自 20 世纪 80 年代以来，学前教育越来越被世人重视，特别是近十几年来，学前教育本、专科专业如雨后春笋般迅速发展壮大起来，人们对儿童教育规律研究的兴趣也越来越浓厚。本书正是为满足普通本科院校和高等职业院校学前教育本、专科专业学生的学习需要而编写的。

历史是一面镜子，历史发展的轨迹为人们探求事物发展的规律提供了线索。特别是当中外两种发展历史同时展现在我们面前时，就更能加深我们对事物本质的理解。学习中外学前教育史，通过对两种发展历史进行比较、批判与反思，能帮助我们更加全面地把握学前教育现象，正确认识学前教育规律，有利于我们探寻一条有中国特色的、科学的、健康和谐发展的学前教育之路，使我们的教育实践少些波折。

本书是在汲取前辈的创作经验基础上，结合我们自身的教学体会和社会发展的新要求创作完成的，有如下几方面的特点。

1）内容全面系统。它覆盖了自古代社会至 21 世纪初期中外学前教育的整个发展历史。和传统教材比较，本书增添了 20 世纪 90 年代后期的许多新内容，实现了历史和当代的完美结合。

2）以史实为主线，史论结合。在叙述中外各个历史阶段学前教育发展过程和教育学家思想时，力求根据唯物史观和现代学前教育原理进行实事求是的分析和评论，避免意识形态因素和情感因素的不恰当渗入。

3）详略得当，重点突出。本书对中外学前发展中的重大问题和杰出人物做了较为详细的论述，对一些人物的思想进行了合并或削减，并注意留有余地。

4）每章正文后附有思考与练习，参考书目和文献集中呈现，便于学生掌握重点和自学。

本书由德州学院教育系陈文华博士担任主编，德州学院安石英副教授、泰山学院王红菊副教授担任副主编。具体编写分工如下：第一至第五章由安石英执笔；第六、第七章由山东英才学院于淑贞执笔；第八、第十五章由潍坊教育学院马金祥执笔；第九、第十七章由王红菊执笔；第十、第十一章由山东女子学院王淑芹执笔；第十二、第十三章由济南职业学院陈莉兰执笔；第十四、第十六章由陈文华执笔。

本书从初步设计到最终完成历经两年时间，在此，对关心支持这部教材出版的科学出版社、中华女子学院山东分院和各界同仁表示衷心感谢！

书中不足之处在所难免，恳请同行专家和广大读者批评指正。

目　录

上篇　中国学前教育史

下篇　外国学前教育史

上篇

中国学前教育史

本书的“中国学前教育史”部分记述了我国学前教育从诞生至21世纪初的发展及演进过程，展示了我国悠久的学前教育历史、丰富的教育思想和经验、卓越的教育家群体及其曲折的成长历史。这一切既构成了中国学前教育发展的特色，也昭示着中国学前教育发展的未来。

第一章
中国原始社会和奴隶社会的学前教育

学习目标

1. 了解中国原始社会和奴隶社会建立的学前教育相关机构和制度。
2. 掌握中国原始社会和奴隶社会学前教育的特点。
3. 理解中国原始社会和奴隶社会学前教育产生和发展的内涵。

中华文明源远流长，距今约 200 万年前，中国境内就有人类活动的足迹。先人在这块广袤的土地上创造了优秀灿烂的历史文化，为人类文明的发展做出了不可磨灭的贡献。

在中国古代历史文化的发展过程中，教育作为人类社会生活不可缺少的重要组成部分也逐步发展起来。原始社会的儿童教育伴随着人类社会的产生、发展而产生、发展，奴隶社会产生了独立的教育形态——学校教育，学前教育随之产生。在中国学前教育发展史上，原始社会和奴隶社会的学前教育属于萌芽和开创阶段，具有重要意义。

第一节　中国原始社会的儿童教育

原始社会是人类社会的最初级阶段，存在着以社会公育形式进行的儿童教育。

一、实施社会公育

原始社会，生产资料公有，以血缘关系为纽带的氏族成员之间平等互助，进行集体生产和生活活动，对儿童的教育由整个部落承担，社会公育成为儿童教育的基本形式。《礼记·礼运》中说："大道之行也，天下为公……故人不独亲其亲，不独子其子。"这正是对远古时期的社会公育儿童教育形式的追忆与描述。

原始社会，生产力水平极为低下，每个有劳动能力的人都必须从事生产劳动，从而维持个体与种族的生存与延续。因此，每个儿童自幼年起就要向年长一代学习劳动技能，生产劳动成为社会公育的重要内容。据中国古籍《尸子》记载，远古时期，有巢氏构木为巢，教民巢居；燧人氏钻木取火，教民熟食；伏羲氏教民渔猎；神农氏做耒耜，教民农耕。

原始社会对儿童的公育内容还包括如何做人的教育，主要是规则教育、宗教教育和审美教育。通过规则教育，儿童自幼学会遵守氏族公社成员之间交往的规范，培养团结互助、尊老爱幼的观念；通过宗教教育，新生的一代培养出宗教意识和情感，学到一些生产知识、历史传说、自然常识。原始社会，人类已经开始形成审美意识，如把原始歌舞视为宗教祭祀活动中的重要组成部分，因此，在对儿童实施的教育中，审美教育（包括歌舞、音乐、绘画等）也成为一项不可或缺的内容。此外，原始社会后期，部落之间经常发生战争，所以军事教育也成为一项重要的教育内容，儿童自幼便锻炼强健的体魄，学习和使用武器并演练战法。

二、建立社会公育机构

大约在“五帝”时期（公元前2700年左右），中国原始社会进入了部落联盟与军事民主制阶段，产生了名为“庠”的教育机构。据史籍记载，“庠”是虞舜时代的学校名称。但从严格意义上来讲，“庠”只能说是学校的雏形，是原始社会养老和实施儿童公育的机构或场所。

“庠”从广，羊声，“广”是房舍的意思，“庠”的原义是养羊的地方。另据《礼记·明堂位》中记载：“米廪，有虞氏之庠也。”这里的“庠”又由家畜饲养场所变成了粮食仓库。然而，不论是储藏粮食的仓库还是畜养牲畜的场所，在当时都要由经验丰富、劳动能力较弱、难以再去狩猎的老年人看管，于是“庠”又具有了养老的功能。《礼记·王制》中有记载：“有虞氏养国老于上庠，养庶老于下庠。”在原始社会，教养新生一代的任务通常主要由老年人承担，因此，“庠”后来又具有对儿童实行保育和教养的功能。随着社会发展，这种功能越来越占据主导地位，使它成为学校的萌芽，成为对儿童实施社会公育的专门机构。

原始社会是中国儿童教育发展的初期，这个时期儿童教育的特点主要是：①社会公育是实施儿童教育的基本形式；②老人是实施儿童教育的主要承担者；③儿童教育的内容与生产、生活实际密切相关；④教育方法简单，主要是观察模仿、口传身授，在实际活动中进行教育。

第二节　中国奴隶社会儿童的学前教育

大约在公元前 21 世纪，中国开始进入奴隶社会，包括夏、商、西周这 3 个朝代。这一历史时期，由于生产力的发展，国家机构建立，文字出现，学校教育产生，与之相对应的学前教育也开始出现。

一、初步制定学前教育计划

公元前 1046—前 771 年的西周时期，是中国奴隶社会发展的鼎盛时期，也是奴隶社会学前教育实施较为成熟的时期。在这一时期，人们开始按照儿童年龄大小来制定循序渐进的学前教育计划。

《礼记·内则》中记载了西周王公贵族在家庭中对儿童实施的学前教育计划。《礼记·内则》中记载："子能食食，教以右手。能言，男唯女俞。男鞶革，女鞶丝。六年教之数与方名。七年男女不同席，不共食。八年出入门户及即席饮食，必后长者，始教之让。九年教之数日。十年出就外傅……"由此可见在奴隶主贵族的家庭中，对儿童实施的学前教育的内容，既有生活自理能力和日常礼仪的训练，也有初步的文化知识启蒙，而且已经注意顾及儿童身心发展特点，并随着儿童的年龄增长逐步提高要求。在教育内容方面，也注意到男女之别。

《礼记·内则》中记载的学前教育计划作为中国教育史上最早的关于学前教育的记录，不仅是当时学前教育发展的一个标志，而且对中国封建社会的学前教育实施产生过一定影响。

二、宫廷学前教育

宫廷学前教育是家庭教育的一种特殊形式。它是以处于学龄前的世子为教养对象、由朝廷委任德高望重的官员担任教师、在宫廷内实施的教育，包括实施于天子宫廷内的学前教育和实施于各诸侯王宫内的学前教育，具有明显的阶级性和宗法性。

中国奴隶社会实行的是家天下的宗法制和贵族专政，天下的命运操纵于专制君主一人之手，如遇明主，则可以使天下兴盛，国祚绵延；如遇暴君、昏君，就将导致生灵涂炭、国破家亡。一方面，由于奴隶社会的王位实行嫡嗣继承制度，嫡长子无论其智与愚、贤与不肖，都在出生时乃至在母体内就决定了他将成为未来的统治者；另一方面，当时人们已经认识到，明主和暴君、昏君并不是天生就存在着本质的差异，后天的教育尤其是幼时接受的教育，对他的成长起着重要的作用。在这种情形下，由朝廷委派人员加强对未来王权继承人的早期教育，使其德行趋向完善，就成为至关重要的大事了。

为了对王权继承人实施有效的教育，我国在奴隶社会时建立了乳保教育制度和保傅教育制度。

（一）乳保教育制度

所谓乳保教育制度，是指在后宫挑选女子担任乳母、保母等，以承担保育、教导太子、世子事务的制度。

据《礼记·内则》中记载，太子、世子出生后不久，即"异为孺子室于宫中，择于诸母与可者，必求其宽裕慈惠、温良恭敬、慎而寡言者，使为子师，其次为慈母，其次为保母，皆居子室，他人无事不往"。子师、慈母、保母合称"三母"，分别承担母后的部分职责，负责太子、世子德性的培养与日常起居的料理。除"三母"外，当时的宫廷内还置有乳母，对乳母的选择也非常慎重，均择于大夫之妾或士之妻中。

西周时期行于宫廷内的乳保之教，也影响到当时一般大夫的家庭教育。例如，《礼记·内则》中说"大夫之子有食母"，食母，即是乳母。此后封建社会时期，一些富贵人家也大都为幼儿雇有乳母。

（二）保傅教育制度

所谓保傅教育制度，是指朝廷内设有专门的师、保、傅以对君主、太子进行教谕的制度。

据史料记载，我国早在殷商时期就建立了保傅教育制度，如《尚书·太甲》中记载，太甲曾自称“既往背师保之训”，说明在太甲时已有保傅官的设置。

西周继承了殷商的传统，也建立了保傅教育制度。《大戴礼记·保傅》中说：“昔者，周成王幼，在襁褓之中，召公为太保，周公为太傅，太公为太师。”太保、太傅、太师合称“三公”，“三公”对太子实施教育时有着明确的分工，其中，“保，保其身体；傅，傅其德义；师，导之教训”。可见，保傅之教的内容是较全面的，包括了德、智、体方面。

西周除设“三公”外，还设有副职“三少”，即少师、少傅、少保。他们时常相伴太子左右，以影响和指导太子。

奴隶社会建立的乳保教育制度与保傅教育制度被后人视为殷商、西周社稷长久的重要原因，并为封建社会的统治者所继承，作为君主教育的有效制度。

三、胎教

我国是世界上最早提出并实施胎教的国家。据史料记载，我国实施胎教的历史可以上溯到距今三千多年的西周时期。最早实施胎教的是西周文王的母亲太任。据《列女传》记载：太任自妊娠后，“目不视恶色，耳不听淫声，口不出敖言，能以胎教”。不仅文王的母亲实施胎教，文王之孙成王的母亲在怀成王时也实施过胎教。汉代学者贾谊在《新书·胎教》中说：“周妃后妊成王于身，立而不跛，坐而不差，笑而不喧，独处不倨，虽怒不骂，胎教之谓也。”意思是说成王的母亲在怀孕时，不把重心偏倚一足而立，不半倚半躺而坐，不高声大笑，一人独处不呈张狂态，发怒时也不骂人。正因为太任与周妃自觉地实施胎教，故文王、成王天资极高，聪慧明圣，智力超群，最终成为历史上著名的贤明之君。太任与周妃后被后人誉为“贤妣”。

西周社会建立了胎教制度，以从外部加强对孕妇的约束。《青史氏之记》中记载：“古者胎教之道，王后有身，七月而就蒌室，太师持铜而御户左，太宰持斗而御户右，太卜持蓍龟而御堂下，诸官皆以其职御于门内。比三月者，王后所求声音非礼乐，则太师抚乐而称不习。所求滋味者非正味，则太宰荷斗而不敢煎调，而曰：‘不敢以待王太子。’……此正礼服教也。”意思是说，王后怀胎七月后即居住在分娩前的专门房间中，由宫廷内的乐官（太师）、膳夫（太宰）、卜筮官（太卜）分别拿着奏乐用的乐管、炊事用的斗器和卜筮用的蓍草、龟甲侍护王后，在连续3个月当中，如王后对声乐和饮食等方面的要求有悖礼法时，他们就以“不习”“不敢”之类的托词婉言拒绝，以保证胎教的正确实施。

西周是我国胎教理论与实践发展的初始阶段。这个时期的胎教主要实施于帝王之家、宫廷之内。到了春秋战国时期，学术下移，教育下移，作为西周文化教育内容之一的胎教之道才开始走出宫廷，逐渐为民间所知，为世人所行。例如，战国时的儒学大家孟轲的母亲就曾经在怀孟轲时，"席不正不坐，割不正不食"，以对胎儿实施胎教。

奴隶社会是我国古代学前教育的奠基时期，这个时期学前教育的总特点：①原始社会的儿童社会公育已经消失，家庭承担着教育学前期儿童的任务；②学前教育具有明显的阶级性和宗法性；③学前教育与学校教育已有了较明确的年龄划分，初步制订了相应的学前教育计划；④奴隶社会的最高统治者对学前教育尤为重视，不仅建立了针对君主教育的乳保教育制度与保傅教育制度，还提出了实施胎教的要求。

思考与练习

1．解释概念：乳保教育制度、保傅教育制度。
2．奴隶社会儿童教育的特点有哪些？
3．为什么说原始社会和奴隶社会的学前教育属于萌芽和开创阶段？

第二章 中国封建社会学前教育的发展

学习目标

1. 掌握中国封建社会时期学前家庭教育的内容。
2. 理解中国封建社会时期学前教育的意义。
3. 了解中国封建社会各个时期的胎教理论。

战国时期，中国进入了封建社会。伴随着奴隶制度的“礼崩乐坏”，新兴地主阶级登上政治舞台。学术下移，私学大兴，学校教育流入民间，使更多的人掌握了原来为贵族所垄断的文化与道德等方面的知识，为更多的家庭实施学前教育提供了可能性，中国的学前教育得到进一步发展。

第一节　封建社会的学前家庭教育

在封建社会，家庭是社会的基本细胞，是子女与社会最早的接触点，也是儿童接受学前教育的主要场所。

一、封建社会学前家庭教育的目的

（一）为培养统治人才服务

《礼记·学记》中说：“君子如欲化民成俗，其必由学乎……是故古之王者建国君民，教学为先。”在封建社会，历代统治者多重视教育，设立学校，其目的主要在于培养“建国君民”的统治人才。汉代太学的设立、隋唐科举制度的确立，其最终目标，都是培养统治人才。

学前教育是学校教育的基础，它的目的与学校教育的目的一致，都是为培养封建社会需要的统治人才服务的。因此，封建统治者非常重视学前家庭教育，视其为封建教育的重要组成部分和造就官僚后备军的开始。

（二）齐家治国

《礼记·大学》中说：“古之欲明明德于天下者，先治其国；欲治其国者，先齐其家；

欲齐其家者，先修其身……心正而后身修，身修而后家齐，家齐而后国治，国治而后天下平。”孔子也说：“居家理，故治可移于官。”可见，古人十分重视家庭教育，并把它作为今后出仕、治国安邦的基础。正是由于“天下之事，莫不有其初。家之立教，在子生之初”（丘濬：《大学衍义补》），自幼奠定齐家治国的理念，成为学前家庭教育的目的之一。

（三）光耀门楣

齐家治国是政治家为古代学前家庭教育制订的终极目标，光耀门楣则是普通家庭实施学前教育的实质动机与最贴近实际的目的。

中国古代是个注重血缘关系的社会，正所谓“一人得道，鸡犬升天”“一人当灾，全家遭殃”，甚至株连九族。正是个体与家庭间这种休戚相关、荣辱与共的关系，使得学前家庭教育在封建社会显得格外重要。家中长辈希望通过家教使子孙“成龙”，以达到振兴家业、光宗耀祖的目的；同时，子孙们也以身许家，把光耀门楣作为自己的奋斗目标和报答父母养育之恩的最好方式。这种传统激发了儿童的学习动机，也使儿童自幼就被家族“绑架”而丧失个性，至今仍深深地影响着中国人的教育观念。

二、学前家庭教育的内容

中国封建社会的学前家庭教育历经两千多年的发展，其内容主要包括生活常规教育、初步的道德教育、文化知识教育、身体保健教育等方面。

（一）生活常规教育

封建礼教是封建时代人们思想行为的规范体系，其核心在于辨名分、定尊卑，使君臣、夫妇、长幼、上下各有等级差别，从而确定各类人际关系的准则和相应的行为规范，使每个人都能在自己所处的社会位置上安守本分、循规蹈矩，从而稳定整个社会秩序。

古代关于儿童生活常规的要求极多，被概括为“幼仪”或“童子礼”，基本上都是为封建礼教服务的。这些生活常规总的原则是谦卑、恭谨、稳重。为培养儿童良好的习惯，我国古代学者编写了《家训》《童蒙须知》《弟子规》等读物。

在儿童自身的举止行为方面，古代对其坐、立、行、跪、拜、起居、饮食等都有严格的规定。例如，坐时应齐脚、敛手、定身端坐，不得靠椅背、伸腿、跷腿、支颐（手托腮）、欠伸及广占座席；吃饭时不得说话、发声嚼啜等。总的目的是使儿童自幼动静有度、举止儒雅。

在儿童与家中长辈的关系方面，古代更是制订了详尽的行为准则，称为“应对、进退之节”。在与长辈日常接触的各种场合和各个环节都有具体要求和规定。朱熹在《童蒙须知》中说：“若父母长上有所唤召，却当疾走而前，不可舒缓。”到了长辈面前，要“立必正方，不倾听”（礼记·曲礼上），即面向长辈站好，不能侧着身、歪着头听长辈讲话。总之，要表现出对长辈的谦恭、体贴的态度，不可恣意而行。

在学习方面，清代李毓秀在其所著《弟子规》中要求做到“宽为限，紧用功。功夫到，滞塞通。心有疑，随札记。就人问，求确义。房室清，墙壁净。几案洁，笔砚正”。

养成卫生的习惯也是古代培养儿童家庭生活常规的重要内容。卫生既包括个人卫生也包括环境卫生。例如，朱熹说“凡为人子弟，当洒扫居处之地，拂拭几案，当令洁净”，《弟子规》也说“晨必盥，兼漱口，便溺回，辄净手”。

以上这些生活常规教育内容充斥着封建礼教的色彩，烦琐而形式化，许多要求也不适合儿童的年龄特点，是对儿童天性的遏制。但它所体现的认真、严格的教育精神，以及对儿童行为举止的必要约束，也有一定的积极意义。

（二）初步的道德教育

重视道德教育是中国的悠久传统。以品德为先不仅是数千年封建社会学校教育、社会教育的主旨，也是学前家庭教育的“纲领”。孔子说：“行有余力，则以学文。”在家庭中对儿童进行思想品德教育，主要是使其形成初步的道德观念，养成良好的行为习惯。这种德教内容主要包括以下几个方面。

1. 孝悌

注重孝道在我国有着悠久的历史，西周以后，孝悌之道更是成为古代道德的根本。因此，在封建社会中，培养儿童的孝悌观念，也就成为学前家庭教育的首要任务。

对儿童进行“孝”的教育，主要是要求幼儿从小养成不违背父母意志、服从父母绝对权威的习惯。《弟子规》中说：“父母呼，应勿缓；父母命，行勿懒；父母教，须敬听；父母责，须顺承。”北宋史学家司马光在《居家杂仪》中也指出：“凡诸卑幼，事无大小，毋得专行，必咨禀于家长。”这些要求均是为了突出父母的绝对权威。

对儿童进行“孝”的教育，还要求儿童自小养成敬奉双亲的习惯。《孝经·纪孝行》中说：“孝子之事亲也，居则致其敬，养则致其乐。”意思是说，孝子的事亲之道，主要是平时对父母态度应恭敬，不得懈怠，尽己之能侍奉父母并使其得到快乐。

如果说孝是用以维系纵的家庭关系的伦理，占主导地位，那么悌则是用以强化横的家庭关系的伦理，居辅助地位。对儿童进行悌的教育，主要是要求儿童自幼兄弟友爱，为兄者爱护弟弟，为弟者敬爱兄长，纵横结合，从而实现家庭的和睦团结，进而实现社会稳定。诚如《论语》所言：“其为人也孝悌，而好犯上者，鲜矣；不好犯上，而好作乱者，未之有也。”

2. 崇俭

崇尚俭朴是中华民族的传统美德和家庭教育的重要内容。

在封建社会中，父辈创下的家业，小辈坐享其成，难知其中的艰辛。如果不使自己的子弟养成俭朴的生活习惯，他们就有可能成为败家之子。清人汪辉祖在《双节堂庸训》中说：儿童“略省人事，无不爱吃、爱穿、爱好看。极力约制，尚虞其纵；稍一徇之，则恃为分所当然。少壮必至华奢，富者破家，贵者逞欲。宜自幼时，即杜其渐，不以姑息为慈”。这也是许多家庭重视对儿童进行崇俭教育的一个重要原因。

为使儿童树立崇俭的观念，封建社会中的一些有识之士在家庭中经常教导儿童俭朴是一种美德，奢侈则是最大的罪恶。明末清初的朱柏庐在《朱子家训》中要求子女：“一粥一饭，当思来处不易；半丝半缕，恒念物力维艰。”儿童的饮食与衣着亦不能过于讲究，这有利于其俭朴生活习惯的养成。《礼记·曲礼》中规定“童子不衣裘裳”，不仅是因其过暖不利于儿童发育，更主要的是因其华贵不利于儿童养成崇俭的习性。

3. 诚信

诚信就是诚实无欺，表里如一，这是做人的基本要求，也是事业得以成功的重要保证。北宋教育家程颢、程颐指出：“学者不可以不诚，不诚无以为善，不诚无以为君子。修学不以诚，则学杂；为事不以诚，则事败；自谋不以诚，则是欺其心而自弃其忠；与人不以诚，则是丧其德而增人之怨。”儿童的天性纯洁美好，但由于受到不正确的影响或自身原因，有时也会说谎，这是日后欺诈之心生长的萌芽，长此以往，其“童心”将逐渐失却。要维护诚实无欺的“童心”，使之不失，长辈首先应该从正面进行教育，以自身诚实的行为来引导儿童。朱熹在《答吴晦叔》中说：“盖古人之教，自其孩幼而教之以孝悌诚敬之实。”《韩诗外传》中记载了一则孟母教子无欺的故事：“孟子少时，东家杀豚，孟子问其母曰：‘东家杀豚，何为？’母曰：‘欲啖汝。’其母自悔而言曰：‘吾怀妊是子，席不正，不坐；割不正，不食；胎教之也。今适有知而欺之，是教之不信也。’乃买东家豚肉以食之。明不欺也。”

4. 为善

善，在封建社会主要是指合乎道义、合乎礼仪的事。古人从小就给儿童灌输“善有善报，恶有恶报”的思想，教育儿童为人要善良，多做好事，不做坏事。由于儿童年幼，不可能做出惊天动地的大善事，故许多家长都非常重视教育儿童行小善戒小恶、积小善以成大德，“勿以恶小而为之，勿以善小而不为”。西汉的贾谊在《新书》中还曾记载了这样一则古人教子为善的故事：春秋时期的孙叔敖，幼时在外玩耍，见到一条两头蛇，回家后向母亲哭诉：我听说看见两头蛇的人必死，今我见到一条两头蛇，恐怕我活不了多久。母亲问他蛇在哪儿，他说：我怕别人又看见它，已将它打死埋掉了。母亲说：你不必担忧，凡积善行善的人，老天爷会予以保护的。古人重视教育儿童为善积德、积小德成大德，这无疑是很可取的。

（三）文化知识教育

中国封建社会的文官选拔是与文化考试紧密相连的，它促使人们异常重视文化知识（主要是儒家经典）的学习，文化知识教育便成为众多家庭儿童教育的主要内容。

封建社会家庭对儿童实施的文化知识教育，主要是教他们识字、学书、听解“四书”，学习一些名诗、名赋、格言等。

识字教育是文化知识教育的重点与起点。在古代的家庭中，儿童的识字教育一般在3—4岁时便已开始，并且积累了许多识字教学的方法。清代学者崔学古撰写的《幼训》探讨了识字教育中的方法问题，他说：“凡训蒙，勿轻易教书，先截纸骨（即纸牌），方广一寸二分，将所读书中字，楷书纸骨上，纸背再书同音，如‘文’之与‘闻’，‘张’之与‘章’之类，一一识之……识后，用线穿之，每日温理十字，或数十字，周而复始……”

教材是知识、文字的载体，封建社会对于用作儿童识字启蒙教育的字书教材的编写颇为重视。秦代李斯著有《仓颉篇》，赵高作《爰历篇》；汉代司马相如撰《凡将篇》，史游作《急就篇》；南朝周兴嗣的《千字文》与宋代王应麟的《三字经》及无名氏的《百家姓》，简称“三、百、千”，是古代蒙学字书编写的代表作，它们流传极广，甚至为朝鲜、日本所学习。

古代家庭教育中，人们不仅重视识字，也重视学书，并能根据儿童生理发展特点提出具体要求。由于人们普遍认为儿童因手骨没有发育完全，执笔有一定困难，故识字教学与习字教学常常是分开进行的。一般的家庭在儿童 6—7 岁时才开始教他用毛笔在纸上练习写字。教儿童习字的程序大致是先教把笔，其次教描红，再次是教临摹名家碑帖，最后是脱帖习字。

早早教儿童识字、习字是为了使儿童能及早阅读儒家典籍。某些家庭中，在幼儿 4—5 岁已能识得一些字后，便开始教授“四书”《孝经》等。北齐的颜之推在《颜氏家训·勉学》中曾说：“士大夫子弟，数岁已上，莫不被教，多者或至《礼》《传》，少者不失《诗》《论》。”可见当时的士大夫家庭对儿童进行儒家经典的教学已很普遍。

古代家庭亦极为重视对儿童进行诗赋知识的启蒙，最为常用的教材有《唐诗三百首》《千家诗》《神童诗》等。

在学前家庭教育中，家长除重视对儿童进行文化知识的传授外，还着意于使儿童养成乐学、勤学的学风。为此，他们常常鼓励儿童要从小立下大志，以此作为勤学苦读的目标和动力。同时，他们还经常用古代学者珍惜光阴、勤勉学习的范例来激励儿童勤学、苦学，如苏秦刺股苦读、孙康映雪读书等。

（四）身体保健教育

古代学前儿童的教育内容虽以思想教育与文化知识教育为主，但许多家庭同时也注意到了教养结合的问题，注重儿童的身体保健。明代医师万全在《育婴家秘·鞠养以慎其疾》中认为：“（小儿）能坐、能行，则扶持之，勿使倾跌也。”为了提高儿童抵御疾病的能力，许多中医学者反对儿童过饱过暖，民间也有“若要小儿安，常带三分饥与寒”的谚语。

游戏是学前儿童喜爱的活动，也是古代家庭中加强儿童身体锻炼的一种重要方法，如拔河、跳百索（跳绳）、放风筝、踢毽子、踢球（琢石为球，以足蹴之，前后交击为胜）等。我国古代儿童游戏种类繁多，大致有运动游戏（如投射类游戏、杂戏类游戏）、智力游戏（如棋牌类游戏、拼摆类游戏）、语言文字游戏（如绕口令、猜谜语、回文）、生活游戏、科学游戏和文艺游戏等几大类。

封建社会学前家庭教育的内容是非常丰富的，涵盖了德、智、体等诸方面，它与学校教育和社会教育的内容在本质上是一致的，体现了教育的连贯性，推动了学前教育的发展。

第二节　封建社会的胎教发展

中国封建社会的胎教继承并发展了奴隶社会胎教的传统，在实践经验的基础上总结出了比较系统的古代胎教理论。

一、封建社会胎教学说的发展

《黄帝内经》是中国古代最早的医学著作。该书结合气一元论和阴阳五行学说，对生命的成因、疾病的起源等做了唯物主义的解释，指出人的某些疾病的起因在胎儿时期，为保证胎儿健康发育，提高新生儿的天然素质，要对孕妇的日常生活进行指导，通过母教实施胎教。这是中国最早从医学角度探讨胎教问题的论述。

唐代以后，随着医学的发展，妇科、儿科分化出来，构成了独立的研究科目。医师们继承了前人有关胎教实施内容的基本观点，同时开展对妊娠生理特点和胎儿生理特点的研究，进而阐发胎教的意义、作用、内容和方式，增强了古代胎教学说的科学性。

唐代名医孙思邈在他的《千金方》中提出了“外象内感”的胎教理论。“外象内感”的意思是说孕妇所接触的外界物象会被体内胎儿直接感应到。他在《千金方·妇人方上·养胎第三》中说“凡受胎三月，逐物变化，禀质未定”，认为胎儿从 3 个月起逐渐成形，但其禀质还未固定下来，很容易受到外界的影响而变化。

明代医学家万全重视孕妇的精神调节，从医学角度对孕妇情绪给胎儿的影响做出了较为科学的解释。他在《辅仁秘科·养胎》中说：“受胎之后，喜怒哀乐，莫敢不慎。盖过喜则伤心而气散，怒则伤肝而气上，思则伤脾而气郁，忧则伤肺而气结，恐则伤肾而气下。母气既伤，子气应之，未有不伤者也。其母伤则胎易堕，其子伤则脏气不和，病斯多矣。盲、聋、喑哑、痴呆、癫痫，皆禀受不正之故也。”因此，他认为孕妇加强自我心理调节，注意控制情绪的波动是非常必要的。

唐宋以后的医学家们还十分重视孕妇饮食的调摄。宋代妇产科医师陈自明在《妇人大全良方》中说：“一受孕之后，不可食之物，切宜忌食。非唯有感动胎气之戒，然于物理，亦有厌忌者。”北齐医师徐之才提出“逐月养胎法”，依据胎儿每个月的不同发育状态，为孕妇制订了相应的食谱，并要求孕妇饮食清淡、饥饱适中。

总之，封建社会时期的胎教思想多持胎养和胎教相结合的观点，这种养教一体化的观点不仅发展了前人的胎教思想、丰富了古代胎教的内容，也揭示了胎教发展的方向，与现代胎教理论颇为一致。

二、古代胎教的经验和局限

中国胎教历史悠久，有着相当程度的发展，积累了大量的经验。

（一）注重外界环境对胎儿的影响

受“外象内感”理论的影响，古人强调要为孕妇创造一个尽可能好的环境，避免各种不良事物对胎儿的影响。现代生理学的研究证明，胎儿确实具有初步的感觉能力，能够对外界的影响做出反应。

（二）注重母体精神因素对胎儿的影响

重视母体精神因素对胎儿的影响，也是“外象内感”的一个重要方面，因此古人要求孕妇一定要保持良好的、稳定的情绪，这也是现代胎教所提倡的。现代生理学的研究证明，母亲的情绪波动会影响到胎儿的发育，因此，孕妇保持良好的情绪对胎儿身心发展大有好处。

（三）注重孕妇良好生活习惯的培养

古代胎教注重孕妇的饮食起居等日常生活习惯，强调饮食清淡、饥饱适中、举措有常等，这对胎儿是有益的。

（四）注重胎教和母教的结合

古代胎教实际上也是母教。胎教的内容要求，对胎儿的影响是间接的，对母亲的影响则是直接的。母亲在怀孕期间处于良好环境的影响下，进行生活常规的训练、情绪和性格上的陶冶及知识的学习和道德的培养，必然能促使自己在身体、品德、智能方面有较大的发展，从而为子女出生后的教育打下良好的基础。由此可见，胎教又是培养家庭教育的重要组成部分——母育的重要手段。它的作用除当时影响胎儿的身心发育之外，还将延伸到此后的婴幼儿教育乃至整个家庭教育之中，具有长远的效应。

由于生产力及科学认识水平的限制，古代胎教理论和实践中也有一些非科学的东西。例如，“外象内感”无限夸大了“外象”的作用，以致认为胎儿“见物而化”“因感而变”。至于一些稀奇古怪的禁忌，如食兔肉则子缺唇，食鳖肉则子短颈等，不过是违背现代科学的牵强附会而已。

两千多年的封建社会是我国古代学前教育大发展时期，这个时期的儿童学前教育总特点：①打破了奴隶主贵族垄断学前教育的局面，使学前教育成为普通平民家庭教育的重要组成部分；②学前教育的内容大为丰富，难度与广度均有较大的增加；③出现了许多用于儿童思想教育、文化知识教育的教材或教本；④学前教育的实施具有浓厚的功利主义色彩；⑤儒家思想规范指导着学前教育的实施。

思考与练习

1. 试分析孙思邈的“外象内感”学说。
2. 评述封建社会时期学前教育的内容和意义。
3. 分析古代学前文化知识教育的利与弊。

第三章
封建社会的学前教育思想

学习目标

1. 了解贾谊的早期教育思想。
2. 理解颜之推的家庭教育思想。
3. 理解朱熹的儿童教育思想。
4. 掌握王守仁的儿童教育思想。

在中国古代学前教育的发展历史中，许多教育家、思想家从不同的角度论述过学前教育的目的、内容、方法等。他们关于学前教育的主张，对当时学前教育的实施起着重要的指导作用。

中国古代的教育思想，主要来自教育实践活动。古代社会的政治经济状况，特别是以家庭为本位的小农经济和以宗法制为核心的封建等级制度，除通过由之派生的教育制度、设施间接影响教育思想外，还直接对教育思想产生了决定性作用。古代的理论学派，特别是儒家学说，对中国封建社会教育思想的发展起着重要的指导和规范作用。此外，教育家、思想家个人的思维方式和认识水平，也是产生各种特色教育思想的重要原因。正是在众多社会因素的影响下，中国形成了自己古代学前教育思想的体系和特色。

第一节　贾谊论早期教育

贾谊（前 200—前 168），洛阳人（今河南洛阳东），西汉初期著名的政论家、文学家。贾谊 18 岁时便以能诵读诗书、善为文章而闻名于郡中。20 余岁，被汉文帝召为博士，掌文献典籍。后因力主改革而遭人排挤，被贬为长沙王太傅。三年后被召回长安，为梁怀王太傅。后因梁怀王刘胜坠马身亡，贾谊自认没有尽到太傅之责，不久竟郁积而死，年仅 33 岁。

贾谊的一生虽然短暂，却给后人留下了许多宝贵的思想文化遗产，特别是在教育方面。贾谊的教育思想有着浓厚的儒家礼教色彩，见解独到。他从环境对教育的影响以及教师的职责等角度提出自己的教育主张，使其教育思想较前人更加丰富、完善。

贾谊的著述，今人辑为《贾谊集》，包括《新书》10 卷。他关于早期教育的论述，主要见于《新书》的《傅职》《保傅》《劝学》《胎教》诸篇中。

一、论胎教

在贾谊的教育思想中，独具特色的一点是他提出的胎教思想。从现存文献看，贾谊是中国教育史上最早提出胎教的人。他认为对人的教育应自胎教开始，甚至追溯至父母的婚配状态。贾谊指出，娶妻嫁女必须选择仁义的人，只有这样，生出来的子孙后代才会“慈孝”，否则父母品行不端，行为“淫暴”，生下来的孩子就像“虎狼生而有贪戾之心”“养乳虎将伤天下”。在选择婚配对象方面，贾谊更看重对方的道德品行，且尤为注重其家族背景状况。他认为孩童的善与不善是“三族”（父族、母族和妻族）共同作用的结果。

在强调合理婚配的基础上，贾谊提出了胎教的重要性，并引用了《青史氏之记》的记载：“古者胎教之道，王后有身，七月而就蒌室。太师持铜而御户左，太宰持斗而御户右，太卜持蓍龟而御堂下，诸官皆以其职御于门内。”这里的“蒌室”指远离喧嚣的夹室、侧室，要为孕妇提供安宁幽静的居所，孕妇自身也要注意饮食的合理性，不吃不合“正味”的食物，不听不合“礼乐”的音乐。贾谊指出，营造良好的母体外围环境虽靠孕妇本人的自觉，但也离不开他人的积极配合和监督。

贾谊关于胎教的论述，主要是从加强中央集权的政治目的出发、针对皇室特别是皇太子的教育而言的。

二、论教育环境

贾谊认为：“天下之命，县于太子；太子之善，在于早谕教与选左右。心未滥而先谕教，则化易成也。夫开于道术，知义之指，则教之功也。若其服习积贯，则左右而已矣。……夫教得而左右正，则太子正矣，太子正而天下定矣。”他很赞同孔子“性相近，习相远”的观点，认为人刚生下来的时候，其性情、品质没有多大的差别，而后之所以会出现贤愚善恶之人，其根本原因在于个人所受的自然环境与人文环境的影响不同。

贾谊首先提出了太子教育的重要性——“天下之命，县于太子”，然后指出太子想要完成自己“定天下”的使命，就得“早谕教与选左右”。为加强皇太子的早期教育，宫廷内应设置师、保、傅官，建立保傅教育制度，一如西周时设置“三公”，对太子实施德、智、体三方面的早期教育。除“三公”之外，还应置有少保、少傅、少师，简称“三少”。“三少”是保傅官的副职，他们常与太子同居处，共出入，起着监护人的作用。为了给太子及早地营造一个良好的人文教育环境，应“选天下之端士孝悌博闻有道术者，以卫翼之，使与太子居处出入”，这样，太子之“左右前后皆正人也”，言行皆受“正”的影响。这便是贾谊说的“习与正人居之，不能无正也”。

贾谊深刻地认识到环境对教育的重要性，并付之于太子教育的实践中，一定程度上有其积极合理的意义。

三、论教师的作用

贾谊十分注重太子老师的选择，尊重教师在教育中的地位和作用，他说：“王者官人有六等：一曰师，二曰友，三曰大臣，四曰左右，五曰侍御，六曰厮役。”贾谊把王者之

“官人”分为六等，而教师排在第一等，足见教师在其心目中的重要性。他说：“知足以为源泉，行足以为表仪，问焉则应，求焉则得；入人之家足以重人之家，入人之国足以重人之国者，谓之师。”在贾谊看来，能被称为“师”的人，应是知识的源泉、行为的表率，有问必答，有求必应。他认为，“与师为国者帝”，即要当皇帝的话，更要尊重老师；“取师之礼，黜位而朝之”，即为了迎接老师，皇帝应该罢朝，以平常人的身份亲迎。

既然教师的地位如此重要，其责任自然也十分重大。贾谊在《新书》中有《傅职》篇专门论述教师的职责。文中贾谊论述了太子教师——“三公”“三少”的职责和任务。他说：“天子不谕于先圣人之德，不知君国畜民之道，不见礼义之正，不察应事之理，不博古之典传；不僩于威仪之数，诗书礼乐无经，天子学业之不法，凡此其属太师之任也。”太师的职责，就是要教谕太子懂得圣人之德、礼义之道，治国保民，威仪天下。太傅的职责是以“大行、大礼、大义、大道”教导太子。太保则专门负责太子的行为规范，如处位要端，受业要敬，言语要序，音声要中律等。“三公”“三少”相辅相成，共同完成对太子的教育。

四、论教育内容

贾谊是西汉初期继叔孙通、陆贾之后又一位向西汉统治者提出以儒术治国的儒家学者。他认为对于皇太子的早期教育，应以儒家思想统摄其心。为此，他向统治者进言，要求注重儒术，按儒家的理想人格来塑造太子，将儒家学说作为太子早期教育的主要内容。

首先，贾谊强调了“礼”的重要作用。他说：“《学礼》曰：‘帝入东学，上亲而贵仁，则亲疏有序而恩相及矣。帝入南学，上齿而贵信，则长幼有差而民不诬矣。帝入西学，上贤而贵德，则圣智在位而功不遗矣；帝入北学，上贵而尊爵，则贵贱有等而下不踰矣。’”贾谊认为，作为未来最高统治者的太子，必须在东、南、西、北四学中，从不同的角度来学习礼教的内容，如“仁”“信”“贤”“德”等，只有全面地掌握“礼”的思想才能成为一个合格的君主。道德仁义，由礼而产生。礼，可以纯正社会风俗、解决纠纷，可以使社会秩序井然，可以固国、安邦、定民心。总之，“礼”是一切社会制度和行为规范的准则。

其次，贾谊认为各种教育都要围绕道德教育进行。他说：“或明惠施以道之忠，明长复以道之信，明度量以道之义，明等级以道之礼，明恭俭以道之孝，明敬戒以道之事，明慈爱以道之仁，明僩雅以道之文，明除害以道之武，明精直以道之罚，明正德以道之赏，明斋肃以道之教。此所谓教太子也。”贾谊认为，太子学习以礼教为中心的内容，其目的就是要懂得为人之道、为君之道。

最后，贾谊强调儒家“六经”在提升个人道德修养中的重要性。他认为，“德”有道、德、性、神、明、命六理，内度成业，谓之“六法”；“人”有仁、义、礼、智、信之行，加上“乐”合为“六行”。“六法”“六行”是为人之道的最高理性表现。因此，他认为“凡人弗能自至，是故必待先王之教，乃知所从事”。也就是说，这不是一般的人能自觉达到的境界，必须有先王的教育与指点。他在强调“教”的必要性的同时，还指出要加强自身修养。

贾谊作为西汉初期的政治家，其教育思想蕴含着丰富的礼教内容，而又以道德教育作为根本目标，从而构成了其教育思想的基本框架。贾谊关于早期教育的论述虽然只是针对太子的特殊教育提出的，其实施方法也少有新意，但他可以说是先秦以来第一位较为全面地论述早期教育问题的教育家，其思想对封建社会早期教育理论的发展起着不可或缺的作用。

第二节　颜之推的家庭教育思想

颜之推（531—约 597），字介，中国古代文学家、教育家，原籍琅琊临沂（今山东临沂市），世居建康（今南京市），生于士族官僚家庭。他博览群书，为文辞情并茂，得梁湘东王赏识，19 岁就被任为国左常侍。公元 577 年北齐为北周所灭后，他被征为御史上士。隋文帝开皇年间，被召为学士。颜之推生于南北朝战乱年代，一生历官四朝，自叹“三为亡国之人”。

颜之推著有被后世称为“家教规范”的《颜氏家训》，此书在家庭教育发展史上有重要的影响。《颜氏家训》是颜之推为了用儒家思想教训子孙，以保持自己家庭的传统与地位，而写出的一部系统完整的家庭教育教科书，是他一生关于士大夫立身、治家、处事、为学的经验总结。

一、提倡尽早施教

颜之推认为家庭教育要及早进行，有条件的还应在儿童未出生时就实行胎教。他引用俗谚“教妇初来，教子婴孩”来论证自己的观点，主张儿童出生之后，便应请明白孝、仁、礼、义的人“导习之”；稍长，“识人颜色，知人喜怒”之时，就该加以教诲，该做的事就引导他去做，不该做的就不让他做。如此教育下去，到 9 岁以后，自可“少成若天性，习惯如自然”。

颜之推认为早期教育很重要。其一，幼童时期学习效果较好，得益较大。他说：“人生小幼，精神专利。长成已后，思虑散逸，固须早教，勿失机也。”他根据幼童阶段与成年以后的不同心理特征，说明幼年时期受外界干扰少，精神专注，记忆力旺盛，能保持长久的记忆，而成年人思想复杂，精神不易集中，记忆力逐渐衰退。所以，应及早对幼儿进行教育。其二，人在年幼时期，心理纯净，各种思想观念和行为习惯尚未形成，可塑性很大。颜之推认为这个时期，儿童受到的教育与环境影响会在其心灵上打上很深的烙印，长大以后也难以改变。所以一定要抓住早期教育的最佳时机，培养儿童良好的行为习惯，使其能够“使为则为，使止则止”。

二、提倡威严有慈

颜之推认为家庭教育应当从严入手，严慈结合，不能一味溺爱和放任。父母既要爱护子女，也要担负起教育子女的责任，将慈爱和严教结合起来。他认为善于教育子女的父母，能把对子女的爱护和教育结合起来，会收到良好的效果。相反，如果没有处理好两者关系，让孩子任性放纵，必将铸成大错。颜之推批评了当时许多父母对子女“无教而有爱”的错误做法——“饮食运为，恣其所欲，宜诫翻奖，应呵反笑”，主张父母对孩子从小就要严格要求，勤于教诲，不能溺爱和放任，否则“捶挞至死而无威，忿怒日隆而增怨”。当然，作为父母要严慈有度，即所谓“父母威严而有慈，则子女畏慎而生孝”。

颜之推认为肉体惩罚是家庭教育中不可缺少的有效手段。“笞怒废于家，则竖子之过立见”。颜之推要求父母对子女威严有慈，慈严结合，这无疑是正确的。但他对棍棒教育推崇备至，又是不可取的。

三、重视语言教育

颜之推认为语言的学习应该成为儿童教育的一项重要内容。在家庭教育中，教导子女学习正确的语言，是做父母的重要责任。一事一物，不经查考，不敢随便称呼。学习语言应注意规范，不应强调方言，要重视通用语言。

四、强调真才实学

颜之推主张上自明王圣帝，下至庶人凡子，均须勤奋学习，掌握“应世经务”的真才实学。因此，他认为家庭教育不应局限于“五经”，还应博览百家之书，并广泛接触社会生活，学习各种技艺，如琴、棋、书、画、数、医、射、卜等，还要熟悉农业生产知识。他特别强调要掌握一技之长，以为立身之本，即所谓“积财千万，不如薄技在身”。

五、重视风化陶染

所谓“风化”，是指“自上而行于下者也，自先而施于后者也”，即家庭中父母或其他成年人对年幼者的示范作用。颜之推认为：“人在少年，神情未定，所与款狎，熏渍陶染，言笑举动，无心于学，潜移暗化，自然似之。”其含义是，儿童性情未定，容易受到外部环境的影响，而家长是儿童感情上最亲近的人，也是儿童心目中的权威，父母对子女的影响远远超过他人，因此父母必须加强自我道德修养，否则，“父不慈则子不孝，兄不友则弟不恭”。

颜之推继承了儒家学者关于“慎择友”的教育思想，十分重视选邻择友，使儿童置身于优良的社会交往环境之中。他说：“与善人居，如入芝兰之室，久而自芳也；与恶人居，如入鲍鱼之肆，久而自臭也。”因为儿童的心理处于发展阶段，尚未定型，而儿童的好奇心和模仿性都很强，总在观看模仿别人的一举一动，无形之中，周围人的为人处世就会给儿童以“熏渍陶染”“潜移暗化”。因此，邻友对于儿童的影响，有时甚至可能比父母的作用还大。

颜之推的家庭教育思想是其整个教育思想的精华。他关于家庭教育的地位、作用、原则和方法的论述，虽是基于使后代“立身扬名”“光宗耀祖”的宗旨而发出的一家之训，但也涉及了古今教育中普遍存在的问题，包含一定的合理因素，至今仍不失其价值。

第三节　朱熹的儿童教育思想

朱熹（1130—1200），字元晦，号晦庵，徽州婺源（今江西婺源县）人，南宋时期理学思想的集大成者，其学术、教育思想对中国封建社会后期的发展产生了极为广泛而深远的影响。

朱熹出身于书香门第，自幼接受儒学教育与理学启蒙，奠定了学术和思想基础。18岁“举建州乡贡”，次年考中进士，被授泉州同安县主簿，开始其政治与教育生涯。朱熹一生仕途坎坷，从政仅14年，而专门从事教育活动达40年之久。朱熹曾师从二程的三传弟子李侗，他的理学思想直接继承了二程（特别是程颐）的学术思想，同时吸收了周敦颐、张载的主张，成为宋代理学思想的集大成者。

朱熹不仅创立了一套较为完整的儿童教育理论，并且努力将其付诸实践。他一生编定、撰写了大量的儿童读本、教材，其中以《小学》影响最为深远。朱熹还亲自制订了儿童学规，其中《童蒙须知》影响最大。除此之外，朱熹关于儿童教育的观点还散见于其门人所编的《朱子语类大全》中。

一、重视蒙养教育

朱熹依据古代的教育经验，将整个学校教育的过程划分为小学与大学两个阶段，其中8—15岁为小学教育阶段，即蒙养教育段；15岁以后为大学教育阶段。他认为这是两个相互独立又相互联系的阶段，小学教育是大学教育的基础，大学教育则是小学教育的扩充和深化。

朱熹特别重视蒙养阶段基础教育的作用。他说：“古人之学，固以致知为先，然其始也，必养之于小学。”又说：“古人由小学而进于大学，其于洒扫、应对、进退之间，持守坚定，涵养纯熟，固已久矣。大学之序，特因小学已成之功。”同时，他认为小学儿童“知思未有所主”，很容易受到各种思想的影响，而一旦接受了某种“异端邪说”，再进行儒家的伦理道德教育就会遇到抵触。所以他特别强调对儿童的教育要基于儿童的心理特点，只有使儿童“讲而习之于幼稚之时”，才能使其“习与智长，化与心成，而无扞格不胜之患也”，才能收到理想的教学效果。

朱熹为了说明蒙养教育的重要性，还把小学阶段的教育形象地比喻为“打坯模”阶段。他认为，小学教育的任务是培养“圣贤坯璞”，如果儿童时期没有打好基础，长大就会做出违背伦理纲常的事，再要弥补，就困难了。因而，他认为小学教育对一个人的成长非常重要，必须抓紧、抓好。

二、强调学“眼前事”，养成行为习惯

朱熹认为“圣贤之学，虽不可以浅意量，然学之者，必自其近而易者始”“学问之

道只在眼前日用底便是，初无深远幽妙”。因此，他规定小学的主要任务应当是“学其事”，即学习眼前日用的事，具体包括“洒扫应对进退之节”“礼乐射御书数之文”“爱亲敬长隆师亲友之道”等内容。朱熹认为儿童学习这类“眼前事”不仅符合其认识发展水平，也能够为大学“学其理”打下基础，因为“理在其中”。

为使儿童学习“眼前之事”，朱熹亲自编写了《童蒙须知》与《小学》两部教材。《童蒙须知》是一本专讲日常生活中的小事的伦理道德教材。他按照儿童应当养成的良好行为习惯，将此书依次编为五篇：衣服冠履第一、语言步趋第二、洒扫涓洁第三、读书写字第四、杂细事宜第五，并对每一项都做了详细的规定，如“自冠巾、衣服、鞋袜，皆须收拾爱护，常令洁净整齐”，“凡为人子弟，当洒扫居处之地，拂拭几案，常令洁净”，“凡读书，须整顿几案，令洁净端正，将书册整齐顿放”。朱熹认为儿童只有在这些关于个人卫生、礼貌、读书、写字等良好习惯的养成中才能明白“做人的样子”，从而为成为“圣贤坯璞”打好基础。《小学》则是将古代童蒙读物加以选择、扩充，加上古今圣贤名流的嘉言善行汇集而成。《小学》序言中也强调了小学阶段要通过对儿童进行日常生活中具体行为的教育来培养其伦理道德观，因此书中列举了很多事例教儿童做具体的“事”。例如，“尽为人子之礼，冬温而夏凊，昏定而晨省。出必告，反必面。所游必有常，所习必有业。恒言不称老”，是教育儿童如何做“为人子”该做的事。再如，“从于先生，不越路而与人言。遭先生于道，趋而进，立正拱手。先生与之言则对，不与之言则趋而退”，是教育儿童如何做“为人子弟”该做的事。

朱熹强调学习“眼前事”，注重道德行为操作的训练，要求儿童的学习由浅入深、自近及远，从小事做起，从身边事做起，这符合儿童认识发展与道德形成的规律，有助于培养儿童良好的道德习惯，至今仍是儿童品德教育中应该借鉴的原则。

三、要求慎择师友

注重环境影响、慎重选择师友，是先秦以来儒家教育思想的传统。由于儿童模仿性强，是非辨别能力弱，周围的环境对他们的影响很大，“习于正则正，习于邪则邪”。因此，朱熹从理学立场出发，继承与丰富了这种重师友的传统教育思想。

朱熹认为，对于普通的士大夫家庭，慎择儿童的教师应从慎择乳母开始。朱熹在《小学》中提到儿童在选择乳母时一定要慎重，他认为选择乳母时，“必求其宽裕慈惠，温良恭敬，慎而寡言者，使为子师”。这是对乳母的要求，实质上亦是朱熹期望儿童具有的品行。儿童稍长，除须慎择教师外，还应开始注意培养其辨别是非、交游益友的能力。“益友”应近之，“损友”则应远之。朱熹在给儿子的一封家书中写道：“大凡敦厚忠信，能攻吾过者，益友也；其谄谀轻薄，傲慢亵狎，导人为恶者，损友也。”他认为朋友有潜移默化的作用，可以导人走上正确的道德路，也可以诱人堕入罪恶的深渊，因此交友一定要严肃慎重，择“益友”而交，疏“损友”于千里之外。

朱熹认为，对于太子、皇孙来说，师友的选择更为重要。他说：“夫太子，天下之本，其辅翼之不可不谨。”他劝告统治者，应效仿古之圣王教世子法，选拔端方正直、道术博闻之士为太子师友，并盛赞贾谊在《治安策》中所说的话“太子之善，在于早谕教与选左右……

夫教得而左右正，则太子正矣，太子正而天下定矣”为至理名言、“万世不可易之定论”。

四、提倡正面教育

朱熹一贯重视和提倡正面教育，他认为榜样人物的行为和言语具有很强的感染力和说服力，能够使人产生一种“见贤思齐，见不贤而内自省”的道德情感，拿自己与榜样进行对比，从而让自己趋善避恶，养成择善而从的良好道德行为。朱熹曾说：“尝谓学校之政，不患法制之不立，而患理义之不足以悦其心。夫理义之不足以悦其心，而区区于法制之末以防之……亦必不胜矣。”他认为，对儿童教育要多积极诱导，少消极限制，要求“多说那恭敬处，少说那防禁处”。因此，他在《小学》一书中非常重视榜样的教育作用，用了大量的篇幅记载了从先秦至宋代典籍中的“嘉言”“善行”，让儿童进行仿效和学习。朱熹列举了颜渊和伊尹的例子，把他们作为儿童学习的榜样，要他们学习伊尹之志、颜渊之学。同时，他在《童蒙须知》中对儿童日常生活行为的规定，也主要着眼于进行正面的具体指导。

依据正面教育为主的原则，朱熹还对教师提出指导、示范和适时启发的要求。他说“师友之功，但能示之于始而正之于终尔”，即教师的作用，是在学习开始阶段对学生进行引导和指点，在学习结束阶段去检验学生学习的效果。他把教师对学生的适时启发比喻为“时雨之化”，认为“譬如种植之物，人力随分已加。但正当那时节，欲发生未发生之际，却欠了些子雨，忽然得这些子雨来，生意岂可御也”。

朱熹的童蒙教育思想博大精深，影响深远，对我们今天的社会仍然很有借鉴价值。比如，朱熹重视环境对儿童的影响，认为人在童年时期，物欲未染、知识未开、思想单纯，最易受到社会上各种思想的影响，此时若授以正确的知识和道理，将会对人的行为具有直接的影响，从而在心灵深处具有导向功能，在以后的道德选择中容易接受与它一致的观念，排斥与它不同的思想；朱熹重视德育教育，强调少年儿童道德教育的实施应该从小抓起，必须以正面引导为主，应通过启发诱导以提高其认识，不能只靠简单的防禁；朱熹重视实践、重视榜样的作用等。这些对于今天的儿童教育仍然具有很高的价值。

第四节　王守仁的儿童教育思想

王守仁（1472—1529），字伯安，号阳明，世称阳明先生，浙江余姚人，明代中叶著名的主观唯心主义哲学家、教育家。他继承和发展了南宋陆九渊的学说，创立了与程朱理学思想迥异的阳明学派。

弘治十二年（1499 年），王守仁中进士，后授刑部、兵部主事。曾参加镇压农民起义活动，后又平定宗室贵族宁王朱宸濠之叛乱，最后官至左都御史、南京兵部尚书。在镇压农民起义的过程中，王守仁深深地感觉到应该用加强思想教育的方法来铲除人们的不安分心理。他认为，朱熹的学说无法解决人的思想问题，于是提出了“心即理”“致良知”“知行合一”的观点。王守仁于弘治十八年（1505 年）开始授徒讲学，并从事著述。主要著作有《传习录》《大学问》《王文成公全书》等。

一、对传统儿童教育观的批判

王守仁是继朱熹之后又一位非常重视儿童教育的教育家，他指出了程朱理学当中关于儿童教育的一些不良做法。一方面，他反对当时从事儿童教育的教师无视儿童的身心特点，只一味强调对儿童的灌输、管束甚至体罚。另一方面，他认为，当时教师的高压管束只能导致儿童“视学舍如囹狱而不肯入，视师长如寇仇而不欲见”。他认为这样的教育根本达不到预期效果。

二、在教育理念上，提倡顺应“童子之情”

王守仁认为应依据“童子之情”，顺应儿童的生理、心理特点对其进行教育。他说：“大抵童子之情，乐嬉游而惮拘检，如草木之始萌芽，舒畅之则条达，摧挠之则衰痿。”儿童生性活泼好动，喜好游戏玩乐，如令其自然生长则生机勃勃，如加以束缚摧残则势必枯萎。因此，他主张教育应重视培养儿童的兴趣，调动儿童学习的积极性。他说：“今教童子必使其趋向鼓舞，中心喜悦，则其进自不能已：譬之时雨春风，沾被卉木，莫不萌动发越，自然日长月化；若冰霜剥落，则生意萧索，日就枯槁矣。”

王守仁还提出了因材施教、循序渐进的原则。他认为“我辈致知，只是各随分限所及”，对儿童实施教育，也应当随儿童“分限所及”，承认儿童个性各不相同，能力亦各有所长。他说：“因人而施之，教也，各成其材矣，而同归于善。”他认为每个儿童都有其长处，教育者如能就其长处加以培养，就可以使他们某一方面的才能得到发展。

三、在教育内容上，提倡“歌诗”“习礼”“读书”的全面教育

王守仁提出：“教人为学，不可执一偏。”他认为，对儿童进行教育的内容和途径应当是多方面的。为此，他对教育者提出了通过歌诗、习礼和读书对儿童进行全面诱导的要求。他说：“故凡诱之歌诗者，非但发起志意而已，亦所以泄其跳号呼啸于咏歌，宣其幽抑结滞于音节也；导之习礼者，非但肃其威仪而已，亦所以周旋揖让而动荡其血脉，拜起屈伸而固束其筋骸也；讽之读书者，非但开其知觉而已，亦所以沉潜反复而存其心，抑扬讽诵以宣其志也。”“诱之歌诗”既可以激发儿童的意志，又可以消除儿童心中的烦闷，使其精力与情感得到宣泄；“导之习礼”不仅可以帮助儿童养成良好的礼仪习惯，而且能够达到强身健体的目的；“讽之读书”在使儿童开知觉、长智慧的同时，还可以涵养儿童的心性。

王守仁还提出了“歌诗”“习礼”“读书”的教学要求。一方面，他认为“凡歌诗须要整容定气，清朗其声音，均审其节调，毋躁而急，毋荡而嚣，毋馁而慑，久则精神宣畅，心气和平矣”。王守仁提出“歌诗”和“习礼”的教学要按照班次的方式进行。他规定：“每学量童生多寡分为四班。每日轮一班歌诗，其余皆就席敛容肃听。每五日则总四班递歌于本学。每朔望集各学会歌于书院。”“习礼”班次“皆如歌诗。每间一日则

轮一班习礼，其余皆就席敛容肃听。习礼之日，免其课仿。每十日则总四班递习于本学，每朔望集各学会习于书院”。另一方面，王守仁强调在授书方面要量力而行，贵精不贵多，这样才能使儿童学有余力，不会产生畏惧情绪。

王守仁还拟定了一份课程表，他规定“每日工夫，先考德，次背书诵书，次习礼，或作课仿，次复诵书讲书，次歌诗”。所谓“考德”，就是要求儿童每日清晨反省自己的德行。“考德”完毕，则开始复习前日功课，朗读新课。接着就是写字或作诗文，一日课程以“歌诗”结束。在课程的安排上，王守仁将动的课程“习礼”和“歌诗”，安排在静的课程“背书”“诵书”“讲书”之间，使课程新颖而不单调，这对于儿童道德的培养、课堂知识的吸收和各方面能力的发展都能产生事半功倍的效果。教学过程的每一个环节都是在教师的亲自指导下紧密、有效地进行着，同时又强调了儿童必须在身心愉悦的状态下进行自主学习，只有这样才能达到“使其乐学不倦，而无暇及于邪僻”的教学效果和教育目的。王守仁的课程安排，内容全面、动静交错、张弛结合，有一定的科学性。

四、在教育方法上，提倡“诱”“导”“讽”的教学方法

在教育方法上，王守仁提出了“诱之歌诗以发其志意，导之习礼以肃其威仪，讽之读书以开其知觉”的“诱”“导”“讽”的教育方法。他反对当时学校教育对儿童“日惟督以句读课仿，责其检束而不知导之以礼，求其聪明而不知养之以善，鞭挞绳缚，若待拘囚”的教育方法。王守仁提倡把知识、礼仪等的传授和儿童的生理、心理特征相结合，把儿童的身体锻炼和道德涵养联系在一起，这样，在传授知识的同时，还兼顾了儿童的身心发展特点，使儿童能够更好地接受知识，达到“全面发展，不执一偏”的教学效果和教育目的。王守仁的儿童教育方法是根据儿童的年龄特征、认知特点和发展规律得出来的，是基于对儿童性情的认识，以期能够达到“使其趋向鼓舞，中心喜悦，则其进自不能已”的教育目的，具有重要的启蒙意义和借鉴价值。

王守仁的儿童教育思想在我国学前教育史上具有举足轻重的地位，其中蕴含着许多宝贵的教学经验和教育理念。他反对把孩子当作小大人，提倡教育应顺应“童子之情”，这在当时颇有创见。他反对束缚、体罚孩子，提倡启发式教学，重视音乐教育的作用。王守仁关于儿童教育的论述，不仅在反对传统教育方面具有积极意义，而且在很大程度上符合儿童教育的规律，与近代进步的教育学说有很多一致的地方，其学说当中的许多观点，即便是在今天也值得我们借鉴学习。

思考与练习

1. 评述贾谊的早期教育思想。
2. 评述颜之推的家庭教育思想。
3. 朱熹的“学眼前事”教育主张对儿童教育有何借鉴意义？
4. 试分析王守仁的儿童自然教育思想。

第四章
近代学前教育的产生与发展

学习目标

1. 了解近代中国学前社会教育机构产生的背景。
2. 了解蒙养院制度确立与实施的过程。
3. 了解帝国主义国家在中国进行了哪些学前教育活动。
4. 理解“儿童公育”思想对社会化学前教育机构发展的意义。

鸦片战争以后，中国逐步丧失了主权，由封建社会沦为半殖民地半封建社会，开始了近代社会的种种变革。随着社会政治经济的变化，近代中国的教育也发生了深刻的变化，19 世纪 60 年代产生了近代的学校，1904 年形成了半殖民地半封建的学校教育制度——“癸卯学制”。从此，中国的学前教育开始摆脱过去由家庭进行的封建传统模式，逐步向由社会专门教育机构组织实施的方向发展，在中国教育史上揭开了新的一页。

第一节　近代学前教育机构产生的背景

一、民族资本主义经济的发展和工业化大生产的发展

19 世纪 70 年代，中国民族资本主义经济的发展为封建学前教育的转变提供了物质基础，使近代学前教育机构的产生有了可能性。同时，机器大生产也需要具有专业知识和经过职业技能训练的妇女作为劳动力走进工厂，婴幼儿的教养问题随之出现。因此，工业化大生产的发展，使学前教育机构的产生有了必要性。

二、西方教育思想的流入

鸦片战争以后，大批西方传教士进入中国，西学东渐加速，从现代教育观念的引进，到“物化”的新式教育机构的产生，为现代学前教育制度的创立提供了可模仿的外来资源。随着帝国主义列强的入侵，中国人民救亡图存的声浪遍及全国。一些有识之士纷纷向西方寻求救国真理，试图找到一条救国救民的道路。西方的教育制度便成了他们重要

的学习对象。维新运动领导人康有为、梁启超在学习、介绍西方教育制度时，都注意到了学前教育的问题。康有为在其《大同书》中，第一次系统地提出了建立资产阶级教育制度的主张，其中就包括了学前教育阶段。梁启超在《教育政策私议》中介绍日本学制时也提倡设立两年制的幼稚园，招收 5 岁以下的儿童。先进思想家们的积极宣传，为近代学前教育机构的产生做了舆论和思想准备。

三、清政府新政的实行

19 世纪末 20 世纪初，随着帝国主义列强对中国侵略的不断加深，民族危机更为严重。面对日益加剧的社会政治危机，清政府被迫在政治、经济、文化、教育等领域展开一系列改革。1902 年，管学大臣张百熙奉命草拟了《钦定学堂章程》，即“壬寅学制”，但此学制虽经颁布，并未实施。1904 年初又颁布了由张之洞、张百熙、荣庆合拟的包括《奏定蒙养院章程及家庭教育法章程》等一系列学制系统文件在内的《奏定学堂章程》，即“癸卯学制”，确定了更为详备的近代学制系统。其中蒙养院为学前教育机构，中国近代学前教育体制正是据此得以初步确立的。至此，我国的近代学前教育开始产生并逐步发展起来。

第二节　蒙养院制度的确立和实施

一、第一个学前教育法规的颁布

1904 年颁布和实施的《奏定学堂章程》，是中国近代第一个正式颁布并实施的学制。该学制将整个教育过程划分为三段七级。第一段为初等教育，分蒙养院、初等小学堂（5 年）、高等小学堂（4 年）三级；第二段为中等教育，只有中学堂一级（5 年）；第三段为高等教育，分高等学堂或大学预科（3 年）、大学堂（3—4 年）和通儒院（5 年）三级。

《奏定学堂章程》专门为学前教育制定了《奏定蒙养院章程及家庭教育法章程》。这是中国近代学前教育的第一个法规。它的颁布和实施标志着中国的学前教育开始进入一个新的发展阶段。

按照这个法规的规定，蒙养院成为国家教育体系中的一个重要组成部分。该法规明确指出“蒙养通乎圣功，实为国民教育之第一基址”，同时规定了设蒙养院为学前教育的专门机构。有关蒙养院制度的主要内容如下。

（一）蒙养院的对象

《奏定学堂章程》提出了“蒙养与家教合一”的宗旨，规定蒙养院招收 3—7 岁儿童，每天活动不超过 4 小时，内容有游戏、歌谣、谈话和手技等。

（二）蒙养院的设置

蒙养院并不单独开设，而是附设在育婴堂和敬节堂内。《奏定蒙养院章程及家庭教育法章程》规定："凡各省府厅州县以及极大市镇，现在均有育婴堂及敬节堂，兹即于育婴敬节二堂内设蒙养院。"即分别在育婴堂或敬节堂内划出一院为蒙养院。蒙养院虽然收的都是幼儿，但主要目的在于救济养育孤苦无依的幼儿，负责照看幼儿的是没有受过专门训练的"节妇"。严格来说，这并不是教育机构。

（三）蒙养院保姆的来源与培训

近代学前教育的保教人员，应该出自幼儿师范学校。但因为不允许设女学，故无法培养幼教师资，合格的幼教师资亦无来源。因此，教师只得由育婴堂的乳媪和敬节院的节妇充任，也适当招堂外妇人。蒙养院的老师称"保姆"，由乳媪、节妇训练而成。训练保姆的方法，是在育婴堂或敬节堂中，选择一识字的妇女当教员，如堂内无识字的，可以请一识字老妇人入堂任教。

二、蒙养院制度的实施

我国第一个近代学制颁布后，幼教师资培训机构和学前教育机构开始出现。

（一）创立女学

学前教育机构的创立，应该是以有幼教师资为前提的。清朝末年幼教师资的培训，经历了一个从无到有的过程。

首先是教育领域打破"女禁"。中国教育上的"女禁"最初是在洋人的大炮下轰开的。1844 年英国女子促进会会员、传教士爱尔德赛（Aldersay）在宁波创办女塾。这是中国土地上第一个女子学堂，它是新生事物，却带有殖民地性质。

1898 年 5 月 31 日，上海电报局局长经元善发起创办经正女学，设于上海城南。后因戊戌变法失败，于 1900 年停办。

资产阶级革命派为宣传资产阶级自由、平等、博爱的思想，推翻帝制，培养革命人才，也办了一批女子学堂，以实践其男女平权的主张。最有名的是蔡元培 1902 年开办于上海的爱国女学。

继爱国女学之后，还出现了其他女子学校。1904 年，贵州同盟会在贵阳办光懿女子小学堂，同年，李钟珏在上海创办女子中西医学校。1905 年汤剑娥在上海办女子体操学校，同年，南京旅宁第一女学堂开学。1906 年，天津北洋女子师范学堂开学，同年，苏州办振华女学，第二年添设简易师范科。这些女学虽然皆为初创，但女子负笈就学已成为现实。更有 1905 年，湖南派遣 20 名女学生赴日本，在实践女校学速成师范科，于 1906 年 7 月毕业。女子不但走出家门求学，而且走出了国门留学。

打破"女禁"已是大势所趋。1904 年慈禧太后批准在中南海内创设女学，学习东西文，并于 1906 年 2 月 21 日，面谕学部，振兴女学。

1907 年 3 月，清政府正式颁布了《女子小学堂章程》和《女子师范学堂章程》，中国女子教育由此正式取得合法地位。《女子师范学堂章程》中规定：女子师范学堂以养成女子小学堂教习、讲习保育幼儿方法，期于裨补家计、有益家庭教育为宗旨，“教授女师范生，须副女子小学堂、教科蒙养院保育科之旨趣，使适合将来充当教习、保姆之用”。

政府颁布章程后，女子师范学堂在各地开始建立。据张宗麟《中国幼稚教育略史》一文所述，至宣统末年（1911），全国女学生的数目已经有二三十万。其中也有学幼稚教育的女子。例如，1907 年吴朱哲女士在上海公立幼稚舍创办的保姆讲习所，便是中国第一个私立保姆讲习所。与此同时，北京京师第一蒙养院设立了保姆讲习班，广州也设立了保姆养成所。

（二）蒙养院的设立

清末蒙养院可分为官办和私办两种。

1. 官办蒙养院

1903 年秋，湖北巡抚端方在武昌创办了幼稚园，这是中国最早的公立幼儿教育机构。1904 年 1 月，清政府颁布《奏定学堂章程》，规定幼儿教育机构为蒙养院，湖北幼稚园改名为武昌蒙养院。为了促进幼稚园的发展，在张之洞主持下，该园附设了女子学堂，招收 15—35 岁女子，专门学习幼儿师范课程。这是中国幼儿师范教育的萌芽，但不久就停办了。湖北幼稚园教员主要由日本人担任，当时聘请了户野美知惠等 3 名日本保姆。户野美知惠是日本来华最早的幼教工作者，任湖北幼稚园园长。1904 年她拟订了《湖北幼稚园开办章程》。此章程规定，幼稚园“重养不重学”。

同年，北京的京师第一蒙养院也宣告成立。院长由日本保姆师范毕业生担任，师资、教材也源于日本。

1905 年，湖南蒙养院由巡抚端方创办成立，聘请日本春山、佐藤为保姆，招收 3 岁以上至学龄（六七岁）的儿童。课程由一位日本保姆制订，注意从德、智、体、美诸方面进行保教活动。课程有谈话、行仪、读方、数方、手技、乐歌、游戏 7 项。由此看来，湖南蒙养院的保教内容已超出了《奏定学堂章程》的规定，更加完备了。

2. 私办蒙养院

癸卯学制颁布以后，也曾出现过一些私人办的蒙养院，如天津严氏蒙养院。严氏蒙养院是清末翰林院编修、学部侍郎严修所设。1902 年，严修在自己的家中开设严氏女塾，1905 年创办严氏女子小学，并设蒙养院和保姆讲习所。蒙养院和保姆讲习所基本采用日本的经验，聘任日本教师，吸收日本教材，甚至设备也是从日本购买的。严氏蒙养院的保教情况和基本精神与湖北、湖南官办蒙养院是一致的。

清末影响比较大的学前教育机构，还有京师第一蒙养院（1903 年）、上海公立幼稚舍（1904 年）、上海爱国女学 1907 年附设的蒙养院等。它们星星点点设在几个大城市，发展缓慢。

除中国人自己办的蒙养院以外，西方国家通过教会在中国开办了不少幼儿教育机构。他们并不执行癸卯学制中关于蒙养院的规定办法，一切由教会决定。

清末的蒙养院采取的是“蒙养家教合一”的方针。《奏定蒙养院章程及家庭教育法章程》规定：“蒙养家教合一之宗旨在于以蒙养院辅助家庭教育。”蒙养院是辅助家庭教育的组织，每个家庭都是一个蒙养院，训练保姆的教材，也要每家发给一本，以供教育孩子使用。

从清末蒙养院制度的确立和实施不难看出：

第一，中国的学前教育完全由家庭负担的历史结束了，在通向学前教育社会化、制度化的道路上迈出了重要一步。

第二，中国的学前教育社会机构随着中国近代学制的出现而得以确立，它既反映了近代大生产的发展要求，又体现了一种自上而下的被动适应。

第三，蒙养院办院的纲领，体现了“中学为体，西学为用”的总原则。它既没有放弃封建社会的儿童教育传统，又具有了近代社会儿童教育的形式。

第四，蒙养制度的设立并未立足中国。清末的蒙养院制度，基本上照搬了日本明治三十二年（1899 年）《幼稚园保育设备规程》。在实施中，教员从日方聘任，课程、玩具、教法也多参照日本。

第三节　帝国主义国家在中国的学前教育活动

鸦片战争后，为加强对中国进行文化侵略，帝国主义列强凭借不平等条约，取得了在华传教、办学等特权，先后在中国设立了许多教会学校，其中包括学前教育机构和幼教师资培训机构。这些机构成为旧中国学前教育的重要组成部分。

一、创办幼稚园

19 世纪 80 年代，外国教会在中国沿海的福州、宁波开始创办教育机构，此后教会办的幼稚园逐渐增多。根据美国传教士林乐知所著《全地五大洲女俗通考》记载：1902 年（光绪二十八年）外国教会在中国设的幼教机构“有小孩察物学堂 6 所，学生 194 人（男女各半）”，民国以后，发展迅速。根据 1921—1922 年中华基督教教育调查团的报告，基督教教会学校在五四运动前夕共 7382 所，其中幼稚园 139 所。据南京女师 1924 年的调查，全国有幼稚园 190 所，其中教会办的 156 所，占全国总数的 82%。可见，外国人在中国办的幼稚园远远超过了中国人自办的数目。这些幼稚园还通过各种途径对中国人自办的幼稚园施加影响，造成幼稚教育的“洋化”。

帝国主义列强在华办教育，其目的就是要培养治华代理人和使中国基督化。这些幼稚园宗教色彩浓厚，使儿童从小忠于基督，成人以后便可以服服帖帖地受洋人摆布。牧师梅因曾讲，如果给他机会训练儿童一直到 7 岁，便可以保证其以后对教会一直保持忠诚。

外国人在中国办的学前教育机构，大致可分为两类：一类是日本式的，一类是宗教式的。

日本式的幼稚园兴办于清末民初。清末的“癸卯学制”和民初的“壬子癸丑学制”，主要借鉴于日本。这种日本式的幼稚园很像小学校，教学内容有游戏、谈话、手工、唱歌等，清清楚楚地把各科规定在每日的功课表里，不许混杂。保姆就像小学里的教员，高高地坐在讲台上，儿童一排一排整齐地坐在下面，不许乱说乱动。这种学前教育方法忽视了儿童自身的心理特征，死板而呆滞，却很容易被中国人民接受。

欧美国家在中国办的学前教育机构先于日本在华办的幼稚园，但兴盛期在日本之后。五四运动以后，中国新教育更多受到欧美尤其是美国的影响，日本的学前教育影响逐渐减弱。这种学前教育由教会掌管，也被称为教会式的幼稚园。这些幼稚园一般都有美丽的教室、小巧的桌椅、精致的玩具，儿童在幼稚园的活动比较自由，课程排得也不那么死板。教会办的幼稚园实行洋化教育，用外国式的设备，玩外国玩具，唱外国歌曲，过外国节日，吃外国点心。由于生活过于奢靡，一般家境的儿童无法进入。

根据《大上海教育》杂志第一卷第二期刊载，由美国传教士黎曼顾开办的上海崇德女子中学附属幼稚园情况如下。

作业：上午 9:00—11:30，下午 1:30—3:00

上午：

8:30—9:00 入园

9:00—9:10 朝会（清洁检查）

9:10—9:40 作业活动（包括恩物、美术、工艺）

9:40—9:50 批评已成工作

9:50—10:00 解溲（如厕）

10:00—10:30 户外游戏

10:30—10:45 静息

10:45—11:10 音乐（包括律动、节奏在内）

11:10—11:20 故事（包括儿歌、故事表演在内）

11:20—11:30 游戏

下午：

1:15—1:30 入园

1:30—1:45 睡觉

1:45—2:10 识字游戏

2:10—2:30 户外游戏

2:30—2:40 点心

2:40—2:50 日记

2:50—3:00 游戏

3:00—3:30 散学

二、培植师资，兴办幼稚师范

1901 年，中国女学生赴日本接受幼教专业训练，到 1902 年，已有留日女学生十余名。最初求学的学校有日本实践女子学校附属中国女子留学生师范工艺速成科。师范科科目有教育、心理、理科、历史、算术、体操、唱歌、日语、汉文。工艺科科目有教育、理科、算术、体操、唱歌、日语、汉文、刺绣、编物、图画等。1905 年，湖南省派 20 名女生到日本学速成师范科。1907 年奉天（今辽宁省）女子师范学堂派 21 名学生到日本学习，就读于日本实践女校师范科。江西也派出 10 名官费女学生赴日留学。到 1907 年，仅日本东京一地便有中国女留学生近百名。她们回国后，不少从业于幼儿教育。例如，吴朱哲女士就在上海公立幼稚舍开办了保姆传习所。

除日本以外，欧美国家也积极争取中国留学生。1907 年出洋考察的清朝大臣端方访美，美国耶鲁大学、康奈尔大学及卫理斯尼（女子）学院，便与端方协商，每年可派免费留学生赴美。1908 年，美国总统罗斯福决定退还一部分庚子赔款，作为中国派遣留美学生费用。此后，其他各国也学习了美国的这个办法。中国留学生去西方的逐渐多了起来，中国学前教育也从学日逐渐向学美转变。

帝国主义除了为中国培训师资之外，还在华设立幼稚师范学校或女学。

1844 年，美国女子教育协进会会员、传教士爱尔德赛在宁波创办女塾。这是近代外国人在华设立的最早的教会女学，也是中国最初出现的女子学堂。以后各国在中国办的女学逐渐增多。这些女学，很多肩负着培养幼稚园保教人员的任务。

1892 年，美国监理公会女传教士海淑德在上海办了幼稚园师资培训班，每周六下午上课，收学生 20 名。这是为教会幼稚园培训师资服务的。

中国新学制产生后，英、美教会已在各地开设师范学校，如苏州景海女学幼稚师范科（1916 年）、厦门怀德幼稚师范学校（1901 年为幼稚师范班，1912 年正式取校名为怀德幼稚师范学校）、浙江杭州私立弘道女学幼师科（1916 年）、北京协和女书院幼稚师范科（1905 年）、北京燕京大学幼稚师范专修科。这些幼稚师范学校都为教会所办，重视宗教教育与英文教学，有较为完备的教学设备。教会办的这种幼稚师范，一般规模比较小，毕业生人数不多。例如，杭州弘道女学幼师科历届毕业生人数，少的年份（如 1918、1920 年）只有 1 名，多的年份（1931、1933、1935 年）也不过 10 名。从 1917—1942 年，共有 19 届毕业生，总计不过 108 名。

三、任教于中国幼稚园，翻译教材，出版幼儿读物

外国教习在中国官办、私办的学前教育机构中任职，自清末蒙养院诞生起就很盛行。最初管理和任教于中国蒙养院的，多为日本教习。

学前教育所用书籍，包括幼稚园读本、幼稚师范生教材等也多由外国进口。外国传教士十分重视利用教材影响中国，认为为中国编辑教科书是传播“文明”的极好形式。传教士默多奚说：“把你们所要加于这个国家生命之中的东西，放在学校里，就可以达到目的。”截至 1937 年，中国翻译的日本书籍中，仅教育一类的书就有 140 余种，西洋的教育书籍则更多。他们还编译和出版了不少儿童图书和期刊。这些儿童图书和期刊更加广泛深入地

影响了中国儿童。

四、兴办各种“慈幼机构”

在设立幼稚园和幼稚师范的同时，帝国主义还以兴办“慈善”事业为名，到处设立孤儿院、慈幼院、育婴堂之类的“慈幼”机构。早在19世纪40年代，教会就在湖南衡阳开办了一所慈幼院，此后，其他地方的教会也陆续举办了一些这类“慈善”机构。这些“慈善”机构从肉体上摧残儿童，从精神上腐蚀、毒害儿童。由于饥饿、疾病、体罚，这类 “慈善”机构中儿童的死亡率少则60%，多则高达99%。有的孤儿院还设有剥削和压榨童工的工厂。

帝国主义的卑劣行径，不可能不激起中国人民的愤慨，许多爱国有识之士严正指出育婴堂是杀婴堂，并愤起抗议。

五、收回教育权的斗争

鸦片战争后，外国教会取得在华教育权。清朝学部颁布《咨各省督抚为外人设学无庸立案文》后，各帝国主义国家更加毫无顾忌地在中国办学，从幼稚园至留学教育，从普通教育到师范教育、技术教育、盲聋哑教育等，形成了独立的教会学校网。这些学校不受中国政府管辖，不在中国政府立案，恣意妄为，大肆对中国进行文化侵略。

这种侵犯中国教育主权的情况，激起了教育界和青年学生的极大愤慨。例如，蔡元培1917年提出了“以美育代宗教”的主张，恽代英撰文《打倒教会教育》。随着反对帝国主义奴化教育的热潮逐渐高涨，1923年爆发了非基督教运动。北京发起、组织了全国“非宗教大同盟”，李大钊、蔡元培、陈独秀等都参加了该同盟。蔡元培在非宗教同盟第一次大会上发表演说，提出大学不必设神学科；各学校均不得有宗教教义课程，不得举行祈祷式，以传教为业的人不必参与教育事业。

1924年，随着中国革命形势的发展，广州率先成立“广州学生收回教育权运动委员会”。当时有影响的全国性教育团体，如中华教育改进社、全国教育会联合会等都开会、撰文支持和参加收回教育权的斗争。1925年“五卅”运动前后，一场轰轰烈烈的收回教育权运动在全国范围内达到高潮。许多教会学校学生退学、教员辞职，不少教会学校关闭或改组，数量上大大下降。

在运动的推动下，当时的北洋政府于1925年12月公布了《外人捐资设立学校请求认可办法》，共6条：①只外人捐资设立各学校，遵照教育部所颁布之各等学校法令规程办理者，须依照教育部所颁关于请求认可之各项规则向教育官厅请求认可；②学校名称上冠以私立字样；③学校之校长须为中国人，如校长原系外国人者，必须以中国人充任副校长，即为请求认可时之代表人；④学校设董事会者，中国人应占董事名额之半数；⑤学校不得以传布宗教为宗旨；⑥学校课程必须遵照部定标准，不得以宗教科目为必修科。

此后，凡外国在中国办的幼稚园、幼稚师范学校或幼师培训班，都要向中国政府注册，课程也要大致符合中国教育部所发布的课程标准的要求。

我国在 20 世纪 20 年代收回教育权的斗争，虽然取得了一定的胜利，但在政治、经济、军事权没有完全收回的大背景下，真正收回教育主权是不可能的。

第四节　康有为的儿童公育思想

康有为（1858—1927），广东南海人，不仅是清末著名的政治家、思想家，也是历史上出色的教育家，《大同书》既是阐述其教育思想和对未来教育规划的代表作，也是反映其儿童教育思想的主要作品。

一、康有为的儿童公育思想概述

在我国学前教育史上，康有为是“儿童公育”思想的首倡者。“儿童公育”思想是一批深受西方先进思想影响的新型知识分子，在近代中国妇女解放运动发展的特定历史条件下，倡导家庭变革，主张婴幼儿教育社会化的一种思潮。早在其 1884 年的《礼运注》中，康有为就提出了“人人教养于公产而不恃私产”的儿童公育思想，后又在其《大同书·去家界为天民》中系统阐述了其儿童公育思想。

康有为系统地提出了儿童公育思想，设想了从胎教到幼教的完整的学前公共教育体系。与其学前教育有关的机构：“一曰人本院，凡妇女怀妊之后皆入焉，以端生人之本；胎教之院，吾欲名之曰人本院也，不必其夫赡养。二曰公立育婴院，凡妇女生育之后，婴儿即拨入育婴院以育之，不必其母抚育。三曰公立怀幼院，凡婴儿三岁之后，移入此院以鞠之，不必其父母怀抱。”

康有为设计的儿童公育体系包括：从儿童母亲怀孕时起，即在人本院接受胎教；从出生至断奶后入育婴院、怀幼院接受公育；满 6 岁后进入小学接受公教，直至中学和大学。他在《大同书》中也论述了儿童公育的方法，即依照人本院、育婴院、怀幼院（也叫慈幼院，既可单独设立，也可归属于育婴院）三段分为胎教之法、育儿之法和育幼之法。胎教之法是他对中国传统胎教方法的系统总结，育儿之法和育幼之法以“开儿知识”为目的，旨在“养儿体，乐儿魂”。

康有为的儿童公育思想的出发点是消灭家庭、实现世界大同，这当然是一种空想，但反映了他反对封建社会男尊女卑及铲除封建社会害人的宗法家族制度的思想，反映了新兴资产阶级的要求，具有民主主义思想的进步性。

二、康有为论胎教之法

康有为既继承了中国古代传统的胎教思想，也吸收了西方资产阶级的民主和科学胎教思想。他认为“生人之本，皆在胚胎，人道之始，万化之原也”，胎教的好坏，直接关系着人一生教育的成效。他说：“胎教既误，施教无从。”同时，康有为还肯定了胎教是“人种改良之计”，要求已怀孕的妇女进入人本院。

为了实施胎教，康有为提出孕妇入院后一切衣食住行都应由女医安排、照顾，有专门的女傅为其讲课，使孕妇学习“人类公理”“育儿之法”等，还要求所读之书、所见之画、所听之乐、所接触之人、所感之事都是美好的、有益身心的。他注重环境对胎儿的影响，对人本院的环境、建筑、设备、医疗、卫生、保健、教育、服务等方面提出了具体要求，主张胎教之地一定要选择“温冷带间，平原广野，水泉环绕之地”。另外，孕妇本人也要严格要求自己，以“高洁、寡欲、学道、养身为正谊”。总之，一切以能使胎儿得到良好的生长发育为前提。

三、康有为论育儿之法

在《大同书》中，康有为揭露了封建社会制度对人的束缚，传统封建家庭不合理的教养方式对儿童的影响、对人心的摧残，强调环境对儿童的重要性。同时，他指出了封建家庭存在的种种弊端——“有家必有私”，列举了“有家之害大碍于太平”的 13 条罪状，认为有家则人性不能善、人体不能健、人格不能齐，还会产生私狭、奸诈、贪盗等恶行，阻碍社会福利的扩大，影响教育正常进行。

受西方乌托邦思想的影响，康有为主张“去家界为天民”，即消灭家庭，实现天下为公、太平大同。就儿童教育而言，他认为应当完全由“公立政府公养人而公教之”，育婴院是儿童教育的基础。康有为十分注重教育者对儿童的影响作用，育婴院中的管理者应当“仁质最厚”，熟悉养生学。工作人员有医生和女保姆。女保姆的选择要符合“身体强壮、资禀敏慧、有责任心、性情祥和”的标准。

另外，康有为对育婴院的环境也提出了要求：“楼居少而草地多，务令爽垲而通风日，临池水以得清气，多植花木，多蓄鱼鸟，画图雏形之事物，皆用仁爱慈祥之事以养婴儿之仁心。”

四、康有为论育幼之法

在《大同书》中，康有为提出怀幼院是承担幼儿教育的主要机构，其主要的保育目标是“养儿体，乐儿魂，开儿知识”。幼儿满 3 岁后，被移入怀幼院进行教育，直到 6 岁入学为止。

康有为认为在育婴院中，最重要的是婴儿的生活状况，其他方面的培养都是次要的；而在慈幼院中，除了保证幼儿的身体健康之外，还要注重幼儿教育的内容，主要包括：①语言：自幼儿能开口说话便应有目的地教幼儿学习语言，并与幼儿对世界的认识相结合；②歌曲：当幼儿有初步吟唱能力时便挑选能反映“仁慈爱物之旨”的歌乐；③手工：等幼儿有了一定的知识基础后，“将世界有形各物，自国家至农工商务，皆为雏形”教幼儿模仿制作，以达到熟练自然的程度。与育婴院一样，康有为对怀幼院院址的选定和院舍的布置做了规定。他特别强调“不得在山谷狭隘倾压、粗石荦确、水土旱湿之地”，更不能靠近市场、戏院、制造厂、车场、坟地等哗嚣和污秽之处。同时要求院内应建筑少、绿化好、通风、多鱼鸟。此外，他还非常重视婴幼儿的保健工作，规定早晚由医生巡视两遍，穿衣、饮食、游戏都要适度。婴幼儿有病，则每日诊视 3 次，重者则特殊护理。

综上所述，在我国学前教育史上，康有为首次提出了儿童公育思想，设想了从胎教到幼教的完整的学前公共教育体系，反映了新兴资产阶级的要求，吸取了西方资产阶级教育思想的某些合理因素。康有为的儿童公育思想对我国学前教育机构的产生起了一定的促进作用，现代化的孕妇产检机构、月子中心、托儿所、幼儿园的广泛设立，便是康有为思想的前瞻性和预见性的体现。

思考与练习

1．中国学前社会教育机构产生的背景是什么？
2．蒙养院制度是怎样随着癸卯学制的产生而确立的？
3．帝国主义国家在中国进行了哪些学前教育活动？
4．简述康有为的学前教育思想。

第五章 中华民国时期的学前教育

学习目标

1. 掌握蒙养园制度建立与幼稚园制度学制确立的过程。
2. 掌握《幼稚园课程标准》的基本要点与意义。
3. 理解新学制后各类幼儿园的开办形式。
4. 了解民国时期幼稚园保教人员的培养途径。
5. 了解抗日战争和解放战争时期的学前教育方针与实践。

1911 年，辛亥革命爆发，以孙中山为首的资产阶级革命派推翻了清朝政府，结束了中国两千多年的封建帝制，于 1912 年建立了资产阶级民主共和国——中华民国。中华民国时期，随着西方儿童教育思想的传入，通过学制改革等措施，学前教育机构被正式纳入学制系统，学前教育比清末有了较大发展。

第一节 学前教育制度的发展

中华民国时期，南京临时政府和北洋政府在教育制度上先后进行了两次学制改革，推动了学前教育制度的发展。

一、蒙养园制度的建立

1912 年，中华民国南京临时政府成立。首任临时大总统孙中山非常重视教育，他倡导教育平等，主张“凡为社会之人，无论贫贱，皆可入公共学校”，体现了其民主思想、平等观念。在孙中山的领导下，临时政府对教育进行了一系列改革，如拟定教育宗旨、颁布新的学制等。

中华民国首任教育总长蔡元培为巩固资产阶级民主革命的教育成果，制定和颁布了不少教育法令。首先，在他的主持下，改掉了清朝教育宗旨中的“忠君”和“尊孔”思想，讨论制定了以“注重道德教育，以实利教育、军国民教育辅之，更以美感教育完成其道德”为内容的国民教育宗旨，具有进步意义。其次，制定并公布了“壬子癸丑（1912—1913 年）学制”，将学堂更名为学校，蒙养院改称蒙养园，收未满 6 岁的儿童；同年，还公布了《师范学校令》和《师范学校规程》，规定女子师范学校和女子高等师范学校应附设蒙养园，或以“公立私立之蒙养园代附属蒙养园”，并以造就蒙养园保姆为目的，设保姆讲习科。民国初年颁布的这几项法令、法规，使蒙养园制度得以确立，并一改清末附设在育婴堂和敬节堂内的落后状况，蒙养园开始附属于各级学校内或单独设立。同时，师资培养方面也发生了变化——“壬子癸丑学制”把培养小学教员与蒙养园保姆并列为女子师范学校的培养目标，明确规定了蒙养园的师资训练在师范教育中的地位。

中华民国成立不久，袁世凯篡夺了资产阶级革命的胜利果实，改变了资产阶级性质的教育宗旨。其公布的7项教育要旨是“爱国”“尚武”“崇实”“法孔孟”“重自治”“戒贪争”“戒躁进”。同时，在“法孔孟”思想的指导下，他还提倡尊孔读经的封建复古主义，这无疑是一种倒退。此外，1915—1916年公布的《国民学校令》及《国民学校令施行细则》中，又明确提出推行小学的双轨制度，并在施行细则的第六章“蒙养园及类于国民学校之各种学校”中，对蒙养园的宗旨、保教内容和方法及设备等做了10条具体规定。其规定与《奏定蒙养院章程及家庭教育法章程》中的规定基本相同，仍然强调辅助家庭教育，以封建道德涵养德性，唯有关于师资的规定略有进步，即蒙养园保姆的资格和薪俸应相当于国民学校教员的资格和薪俸。

民国初年除新建一批蒙养园、幼稚园外，还出现了一批保姆养成所和幼稚师范。1916年，北京女子师范学校附设保姆讲习所。1917年，江苏省立第一女子师范学校开设保姆传习所。张雪门则于1920年4月在宁波市创办一所两年制的幼稚师范学校。可见，民国初年的学前教育改革的成效还是比较显著的。

二、幼稚园制度在学制上的确定

在五四新文化运动的推动下，学前教育进入了一个新的发展时期，其中最重要的成绩之一，就是确定了学前教育在学制体系中的地位。

1922年9月，北洋政府教育部召开学制会议，通过了《学校系统改革案》，并于同年11月公布了《学校系统改革案》，这就是所谓的“新学制”，又称“壬戌学制”。

这个学制受美国实用主义教育思想的影响，采用美国的六・三・三制。初等小学4年，高等小学2年，共6年小学教育；初中3年；高中3年；大学4—6年。关于学前教育，此学制规定，小学校下设幼稚园，幼稚园招收6岁以下儿童，把学前教育正式列入学制系统。

1922年的学制改革，是五四新文化运动推动下的教育改革成果的集中表现，结束了辛亥革命以后教育上出现的混乱状况。就学前教育来讲，幼稚园教育在学制上确定了其独立的地位，这是新学制的一大贡献。缺点是有盲目照搬美国经验的倾向。

第二节　幼稚园课程

在新学制颁行以后，虽然学前教育有了一定的发展，但也存在一些亟待解决的问题，如幼稚园的师资培养问题、幼稚教育的调查和实验研究问题、乡村幼稚园的推广问题和幼稚园课程和教材的审查编辑问题等。为此，1928 年 5 月在南京召开的全国第一次教育会议，讨论通过了陶行知和陈鹤琴针对上述问题提出的“注重幼稚教育案”。该教育案共 7 项，其中一项就是由陶行知提出的“审查编辑幼稚园课程及教材案”。这一提案提出的理由：一是民国成立 16 年来国内幼稚园的课程和教材尚无一个统一的标准；二是全国所设幼稚园的课程和教材多半是从国外来的，不太适合我国的国情。加上当时国内已有一些实验性质的幼稚园，如南京鼓楼幼稚园、中央大学附属幼稚园及晓庄乡村幼稚园等，在这方面积累了一定的经验。于是在 1928 年 10 月便由教育部聘请有关专家 11 人，由陈鹤琴和胡叔异负责，着手进行幼稚园课程标准的拟订工作。1929 年 9 月教育部令各省市将拟定好的幼稚园课程标准作为暂行标准试验推行，以后又在各地试验推行的基础上，汇集各方面的意见，进行修改，于 1932 年 10 月正式公布。这样，我国就开始有了自己的统一的幼稚园课程标准。

由教育部正式公布的《幼稚园课程标准》分幼稚教育总目标、课程范围、教育方法三方面内容。

一、幼稚教育总目标

幼稚教育总目标没有从一般的德、智、体、美几方面进行要求，而是强调要给儿童快乐，培养良好习惯。目标规定：①增进儿童的身心健康；②力谋儿童应有的快乐和幸福；③培养人生基本的优良习惯（包括身体、行为等各方面的习惯）；④协助家庭教养儿童，并谋求家庭教育的改进。

二、课程范围

课程范围包括音乐、故事和儿歌、游戏、社会和常识、工作、静息、餐点共 7 项，每项均列有目标、内容及最低限度要求。

例如，游戏一项的规定如下。

（1）目标

（甲）增进儿童身体的健康。

（乙）顺应爱好游戏的自然倾向，而施以适当的游戏活动。

（丙）发展筋肉的联合作用，并训练感觉和躯肢的灵活反应。

（丁）训练互助、协作、合群、守纪律、公正、耐苦等社会性。

（2）内容大要

下列各种游戏的练习。

（甲）计数游戏（如搬运豆囊、抛掷皮球等，可兼习计数）。

（乙）故事表演和唱歌表情的游戏。

（丙）节奏的（如听音而做鸟飞兽走等的游戏）和舞蹈的游戏。

（丁）感觉游戏（闭目摸索、听音找人等练习触觉、听觉等的游戏）。

（戊）应用简单用具（如秋千、滑梯、木马、跷跷板等）的游戏。

（己）模拟游戏（如小兵操、猫捉老鼠等）。

（庚）我国各地方固有的各种良好的游戏。

（3）最低限度

（甲）能参加群儿的集合，成行成圈、自觉协调。

（乙）能使用园中所设计的游戏器具 5 种以上。

（丙）知道游戏的简要规则。

三、教育方法

《幼稚园课程标准》共列保教方法 17 条，略加综述如下。

1）强调照顾儿童的喜好，不必强求一致的活动，教师要进行引导和个别辅导。

2）采用设计教学法。主张由学生自发地决定学习目的和内容，保教活动采用单元活动的形式，打破各科目的界限，把教学分成若干单元，每一个单元以一个问题为中心，所有活动都要围绕这个中心进行。例如，一个儿童在沙箱里栽种白菜，教师发现后，可集中许多儿童设计以白菜为中心的各种活动，类似于现在幼儿园中进行的综合教学。

3）重视户外活动，认为自然界、家庭、村庄、城市、工商业聚集地都是儿童最好的活动场所。

4）引导儿童自己能做的事自己做，园中的事如扫地、擦桌子、拔草、管理玩具等，都应由儿童去做。

5）教师要做观察教育记录，将儿童的身体、性情、喜好等都记录下来，作为研究和施教的材料。

6）儿童的玩具用品尽量利用废物、天然物和日用品。例如，将旧书、旧报、破布、果核、树叶、贝壳、石子等做成玩具、教具和装饰品，不但省钱，而且利于培养孩子的勤俭品质和创造力。

7）教育活动要与家长相结合，也可向家长宣传幼稚教育和家庭教育的方法。

我国第一个由国家颁布的《幼稚园课程标准》是由我国专家学者在总结自己实践经验的基础上，根据我国的国情编订的，虽然也吸收和借鉴了西方资产阶级的学前教育思想，但充分体现了“洋为中用”的理念，富有民族性。同时，它以心理学、教育学、卫生学等学科理论为指导，对教育内容和方法所作的各项规定，比较符合儿童的年龄特点和教育要求，也具有较强的科学性。它在各方面所做的规定都比较全面、明确和具体。例如，在目标方面，它既规定有最终目标，也规定有切近的目标；在内容方面，它涵盖了体、智、德、美诸方面的内容，既注意儿童身体的养护和锻炼，又重视发展儿童的创造力、想象力和表达能力，并强调激发儿童的兴趣、美感和情感，培养儿童自信、坚忍、勤奋、互助的精神及良好的行为习惯；在方法方面，它规定有灵活多样的方法，可以分别以团体、分组或个别的方式加以运用。此外，除一般要求，它还有最低限度的要求，以适应各地区、各园、各所发展不平衡的情况。这就比较充分地显示了它的中国化和科学化的特点，对推动我国学前教育向中国化和科学化的方向发展、提高学前教育的质量，起了重要作用。

第三节　各类幼稚园的建立和发展

五四运动以后，特别是新学制颁行以后，随着幼稚园制度的确立，我国的学前教育事业比初创时期又有了新的发展，先后创建了一大批不同类型的幼稚园。其中，有公立的，也有私立民办的；有附属于其他学校机关的，也有单独设立的；有普通性质的，也有实验性质的；有设在城市的，也有设在农村的。现将其划分为公立和私立民办两大类，分述如下。

一、公立幼稚园

这一时期的公立幼稚园以附设于其他学校机关者为多，虽然法令规定可以单独设立，但单独设立的数量很少。据《第一次中国教育年鉴》记载：1927 年南京在成立特别市后所创办的幼稚园，均附设在各市立小学内。另据张克勤 1934 年对上海、南京、杭州、天津、北平、青岛、汉口 7 个市幼稚园的调查统计，绝大多数公立幼稚园均附属于其他学校机关。

在公立幼稚园中，由大学和各省省立女子师范或师范学校附设的幼稚园占有重要地位。这类幼稚园作为大学教育系科和师范学校的教学与科研实习、实验基地，教育质量都比较高，它们的教育实践活动对一般公立幼稚园起着示范作用，因而也较具有代表性，如南京高等师范附属小学下设的幼稚园和浙江大学教育系培育院。

（一）南京高等师范附属小学下设的幼稚园

该园成立于 1919 年，招收 3—6 岁的儿童，多半是教员子女。在教学中以生活为内容，没有明显科目划分，以谈话、游戏、手工、音乐为主要活动。每日上课约 135 分钟，每周上课约 13 小时 15 分钟。游戏、运动器具等设备齐全。

该园的教育目的是使儿童渐渐习惯于社会生活，练习建设的本能和自发活动。所以作业内容大部分来自儿童直接感兴趣的生活经验，包括自然生活和社会生活。这两方面的内容均按时令季节安排。以秋季作业内容的安排为例，其内容包括以下几个方面。

1）自然：日短；天冷；秋天自然界的颜色；叶变色和脱落；谷、果、蔬菜成熟；鸟迁。

2）社会生活：假期里的经验；学校团体；家庭；收获；食物；田里；农夫、打米人、各种店里的人；交通；父母的职业动作和别种做食物人的动作；农场、食物店、菜店。

秋季作业的组织一般是以中秋、重阳、双十节、恳亲会、远足等为中心，同时搭配合宜的音乐、游戏。

教材方面，以国语文学教材为例，内容大略如下。

1）仙人故事、民族故事和寓言：3只熊、3只猪、玻璃鞋、五粒旺、睡美人、太阳和风等。

2）历史和名人故事：失羊、孔子、蔡锷、屈原、黎元洪等。

3）杂种故事：鸟南迁、周年故事等。

4）指戏：花园、夏天的小孩、小猪等。

5）诗和歌谣：老师你早、新年、雨、雪、花、鸟、家庭、铁匠等。

作为带有示范性和试验性的高师附属幼稚园来说，该园的优点是教育内容比较丰富，活动形式多样，缺点是收费较多（每半年交大洋2元），且是半日制。

（二）浙江大学教育系培育院

该院成立于1935年，招收2岁半至5岁的儿童，每半岁一个级段，每级段各有4人，共20人。该院儿童既是教育对象，又是儿童心理学、儿童训导与心理卫生、儿童心理专题研究等课程观察、研究、实习的对象。该院的方针有三：①儿童训导原则以心理卫生为基础，对儿童常态、变态行为的发展及个别儿童的特殊需要予以适当的多方控制；②教育应以儿童身心之全部发展为对象，但儿童越幼小，身体之发育健康越为先决；③培育院是学前教育机构，必须生活自由、愉快、家庭化、游戏化，尽量给儿童以自由活动的机会，寓指导于不觉之中。

为便于师生观察又不致使儿童因注意观察者而分散注意力，该院仿效美国耶鲁大学的布置，使观察者从观察室隔着两层黑铁纱看清活动室内的人物动作，而从活动室看观察室则是白纱一片，一无所见，这样观察者便可在观察室内安坐记录。这种观察室不仅在当时是一种很有应用价值的创造，即便在当前也还是值得提倡和推广的。

培育院组织的活动可分为团体活动和个人活动、领导活动与自由活动、设计活动与随机活动、文字教育与具体教育等类别。曾实行过的活动有节会（国庆日、儿童节、植树节、元旦等）、养蚕、种毛豆、放风筝、写信、烹饪请客、旅行、做豆浆、娃娃过家家等。

该院的研究工作有：①观察：配合课程，每周在观察室实地观察一小时；②训导实习：学生参与院中生活，帮助教师照料儿童；③专题研究：四年级学生的有关专题性研究可在此收集材料，如该校毕业生曾发表过《儿童语言之功用》《儿童性格评估法》《儿童图画之发展》等文章；④个案研究。

二、私立民办幼稚园

据张克勤于20世纪30年代初对上海、南京等7市幼稚园概况的调查，当时私立幼稚园明显多于公立幼稚园。私立幼稚园不仅在园数、儿童数、教职工数等方面绝对多于公办幼稚园，而且各具特色，出现了不少知名人士创办的幼稚园。在全国范围内影响较大的有厦门集美幼稚园、北京香山慈幼院、南京鼓楼幼稚园、南京燕子矶乡村幼稚园、上海大同幼稚院、上海劳工幼儿团等。

（一）厦门集美幼稚园

厦门集美幼稚园由爱国华侨陈嘉庚先生（1874—1961）于 1919 年 2 月 21 日创办于厦门集美学校内。这所独立设置的幼稚园，招收幼儿百余名，由陈淑华任主任；1920 年并入集美学校，改称集美学校附属幼稚园。1927 年，集美幼稚师范成立，集美幼稚园改为中心幼稚园。

陈嘉庚先生是一位具有远见卓识的教育家，一生热爱祖国，关心华侨及家乡的教育事业。1913 年起，他在家乡大力发展教育，创办集美小学堂、集美师范、水产、航海、商业等各级各类学校以及图书馆、医院等，将家乡建成规模宏大的学校区——集美学村，后来又创建了福建省第一所高等学府——厦门大学。为了办学，陈嘉庚“毁家兴学”，将其在南洋所有的不动产全部捐给集美学校作为永久基金。陈嘉庚一生倾资办学，促进了国家教育事业的发展，堪称“华侨旗帜、民族光辉”。

陈嘉庚先生非常重视早期教育。他认为家庭教育、幼儿教育和社会教育应相因相袭、相辅相成、相得益彰。他指出儿童天真、纯洁、可爱、可塑性极强，呼吁热爱儿童，倡导幼儿教养。他就儿童从小应该养成的正确姿势和良好生活卫生习惯方面提出了 18 个要求，并以图示意。其要求分为行路、端坐、读书、写字、洗澡、咳嗽喷嚏、便溺、睡眠、盥洗、早起、整理被服、刷牙漱口、戴帽穿鞋、穿衣、开门关窗、洒扫、进膳、立正等。

在幼稚园教育方面，陈嘉庚率先独资建造了厦门集美幼稚园。该园的信条是：深信幼稚园是教育的基础，要教养儿童成为健康的儿童；教育应以儿童为中心，教师是儿童的伴侣，幼稚园应成为“儿童的乐园”；幼稚园教育应有改造家庭教育的责任等。该园试行以年龄、智力为分级标准，教学内容有故事、音乐、游戏、自然和社会、识字与计算、工作、餐点、静息、家庭联络工作 9 项。在课程实施上，分两步按月和周制定活动计划。每周围绕一个中心取材，唱歌、谈话、图画、手工等都围绕中心进行教学，同时还进行识字与数数教育。该幼稚园在设备、管理、教学、科学研究和改革实验方面，在当时都是一流的。

（二）北京香山慈幼院

北京香山慈幼院由曾任北洋政府总理的民国慈善家熊希龄在北京香山宜园旧址创办，1920 年正式成立，专门收容受灾的孤儿、弃婴和附近的贫儿，为他们提供免费教育。香山慈幼院在最优美的校区成立了“蒙养部”，收育年满 4 岁、不足 6 岁的儿童。1923 年正式改成“蒙养园”，曾在南京、广西等地设立分院。中国共产党于 1928 年在该机构设立地下组织，1949 年 3 月，香山慈幼院总院迁至北平西安门大街 26 号。

熊希龄（1870—1937），湖南凤凰人，清末民初政治家、学者、教育家、实业家、慈善家，曾出任民国财政总长、国务总理兼财政总长、平政院院长等职务。熊希龄一向热心幼教，曾于 1909 年在湖南常德创办蒙养院。1917 年 8 月，京津直隶一带发生水灾，灾民逾 600 万人。1920 年 10 月，熊希龄在静宜园创办著名的香山慈幼院，对当时水灾中的 200 余名难童进行收容教养，同时吸纳京师及郊区满、汉儿童 500 人。熊希龄亲自制订办学方针，推行“学校、家庭、社会合一”的教育体制，建立健全管理机构，订立教学和管理制度及条规，还制订校训和校歌。到 1930 年，学校规模逐渐扩大，由男女两校发展成 6 校，即蒙养部、小学部、中学部、职业部、职工部和大学预备部。

香山慈幼院的主旨在于济贫托孤，属慈善性质。但开办 1 年后，熊希龄发现贫苦儿童中不乏天资聪颖者，于是决定以施行教育、造就人才为主。慈幼院的突出特色为教养兼施，不仅对这些孤贫儿童进行收养，更重要的是对其进行教育。熊希龄将自己多年从事实业、教育、慈善与救助的丰富经验予以发挥，创立了家庭、学校与社会连为一体的新机制。他所制订的具体方针包括：一是注重儿童人格的培育，关注其社会化习惯的养成；二是注重儿童才能的培养，即注重职业教育，强调实际训练。尽管慈幼院拥有几百人甚至上千人的规模，但为使孤贫儿童享受到村社乡情与家庭亲情，熊希龄首创了“村户制”，即以村户模式构建成长氛围，以小班为教学单位，教师兼而充当家长的角色。该院的生活照管和卫生保健在当时全国儿童教养机构中首屈一指，被称作孤苦儿童的幸福乐园。

（三）南京鼓楼幼稚园

南京鼓楼幼稚园是我国著名幼儿教育家陈鹤琴先生于 1923 年春创建的，是我国创办最早的幼儿园之一。时任东南大学教育科心理学教授的陈鹤琴得到东南大学教育科赞助，在自己新建的住宅客厅里办起了幼儿园，取名鼓楼幼稚园，自任园长，收幼儿 12 名，聘东南大学讲师卢爱林为指导员、甘梦丹为教师。鼓楼幼稚园是私立园，经费除由东南大学等单位适当补助外，1928 年起由江苏省教育厅给予津贴。1929 年经南京市教育局批准后，市局也发给其少量津贴。该园抗日战争时惨遭洗劫，至 1945 年底才重新恢复。1952 年 8 月，应陈鹤琴的要求，南京市教育局接办该园，并将其改名为南京市鼓楼幼儿园，现为江苏省南京市的示范幼儿园。

该园是我国第一个幼教实验中心，创办的目的在于试验适合国情的中国化的幼稚园，并以试验所得供全国采用。1925—1928 年，该园进行了幼稚园课程、设备、故事、读法及幼稚生应有的习惯和技能等实验研究。

1. 读法研究

读法研究证明了幼稚园可以进行读法（识字）教学，同时读法实验研究显示儿童学识字和学语言相似，必须适应幼儿的兴趣和需要，采用游戏的方式进行，不能要求幼儿死记符号。

2. 设备研究

陈鹤琴认为设备是幼儿游戏活动的条件，既是为教育、教学服务，也是为了刺激儿童，使之获得极普通的反应技能和特种适应技能。经过研究，他编制了比较完备的和最低限度的两种设备表，设计并创制了一整套设备，如摇船、摇马、小推车、游戏平台等。

3. 故事研究

陈鹤琴认为故事能促进儿童的情感交流，离奇的情节尤其能满足儿童的好奇心、激发儿童的想象力，故事组织得完整能够适应儿童的学习心理，应充分利用故事这一教育手段，并创编、改编了许多故事。

4．课程研究

陈鹤琴的幼稚园课程论，其基本思想是：①课程应为目标服务。他认为儿童、教材和教师是教育上的三大要素，教师应先测量儿童的个性，明确希望他们达到的目的，然后选择最适宜的教材、使用最适宜的方法，以达到所希望的目的。陈鹤琴把目的概括为“做人，做中国人，做现代中国人”。②课程应以自然和社会为中心。陈鹤琴认为儿童的环境不外乎两种：一种是自然环境——动植物和自然现象；一种是社会环境——个人、家庭、集社、市廛等的交往。这两种环境是儿童天天接触到的，应以此作为课程的中心。在此基础上，陈鹤琴将“大自然、大社会都是活教材”发展成活教育的课程论，借以反对以课堂和书本为中心的死教育。③课程应实施“整个教学法”。陈鹤琴认为幼稚园的课程是幼稚生在园的一切活动，应该把儿童所学的东西整个地、系统地教给他们，因为儿童的生活是个整体，教材也应当是整体的、互相连接的、不可分割的。④课程应当采用游戏式、暗示性、小团体式的教学法。陈鹤琴认为儿童总是喜欢游戏的，儿童以游戏为生活，所以幼稚园的课程应当采用游戏式的教导法。陈鹤琴又认为儿童好模仿，易受成人的暗示，幼稚园的课程应采用暗示性的教学法，通过语言、文字、图画、动作等进行暗示，尤以教师和家长的以身作则最为重要。陈鹤琴还主张多采用小团体式教学法，他认为幼稚生的年龄不齐、智力不同、兴趣不一致，应当区别对待、分组施教，以使处于不同发展水平的幼稚生都能有所长进。⑤课程应当有考查儿童成绩的标准。陈鹤琴认为幼稚园应该教什么，幼稚生应该做什么、做到什么地步、程度怎样，都应有相应的标准：考查品行，应当有品行的标准；甄别习惯，应当有习惯的标准；检验技能，应当有技能的标准；测验知识，应当有知识的标准。知道了幼稚生的成绩，就可以施行相当的教育，扬长补短，促进儿童发展。

南京鼓楼幼稚园的课程主要有如下内容。

（1）音乐

音乐包括各种歌词和听唱表演及欣赏、节奏的听和演奏。音乐的奏演教具除钢琴外，还有留声机和机片，用于练习节奏动作及欣赏。小乐队有鼓、铙、钹、铃、木鱼等，还有指挥台及拍节板等。

（2）游戏

游戏应注重个人，兼及团体。将游戏精神赋予环境之中，引起儿童游戏举动，并予以适宜的指导。团体游戏也不要强迫儿童参加，或为全体，或为部分，每星期至少举行 2 次。

（3）工作

工作包括下列数项，每周都要对儿童进行各项训练，以使其平均发展，且这些项目的训练还要与其他工种相联系。

1）图画。

初学为涂鸦、轮廓等，继之为写生、临画等，用具有铅笔、蜡笔、彩笔、毛笔等。

2）纸工。

纸工有剪图、贴图、撕纸、折纸等。

3）泥工。

泥工是指用黏土做成各种模型，并涂以色彩。

4）木工。

木工有锯、锤、钉、刨等，教儿童用木条或木片钉成简单的玩具，并刷油漆。

5）积木。

积木是用大小木块搭成房屋、车、船或其他物品等。

6）沙箱。

沙箱是利用废物和各种玩具，堆装有意义的模型，或随意玩沙。

7）缝纫。

缝纫是指用布和针线做成玩偶，或做自己的手帕等。初学用针，可教在纸上刺图形。还可让儿童用颜色线穿编，或用颜色珠穿线等。

8）手工。

手工是指用麦秆、藤条或纸条、粗线等编成有意义的图形或玩具。

9）园艺。

园艺包括种植花卉、豆、菜及随时灌溉，并教他们整理种植园地等。

10）其他。

其他工作包括烹饪、洗涤及日常工艺问题的参观或试做。

（4）常识

常识包括自然常识和社会常识，自然常识教育应在野外进行教学，每星期至少外出2次，或游览公园山林，或采集标本等，使儿童生活在自然环境之中；社会常识教育要随着时节风俗随时教学，注意培养儿童对它们的兴趣，如日常礼仪的演习、实事实物的观察、简单的卫生规律及健康清洁检查等。

（5）故事

儿童最爱听故事，尤其喜欢能用耳听、眼看、口讲、表演等方式欣赏的故事。故事可由教师编，也可由儿童自己编。教师还可以带领儿童吟唱歌谣，以引起他们对于文学的兴趣。

（6）读法

凡年满4岁的儿童要设读法课。材料或单字短句，或儿童歌谣，或短篇故事，可以与中心教材相联系（如图画、手工让他们自作说明，或由教师做说明，其他如室内的挂图、日历等上面的文字，都是指导儿童认字的良好机会）。读法教具有认字盘、练习片、木刻字、铅字、小木球、画片等。儿童年满5岁后，可以教其书法，用铅笔、粉笔、蜡笔、石板笔皆可。不正式规定时间，在需要时，或写在自己的图画上，或作说明，或写姓名。在学习初期，最重要的是要注意儿童身体的姿态、执笔的方法以及笔顺。

（7）数法

儿童在家庭及幼稚园的生活中，已经有数的经验，所以应该随机对其进行数法教学，或正式学习，或用游戏的方法，或多注意练习。如果利用得当，随机法很能丰富儿童关于数的经验，加深儿童对于数的理解。

（8）餐点

儿童辰时入学，午时放学，其间约经过三四个小时。因儿童食量小，时间过久，在园期间应稍进餐点以充饥，并可养成儿童在饮食上的好习惯：每天上午 10 点半钟，吃饼干一片，喝开水一杯，或由儿童自己烹饪适当的食品（如面或山芋等），或食用自己园地采集的食品（如果类、豆类等）。

（9）静息

儿童生性好动，每天从早到晚，不知道停止活动，精神上必感疲乏。为增进儿童活动的效率，调剂儿童精神上的不济，每天上午、下午，都规定静息的时间，以资休息。休息时，儿童或伏案而卧，或假寐片刻，或静听音乐等。

该园关于课程的实验研究，成为 1932 年颁布的《幼稚园课程标准》的基础，对我国 20 世纪 20—40 年代的幼儿教育产生过重要的影响。

5. 习惯研究

鼓楼幼稚园进行过各种行为习惯的研究，其内容有以下几方面。

（1）卫生习惯

①不吃手指；②不是吃的东西不放进嘴里去；③落在地上的东西必须洗濯后再吃；④不用手指挖耳朵；⑤不用手指挖眼睛；⑥常修指甲；⑦每天手脸洗得干净；⑧每天至少刷牙两次；⑨吃东西的前后都洗手；⑩大小便以后洗手；⑪不流口涎；⑫不拖鼻涕；⑬常带手帕；⑭打喷嚏或咳嗽时，用手帕掩着嘴巴、鼻子；⑮慢慢地吃东西；⑯不沿路大小便；⑰坐的时候，胸膛挺直，头也端正；⑱内外的衣服都很干净；⑲不喝生水；⑳运动出汗以后不即刻脱衣乘凉；㉑不带食物到幼稚园里来；㉒不多吃糖果；㉓不随地吐痰；㉔嘴里有食物的时候不说笑；㉕到外边去知道穿衣戴帽；㉖知道远避患传染病的人；㉗会拍苍蝇、蚊子；㉘果壳不抛在地上；㉙起卧有一定的时间；㉚每天大便一次；㉛不用手抓饭菜吃；㉜早晨刷牙、洗面之前不吃东西。

（2）做人的习惯

1）个人习惯。

①乐于到幼稚园来；②听见铃声就去上课；③不容易哭；④喜欢唱歌；⑤喜欢听音乐；⑥不容易发脾气；⑦起坐轻便；⑧开关门户轻快；⑨走路轻快；⑩用过的东西放好并且放得很整齐；⑪说话不怕羞，又能说得清楚；⑫衣服等物品能够放在一定的地方；⑬不说谎；⑭能够独自找快乐；⑮离开座位时将桌椅放好；⑯爱惜玩具和纸笔等；⑰爱护园里的花草、动物；⑱拾起地上的纸屑等放到纸篓里去；⑲能够预测极简单的结果，如碗放在桌边可能会落地打碎等；⑳知道自己做的事情的好歹；㉑不怕雷；㉒不怕猫、狗、鸡、鸭；㉓不怕昆虫，如蚕、蝶之类；㉔一切事情能够自始至终地做到一个段落方才罢手；㉕不狂叫乱跑；㉖做错的事直接爽快地承认；㉗不乱涂墙壁、地板、桌椅；㉘认识自己的东西；㉙知道自己家的住址和家长的名字。

2）社会性习惯。

①看见国旗时能敬礼；②每天第一次见到熟人时能打招呼；③爱爸爸、妈妈，听爸爸、妈妈的话，帮助做家事；④爱教师，听教师的话，帮助教师做事；⑤爱哥哥、弟弟、

姐姐、妹妹，有玩具和食物时和他们同玩、同吃；⑥爱小朋友，和他们同玩、同吃；⑦知道亲戚，会恰当称呼；⑧不和人相骂相打；⑨至少有一个极要好的朋友；⑩对新来的小朋友不欺侮且能提供帮助他；⑪不独占玩具；⑫进出门户不争先；⑬做事、游戏都依照次序，不争先；⑭对贫苦的孩子没有轻视的态度；⑮会说“早”“好”“谢谢”“再会”等话；⑯做值日生很尽职；⑰能赞赏他人之美，不嫉妒；⑱走路时靠右边；⑲知道最常用手势的意义，如点头、招手等；⑳知道同学的姓名；㉑知道老师的姓名；㉒能模仿别人可爱的动作；㉓不讥笑人；㉔能同小朋友合做一件事；㉕能对不幸的儿童表示同情；㉖对客人有礼貌；㉗不虐待用人；㉘能慷慨拿出自己的东西和小朋友分享；　㉙不抢东西玩，不抢东西吃；㉚未经允许不拿他人东西；㉛别人说话不插嘴；㉜到公园里去不损坏任何花草物件。

该园对习惯的研究，不仅提出了 93 条要求，并在工作中注意运用各种方法训练幼儿，还与家庭共同配合、协调一致地进行。

6. 技能研究

鼓楼幼稚园十分重视幼儿技能的练习，其内容有以下几方面。

（1）生活的技能

①会自己吃饭；②会自己喝茶；③会戴帽子；④会穿脱衣服；⑤会穿脱鞋子、裤子；⑥会洗手；⑦会洗脸；⑧会刷牙；⑨会擤鼻涕；⑩会自理大小便；⑪会快步跑；⑫会上下阶梯时互换左右脚；⑬会关门窗；⑭会拿碟、碗、杯，不打破；⑮会端流动物不泼翻；⑯会上下船、车；⑰能辨别盐、糖、米、麦、豆、水、油等；⑱会搬椅子、凳子；⑲会洗澡；⑳会洗碗碟；㉑会扫地；㉒会抹桌；㉓会拾石子；㉔会拔草。

（2）游戏运动的技能

①会拍球；②会打秋千；③会上下滑梯；④会驾三轮车；⑤会溜雪车；⑥会玩跷跷板；⑦会走独木桥；⑧会掷球、接球；⑨会滚铁环；⑩会爬梯子；⑪会爬绳梯；⑫会摇木马；⑬会拉小黄包车；⑭会推小手车；⑮会玩小双兔；⑯会做竞赛游戏 5 种（如掷石、传花、占座位等）；⑰会做最普通的团体游戏 5 种（如猫捉老鼠、捉迷藏、种瓜、老鹰捉小鸡等）；⑱会跳绳；⑲会舞木剑、竹刀；⑳会射箭；㉑会掷石子；㉒会遵守简单的游戏规则。

（3）表达思想的技能

①会说日常方言；②会讲简单的故事；③会叙述简单的事情；④能认识日常字 200—300 个；⑤会背诵歌谣 30 首；⑥会唱歌 20 首；⑦会写自己的姓名；⑧会读一两句的故事；⑨会听故事明了大意；⑩会依琴声击拍；⑪会独自唱歌娱乐；⑫会画简单自由画；⑬会涂色；⑭会画有意识的故事画；⑮会剪贴；⑯会剪贴成有意义的故事；⑰会搭积木成有意义的东西，如屋、车等；⑱会替玩偶组织家庭；⑲会抚爱玩偶；⑳会帮玩偶穿脱衣服、睡到床上；㉑会表演简单故事；㉒会写日记。

（4）日用的常识

①辨别红、黄、青、白、黑、紫等常用的颜色；②辨别明暗的色彩；③辨别冷暖的缘由；④识别植物 20 种；⑤识别动物 20 种；⑥识别动物的雌雄；⑦知道花、种子、果实的用途；⑧会数数字 100—200；⑨会做 10 以内的加减；⑩知道日、月、时间；⑪辨

别东、南、西、北的方向；⑫知道尺、寸、升、斗；⑬知道钱币（大洋、角子、铜元）的价值；⑭能买玩具；⑮知道水的 3 种变态；⑯会养护蚕；⑰知道青蛙、蝴蝶、蛾等的变态；⑱知道国庆纪念、国耻纪念等日子；⑲知道当地的地名；⑳知道当地名胜 3 处；㉑明了身体各部位的组织与用途；㉒会种豆子……又会掘番薯、萝卜等；㉓知道开会的仪式；㉔会保护两盆花不使干死。

这 92 项技能要求，明确具体，通过多种方式的练习，幼儿能真正学到手，以利于其生活和学习。

7. 生活历的研究

鼓楼幼稚园通过研究还对幼儿在园一天、一周、一月及全年的活动内容和程序，分别做了比较系统和合理的安排，制订了如下幼稚生的生活历。

（1）一天的生活历

上午

8:50　幼儿陆续入园，换鞋子，挂衣帽，在户外做运动玩游戏，或在室内看图画、做事、玩玩具，教师事先要把玩具放在桌上或放在适当场所，使儿童自主地活动，教师可布置挂图或摆花盆以备儿童欣赏，或整理准备教具，或和儿童共同活动等。

9:00—9:30　进行晨间检查，教师与儿童共同检查日历，涂日历，翻星期板，记气候图，数到园人数，记到园人数等。

9:30—10:00　工作，由儿童自己随意选定一种作业或由教师准备材料，指导儿童　工作。

10:00—10:40　静息，以调节因户外活动激起的兴奋，若儿童并不过分疲劳，可由教师教导吟诵儿歌或谜语等，使全体儿童都能集中注意力。

10:40—11:00　餐点，每人点心少许、开水一杯。

11:00—11:30　音乐，进行唱歌、节奏训练或游戏。

11:30　放学。

下午

1:30—2:00　儿童陆续到园，进教室静息假寐或静听音乐。

2:00—2:20　故事，听讲或表演。

2:20—2:50　读法，可分大、中两班，认字，读故事，记日记，写字或进行幼稚园课本作文练习等。

2:50—3:00　户外游戏。

3:00—3:30　数法或游戏，可用游戏来做数法的练习。

3:30　放学。

（2）每星期的教程

该园规定了一周内儿童的活动项目，主要活动如下。

1）全体详细检查整洁三次（每月亦须检查）。

2）全体出游一次（须有目的且距离较近）。

3）表演。

4）做点心及烹饪。

5）习惯和技能的考查。

6）更换教室里的布置或装饰等（如画、花等）。

7）纪念周。

8）晨间健康检查（每日检查，极简单）。

9）矫正儿童身体健康的缺点（沙眼点眼药或其他）。

10）轮流到各家去探望。

（3）每月的教程

1）检查体格一次（身长、体重）。

2）发儿童生活报告单一次。

3）家长会例会一次。

（4）每学期的教程

1）体格检查一次（由医生执行）。

2）种牛痘一次。

3）举行展览会一至两次（如玩具展览会、成绩展览会、图画展览会、菊花展览会）。

4）举行恳亲会、家属联欢会、同乐会或欢迎会一至两次。

5）远足游一次。

6）发儿童成绩报告单一次。

综上所述，鼓楼幼稚园的实验研究是全面的、富有成效的。该园通过实验研究出版的刊物、书籍、教材，深受幼儿教育界的欢迎，其实验研究成果奠定了我国幼儿教育中国化和科学化的基础。

（四）南京燕子矶乡村幼稚园

南京燕子矶乡村幼稚园是中国第一个乡村幼稚园，创立于 1927 年 11 月。该园由我国著名教育家陶行知主办，张宗麟、徐世璧、王荆璞主持，办园宗旨是建设中国的、省钱的、平民的幼稚园。

陶行知克服重重困难，筹经费、找园址、借设备、寻人才，直到 1927 年张宗麟、徐世璧下乡时，这所乡村幼稚园才诞生，后又得到陈鹤琴帮助，从南京鼓楼幼稚园借来 3 位艺友，收 30 位农民儿童后开课，后有新屋落成，收孩子 40 名，4 位教师任教，开始了乡村儿童教育的实验活动，直到 1930 年因晓庄师范被封而停办。其教育总目标是使幼儿具有健康的体魄、劳动的身手、科学的头脑、艺术的兴趣、改造社会的精神，为将来成为新时代的创造者打好基础。为此，该园对幼儿实施健康教育、劳动教育、科学教育、艺术教育、集体教育，将社会生活、自然现象、家乡土产、风土人情等作为教材。该园结合农村实际确定保教内容，选取教学材料，他们的实验活动如下。

1. 草拟生活纲要

分年、月、周和天为幼儿制订活动计划。

（1）全年生活纲要

分节气、气候、动物、植物、农事、儿童玩耍、风俗、儿童卫生等 8 项，以表格的形式安排幼儿一年中活动的内容和程序。这张表又名“幼稚生生活历”。

（2）每月生活纲要

每月开始之先，有一个计划会议，决定下月应注意哪几项内容及其开展的具体办法。

（3）每周生活纲要

每周的大纲较详细，要研究每件活动进行的步骤，寻找所需的材料。还要检查上周的工作，看看成绩如何，以供参考。

（4）当天生活纲要

根据每月和每周的纲要及儿童昨天提出来的感兴趣的问题，决定当天的工作，最重要且最大的根据还是当天生活环境的刺激和儿童的兴趣。

2. 寻找生活材料

为了充分利用周围生活中的材料进行儿童教育，他们在实践中曾选择和利用了下面这些生活材料：

1）香甜的土货点心：红薯、蚕豆、豌豆、大豆、红豆、面粉、玉蜀黍、萝卜、芋头、藕、菜头。

2）上等的废物手工材料：玉蜀黍的棒子、麦秆、豆秆、荷叶、花片、牙粉袋子、谷壳、贝壳、鸡毛、兽毛等。

3）可爱的自然物：溪沙、江泥（加盐水）、石子、松针、芦苇、棉花果、野红果、松果、野菊花、小鱼、虾、小雀子、小鸡、鹅、螺蛳、河蚌、蝴蝶、蜜蜂、野鸡、野鸭、獐子、猪。

此外，他们还注意收集儿童歌谣、儿童故事、儿童游戏、儿童谜语，经编制作为教材，如《小板凳》：“小板凳，拐一拐，楼上小姐下楼来。问你哭什么？今天没得米，明天没得柴，这个日子怎样过得来……”也有结合农村实际编的儿歌，如《种蚕豆》：“点蚕豆，种蚕豆；种一窝，结许多。今年种了明年收，大家吃个笑呵呵！”

3. 试用生活法

该园采用“教学做合一”的生活教育法，并运用课程中心制即单元教学法组织教学，是陈鹤琴课程实验的农村基地。他们根据农村儿童生活的特点，在试用生活教育法时，特别注意以下 3 方面。

1）户外生活要多。乡村儿童来自农家，乡村自然环境对他们已有了相当的陶冶，常把儿童关在室内，儿童是不会愿意的。

2）注意卫生。当时中国的农村家庭是没有什么卫生可言的，幼稚园内备有毛巾、镜子等，让儿童自行检查清洁，还备有药品，替孩子们医治秃子、沙眼等疾病。

3）注意读法。乡村儿童入学机会少，教师希望通过教识字，对那些无机会升学的儿童提供帮助。

该园利用儿童周围的社会、自然环境，开展“中山诞辰”“娶新娘子”“野外旅行”“捕捉生物”“出外做客”等活动，组织“小狗看门”“捞鱼”等游戏，并结合生活中的月食现象，讲解太阳、地球、月亮的关系，唱“明月歌”，讲“后羿射日”“吴刚伐桂”

等故事。尤其重视农事活动，开辟了小农场和小花园，让儿童亲自动手，参与力所能及的劳动。他们认为儿童参加农事活动，有十大好处：“①培养重视农业的心理；②造成物质文明的喜好；③培植活动和建设的精神；④养成专一任事的习惯；⑤可训练出自修的能力；⑥是实际生活的一方面；⑦是一种野外的生活，可以促进儿童的健康；⑧可以给儿童以大量的个人自由意志的发展；⑨是师生共同生活的极好机会；⑩其他。”美国教育家克伯屈参观燕子矶幼稚园后大加赞赏，曾说：“这些我在外国还没有看见过，这是很好的一种办法。”

（五）上海大同幼稚院

1929 年秋，鉴于一些烈士遗孤和为革命四处奔走的干部的子女需要培养，周恩来决定由党的外围组织互济会出面开设一个儿童福利机构，取名大同幼稚园，寓意“世界大同”。1930 年 3 月，中国共产党地下组织领导的中国互济会（原名中国济难会）创办了大同幼稚院，专门收容与抚育革命同志的子女，由董健吾具体负责管理。出于安全考虑，周恩来还特意请宋庆龄为大同幼稚院题写牌匾，又请国民党元老于右任题写院名。借此两块金字招牌作掩护，防止反动警探随意前来骚扰、破坏。

该园离法国公园较近，保育员经常带领儿童到公园里晒太阳，呼吸新鲜空气和做游戏，使他们得以健康成长。1931 年冬，外界开始有人注意大同幼稚院。互济会负责人深恐发生意外，影响革命后代，遂当机立断，于 1932 年 1 月解散该院，并将儿童安全转移。

大同幼稚院的存在虽然只有两年时间，却收容并抚育了毛泽东、彭湃、恽代英、李立三等革命前辈的子女，它是白色恐怖笼罩下的一只红色摇篮，具有特殊的政治意义和历史意义。

（六）上海劳工幼儿团

上海劳工幼儿团是 1934 年在陶行知领导下，由其学生孙铭勋等人在沪西女工区为工人子女创立的民办学前教育机构。其宗旨是为女工服务，向劳工的幼儿（自断乳到 8 岁）实施教育。该团是以真正的劳动工人的幼儿为主体的，不是劳动工人的幼儿概不接收。劳动工人的幼儿自断乳以后至 8 岁的，毫无条件，来者不拒。经费靠募捐，师资靠女青年会派员协助，设备按 30 个幼儿准备，其中 20 个可以寄宿。本着勤俭原则，被褥由教师自做，桌、椅请工人制作，不花工钱，玩具、风琴、儿童书、画、卫生器具等一应俱全。入团幼儿来自社会的最底层，缺乏文明行为和卫生习惯等方面的素养，全体教师对他们的教育付出了极大的爱心。教育的重点是卫生健康教育，并经常带幼儿到附近的公园散步、观察，以增长知识、开阔视野。

上海大同幼稚院和上海劳工幼儿团均在开办后不久即被迫解散，这也说明凡是真正为革命、为工农服务的幼稚园，在当时反动政府的统治下是绝无立足之地的。无怪张克勤在调查 7 大城市 189 所幼稚园后，曾感慨地说：“很难找到一个幼稚园是完全为贫民而设的，或完全为了工农子女而设的，差不多都是为了富人达官的千金、少爷而设的。”

总的说来，这一时期我国的学前教育在不断发展，其发展情况可以从表 5-1 中略见一斑。

表 5-1　民国十八年至民国二十五年（1929—1936）全国幼稚园发展统计

学年度	幼稚园数/个	班级数/个	儿童数/人
民十八	829	1 585	31 967
民十九	630	697	26 675
民二十	829	1 318	36 770
民二十一	936	1 407	43 072
民二十二	1 097	1 449	47 512
民二十三	1 124	1 599	59 498
民二十四	1 225	1 666	86 657
民二十五	1 283	1 988	79 827

表中的统计数字表明，此时期的幼稚园发展速度虽然缓慢，但整体呈增长趋势。

第四节　幼稚园保教人员的培养

1912—1913 年的“壬子癸丑学制”，将幼儿教师的培训正式纳入师范学校的培养目标。该学制首次把小学教员和蒙养园保姆并列为女子师范学校的培养目标，并规定女子师范学校应附设保姆讲习科，规定了女子师范学校在造就蒙养园保姆方面的职能，进一步巩固了中等幼儿师范教育的地位，是幼儿师范教育规范化的开始。另外，该学制对保姆之师的培养也有了规定，由女子高等师范毕业生担任，这必然有益于保姆水平的提高。1916 年，北洋政府教育部公布《国民学校令施行细则》，首次对蒙养园保姆的资格做出了规定，幼教师资由中等幼儿师范教育机构来培养的理念再次得到强化，标志着我国中等幼儿师范教育制度的正式建立。

“壬戌学制”颁布以前，陶行知于 1922 年 1 月在讨论学制问题的专门会议上提出幼稚师范学校可以单独设立，也可以附设在其他师范学校内的主张。“壬戌学制”颁布后不久，南京的江苏省立第一女子师范学校于 1922 年冬在校长张默君的主持下，设立了幼稚师范科。由于当时外国教会占据了幼教师资培养的主导地位，尽管当时幼稚师范的毕业生不多，但由于幼稚园数量较少，仍然供过于求，幼稚师范生大多改任小学教师。

由于“壬戌学制”受美国的影响，存在着中学和师范学校合并的倾向，师范学校虽然也有单独设立的，但很多成为高中的一个科，削弱了师资的培养。幼稚师范教育就更得不到人们应有的重视了，绝大部分附设在师范学校或高中，成为其中一科，称幼稚师范科。为此，在 1928 年的全国教育大会上，陶行知和陈鹤琴分别提出开设幼稚师范和在普通师范中设幼师科以培养幼儿教育人才、供给良好师资的提案。大会经讨论通过了《注重幼稚教育案》，在关于幼师培养这一问题上，该案提出各省设置幼师学校或在各省的师范学校（或中专师范专业）中增设幼师专业，培养专门的人才和优秀的教员。为了加强对幼稚师范的管理和推动幼稚师范教育的发展，国民政府在 1932 年颁布的《师范教育法》和 1933 年颁布的《师范学校规程》中，又对附设幼稚师范科做了若干具体规定，如师范学校的附设幼稚师范科修业年限为 2—3 年，入学资格为初中毕业生经入学试验及格者等。同时规定了幼稚师范科的教学科目和学生入学、转学、休学、复学、退学及毕业的办法。1935 年，国民政府教育部还发布了 2 年和 3 年制幼稚师范科的教学计划，其中的各种规定，是对幼稚师范科提出的要求，大体反映了当时师范学校附设幼稚师范科的教学基本情况。

为了保证幼稚园师资质量，1935 年 4 月公布的《师范学校学生毕业会考规程》规定，师范生毕业前须参加教育行政机关组织的毕业会考，由国家统一考试重要科目。统一考试科目有公民、语文、算学、历史、地理、生物、物理、化学、教育概论、儿童心理、幼稚园教材及教学法、保育法。会考 3 科以上不及格者应留级；1 科或 2 科不及格者，可先行服务，继续参加下两届该科会考两次，及格后方得毕业，才有正式服务之资格。毕业会考成绩占毕业成绩的 50%。这种办法虽然可以在一定程度上保证毕业生的合格率，但同时也给学生带来很大的压力和负担。

在此期间，中国幼教先驱们一直在为实现幼儿教育事业的中国化而不懈努力着，由私人设立的幼稚师范也不断出现，如厦门的集美幼稚师范学校（1927 年）、南京晓庄师范幼稚师范院（1929 年）、北平幼稚师范学校（1930 年）、上海幼稚师范学校（1930 年）等。这部分幼稚师范由于大多是知名教育家创办，在办学方面各有自己的特色，在我国学前教育发展史上占有比较重要的地位。现以集美幼稚师范学校和北平幼稚师范学校为例略做介绍。

集美幼稚师范学校于 1927 年 9 月 1 日创立，是中国人自办的第一所独立的幼稚师范学校，揭开了中国幼稚师范教育新的一页。其宗旨是要集合闽南热爱幼稚教育的有志之士，研究现代闽南的幼稚教育，培养具有时代性、地方性的良好的幼稚园和小学低年级教师及社会女子。该校学生的信条是：我们应该有专业的精神、德业的修养、革命的思想、强健的身体、研究的兴趣、科学的头脑、丰富的知识、教育的学识、教学的技能、公正的态度、和悦的仪容、慈爱的心肠、劳动的身手、规律的生活、编刊的才能、领袖的才干、管理的能力、血热的心肠、孩子的天真，还要以身作则。可见，该校的培养目标体现了幼小结合的精神，有利于幼稚园与小学的衔接；其 20 条信条更使幼师学生从思想、精神到态度、修养，从学识、技能到兴趣、才干，得到了全面的培养和锻炼。

该校学制为 4 年，前 2 年为预科，课程注重基本训练，尤其重视语言、社会、音乐、美工、健康等方面的训练，并致力于教师习惯与态度的培养，同时学习专业课，如儿童心理学、普通教育学等，以奠定后期研究的基础。后 2 年为本科，注重专业训练，着重于幼稚教育与幼稚园实际教学技能的培养，参加幼稚园或小学的实习，培养研究的能力和批评的精神。教育课程和实习占总学分的 40%左右，确保了幼师教育的重点；选修科目丰富，为学生提供了扬长补短的机会。

北平幼稚师范学校是香山慈幼院的第三校，于 1930 年 9 月筹备成立，由学前教育家张雪门担任实验师范教育委员会幼稚师范组主任，负责该校教育管理并组织教育实验。其办学方针是适合本国国情及生活的需要，造就忠实地为平民服务的师资。招生对象以慈幼院女生直升为主，也招一些外校的初中毕业生。该校学制灵活，学生每年所学课程及实际经验，均作为一个阶段的结束。例如，学完一年级课程即等于幼师速成科的标准，基本上可任幼稚园助理教师；学完二年级课程，为幼师全科的标准，可任幼稚园正式教师或主任；学完三年级课程毕业后，可兼任小学低年级或婴儿园教师和主任。该校坚持以下指导原则：①办学方向上结合国情；②教育内容上避免洋化；③教学方法上酌采西法，推行“教学做合一”方针。此外，该校在教育见习、实习方面积累了较丰富的经验，采取一年级看、二年级做、三年级管的办法，每学期或每学年均有实习安排，实习次数多、时间长；实习单位以幼稚园为主并向两端延伸（即婴儿园和小学）；实习内容以教务为主，扩展到家事、校务，使幼师毕业生一出校门就能开办幼稚园，当称职的教师或主任，深受用人单位的欢迎。北平幼稚师范学校为推进中国幼教现代化和中国化贡献了一批富有开拓精神和创造能力的幼教师资力量，开创了一批富有样板意义的平民幼稚园和乡村教育实验区，蕴蓄了中国幼教现代化的时代精神。

第五节　全面抗战和抗战胜利后的学前教育

1937 年 7 月 7 日，日本帝国主义制造了卢沟桥事变，发动了全面侵华战争，我国的文化教育事业遭到了严重破坏。在这民族危难的生死关头，国共两党联合抗日，形成了第二次国共合作的局面，开始了艰难的全面抗战，同时也开展了全民抗战教育。

一、全面抗战时期的学前教育方针

卢沟桥事变爆发后，在对日的一片讨伐声和国民党的自我反省中，1938 年 4 月，中国国民党临时全国代表大会颁布了《中国国民党抗战建国纲领》，同年又制定了《战时各级教育实施方案纲要》，规定了九大方针、十七条要点。九大方针为：①三育并进；②文武合一；③农村需要与工业需要并重；④教育目的与政治目的一贯；⑤家庭教育与学校教育密切联系；⑥对于吾国文化固有精神所寄之文史哲艺，以科学方法加以整理发扬；⑦对于自然科学，依据需要，迎头赶上，以应国防与生产之急需；⑧对于社会科学，取人之长，补己之短，对其原则应加整理，对于制度应谋创造，以求一切适合于国情；⑨对于各级学校教育，力求目标之明显，并谋各地平均之发展，对于义务教育，依照原定期限以达普及，对于社会教育与家庭教育，力求有计划之实施。国民政府教育部根据九大方针，进一步确定了幼稚教育目标：幼稚教育，应使保育与教导并重，增进儿童身心之健康，使其健全发育，并培养其人生基本的良好习惯。施教对象应推广及于贫苦儿童。

正是上述方针的颁布与实施，再加上社会各界精英人士的支持参与，中国的幼稚园教育事业才不致颓废，保证了幼稚教育的前进步伐。

二、幼稚园规程和幼稚园设置办法的颁布

为了促进幼儿教育的发展，加强对幼稚园的管理，1939 年 12 月 24 日，国民政府教育部颁布了《幼稚园规程》，这是我国学前教育史上又一重要法规。1943 年，《幼稚园规程》修正为《幼稚园设置办法》，同年 12 月 20 日以教育部令公布施行。《幼稚园设置办法》的全文共有 32 条，内容与《幼稚园规程》基本相同：收受 4—6 岁的儿童，必要时收未满 3 岁之婴儿予以保育；每园招收儿童数以 120 人为限，师生比例为 1∶20；在园时间分别为半日制、半日二部制、全日制；园主任和教员需具有幼稚师范毕业资格；幼稚园可附设于小学，也可单独设置，政府、师训机关、私人均可设立；应遵照《幼稚园课程标准》，顺应儿童的个性，遵循其身心发展规律实施教育；幼稚园的管理和经费等比照小学规程之规定办理；等等。但由于当时处于抗战环境，该《幼稚园设置办法》虽经颁布，实际并没有真正实施。

三、学前教育的实施概况

全面抗战期间，大片国土被侵占，众多民众被屠杀，无数家庭、幼儿园惨遭毁坏，无辜儿童遭遇到空前的劫难。有的幼稚园毁于炮火，有的被迫停办，导致全国幼稚园数量急剧下降，直到抗战胜利后才逐步回升，如表 5-2 所示。

表 5-2　统计表

学年度	幼稚园数/个	班级数/个	儿童数/人
民二十六	839	1 180	46 299
民二十七	857	1 157	41 324
民二十八	574	754	40 479
民二十九	302	791	28 517
民三十	367	925	58 339
民三十一	592	1 398	51 749
民三十二	441	1 190	46 202
民三十三	428	1 527	50 491
民三十四	1 028	2 889	106 248
民三十五	1 263		112 792
民三十六	1 301	3 367	130 213

为保护民族后代、将无家可归的儿童培养成为抗日建国的力量，经中国共产党联合各党派与各界知名人士（包括邓颖超、沈钧儒、郭沫若、李德全、刘清扬、沈兹九等 184 人）联名发起，1938 年 3 月 10 日，湖北武汉成立了中国战时儿童保育会。该组织是抗日民族统一战线下国共两党合作的产物，宋美龄为理事长，李德全为副理事长，并推选出国共两党和无党派的社会知名爱国妇女 56 人任理事，邓颖超为常务理事。为争取国内外的多方支持赞助、扩大影响，保育会还聘请了 286 位名誉理事，其中包括国共两党领导人蒋介石、冯玉祥、孔祥熙、李宗仁、毛泽东、周恩来、朱德、叶剑英，以及救国

会和民主党派、社会各界知名人士沈钧儒、郭沫若、茅盾、老舍、蔡元培、胡适之、陈嘉庚、胡文虎，国际友人与驻华使节史沫特莱、斯诺、司徒雷登等。

该会成立后，全国各省市、陕甘宁边区、香港和南洋群岛相继成立 20 多个分会，全面抗战期间先后建立 53 所战时儿童保育院，收容保育 3 万多名难童（包括学前儿童和学龄儿童，以后者为多）。保育会主要靠全民抗战的宣传动员征募经费，大家有钱出钱，有力出力。宋庆龄给外国朋友写公开信，呼吁救济中国的战灾儿童。该会的经济委员会正、副主任李德全、郭秀仪积极带头捐款，李德全认捐 511 名儿童的生活费，郭秀仪认捐 442 名儿童的生活费，蒋介石和宋美龄每人认捐 200 名儿童的生活费，宋庆龄在香港创办的“保卫中国同盟”也募捐资金和物资支援儿童保育院。征募工作还得到了英、美政府救济机构的支持。港澳同胞和海外侨胞的捐款更是对儿童保育事业长期而有力的支援。

儿童保育院注重对儿童进行爱国主义教育，培养他们追求真理、反抗侵略的信念，特别重视劳作教育，以培养儿童的劳动习惯、帮助其树立劳动创造世界的观念。另外，儿童保育院还开展各种社会活动，让孩子们在社会实践中学习，培养工作的自觉性。总之，战时儿童保育工作把教育与社会实践相结合，力求把儿童培养成追求真理、手脑并用、自觉工作、反抗侵略的德、智、体全面发展的人才，不仅对战时教育做出了贡献，而且对当前教育工作的改革也颇有借鉴意义。我们应当继承和发扬战时儿童保教工作的优良传统和艰苦创业的精神，将儿童培养成社会主义现代化建设的人才。

全面抗战期间，抗战后方也创办了一些颇有声望的幼稚园，如 1941 年春创建的四川省立成都实验幼稚园。经过园主任陆秀的不懈努力，成都实验幼稚园发展迅速，到 1945 年，已经成为拥有园舍 15 幢、幼稚生 400 余人、教职员 48 人的颇具规模的幼稚园。该园实行 6 年制的学前教育，教育实施原则有 5 条：①教育与生活打成一片，使儿童于生活中获得适当之教育；②注意顺应儿童之自然发展，使儿童借教育之力量，得到合理之生长；③教师与儿童共同生活，使儿童受到教师人格之感化；④特别注意儿童营养改善与卫生习惯指导，以期培养儿童健康之身体；⑤特别注意团体生活之训练，以养成儿童爱国爱民之心理。该园实验研究的课题有：幼稚园生活单元之课程标准；幼稚园生活中心之各种材料；幼稚园各种教学技术；幼稚园儿童之智力、教育、体力测验；幼稚儿童生活习惯标准；幼稚儿童营养标准；幼稚儿童健康标准；家庭教育之实际问题；儿童保育之实际问题（如特殊儿童之教育法）等。此外，该园还进行社会服务，如举办母姐讲习会、保姆训练班等，进行家庭教育及保育儿童的指导；编辑幼稚园教育通讯，与该省各县建立联系和交流。

四、幼稚师范教育的新发展

（一）公立幼稚师范学校的诞生

1940 年 10 月，中国第一所独立的公立幼稚师范学校——江西省立实验幼稚师范学校，诞生于江西泰和县的文江村，校长是陈鹤琴。该校的宗旨有三：一是培养幼稚园的教师与幼稚教育的人才；二是进行幼稚教育的理论、教材、教法的实验研究；三是活的教育实验。该校的课程分精神训练、基本训练和专业训练三项，特别注意和婴儿园、幼稚园及小学的实际相结合。教学方法强调以做为中心，采取分组讨论、共同研究的方式和集体教学的方法。教学步骤分为观察实验、参考阅读、发表创造、批评改进 4 个阶段。成绩考查曾创用过“荣誉考试制”，使学生不为分数而读书。该校于 1943 年被定为国立幼稚师范学校，为当时全国十所国立师范之一。

（二）幼稚师范专修科的设立

1943 年，国立江西幼稚师范学校增设专修科，其培养目标为：①学生能和谐地生活，有创造的朝气；②学生有办理幼儿教育阶段各部门业务的能力；③学生有办理幼稚师范的能力；④学生能任幼稚师范专业科目及普通师范教育科目的能力。其课程既注重专业修养，又注重人生活动，并将教学与研究相结合，开展关于幼儿生理发育、心理发展、营养、衣服、健康和幼儿园的设施教导、行政组织、玩具设备、师资培养及父母与兄姊教育等项目的研究。该校于 1946 年迁往上海独立设校，中华人民共和国成立后并入南京大学师范学院，成为全国高等师范学校内唯一独立设置的幼儿教育系。

（三）幼稚师范学校教员检定办法和幼稚园教员任职资格的规定

1944 年 7 月，国民政府教育部公布中学及师范学校教员检定办法，规定师范学校教员（含幼稚师范）检定分无试验检定及试验检定两种。前者根据各项证明文件由检定委员会审查，后者则除审查其各项证明文件外并加以试验。

师范学校教员具有下列资格之一，受无试验检定。

1）国内外师范学院或师范大学毕业者。

2）国内外大学研究院研究期满获得硕士或博士学位者。

3）国内外大学教育学院或其他各院系毕业曾修习教育学科 20 学分以上有证明书者。

4）国内外大学各院系高等师范本科或专修科毕业后有一年以上教学经验者。

5）国内外专科学校、专门学校本科或大学专科毕业后有两年以上教学经验者。

6）曾任师范或其同等学校教员 5 年以上，经主管教育行政机关考核认为成绩优良，并有专门著述发表者。

7）具有精练技术者。

如不具备以上资格则要考试，经检定合格者才可任教。幼稚师范科教员考试科目有儿童心理、保育法、教育测验及统计、幼稚园行政、幼稚园教材及教学法。

关于幼稚园教员的任职资格，1946 年 7 月，教育部转发福建省国民学校校长教职员任用及待遇办法。其中关于幼稚园教员任用的资格规定如下。

1）幼稚师范学校或师范学校幼师科毕业、服务幼教一年以上卓有成绩者。

2）具有下列资格之一服务幼教两年以上卓有成绩者：师范学校各科系、旧制师范学校本科或高中师范科、特别师范科毕业者；乡村师范特别科服务国民教育一年以上卓有成绩者；乡村师范本科、简易师范科或简易师范学校毕业服务国民学校教育两年以上卓有成绩者。

幼稚园教员资格如下。

1）幼稚师范学校或幼师科毕业者。

2）经幼稚园教员检定合格者。

3）具有下列资格之一者：曾任幼稚园教员一年以上的女子；师范学校各科系、旧制师范学校本科、高级中学师范科、特别师范科或乡村师范学校特科毕业者；高师、专科、师专或大学师专毕业者；国内大学教育学院教育科系、师范大学或师范学院毕业者；体育师范学院毕业者；乡村师范学校本科、简易师范学校或简易师范科毕业者。

1946 年 11 月，国民政府教育部公布国民学校教员检定办法，规定试验检定分笔试、口试或实习各项，各省、市行政机关必要时应举行体格检查。笔试科目如下：公民、国语、算术、本国史地、教育概论、有关的各科教材教法。试验检定成绩以满 60 分为及格，笔试占 70%，口试或实习占 30%。检定合格期为 4 年，3 次以上有成绩及格证明者发给长期合格证书。此检定办法的对象也包括幼稚园教员。

教员检定办法对教员素质的提高及教学质量的提高起着保证和促进的作用，许多国家采用类似的检定办法。尽管在 20 世纪 40 年代以上办法只是一纸空文，但对于今天的我们也还有一定的借鉴意义。

中华民国时期的学前教育取得了一定的发展，五四时期的新文化运动批判了封建的旧文化和旧教育，传播了西方资产阶级的进步教育思想，从而也提高了人们对幼稚教育的认识。在科学和民主精神的鼓舞下，一批热心学前教育事业、爱国进步的教育家在批判学前教育领域中的封建主义、奴化思想和贵族化风气的同时，开始进行学前教育中国化和科学化的探索，他们先后创办了一些为平民、为工农服务的或教育实验性质的幼稚园和幼稚师范，取得了可喜的成绩。他们的实验研究成果曾对我国 20 世纪 20—40 年代的学前教育，起了重要的指导和推动作用。

思考与练习

1．民国时期的学前教育制度有哪些新发展？
2．《幼稚园课程》的主要内容有哪些？
3．简述民国时期各类幼稚园开办状况。

第六章 共产党领导下老解放区的学前教育

学习目标

1. 了解老解放区学前教育的方针和政策。
2. 掌握老解放区托幼机构的形式及其保教内容和方法。
3. 理解老解放区保教队伍建设的主要形式及意义。

老解放区的学前教育，是指1927年大革命失败以后至1949年中华人民共和国成立以前，在中国共产党的领导下建立起来的农村革命根据地、抗日根据地、解放区的学前教育。老解放区的学前教育是在特定的历史条件下建立起来的一种幼儿教育发展的新模式。在长期探索的基础上，它积累了经验、锻炼了队伍，为中华人民共和国成立后的学前教育的发展奠定了基础。

第一节 老解放区学前教育的方针和政策

根据不同时期的革命任务和需要，中国共产党制定了相应的学前教育方针和政策，促进了学前教育的发展，对革命的最终胜利发挥了重要作用。

一、农村革命根据地的方针政策

中国共产党很早就认识到了妇女解放与学前教育的关系，并在1922年7月召开的中国共产党第二次全国代表大会的宣言中指出："保护女工和童工……废除一切束缚女子的法律，女子在政治上、经济上、社会上、教育上一律享受平等权利"。

1927年9月，中国共产党在《江西省革命委员会行动纲领》中明确指出："建立一般未达入学年龄的机关（如儿童养育院、幼稚园等），以利增进社会教育和为解放妇女的目的。"1932年5月，湘鄂赣省苏维埃政府颁布的普通教育学制中，把幼稚园列为普通学制的第一类，规定3—7岁的儿童入幼稚园，并为3岁前的婴幼儿设立了保育院。

1934年2月，苏区中央人民政府内务委员部颁布了《托儿所组织条例》（以下简称《条例》）。《条例》指出："①组织托儿所的目的是要改善家庭的生活，使托儿所来代替妇女担负婴儿的一部分教养的责任，使每个劳动妇女可以尽可能地来参加生产及苏维埃各方面的工作，并且使小孩子能够得到更好的教育和照顾，在集体的生活中养成共产儿童的生活习惯。②小孩进托儿所的条件：凡是有选举权的人，自生下来过 1 月至 5 岁的小孩都可以进托儿所，但是有传染病（疥疮、梅毒、肺病、瘟疫等）的小孩都不收。③托儿所以大屋子或附近的几个屋子为单位来组织，每个托儿所收容小孩不能超过 20 个，同时最少须有 6 个小孩才能建立托儿所。各托儿所，总的领导属于乡苏维埃及女工农妇代表会议。④托儿所指定一些能脱离家庭生活的妇女专门来做看护，负责管理小孩的事情，每人至少要管理 3 个小孩，每所设主任 1 人，托儿所的工作人员得享受优待，除了代他耕种土地之外，在群众自愿的原则下，每年可给他一些谷子。⑤托儿所的房子要选择比较清洁、光线充足及空气好的地方。托儿所的用具，由群众的力量设法购置，在特殊情况下，苏维埃政府可津贴一部分。”同时《条例》还对小孩的入托时间、小孩的卫生和健康、托儿所的管理等方面做了明确的规定。总之，该《条例》是土地革命战争时期革命根据地学前教育的指导性文件，明确规定了工农大众及其子女是托儿所的服务对象，提出了艰苦奋斗、勤俭办学、民办公助的办所方针。《条例》颁布后，很多地方办起了托儿组织，如江西省的瑞金、兴国等县创办了一批托儿所。这样一来，既解决了妇女的后顾之忧，又保证了孩子们的健康成长。

二、抗日革命根据地的方针和政策

全面抗战爆发后，有的幼稚园毁于炮火，有的被迫停办，幼稚园数量急剧下降。很多儿童在敌人的残暴进攻下遭受痛苦，也有不少儿童成为失去父母的孤儿。为拯救和教育大批无家可归的儿童，同时为了解除群众的后顾之忧，使其能够全力支援前线，中国共产党明确提出了“重视保育事业，抚养革命后代”的学前教育方针，并要求专门建立儿童保育机构。1938 年初，中国妇女慰劳自卫抗战将士的战时儿童保育会成立。同年 8 月，宋庆龄、蔡畅、邓颖超、康克清等在延安成立了战时儿童保育会陕甘宁边区分会。此后，全国各地相继成立了 20 多个分会，全面抗战期间先后建立了 53 所战时儿童保育院，如著名的延安第一、第二保育院。

为使保育工作落到实处，各级政府多次做出保育儿童的决定。1941 年，陕甘宁边区政府颁布了《陕甘宁边区政府关于保育儿童的决定》（以下简称《决定》）。《决定》指出：“在边区民政厅设保育科，各县市政府第一科内添设保育科员 1 人，区乡政府内添设保育员 1 人。”《决定》还指出：为保证产妇的健康，一般的产妇在产前休养 1 个月，产后休养 1 个月。在产妇休养期间，她的生活由丈夫或其他家庭成员负责，家境困难者，在休养前，由乡政府动员群众给予帮助。孕妇生产时发给生产费，生产前后、休养期间发给大米、白面等，有时增发营养费。《决定》对于婴儿的保育也有规定：婴儿在周岁前应由生母养育，因工作及其他特殊情况者例外。周岁以前之婴儿，无论由母亲养育或雇人养育，每人每月均发保育费 10 元，周岁以后的婴儿领取半成年的伙食粮食费，并发给保育费 5 元，不领伙食粮食费，仍发 10 元等。此外，《决定》还对托儿所的建立、保姆的待遇等问题做了明确的规定。

三、解放战争时期的方针和政策

解放战争时期是中国革命从局部胜利走向全面胜利的时期。各解放区的教育，继续贯彻和执行抗日民主根据地的新民主主义教育方针和各项政策，并在“打倒蒋介石，建设新中国”的革命总目标指引下，制定了一系列的教育方针政策。1946 年 12 月，陕甘宁边区政府颁布《战时教育方案》，要求“各级学校及一切社教组织亦立即动员起来，发挥教育上的有生力量，直接或间接地为自卫战争服务，一切教育工作者都应成为保卫边区的宣传员和组织者”。在这一方针的指引下，学前教育向着更高的方向发展。1946 年 5 月，中央儿童保育委员会在其成立宗旨中指出：“总结革命根据地成立以来的保教工作经验，筹备保育训练班，研究国内外的保育理论，与热心儿童保育事业的团体和个人发展联系，向其他解放区推广儿童保育事业。”根据这一宗旨，老解放区的学前教育事业得到了进一步的发展。

中国共产党根据形势的发展，在不同的历史时期制定了不同的学前教育方针政策，使儿童受到了良好的教育。同时，毛泽东、周恩来、朱德等老一辈无产阶级革命家也十分关心儿童的教育事业。因此，老解放区的学前教育事业得到了蓬勃发展，出色地完成了为革命战争和生产服务以及培养革命后代的光荣任务。

第二节　老解放区托幼机构的主要形式

老解放区的学前教育机构是在经济落后、战争不断的情况下逐渐建立起来的。为了适应当时的历史环境，出现多种形式的学前教育机构。

一、老解放区学前教育机构的初建

1934 年 2 月《条例》颁布后，江西瑞金下周村创建了上屋子托儿所和下屋子托儿所。这是解放区最早成立的托儿所。在政府的号召下，各地的托幼机构迅速建立起来，每个乡都建立健全了托幼组织。截至 1934 年 4 月，仅兴国、瑞金两县就建立托儿所 249 所。此时设立的托儿所主要有两种类型：一类是全日制托儿所，主要招收红军家属子女，也有部分劳动群众的子女；另一类是季节性托儿所，主要是在春播、夏收、夏种、秋收时建立，使大批劳动力解放出来，参加生产。

二、老解放区学前教育机构的不断发展

全面抗战时期，学前教育机构得到了长足的发展。解放战争时期，学前教育机构的规模进一步扩大，除新建的托儿所之外，原有的托儿所规模也不断扩大。当时托幼机构的类型主要有以下几种。

（一）寄宿制托幼机构

寄宿制托幼机构由边区政府主办，一般设立在环境较稳定的后方，各项条件比较优越，主要招收前方将士子女、烈士遗孤和后方干部子女，也有部分难童，如陕甘宁边区第一保育院、第二保育院、洛杉矶托儿所等。

（二）单位日间托儿所

单位日间托儿所是指由某一机关、工厂、学校、部队等单位自己举办的托幼机构，一般设在单位内部，招收本单位职工的子女入托，孩子白天入托，晚上接回家。当时中央党校、中央组织部、延安鲁迅艺术学院等都办起了这样的托儿所。

（三）母亲变工托儿所、哺乳室

母亲变工托儿所、哺乳室主要是在保育委员会的要求下，各机关、学校、工厂的母亲们自发组织起来的托幼机构，实行母亲轮流值班制，一般没有专职保育人员。例如，中国女子大学、边区银行、中招所等都办过这样的托幼机构。

（四）小学附设幼稚班

小学附设幼稚班专为不到入学年龄的五六岁的幼儿创办，哥哥、姐姐上学时可以顺便带着他们去幼稚园。幼儿上完一年到一年半的学龄前教育后可以正式进入小学。例如，陕甘宁边区米脂、绥德分区的三所小学、延安完小等学校都办过此类幼稚班。

（五）化整为零型托儿所

化整为零型托儿所一般建在局势不稳、敌情变化大的地区，是经常化整为零、分散在人民群众家中的托儿所，在敌后解放区较多。它们的流动性很大，经常转移搬家，如晋、冀、鲁、豫托儿所，冀南保育院都几次掩蔽在老百姓家中。

老解放区的学前教育因地制宜、因时制宜，采取灵活多样的形式，建构各式各样的学前教育机构，既保证了儿童的安全和教育，又支援了革命，解放了劳动妇女，还解除了前方战士的后顾之忧，并在战火纷飞的年代锻炼了一批优秀的、特殊的教师队伍，为中华人民共和国成立后学前教育事业的发展培养了骨干力量，奠定了基础。

第三节　老解放区学前儿童保教内容和方法

老解放区的学前教育机构注重对儿童的保育，力求使儿童获得较为全面的发展，注重对儿童进行品德教育和智力教育，一些公办的比较正规的托儿所、保育院还建立起了比较规范的保教内容和程序。

一、学前儿童保育

老解放区的托幼机构中招收的孩子大多是干部、军人、烈士的子女或难童、孤儿。因此，这些机构不仅是社会教育机构，还要担负起家庭保教的责任。保证儿童的身体健康是学前教育的首要任务。

（一）提供必要的、合理的营养

给儿童提供必要的、合理的营养是使儿童健康成长的重要问题。因此，老解放区非常重视这一点，并且提出了“一切为了孩子”“孩子第一”的口号。即使在经济条件非常艰苦的情况下，也尽量保证儿童的生活供应。为了更科学合理地保证儿童的营养，老解放区的托幼机构还根据儿童的具体情况制订了相应的食谱。例如，陕甘宁边区第一保育院就根据儿童的情况分成了幼稚班孩子饭谱（见表 6-1）、乳儿喂奶补助饭谱、婴儿班饭谱和慢性消化不良孩子饭谱 4 种。

表 6-1　幼稚班孩子饭谱

时间	早饭（8:00）	点心（10:30）	午饭（12:00）	点心（14:00）	晚饭（18:00）
星期一	肉丝炒萝卜丝	水果	菠菜汆丸子	点心	面片
星期二	炒肝子白菜		羊肉胡萝卜		面条
星期三	萝卜炒鸡块		糖包子、绿豆稀饭		豆稀饭
星期四	回锅肉白菜		菜花卷、鸡蛋粉条汤		挂面
星期五	大葱炒鸡蛋		红焖肉加白菜		和和面
星期六	萝卜煮饭		肉包子、豆稀饭		面条
星期日	回锅肉		西红柿炒鸡蛋		挂面

（二）坚持合理和规律的生活作息制度

有秩序的生活是儿童健康的保证。老解放区的保教机构充分考虑到它的重要性，根据儿童的不同年龄和季节特点制定了合理、规律的生活作息制度。表 6-2 是延安洛杉矶托儿所的儿童生活作息表。

表 6-2　延安洛杉矶托儿所幼稚班（5—6 岁）生活作息表（春秋季节）

时间	内容	时间	内容
6:00	起床，上厕所	10:30—11:00	上厕所、喝水
6:30—7:00	洗脸、漱口	11:00—11:30	洗手
7:00—7:30	早操	11:30—12:00	中饭
7:30—8:00	早饭	12:00—12:30	上厕所
8:00—8:30	上厕所	12:30	午睡
8:30—10:30	按课程活动	13:30	起床

续表

时间	内容	时间	内容
13:30—14:00	上厕所	17:30—18:00	自由活动
14:00—14:30	喝水	18:00—18:30	上厕所
14:30—16:30	按课程活动	18:30—19:00	洗脸、洗脚
16:30—17:00	上厕所、洗手	19:00	睡眠
17:00—17:30	晚饭、漱口		

（三）积极做好疾病的防治工作

老解放区很多地处边远地区，医药缺乏，对于疾病的防治大多采取“预防为主，治疗为辅”的方针，力争“早发现、早隔离、早治疗、早恢复”。

边区的物质条件是非常艰苦的，但由于各级领导的重视和保教人员的积极努力，儿童的保育工作冲破了各种障碍，取得了一定的成绩。在医药卫生常识和保育知识的指导下，儿童的健康水平得到了提高，个个皮肤红黑，体格健壮，健康快乐地成长起来。

二、学前儿童教育

鉴于当时的情况，老解放区的托幼机构对入托儿童大都实行保教结合、以保为主的方针。当然，这些托幼机构也试图从各方面对儿童进行教育，使之身心得到全面发展。

（一）思想品德教育

老解放区的托幼机构非常重视儿童的思想品德教育，很多托幼机构都对思想品德教育进行了研究，并付诸实施。例如，陕甘宁边区第一保育院在这一方面就做得很好，具体如下。

1. 思想品德教育的实施目标

1）教育儿童了解父母参加革命的苦心，并继承其艰苦奋斗的精神。

2）教育儿童认识中国革命的敌人，并培养其对敌人仇恨的心理。

3）教育儿童热爱劳动、敬爱劳动人民，并特别关心帮助劳苦群众。

4）培养儿童吃苦耐劳、勇于自我批评的精神。

5）启发儿童养成团结友爱、互助互让的优良作风。

6）启发儿童学习自己管理自己的能力，关心团体利益。

2. 思想品德教育的主要内容

思想品德教育的主要内容是培养良好习惯，训练基本技能，培养热爱劳动的良好品质。

3. 思想品德教育的基本方法

1）从母爱出发对孩子进行情感教育。

2）与实际结合对孩子进行生活教育。

3）采用潜移默化的暗示法对儿童进行教育，并经常予以鼓励和表扬。

4）坚持正面教育的方法。

5）采用积极诱导的方法教育孩子。

（二）知识技能的培养

随着经验的不断增多，老解放区的学前教育教学内容不断丰富，在知识技能的培养方面也逐步形成了自己的一套理论，如陕甘宁边区第一保育院实行的单元教学法。单元教学法是指每一周或每两周确定一个教学单元，语言、唱歌、识字、计算等均围绕这个单元选取教学的内容。这个单元完成后，下一两周再确定另一个单元，然后各科又围绕这个单元，选取教学内容。采用单元教学法，可以加深儿童对一个问题的印象和记忆。比如以“模范儿童”作为中心教材时，就讲模范儿童的故事，唱模范儿童的歌曲，并进行选举模范儿童和奖励模范儿童的活动。

老解放区的教学方法主要有以下 3 种。

1）直观教学法。这种教学方法是以实际事物教育儿童，使儿童获得明确观念的一种教学法，一般多着重于触觉，但是听觉、味觉、视觉、嗅觉等也是直观中的重要部分。

2）比较教学法。这种教学方法能使儿童对所学的东西认识格外正确、印象格外深刻、记忆格外持久。对于相似的事物的学习主要采取这种方法。

3）三化教学法，即教学故事化、教学游戏化、教学歌曲化。这种教学方法能激发儿童的学习兴趣、调动儿童学习的主动性，是新中国学前教育在较长时间里所遵循的基本教学方法。

老解放区的学前教育机构注重对儿童的保育工作，力求使儿童获得较为全面的发展，并注重对儿童进行思想品德教育和知识技能的培养，为新中国培养了大批的社会主义建设者和主人翁，也进一步为新中国教育事业的发展夯实了基础。

第四节　老解放区保教队伍的建设

提高教师队伍素质是提高幼儿园保教质量的基础，是完成幼儿园保教任务的根本保证。老解放区非常重视幼儿师资队伍建设，采取各种形式，有计划地培养和训练保教人员，提高保教人员各方面的素质。

一、提高保教人员的政治思想觉悟

为调动广大保教人员的工作积极性，加深其对保教工作的认识，党政领导人经常给保教人员作报告，同时还非常关心保教人员的待遇问题。生活上，保教人员可以享受高于一般工作人员而与技术人员相同的优惠待遇。1946 年 3 月 8 日，在庆祝“三八”节大会上，边区政府主席林伯渠指出：“保证从事保育工作的保姆、工作人员，其政治和经济的待遇不仅与大家一样，而且还要高。”边区政府规定，每月要给保育人员发津贴，没有特殊情况，不得停发。同时还要给保姆发夏衣两套，轮流值夜班的还要增发夜餐费。由此可见边区政府对保教人员的重视程度。

二、提高保教人员的业务素质

提高保教质量关键在于提高教师的业务素质。当时老解放区的保教人员很多是农村妇女，文化水平较低，缺乏专业的保教知识和技能。因此，为了提高保教质量，老解放区采取了多种措施提高保教人员的业务素质。例如，陕甘宁边区第一保育院每周组织一次业务授课，讲授初步的保育卫生和儿童教育方法等知识。这些措施在提高保教人员的业务素质方面取得了明显的成效。

三、提高保教人员的文化水平

鉴于当时老解放区保教人员的实际情况，提高他们的知识水平是非常有必要的。例如，1941 年边区民政厅曾举办过保育培训班，为期一年，所学课程主要有医药卫生、接生保育等。

通过以上措施，老解放区保教人员在思想觉悟、业务素质及文化水平等方面都有了很大提高，为老解放区学前教育更高水平的发展提供了保障。

老解放区的学前教育，是中国共产党领导下的为革命战争服务、为工农大众服务的学前教育，是新民主主义教育的重要组成部分，为中华人民共和国成立以后学前教育事业的发展奠定了良好的基础。

思考与练习

1．老解放区托幼机构的主要形式有哪些？有什么现实意义？
2．老解放区在婴幼儿保教方面有什么经验？
3．老解放区是怎样建设保教队伍的？

第七章
现代学前教育家的教育思想

 学习目标

1. 了解陶行知关于幼稚师范的改革思想，掌握“艺友制”的含义及意义。
2. 掌握张雪门的行为课程理论，理解其关于幼稚师范生培养的方法。
3. 了解陈鹤琴的幼稚教育实践活动，理解其“活教育”理论体系。
4. 掌握张宗麟关于幼稚园教育的思想主张。

自 1903 年中国第一个公共的学前教育机构产生以来，中国的学前教育得到了很大发展，出现了一批学前教育专家，他们在吸收和借鉴外国先进的学前教育思想的同时，结合本国的实际情况，长期探索，不断总结经验，提出了很多适合中国国情的学前教育思想。在这些教育家中，陶行知、张雪门、陈鹤琴、张宗麟等是典型代表，他们为中国学前教育的发展做出了突出贡献。

第一节　陶行知学前教育理论与实践

一、生平和教育活动

陶行知（1891—1946），原名文睿，安徽歙县人，我国现代教育史上伟大的人民教育家。

陶行知幼年家境贫寒，在亲友帮助下才得以上学读书。1914 年以第一名的成绩毕业于金陵大学，后赴美国留学。先在伊利诺伊大学攻读市政，1915 年获政法学硕士学位，后转入哥伦比亚大学研究教育，师从约翰·杜威（John Dewey，1859—1952）、孟禄。1917 年获哥伦比亚大学师范学院“都市学务总监”文凭。同年秋回国，先后在南京高等师范学校、东南大学任教。

五四运动爆发时，他积极支持并参与学生的爱国运动。1922 年担任中华教育改进社主任干事，和朱其慧、晏阳初等于 1923 年成立中华平民教育促进会，编写《平民千字课》一书。在从事平民教育的过程中，他开始注意到中国教育的根本问题是农民教育问题。他说：“中国以农立国，住在乡村的人占全国人口的 85%。平民教育是到民间去的

运动，就是到乡下去的运动。”1927 年陶行知与东南大学教授赵叔愚创建了南京实验乡村师范学校，即后来的南京晓庄师范学校，并担任校长。在此期间，陶行知结合杜威的教育理论，形成了具有中国特色的“生活教育”理论。

抗日战争全面爆发后，陶行知于 1939 年 7 月创办了育才学校。1945 年抗日战争胜利前后，陶行知提倡民主教育运动，揭露和批判国民党政府推行法西斯教育，主张新民主主义的政治和教育，并在重庆创办了社会大学，担任校长。1946 年 7 月 25 日，他因劳累过度，突发脑出血不幸逝世，年仅 55 岁。

陶行知的教育思想和教育实践是留传后人的宝贵财富。他的著作已经被编入《陶行知全集》，由华中师范大学教育科学研究所编辑，共 6 卷、220 万字。

二、创办适合国情的幼儿园

1926 年，陶行知在《创建乡村幼稚园宣言书》一文中指出，当时国内的幼儿园有 3 种大病：一是外国病，二是花钱病，三是富贵病。他说：“我国现在所要办的乡村幼稚园，就要改革这种弊病，要把外国的幼稚园化为中国的幼稚园，把费钱的幼稚园化成省钱的幼稚园，把富贵的幼稚园化成平民的幼稚园。”具体做法如下。

1. 创办适合中国国情的幼儿园

陶行知提出，要充分运用眼前的音乐、诗歌、故事、玩具及自然界陶冶儿童，但也不排斥外国货。他说：“我们一方面还要吸收别人的经验。我们要把英国的、法国的、日本的、意大利的、美利坚的……一切关于幼稚园教育的经验都吸收进来，我们来截长补短，冶成一炉，来造成一个‘今日之幼稚园’！”

2. 建设省钱的幼儿园

陶行知提出两条方案：一是从本村挑选天资聪明的妇女，经过训练后担任幼稚园的教师；二是“运用本村小学手工科及本村工匠仿制玩具”。

3. 建设平民化的幼儿园

学费高的幼稚园，是“只有富贵子弟可以享受的幸福”，陶行知提出要建设平民化的幼儿园。

三、解放儿童的创造力

陶行知指出，儿童具有很强的创造力。解放儿童的创造力，他认为可以从以下几个方面去考虑。

1）解放儿童的头脑。儿童的创造力被固有的迷信、成见、曲解、幻想层层包缠着。我们要发展儿童的创造力，就要把儿童的头脑从迷信、成见、曲解、幻想中解放出来。

2）解放儿童的双手。他批评中国教育对于小孩子一直是不许动手，动手要打手心的做法，认为这样摧残了儿童的创造力。

3）解放儿童的嘴巴，小孩子有问题要准许他们问。因为问题的解答，可以增长他们的知识。

4）解放儿童的空间。我们要解放小孩子的空间，让他们去接触大自然，并且向中外古今三百六十行学习。

5）解放儿童的时间。学校一般把儿童全部时间占据，使儿童失去探索人生的机会，养成无意创造的倾向。解放儿童的创造力，首先要为儿童争取时间之解放。

那么具体应如何培养儿童的创造力呢？包括以下几个方面：①需要充分的营养。儿童的身体与心理都需要适当的营养。②需要建立良好的习惯。③需要因材施教。要认识他们，发现他们的特点，从而予以适宜之肥料、水分、太阳光，并须除害虫，这样，他们才能欣欣向荣，否则不能免于枯萎。

四、幼稚师范教育的改革

幼稚师范教育思想，是陶行知普及教育理论的重要组成部分，也是实施其“生活教育”理论的重要方面。陶行知说：“普及教育的最大难关是教师的训练。”为此，他提出了培养幼儿教育师资的两种途径。

1. 创办并改造幼稚师范学校

陶行知提出：“幼稚师范是要办的，但幼稚师范必须根本改造，才能培养新幼稚园之师资。”在课程内容的设置上，他认为应该包括儿童文学、园艺、美术、音乐、自然科学、医疗卫生、家庭伦理及幼稚园活动等课程。通过“教、学、做”的方法，使师范生获得实际有用的知识，能够自己创办幼稚园，使之成为“看护的身手，科学的头脑，儿童的伴侣，乡村妇女的朋友和导师”。

2. 采用“艺友制”的方法培养幼稚教育师资

陶行知说：“艺友制是什么？艺是艺术，也可作手艺解。友就是朋友。凡用朋友之道教人学做艺术或手艺便是艺友制。凡用朋友之道教人学做教师，便是艺友制师范教育。”它不同于艺徒制，因为一般师傅带徒弟，师傅都要有所保留，不会完全传授，并且徒弟要为师傅干很多与学徒无关的苦差事。

在不断追求、探索的基础上，陶行知创造并发展了生活教育的理论与实践，提出并论述了“生活即教育”“社会即学校”“教、学、做合一”等基本观点。其生活教育的目标包括：康健的体魄、农人的身手、科学的头脑、艺术的兴趣、改造社会的精神。

1）生活即教育。其内涵是“好生活就是好教育，坏生活就是坏教育；前进的生活就是前进的教育，倒退的生活就是倒退的教育”。

2）社会即学校。因为在“学校即社会”的主张下，学校里面的东西太少，不如反过来主张“社会即学校”。这样，教育的材料、教育的方法、教育的工具、教育的环境，都可以大大增加，学生、先生也可以更多起来。对于坏的社会，我们也要认识，也要有所准备，只有这样才能产生抵抗力。

3）教、学、做合一。包括三方面：一是事怎样做便怎样学，怎样学便怎样教；二是对事说是做，对己说是学，对人说是教；三是教育不是教人，不是教人学，乃是教人学做事。无论哪方面，“做”都成了学的中心，成了教的中心。要想教得好、学得好，就须做得好。要想做得好，就须“在劳力上劳心”。

陶行知是中国现代教育史上著名的人民教育家、思想家，他的教育思想和教育实践活动，不仅在当时有很大影响，而且对今天的教育事业也很有借鉴意义。毛泽东赞誉他是“伟大的人民教育家”。

第二节　张雪门学前教育理论与实践

一、生平和教育活动

张雪门（1891—1973），浙江鄞县（今宁波鄞州区）人，我国著名的学前教育专家。

张雪门幼年从塾师读“四书”“五经”，后毕业于浙江省立第四中学，1912 年担任鄞县私立星荫小学校长。1918 年，他与几个朋友创立了星荫幼稚园，该幼稚园是宁波市第一所中国人自办的幼稚园。1920 年 4 月，又与人合办了宁波市第一所两年制的幼稚师范，亲自担任校长。1924 年，在北京大学任职员，同时在教育系学习。其间，他译著了《福禄贝尔母亲游戏辑要》和《蒙台梭利及其教育》两本书。1926 年拟定了“幼稚园第一季度课程”，并在《新教育评论》上发表。同年秋，任孔德学校小学部主任。1928 年秋，孔德学校开办了幼稚师范，由他主其事。他受“骑马者应从马背上学”的影响，采取半日授课半日实习的措施。1930 年秋，应北平香山慈幼院院长熊希龄之聘，编辑“幼稚师范丛书”，并在香山见心斋开办了幼稚师范学校，任校长。

抗日战争胜利后，张雪门于 1946 年 1 月返回北平，致力于北平市幼教的恢复工作。1946 年 7 月中旬前往台湾。由于工作繁重、操劳过度，张雪门患了眼疾。1952 年，张雪门因眼疾加重离开了他工作了 7 年的育幼院，但仍热心参加幼教工作。1960 年，他突患脑病，半身不遂，但仍坚持写下了《幼稚教育》《幼稚园课程活动中心》《幼稚园行为课程》《实习三年》《幼儿的发现与创作》《幼教论丛》等专著，为幼儿教育理论的建设做出了重要的贡献。

张雪门一生为幼儿教育留下了 200 多万字的著作，其主要的专著和论文已收入《张雪门幼儿教育文集》，分上、下两卷，由北京少年儿童出版社于 1994 年出版。

二、幼稚园的行为课程

（一）幼稚园行为课程的含义

张雪门认为，生活就是教育，五六岁的孩子们在幼稚园生活的实践，就是行为课程。这份课程包括了工作、游戏、音乐、故事等材料，但这份课程完全植根于生活，它从生活而来，从生活展开，也在生活中结束，不像一般的完全限于教材的活动。

（二）实施行为课程的原则

幼稚园的行为课程在实施上，应注意以下几个原则：①课程的设置要经过人工的精选；②“在劳动上劳心”，即在要求儿童活动的同时，也要注意培养其智能和感情的东西；③课程应来源于儿童的生活，但又高于儿童的生活，要有远大的客观目标。

（三）课程实施中的指导工作

1）计划上的指导。如果事情符合儿童的兴趣，但是没有计划时，老师要给儿童提供提问和讨论的机会。

2）知识上的指导。各种活动有不同的知识，指导儿童什么要根据儿童的需要。

3）技术上的指导。对于技术的指导，老师除了运用示范教学外，还可以采用暗示或让儿童彼此观摩学习的方法。

4）兴趣上的指导。教师要结合幼儿的兴趣和注意力的密切关系指导儿童的活动。

5）习惯上的指导。对于儿童的不良习惯，要善用正确的方法加以指导。与其消极地禁止，不如积极地指导；与其说不要这样做，不如说应该那样做。

6）态度上的指导。这一时期的儿童要养成两种态度：第一种是客观的态度，第二种是公开的态度。

三、幼稚师范教育的实习和见习

张雪门的幼稚师范教育非常注重实践，即实习和见习。他认为主要有4种实习基地：中心幼稚园、平民幼稚园、婴儿教保园和小学。通过在以上4种实习基地的实习，幼儿师范生既学到了知识，又锻炼了本领，为真正走上工作岗位打下了基础。

张雪门认为，“有系统组织的实习第一须有步骤，第二须有范围，第三须有相当的时间，第四更须有适合的导师与方法”。他指出，这种实习可分为4大阶段：第一是参观，时间为一个学期，其对象为建筑、教具、工具、材料等设备，师生的仪表、态度与兴趣，对幼稚生习惯积极或消极之处置，工作、游戏、文学等教学过程及整个的设计。在这一时期指导的教师，应以担任实习的导师为主，幼稚园教师为辅……在参观时期的师范生，唯一注重的是培养对幼稚园的基本观念。第二是见习，时间也是一个学期，从准备材料开始，一直到整个设计活动中的参与。在这一时期指导的教师，应以幼稚园教师及担任实习的导师为主……见习的地点，也以自己的中心或附属幼稚园为宜。第三是试教，时间是一个学年，凡指定幼稚园中的招生、编级、选材、组织课程、指导活动、编制预算决算，以及一切教学上教师业务上幼稚园行政上的处理，都由二年级的师范生来担任，担任实习的导师反退居于顾问地位。第四是辅导，时间也是一个学年。辅导在纵的方面是由儿童的队伍出发，向儿童家庭推进的是家庭访问，亲职教育，同时更由个案工作求得整的联络向学校单位前后延伸到托儿所和小学低年级；横的方面是向广大的社会联系，包括社区调查、营养站、卫生站、辅导会、导生班。这些工作一律由三年级的师范生负责，他们要自己计划，自己分配工作，自己检讨并改进，这一阶段的实习不但要了解儿童的发展情况，而且要进一步主动地展开全面的儿童福利工作，培养地方师资，以求达到幼稚教育的合理和普及。

从以上论述中我们可以看到，张雪门提出的实习计划与传统师范学校的实习有明显的不同：它把幼师生的实习场所从幼稚园扩大到婴儿园和小学，从校内扩展到校外，从城市扩展到农村，将实习时间从只集中在 3 年中的最后一学期，增加到 3 年 6 个学期中都有实习。

第三节　陈鹤琴学前教育理论与实践

一、生平和教育活动

陈鹤琴（1892—1982），浙江上虞县（今上虞市）人，我国现代著名的儿童心理学家和儿童教育专家，我国现代幼儿教育事业的开拓者。

陈鹤琴早年毕业于清华学校。1914 年与陶行知同行赴美国留学，先在霍普金斯大学学习，获文学学士学位，后入哥伦比亚大学求学，专心研究教育学和心理学，获教育硕士学位，随后转入心理系，准备攻读博士学位时，因 5 年留学期满，于 1919 年 8 月回国，执教于南京高等师范学校教育科，讲授心理学、教育学等科目，曾任教务部主任。

从 1920 年起，陈鹤琴以长子一鸣为研究对象，进行儿童身心发展的观察和记录，观察时间共 808 天，后整理写成了《儿童心理之研究》一书，于 1925 年由商务印书馆出版发行，并于同年出版了《家庭教育》一书。1923 年，陈鹤琴在自己家的客厅里创建了南京鼓楼幼稚园，自己担任园长，鼓楼幼稚园成为中国最早的幼稚教育实验中心。1927 年陈鹤琴在《幼稚教育》杂志上，发表了《我们的主张》一文，提出了适合中国国情的幼稚教育的 15 条主张。

为宣传和推广儿童教育，他创办了儿童教育刊物《幼稚教育》，并担任主编。1929 年，与陶行知合作，以南京五区实验学校为基础，发起建立中华儿童教育社。1937 年，全面抗战爆发后，积极开展各种抗日救亡活动。

1940 年，陈鹤琴抱着“要做事，不做官”的意愿，在江西创办江西省立实验幼稚师范学校，并逐渐形成和实践了他的“活教育”理论。

中华人民共和国成立后，陈鹤琴担任中央大学师范学院校长。1953 年任南京师范学院院长。1958 年受到错误的批判，1959年被迫离开教育岗位，“文革”中受到迫害。1982 年 12 月 30 日在南京病逝。

陈鹤琴为中国幼教事业做出了重要贡献。他所留下的 400 万字的著作，是我国学前教育史上的宝贵遗产。《陈鹤琴教育文集》上、下卷，《陈鹤琴全集》均已出版。

二、儿童的家庭教育

家庭教育理论是陈鹤琴教育思想的一个重要组成部分。陈鹤琴根据对长子一鸣多年的观察、记录和研究，并吸取他人教育子女的经验撰写了《家庭教育》一书。在书中，他提出了家庭教育的 101 条原则。陶行知曾称赞此书是“中国做父母的必读之书”。其家庭教育思想主要有以下内容。

（一）家庭教育对儿童个体成长发育的作用

儿童早期的家庭教育在人一生的成长发展过程中起着非常重要的作用。陈鹤琴在《家庭教育》中说道：“幼稚期（自生至 7 岁）是人生最重要的一个时期，什么习惯，语言，技能，思想，态度，情绪都要在此时期打一个基础，若基础打得不稳固，那健全人格就不容易形成了。”总之，作为家长要充分重视家庭教育，尽好家长的责任与义务，使儿童健康快乐地成长。

（二）家庭教育的内容

陈鹤琴在《家庭教育》一书中，对儿童的家庭体育、家庭德育、家庭智育等方面的任务和内容做了详细的介绍。

1）在身体健康方面，培养儿童良好的卫生习惯。

2）在品德教育方面，教育孩子要尊重他人、有礼貌、诚实、爱劳动和爱他人。

3）在智育方面，不让孩子过早读书写字，应注重丰富其生活常识，激发其求知欲等。

（三）家庭教育的原则

1. 以身作则

这是父母教养子女的第一原则。婴幼儿时期的孩子缺乏独立性，父母是他们第一个直接模仿的对象，他们的一举一动都直接或间接地影响着孩子。因此，做父母的必须处处以身作则。

2. 教养态度一致

在家庭中，所有的成年人对于儿童来说都是教育者，这就要求父母观点态度一致，否则孩子就无所适从，教育也就失去了它应有的作用，甚至可能适得其反。

此外，家庭教育原则还包括宽严适度、责罚慎重、及早施教、正面教育等。

三、幼稚园教育

陈鹤琴针对中国当时“全盘西化”的幼稚教育倾向指出，要建立适合中国国情的幼稚园教育。1927 年，在《我们的主张》一文中，他提出了幼稚园发展的 15 条主张，具体内容如下。

1）幼稚园要适合国情。要适合中国的国情，就要以中国的儿童为对象、为中心。

2）幼稚园要与家庭合作。陈鹤琴指出：“幼儿教育是一件很复杂的事情，不是家庭一方面可以单独胜任的；也不是幼稚园一方面可以单独胜任的；必定要两方面共同合作方能得到充分的功效。”

3）凡是儿童能学而又应当学的，都应教他们。

4）幼稚园的课程应该以自然和社会为中心。陈鹤琴说：“大自然、大社会都是活教材。”

5）课程设置应该做到计划性与灵活性相统一。

6）课程首先应该考虑的是儿童的健康。儿童健康是幼稚园课程中居首位的内容。

7）幼稚园要使儿童养成良好的习惯。

8）幼稚园应特别注重音乐。

9）幼稚园应有充分适宜的设备。

10）幼稚园应采用游戏式的教学方法。

11）幼稚生的户外活动要多。

12）幼稚园应多采用小团体式的教学法。

13）幼稚园的教师应当是儿童的朋友。

14）幼稚园的教师应当有充分的训练。

15）幼稚园应当有种种标准，以随时考查儿童的成绩。

陈鹤琴指出，课程结构以“五指活动”为基本成分。五指活动包括：①健康活动，即饮食、睡眠、游戏、户外活动等；②社会活动，即纪念日、集会、政治常识等；③科学活动，即栽培植物、研究自然、认识环境等；④艺术活动，即音乐、图画、手工等；⑤语文活动，即故事、儿歌、谜语等。这五个方面是相互联系、相辅相成的。

陈鹤琴认为，幼稚园的课程是不应该分科的，应该把各科有机地联系起来，融为一体，以达到教育儿童的目的。为此，其课程组织采用“整个教学法”。“就是把儿童所有该学的东西整个地、有系统地去教儿童学。这种教学法是把各科功课打成一片，所学的功课是无规定时间学的；所用的教材总以儿童的生活、儿童的心理为根据的”。

四、“活教育”理论

陈鹤琴自 1940 年在江西创办幼稚师范学校时开始提出“活教育”思想，即“教活书，活教书，教书活；读活书，活读书，读书活”。此后几年，他围绕着“做人，做中国人，做现代中国人”；“大自然、大社会都是活教材”；“做中教，做中学，做中求进步”的基本观点，形成了比较完整的“活教育”理论体系。

（一）“活教育”的目的论

陈鹤琴认为：“活教育的目的就是在做人，做中国人，做现代中国人。”他认为做一个人，做一个中国人，做一个现代中国人是要有一定的条件的：①要具备健全的身体；②要有建设的能力；③要有创造的能力；④要有合作的态度；⑤要有服务的精神。

（二）“活教育”的课程论

陈鹤琴认为，“大自然、大社会都是活教材”，“活教育的课程是把大自然、大社会做出发点，让学生直接对它们去学习”。他认为“大自然、大社会”才是活的书，书本上的知识却是死的书，主张大家去“向大自然、大社会学习，把过去‘书本万能’的错误观念抛弃”。

（三）“活教育”的方法论

陈鹤琴说：“活教育的教学方法也有一个基本的原则。就是：‘做中教，做中学，做中求进步。’”“活教育”的教学过程分为 4 个步骤：实验观察，阅读参考，发表创作，批评研讨。教师的责任是引发、供给、指导、欣赏。

陈鹤琴的“活教育”理论中所提出的很多观点，对于幼稚教育的发展有着不可埋没的作用，但也有其局限性，如在强调“做”的方面时，往往忽视了系统知识、书本知识和间接经验等，所以在运用时要有所选择。

第四节　张宗麟学前教育理论与实践

一、生平和教育活动

张宗麟（1899—1976），浙江绍兴袍渎人，中国幼儿教育和乡村教育的著名教育家，我国幼儿教育史上第一位男性幼稚园教师。

张宗麟自幼颖悟，4 岁即从姑母认字读诗。1921 年秋，考入南京高等师范（后改为东南大学）教育系，当时陶行知为教育系主任，陈鹤琴为教授，他非常敬仰两位老师。1925 年毕业后，学校因为他成绩优秀，留他担任助手，协助陈鹤琴办鼓楼幼稚园。1927 年，张宗麟担任南京市教育局学校教育课幼儿教育指导员。此时，他感到当时的幼稚教育只是为富人孩子服务的，没有面向工农大众。1928 年上半年张宗麟转到晓庄学校工作，任指导员及指导员主任，协助陶行知培养出了一批有志于乡村教育的师资。1931 年初，张宗麟来到福建厦门集美学校，任集美幼稚师范教员，1932 年上半年兼任集美乡村师范校长。在此期间，他主编《初等教育界》杂志，发表了关于闽南初等教育的调查及有关乡村教育与幼稚教育的论文。1936 年 2 月，张宗麟回到上海，参加抗日救亡工作。1948 年 12 月北平解放后，张宗麟任北平军管会文教接管部副部长、高等教育委员会秘书长。中央教育部成立后，他调任教育部教育司副司长、高教部计划财务司副司长、司长等职，为教育事业发展做出了很大的贡献。

1957 年反右斗争中，张宗麟被错划为右派。1976 年 10 月 14 日，张宗麟在上海逝世。张宗麟关于幼儿教育的主要著作均已收入《张宗麟幼儿教育论集》，该书 1985 年由湖南教育出版社出版。

二、幼稚教育的地位和作用

张宗麟对于幼稚教育的地位和作用给予了充分的肯定，认为幼稚教育是一切教育之本，是培养人才的基础。他认为幼稚教育对于人生、国家、社会都有非常重要的意义。

（一）幼稚教育对于人生的重要性

他认为这个时期的儿童已能行走，又能说简单的语言，开始出现各种奇特的心理状态。儿童所接触的范围不断扩大，各种刺激的影响日益加深，在这种情况下必然会引起各种反应，这种反应与儿童的成长有着直接或间接的关系。“在生理上，此期儿童最易蹈危险，正如初放之牙，最易被虫蚀；在心理上则所有影响最深，几乎一生不消。”反之，此期如果受到良好的教育，将会受益终身。

（二）幼稚教育与国家社会的关系

人口调查显示，3—6岁儿童的死亡率最高。如果儿童能够受到良好的保育，度过这个时期，就会出现更多的为国效力的壮年国民。同时，此期儿童受到的良好教育，为爱国情感的养成奠定了基础，并且倘若形成，就会根深蒂固。“吾人倘以国民为必须爱国者，必须为社会服务者，则其教育当自最初级之教育开始，此教育为何？及幼稚教育也。”

（三）幼稚教育在学制上的地位

幼稚教育不但与小学教育有密切的关系，而且对中学和大学教育也有影响。他说：“非独小学生，即中学生大学生很多习惯、性情，亦可在幼稚园养成之，如研究的态度，对人的品性等，皆奠基于此。总之，小学教育为中学、大学教育之基础，而幼稚教育又为小学教育之基础，为学制上一切教育之起点也。”

（四）幼稚教育与家庭的关系

他认为幼稚园是家庭托付儿童之第一场所，最能与父母接触之第一种教育事业。父母大多各有职业，又有其他事务，不能负担教育子女的责任，于是就托付于幼稚园；即便有些父母有闲暇时间，但由于学识关系，对于子女的教育也是爱而不知教，孩子也要托付于幼稚园。幼稚园有专门的人才对儿童进行教育，同时可以传授给父母很多儿童教养的方法，还可以组织母亲会，使儿童接受适宜的教育。

三、当时我国幼稚教育的弊病及其补救方法

他认为当时幼稚教育的弊病主要表现在两个方面：一方面是教会对幼稚教育的垄断；另一方面是社会的漠视。很多人或认为幼稚教育是不急之务，或轻视本国人设立的幼稚园，送其子女入外国人设立的幼稚园。针对以上情况，张宗麟提出了如下的补救方法。

1. 停办外国人在中国设立的幼稚师范及幼稚园

张宗麟认为，世界独立国，均不允许外国人在本国设立小学以教育当地人民，不允许外国人担任小学教师，更不允许外国人设立师范学校。所以政府对于外国人设立的幼

稚师范及幼稚园可以限期停办。

2. 严定幼稚师范及幼稚园标准

外国人在中国设立的幼稚师范和幼稚园停办后，必须有代替者。为免除未来的弊端，为创设独立国家教育精神起见，应当严定幼稚教育的标准。

3. 筹设幼稚师范并检定幼稚教师

筹设幼稚师范是为代替已停办的幼稚师范之用，也是为造成适应新需要之教师所必须；检定幼稚教师是专为考核从前已受非正式之师范教育，仍愿继续其职业者。

4. 引起社会之注意

他认为此方法为根本方法，因为无论何事，没有人民不注意而发达的。鼓起社会之注意方法甚多，最重要的是，教育当局要宣传该事业的重要性，解释固有的误会，使不知者知之、少知者多知，使迷信外国者清醒。

四、幼稚园课程

（一）幼稚园课程的含义

张宗麟指出，“幼稚园课程者，由广义说之，乃幼稚生在幼稚园一切之活动也……包括一切教材，科目，幼稚生之活动。”他认为以儿童活动为课程，幼稚园课程可以有两种划分方法：一种是以儿童活动分类，把儿童活动归入五大类中，包括开始的活动、身体的活动、家庭的活动、社会的活动、技巧的活动；另一种是以学科分类，把儿童活动分为各种学科，主要有音乐、游戏、故事、谈话、图画、手工、自然、常识等。

（二）幼稚园课程的来源及其特点

张宗麟指出，无论何种学校其教育课程的设置，皆为满足学生的需要及社会的期望，幼稚园课程也是如此。但由于 6 岁以下的儿童与社会发生的关系较少，满足其自身的需要则更为重要。因此幼稚园课程内容主要有两个方面：一是学习者本身，即他的需要、他的旧经验，以及他的目前生活与将来生活的全部；二是学习者与社会的关系，即任何学习者都是社会的一分子，必与社会有关系。由此，他认为幼稚园课程的内容来源有 4 个方面：①儿童自发的各种活动；②儿童与自然界接触而产生的活动；③儿童与人和社会接触产生的活动；④人类流传下来的符合儿童需要的经验。这 4 个方面的活动构成了一个整体，具有完整的目的，可称为合理的课程。

张宗麟认为，“生活便是教育，整个的社会便是学校”，这是厘定一切学校课程的总纲领。由于幼稚生的生理与心理的发育还不成熟，所以厘定课程时还要注意以下 4 点：①多注意动的工作；②多与自然界接触；③多注意个别的活动；④多注意儿童的直接经验。

根据以上原则，编制课程时应注意以下几点：①幼稚园的课程不能用科目制来编制，因为科目制会失去生活的意义；②幼稚教师对幼稚园的课程要有一个通盘计划，根据自然界的变化和人事界的发生事项，来决定应该有什么样的课程内容；③每一个单元，长短不拘，但要段落分明；④教师的责任是拟订大纲、预备教材、指导儿童进行活动，不是强迫儿童做，也不是代替儿童做，而是让儿童去享受。

（三）社会化的幼稚园课程

张宗麟在20世纪30年代出版的《幼稚园的社会》一书中，提出了社会化的幼稚园课程思想。他认为，幼稚园课程中应增设“社会”这个科目，幼稚园的一切活动都具有社会性。他说：“幼稚园的一切活动，由广义说来，都是‘社会’。其中最有独立性的只有‘自然’，但是幼稚园的‘自然’绝不是‘纯粹的自然研究’，必定是‘与人生有密切关系的自然元件’。涉及人生也就是‘社会’了。”

张宗麟说：“无论哪级教育的课程，只有两个根据，好像人类只生了两只脚。这两个根据，一个是成人的社会；一个是孩子的社会。”设计社会化的幼稚园课程的根据也不例外。但是，由于幼稚生年龄还小，对于社会情况有很少的经验，因此成人的社会要服从和服务于儿童的社会。

社会化课程的内容主要包括7类活动：①关于生活、卫生、家庭、邻里、商店、邮局，以及本地名胜古迹等活动；②日常礼仪的学习；③节日和纪念日活动；④身体各部分的认识活动和基本的卫生习惯；⑤健康和清洁活动；⑥认识党旗、国旗和总理遗像等活动；⑦集会活动。

为了使社会化的课程发挥更大的教育作用，在实施的过程中还应注意以下几点：①培养儿童互助与合作的精神；②培养儿童爱与怜的情感；③使儿童具有照顾他人的习惯；④使儿童明了生活的根源。

五、幼稚园教师

张宗麟指出，幼稚园教师的任务是非常神圣而艰巨的。它包括：①养护儿童；②发展身体；③养成儿童相当之习惯；④养成儿童有相当之知识与技能；⑤与家庭联络并谋家庭教育改良之方；⑥研究儿童。

成为一名合格的幼稚园教师，需要具备两方面的本领：一方面是关于技能与常识的，如能说话、能演讲、会算账、会写文件书信、会医小病、会做日用手工等；另一方面是关于态度的，如肯吃苦、待人宽和、外表温厚、热爱幼教事业等。同时，张宗麟认为，幼稚教师还应抱有两种目标：①决心，即决心终身从事于此，无论什么都不改变态度；②研究心，即无论做什么事业，都应该抱着为事业而奋斗的目标，实事求是地去做，“不问异日的收获，只问今日的耕耘”。

要培养好的幼稚园教师，幼稚师范所设立的课程是非常重要的。对此，张宗麟对幼稚师范的课程设置提出了以下标准：①公民训练组，该组占15%，包括本国史、本国地理、世界史概要、社会学、最近世界概论；②普通科学组，该组占15%，包括科学入门、应用科学、生物学、应用数学、簿记；③语文组，该组占10%，包括国文、国语、英文（非必要）；④艺术组，该组占15%，包括图画、手工、烹饪、家事学、音乐；⑤普通教育组，该组占10%，包括教育学、教育心理、教育史、普通教学法；⑥专门教育组，该组占35%，包括幼稚教育概论、儿童心理、儿童保育法、幼稚园各科教学法、幼稚园各科教材讨论、幼稚园实习、幼稚教育之历史及其最新趋势、小学低年级教学法。

在特殊的历史时期，以陶行知、张雪门、陈鹤琴、张宗麟为代表的早期教育家，为改变当时幼稚园全盘西化、脱离中国实际的情况，开始了学前教育中国化的探索历程。他们积极吸收外国先进的教育思想，结合中国国情，努力探索中国学前教育的理论与实践，提出了“生活教育理论”、“活教育”思想、“单元教学法”、“整个教学法”等，既适合中国的国情，又适合中国的儿童。他们的教育理论和实践，对中国学前教育的发展做出了重要贡献，许多观点对今天的学前教育仍然具有指导意义。

思考与练习

1．结合我国学前教育的实际，谈谈陶行知“艺友制”师范教育的现实意义。
2．概述张雪门幼儿教育思想的主要内容。
3．谈谈“活教育”理论对我国学前教育的指导作用。
4．谈谈张宗麟的幼稚园理论和实践对我国学前教育课程改革的现实意义。

第八章
中华人民共和国成立至1989年的学前教育

1. 了解和掌握中华人民共和国成立后各个时期国家发展学前教育的方针政策。
2. 思考中华人民共和国成立后我国学前教育发展过程中的经验和教训。

1949 年 10 月，在中国共产党的领导下，中国人民推翻了帝国主义、封建主义和官僚资本主义的统治，创建了人民当家作主的中华人民共和国。此后我国学前教育事业的性质发生了根本性的变化，确立了面向工农、为社会主义革命和建设服务的方针；明确了面向全体幼儿实施全面发展教育的任务；国家建设和发展不同层次、多种形式的学前教育机构；不仅培养了一支德才兼备的学前教育工作者队伍，而且积累了办好社会主义学前教育事业的经验。我国学前教育事业的发展，对培育祖国的下一代，解放妇女生产力，促进社会主义革命和建设发挥了重大作用。

第一节　中华人民共和国成立初期的学前教育改革（1949—1957 年）

中华人民共和国成立后，学前教育进入了一个崭新的发展阶段。政府和业务主管部门为我国学前教育的发展制定了发展方针和一系列的条例规程，使学前教育沿着正确的轨道前进。

一、确定学前教育的性质、任务及发展方针

（一）确定幼儿教育在基础教育中的重要地位

1949 年 12 月，教育部召开第一次全国教育工作会议，确定“教育必须为国家建设服务，教育必须向工农开放”的教育工作总方针，并明确指出改造旧教育应“以老解放区新教育经验为基础，吸收旧教育某些有用的经验，特别要借鉴苏联教育建设的先进经验”。

1951 年 10 月 1 日，中央人民政府政务院颁布了新中国成立以来的第一个学制，即《关

于改革学制的决定》。该学制规定了我国的教育体系与教育结构，其中包括幼儿教育：实施幼儿教育的组织为幼儿园，接收 3—7 岁的幼儿，使他们的身心在进入小学前获得健全的发育。新学制的颁布，标志着中国劳动人民在文化教育上的新胜利，也标志着人民教育走上了有计划、有系统的发展新阶段。幼儿教育被列入学制体系中，成为小学教育的基础。至此，自 1922 年壬戌学制定名、沿用了 30 年的“幼稚园”，改称为“幼儿园”。

（二）明确学前教育的发展方针和幼儿教育的双重任务

1951 年，教育部召开第一次全国初等教育会议和第一次全国师范教育会议。会议提出了当时幼儿教育的工作方针：根据各个地区的不同情况、城乡差异，有计划、有步骤地在整顿中提高，在巩固的基础上适当地发展；积极培育幼儿教育师资；根据幼儿园教学纲要，解决教材问题。

1952 年 3 月 18 日中央人民政府发布试行的《幼儿园暂行规程（草案）》规定：幼儿园的任务是根据新民主主义教育方针教育幼儿，使他们的身心在入小学前获得健全的发育；同时减轻母亲养育幼儿的负担，以便她们有时间参加政治生活、生产劳动、文化教育活动等。据此，新中国幼儿园承担着抚育儿童，使其身心健康发展和便利妇女参加社会建设的双重任务。

新中国成立初期，我国经济比较落后，幼儿教育事业的发展单靠国家是不行的。因此，国家确定了公办和民办并举的发展方针，依靠群众，动员社会各方面的力量，采取多种形式兴办幼儿园，从而有力地促进了我国幼儿教育事业的发展。

二、学前教育的改革与实施

根据建国初期确定的学前教育的性质、任务、发展方针，在党和政府的关怀下，教育部对学前教育有计划地进行了整顿和改造工作，制定了一系列政策和办法。

（一）接管外国在我国设立的学前教育机构，收回教育主权

本着教育独立自主的原则，1950 年 12 月至 1951 年 1 月，中央人民政府政务院相继颁布《关于处理接受美国津贴的文化教育救济机关及宗教团体的方针的决定》和《接受外国津贴及外资经营之文化教育救济机关及宗教团体登记条例》。按此决定和条例，我国各地接管了美国和其他国家在我国开办的幼稚园、孤儿院、育婴堂、慈幼院等机构，收回了儿童教育、儿童福利事业的主权，全面结束了一百余年来帝国主义对中国学前教育事业主权的掠夺。

（二）接办私立幼儿园，向工农子女打开幼儿教育机构的大门

根据 1952 年 9 月教育部《关于接办私立中小学的指示》精神，1952 年至 1954 年期间，教育部陆续接办了全国私立幼儿园，并改为公立，如南京陈鹤琴主办的鼓楼幼稚园。

为使劳动人民子女享有受教育的权利，教育部采取的主要措施如下：①废除幼儿园

的招生考试制度，经报名登记和核实情况即可。因父母双方工作家中无人照顾的幼儿可以被优先录取；②日常在园时间从过去的半天予以延长，以利劳动妇女正常工作，并取消寒暑假制度；③家庭经济困难的劳动人民子女保教费用可以减收或免收；④支持在工人住宅区设立幼儿园。

（三）制定颁布幼儿园规程和幼儿园教学纲要

1951 年教育部制订了《幼儿园暂行规程（草案）》（以下简称《暂行规程》），并于 1952 年 3 月颁布试行。这是新中国发展幼儿教育的具体纲领。其中规定：

幼儿园的培养目标：培养幼儿基本的卫生习惯，注重其营养，锻炼其体格，保证幼儿身体的正常发育和健康；培养幼儿正确运用感官和语言的基本能力，增进其对于环境的认识，以发展幼儿的智力；培养幼儿爱国思想，国民公德和诚实、勇敢、团结、友谊、守纪律、有礼貌等优良品质和习惯；培养幼儿爱美的观念和兴趣，增进其想象力和创造力。

幼儿园的教养原则：使幼儿全面发展；使教养内容和幼儿生活实际相结合；使幼儿有独立活动、完成简单任务的机会，使幼儿习惯于集体生活；使必修作业、选修作业及户外活动配合进行；使幼儿家庭教育和幼儿园教育密切配合。幼儿园教养活动项目有体育、语言、认识环境、图画手工、音乐、计算等。

在学制方面规定：以收 3 足岁到 7 足岁的幼儿为标准；以全日制为原则，幼儿每日在园时间以 8 小时至 12 小时为准；根据需要可办寄宿制幼儿园和季节性幼儿园。为便利妇女工作，以不放寒暑假为原则，工作人员轮流给予休假。

为了更好地贯彻《暂行规程》，使幼儿体、智、德、美几方面都得到良好发展，建立幼儿园的保教制度。1952 年 7 月，教育部印发了《幼儿园暂行教学纲要（草案）》（以下简称《暂行纲要》）。其主要内容包括：各班幼儿的年龄特点和教育要点；体育、语言、认识环境、图画手工、音乐、计算教学纲要。各科教学纲要均包括目标、教学大纲、教学要点和设备等 4 个方面。

《暂行规程》和《暂行纲要》的制定和试行，明确了幼儿园的双重任务和教养并重的方针，为全面改革旧教育、逐步建立社会主义学前教育新体系奠定了理论基础。

（四）学习苏联学前教育的理论和经验

建国初期，为了加快社会主义建设的步伐，中央发出了全面向苏联学习的号召，在教育上也积极学习苏联的经验，进行教育改革。

1950 年 9 月，苏联幼儿教育专家戈琳娜被聘为教育部幼儿教育顾问，1954 年，其职位由马努依连柯继任。两位幼教专家定期参与教育部的全国幼儿教育情况分析工作，赴上海、天津、南京等地对幼儿师范学校和幼儿园工作进行考察指导，并在北京师范大学开设讲座。苏联的幼教理论和经验在我国得到了系统而广泛的传播。

同时，我国对旧的幼稚教育进行了批判，1919 年前的幼稚教育，如陶行知的“生活教育”理论、陈鹤琴的“活教育”理论受到了批判。这种简单化的否定，对继承我国近现代丰富的教育思想遗产危害很大，在一定程度上也阻碍了幼儿教育的发展。

三、学前教育管理体制的建立

1949 年 11 月，中央人民政府教育部成立，在初等教育司内设置幼儿教育处。1952 年 11 月，中央人民政府委员会第 19 次会议决定成立高等教育部，中央教育部机构相应调整，幼儿教育处由原来的司属处调整为教育部的一个直属单位。幼儿教育事业在中央教育部直接领导下迅速发展。

1956 年，教育部、卫生部、内务部下发了《关于托儿所、幼儿园几个问题的联合通知》。通知决定：各类型托儿所、幼儿园的经费、房屋设备等由主办单位负责管理；有关方针政策、规章制度、教育内容、儿童保健等业务，以及托儿所统一由卫生行政部门领导，幼儿园统一由教育行政部门领导。至此，我国的幼儿教育便形成了全国统一的领导管理体系。

四、学前教育事业的蓬勃发展

（一）幼儿园的发展

1953 年 1 月，政务院文化教育委员会召开大区文教委员主任会议，提出文教工作的方针是“整顿巩固、重点发展、提高质量、稳步前进”。

1955 年 1 月，国务院发布《关于工矿、企业自办中学、小学和幼儿园的规定》。该文件提出：根据需要与可能的原则，独办或联办，幼儿园所需教养员由当地教育部门负责解决。

1956 年 2 月，教育部、卫生部、内务部下发《关于托儿所、幼儿园几个问题的联合通知》，规定按照“全面规划、加强领导”和“又多、又快、又好、又省”的方针，积极发展托儿所、幼儿园，并以整日制（即日托）为努力方向。

中华人民共和国成立后的最初几年中，由于领导重视，幼教发展方针积极稳妥，符合国情，幼儿园以及各级各类幼教专业学校发展速度逐年稳步上升，不仅事业稳步发展，办园的形式也灵活多样，有整日制、寄宿制、半日制、季节制的和临时性的等。说明在这一时期，我国幼儿教育的发展方针是符合当时我国经济发展水平的，是符合幼儿教育发展现实需要的。

（二）幼儿师范学校的发展

良好的师资队伍是办好幼儿园、发展幼儿教育的关键。中华人民共和国成立后，各级教育行政部门十分重视幼教干部与师资的培养培训工作。

1952 年 7 月发布的《师范学校暂行规程（草案）》规定：师范学校附设幼儿师范科、师范速成班、短期师资训练班等。同时还规定，“应设附属小学或幼儿园为实习场所”。

同年，教育部发布《关于高等师范学校的规定》，指出：高等学校设置的教育系分设学前教育组，培养中等幼儿师范学校的专业课教师。根据教育部关于高等学校院系调整的精神，将分散于一些高校的有关专业，适当合并，调整为学前教育专业或幼儿教育系，以便集中力量，切实形成幼儿师范学校师资培养基地。此后，南京师范学院教育系、北京师范大学教育系、西南师范学院教育系、西北师范学院教育系、东北师范大学教育系等 5 所院校的学前教育专业承担了培养全国幼儿师范学校专业课教师和幼教干部的重任。

政府对幼儿园师资培养的重视和制订切合实际需要的多种政策，使正规幼儿师范学校与各种培训相结合的手段产生了良好的社会效益，造就了一批中级和高级的幼儿教育的生力军，提高了原有幼教干部和教师的专业水平，为我国幼儿教育的起步与发展起到了奠基的作用。1950—1957 年我国幼儿师范学校发展情况如表 8-1 所示。

表 8-1　1950—1957 年我国幼儿师范学校发展情况统计表

年份	校数/个	班数/个	在校学生人数/人			毕业生人数/人		
			初级	中级	合计	初级	中级	合计
1950	1	27		809	809		260	260
1951	2	50		1 627	1 627		360	360
1952	2	47		2 100	2 100		585	585
1953	7	151	708	6 047	6 755	79	934	1 013
1954	7	181	617	7 852	8 469	577	2 303	2 880
1955	9	204	36	9 155	9 191	36	2 406	2 442
1956	21	342	49	15 150	15 199	36	2 244	2 280
1957	20	336	99	15 188	15 287		2 569	2 569

第二节　学前教育盲目发展与调整巩固（1958—1965 年）

1958—1965 年，我国的学前教育事业经历了一个曲折的发展过程，出现了盲目发展、教育质量大幅度下降的情况，阻碍了学前教育理论研究的顺利开展。

一、学前教育的盲目发展阶段

（一）关于学前教育方针的讨论

1957 年，毛泽东在《关于正确处理人民内部矛盾的问题》中明确提出了社会主义教育方针："应该使受教育者在德育、智育、体育几方面都得到发展，成为有社会主义觉悟的有文化的劳动者。" 1958 年 9 月，《中共中央 国务院关于教育工作的指示》明确、系统地提出了党和国家的教育工作方针，即"党的教育工作方针，是教育为无产阶级的政治服务，教育与生产劳动结合；为了实现这个方针，教育工作必须由党来领导"。

这两条方针，前者指出了培养目标，后者确定了教育工作的方向。学前教育也必须贯彻党和国家的教育方针。在培养目标上，曾有人提出幼儿园把体育放在首位，是"没有以德育挂帅”的资产阶级教育方针。经过学习和讨论，我国坚定了结合幼儿特点的体、智、德、美全面发展的方针；在工作方向上，普遍加强了为生产服务的措施和对幼儿的劳动教育。总之，在贯彻教育方针的过程中既有积极的一面，如想方设法为家长服务，也有消极的一面，如思想品德教育成人化、脱离了幼儿的年龄特点等。

（二）幼儿园的迅猛发展

1958 年 5 月，中国共产党第八届全国代表大会第二次会议通过了“鼓足干劲、力争上游、多快好省地建设社会主义”的总路线，继而又发动了“大跃进”运动和农村人民公社化运动，“左”倾错误泛滥。

幼儿教育在“大跃进”中出现了盲目发展的现象。短时间内，各地幼儿园急剧增加，有的地方提出了“三天托儿化”“一夜托儿化”“实行寄宿制，消灭三大差别”等口号。1958 年，幼儿园发展到 695 297 个，比 1957 年增加了 42.13 倍。这样的发展速度大大超越了我国当时的经济发展水平，违背了幼教事业发展的客观规律。

（三）师资培训发展迅速

自 1955 年起，教育部决定幼儿园师资由地方教育行政部门设立的幼儿师范学校负责培养，在全国范围内增设了初级和中级幼儿师范学校，增加了培养幼儿园教师的基地。“大跃进”时期，幼儿师范学校呈畸形的快速发展。1960 年的学校数比 1957 年增长了近 3.5 倍，达 89 所；在校生 69 278 人，增长了 3.5 倍多。

（四）学前教育学术进展受阻

1958 年出现的“左”倾错误，不仅使学前教育事业的规模和速度得到了盲目大发展，还导致了幼儿教育理论与实践的极度混乱。

1958 年，北京师范大学学前教育专业学生发起了对《幼儿园教育工作指南》的批判，批判其为“资产阶级方向”“篡改党的教育方针”“否定党的领导”。此后，在理论教学及幼儿园教育中出现了大量口号化、成人化、形式化的错误，教育质量显著下降。

批判还错误地牵连、伤害了一些教师，影响了学术研究与学术争鸣。南京师范学院院长陈鹤琴教授被强加上“文化买办”“冒牌学者”等污蔑之词，他的儿童教育思想被全盘否定和批判。南京师范学院附属小学的优秀教师斯霞所倡导的“母爱教育”也遭到批判，认为“母爱”“童心”就是抹杀教育的阶级性，不要无产阶级方向，不要阶级教育。这对幼儿教育界一向强调的教师对幼儿要有“爱心”，也起到了干扰作用。

二、学前教育的调整巩固阶段

为促进经济形势的根本好转，中央一方面对“左”倾错误思想和行为进行了适当的纠正，另一方面提出了“调整、巩固、充实、提高”的方针。在此方针指引下，学前教育机构根据经济、师资等实际条件采取了保留、撤销、充实等手段，朝着巩固和提高的目标，逐步恢复了正常发展秩序。

（一）幼儿园的调整与发展

教育部提出：幼儿园的发展，宁可慢些、少些，但要好些。城市中的幼儿园以提高质量为主，条件不成熟时民办园要调整、收缩。1960 年，全国共有幼儿园 785 000 所，1961 年减少至 60 300 所。调整后，幼儿园重新开始了稳步发展。

（二）师范学校的调整与发展

1962 年 1 月，《教育部党组关于全国师范教育会议的报告》明确指出要重视幼儿园师资培养，“三年制的幼儿师范，主要是培养大、中城市重点幼儿园的教养员，目前不能多办；应该多办初级幼儿师范，招收相当于高小毕业程度的青年，培养成为城镇和农村幼儿园的教养员，学习时间的长短，可以因地制宜”。经过调整和整顿，培养幼儿园教师的学校由以初级幼儿师范为主转为以中级幼儿师范为主，幼儿园教师的水平得到逐步提高。

三、调整巩固阶段存在的问题

自 1961 年开始的调整工作，纠正了幼儿教育中一些“左”的错误，但同时也出现了一些新问题。例如，主管全国幼儿园工作的领导机构——中央教育部幼儿教育处被撤销，仅保留一名原幼教处干部在普通教育司综合处处理有关日常事务。此后在相当长的一段时间内，教育部基本上没有对幼儿教育工作下发文件指示，幼儿教育的发展与提高受到了相当程度的影响。再如，我国当时仅有的 5 所师范院校中的学前教育专业于 1962 年后相继停止招生，致使高层次幼教专门人才培养中断，对幼教理论的提高与发展都是十分不利的。

第三节　学前教育遭受全面破坏（1966—1976 年）

“文化大革命”中，整个国家遭到浩劫，幼儿教育被视为推行修正主义路线的典型，受到空前的摧残，我国学前教育的发展遭受严重破坏。

一、教育方针被严重歪曲

“文化大革命”对新中国成立至 1966 年这 17 年的教育进行了彻底否定与批判。它把学前教育视为推行修正主义路线的典型，对全面发展的学前教育方针进行了严重的歪曲，对“四育”的任务和内容横加批判。例如，在德育方面，以空头政治代替德育的全部内容，以极左的政治口号代替日常行为规范；幼儿园增设了“政治课”，让幼儿大量地死记硬背他们并不能理解的毛泽东语录和诗词，让幼儿和成人一样参加所谓的“革命大批判”“批林批孔”“评法批儒”，对幼儿讲路线等。对于这些德育内容，幼儿根本无法付诸行动，而那些能指导幼儿行为的德育内容，如文明礼貌、互助友爱、五爱教育等

被排斥于德育内容之外。

二、管理体制遭到彻底破坏

广大幼教工作者在工作中长期积累形成的幼教管理制度，被视为“管、卡、压的手段”，遭到批判；幼儿园中人员的合理岗位分工被扣上“资产阶级法权”的帽子而被取消，园内各类工作由勤杂工、保育员、园长轮流担任；园长被当作走资本主义道路的当权派进行批斗，优秀教师被作为修正主义黑干将、反动学术权威遭受人身攻击。幼儿园脱离了科学管理的轨道，处于混乱状态，严重阻碍了幼儿的身心健康发展。

三、师资培训被全面取消

在“文化大革命”中，全国 19 所幼儿师范学校全部停止招生，有的学校甚至被停办，有的被改为普通中学，有的房舍被占，图书、钢琴等教学设备被毁坏，教师被迫改行。只有浙江幼儿师范学校在经历了“停课闹革命”后，直到 20 世纪 70 年代初才开始举办短期培训班。高等师范学校的学前教育专业，也只有南京师范学院保留了全部人员，并于 20 世纪 70 年代初开始为工厂、农村培养幼儿师资。可见在“文化大革命”期间，幼儿教育的师资培养几乎处于停滞和消亡的状态。

第四节　学前教育的拨乱反正与改革振兴时期（1976—1989 年）

1976 年秋，党中央粉碎了“四人帮”篡党夺权的阴谋，结束了十年混乱动荡的局面。1978 年 12 月，党的十一届三中全会召开，国家进入了社会主义建设发展的新时期，教育工作走上了健康发展的轨道，学前教育也进入振兴和发展的新阶段。

一、政府加强对学前教育工作的领导和管理

第五届全国人民代表大会第二次会议审议通过的《政府工作报告》中提出：要十分重视发展托儿所、幼儿园；要培养大批合格的幼儿教师，使更多的学龄前儿童能够进入幼儿园，并且能够受到适应他们身心特点的教育。1983 年 5 月下发的《中共中央、国务院关于加强和改革农村学校教育若干问题的通知》明确提出了“积极发展幼儿教育”的要求。1987 年 10 月经国务院批准，国家教育委员会专门召开了全国幼儿教育工作会议。党和政府为大力加强对学前教育的领导和管理，采取了一系列行之有效的措施。

（一）恢复与建立学前教育管理机构和体制

1978 年教育部恢复后，普教司中恢复了幼儿教育处，对全国城乡各类型幼儿园进行

方针、政策及业务上的工作指导。1979 年，国务院设立“托幼工作领导小组”及其办事机构，以加强对幼教工作的领导。

1987 年 10 月，国务院办公厅转发的国家教委等部门《关于明确幼儿教育事业领导管理职责分工请示》中规定，幼儿教育事业“必须在政府统一领导下”，实行“地方负责，分级管理”和“有关部门分工负责的原则”。

目前我国各级地方政府已将托幼工作纳入自身的工作范围内，加强了领导与管理。我国的托幼工作已建立了自上而下实行统一领导、地方分级管理的领导体制。今天，我国托幼工作能够健康发展，正是得益于这一套较为健全的纵横管理体制。

（二）颁布多种学前教育法规

1979 年 11 月 8 日，教育部发布了《城市幼儿园工作条例（试行草案）》。该草案包含总则，卫生保健和体育锻炼，游戏和作业，思想品德教育，教养员、保育员和其他工作人员，组织、编制及设备等 6 个部分。

1980 年卫生部、教育部联合发布了《托儿所、幼儿园卫生保健制度（草案）》，1985 年卫生部进行了修订。该制度就托儿所、幼儿园合理的生活制度、饮食营养、体格锻炼、健康检查、卫生消毒与隔离、防病工作、安全制度、儿童健康记录及与家长进行卫生保健联系等多项工作，做出了详尽、明确的规定，使托儿所、幼儿园的卫生保健工作有章可循，确保幼儿的健康与安全。

1981 年 10 月，教育部下发了《幼儿园教育纲要（试行草案）》，作为“各类幼儿园进行教育工作的依据”，要求各地幼儿园结合当地实际情况试行。此试行草案包括年龄特点与教育任务、教育内容与要求、教育手段及注意事项等 3 大部分，使幼儿园教育有章可循，起到了拨乱反正、提高教育质量的作用。

1983 年 9 月下发的《教育部关于发展农村幼儿教育的几点意见》，指导了农村幼儿教育的发展，有利于小学教育的普及与提高。

1987 年 3 月，劳动人事部、国家教育委员会联合发布《全日制、寄宿制幼儿园编制标准（试行）》。该标准既规定了班级的规模、教职工与幼儿的比例、主要教职工的配置比例，还规定了炊事员、医务人员、财会人员的比例。

1987 年 9 月，城乡建设环境保护部、国家教育委员会发布《托儿所、幼儿园建筑设计规范》，规定了生活用房、服务用房、供给用房和游戏场地的面积标准与要求，以及给水与排水、采暖与通风、电气等的标准与要求。

1989 年 6 月发布的《幼儿园工作规程（试行）》是幼儿园内部的工作法规，对全国各类别幼儿园均有效。该文件既贯穿了国家对幼儿教育的基本指导思想，又充分考虑了我国幼儿园差别的明显存在，对推进幼儿园工作更具指导意义。

这 10 年中为幼儿园制定与发布的法规、制度，对我国学前教育走上规范化、科学化的道路起到了保障和促进作用。

（三）编写幼儿园教材及幼儿园教师培训教材

为配合《幼儿园教育纲要（试行草案）》的贯彻实施，教育部组织全国幼儿园优秀

教师与幼教理论工作者编写幼儿教师用书一套，共7种，由体育、语言、常识、计算、音乐、美术、游戏各册组成。上海教育出版社还为《幼儿园教育纲要（试行草案）》配印了全套教学挂图。人民教育出版社也编写了有关读物。教育部还为农村幼儿教师组织编写了一套12种13册的农村幼师培训教材，由人民教育出版社自1987年陆续出版。这样重视和有计划地出版幼儿园教材及有关教学用书，在中华人民共和国成立后还是首次。

二、多渠道、多层次、多形式地发展学前教育事业

从1976—1989年的十几年里，在各级政府的高度重视和正确的学前教育方针及法规的指导下，我国幼教改革振兴的成果显著，幼儿园数量的增加和质量的提高，以及幼儿教师人数的增长和教学水平的提高，都是前所未有的。

（一）幼儿园的发展

在学前教育的拨乱反正与改革振兴时期，利用多种渠道，动员和依靠社会各方面力量兴办学前教育事业，各类幼儿园，特别是厂矿、机关、学校和农村幼儿园有了较快发展。

统计数据表明，除1981—1983年减少外，其他年份的幼儿教育出现了稳步发展的大好形势，幼儿园数一直稳定在17万余所，入园幼儿数一直保持增长态势。例如，1984—1988年，历年的入园率为17.2%、19.6%、21.5%、23.9%、28.2%。

（二）师资队伍的建设

十年动乱造成了幼师师资的严重不足，给幼教事业的恢复和发展带来极大的困难。为此，必须积极发展幼儿师范教育，同时抓紧在职教师的培训工作。拨乱反正后的十年，经过各级政府和师范院校的努力，我国的幼教干部和师资培训工作有了较大的发展。

1. 高等师范院校学前教育专业的发展与改革

1978年10月，教育部发出《关于加强和发展师范教育的意见》指出："原有的学前教育专业的师范院校应积极办好这个专业，扩大招生名额，为各地培养幼师师资。"据1987年统计，全国共有22所师范院校设置了学前教育专业。另外，在上海幼儿师范学校的基础上，成立了上海幼儿师范专科学校，实行三、二分段（即中专3年、大专2年），培养幼儿园的骨干教师。从20世纪80年代初起，北京师范大学和南京师范大学学前教育专业设有2个硕士点，培养学前教育专业的高校教师及科学研究人员。

2. 中等幼儿师范学校的发展与改革

幼儿师范学校是培养幼儿教师的主要阵地，党和政府要求迅速恢复原有的幼儿师范学校，并要做到每个省和直辖市至少有一所独立的幼儿师范学校。各地教育行政部门对恢复与发展幼儿师范学校给予重点资助，因而发展迅速。1978—1979年，幼儿师范学校从1所恢复到22所，而后逐年递增。1989年独立的幼儿师范学校有63所，为1965年19所的3.3倍；在校学生有35 498人，为1965年5267人的6.7倍；毕业生有10 956人，为1965年861人的12.7倍。幼儿师范学校承担了为地区培养骨干幼儿师资的任务，同

时还承担了在职幼儿教师培训和幼教教研任务。

3. 在职教师的进修和提高

1986年底，各地教育行政部门开始对幼儿园教师进行考核。根据规定，不具备国家合格学历的幼儿园教师，应参加教材教法考试合格证书和专业合格证书的考试，这为幼儿园教师评定职称打下了基础，同时也促使幼儿园教师全面地提高自己的文化、业务水平。据统计，1987年全国取得专业合格证书的有5765人，1988年有21 952人，1989年有35 366人。

总之，通过各方面努力，幼儿教师队伍逐年扩大，学历层次逐渐上升，中师、高中以上毕业者和受过一年以上专业训练者所占比例逐年增加，大批在职幼儿教师和干部的能力得到培养和提高，逐步达到合格水平，并向着更高层次迈进。

三、开展科学研究，促进学前教育改革

幼儿教育科学研究的开展，是幼儿教育发展水平的重要标志。20世纪70年代末，我国开始建立专门的科学研究机构和群众性的科学研究组织，这些组织的建立对繁荣学前教育科学、提高学前教育工作者的理论水平和实际教育工作质量，起着积极的推动作用。

（一）学前教育科学研究机构的建立

1978年7月，国家恢复了中央教育科学研究所，设立了“幼儿教育研究室”。这是我国第一个国家级的幼儿教育研究机构。在全国先后建立的36个省（区、市）及计划单列市的教育科学研究所中，辽宁等7个省、市都设有幼儿教育研究机构；北京等13个省（区、市）的教育科学研究所内设有专职幼儿教育科研人员。各级幼儿教育科学研究机构及教育行政部门相互协作，带动了全国相当一部分地区和幼儿园的科学研究工作。

（二）学前教育学术团体的成立

1979年11月3日，中国教育学会幼儿教育研究会在南京成立，紧接着举行了第一届学术会议。幼儿教育研究会于1982年和1985年相继召开了第二届和第三届全国学术年会。地方省市也纷纷建立本省、市的幼儿教育研究会，定期召开学术年会。无论全国还是地方的幼儿教育研究会，在组织科研队伍、推进群众性幼教科研活动方面，都起了积极的促进作用。

（三）学前教育主要研究课题及成果

20世纪70—80年代所研究的主要课题及成果举例介绍如下。

1）总结我国幼儿教育的经验，重点总结“新中国成立以来的幼儿教育”。1979年，中央教育科学研究所幼儿教育研究室主持“建国32年来幼儿教育的历史经验和教训”的课题研究，并于1982年撰写成论文《当代中国幼儿教育》。

2）对我国现代教育家陶行知、陈鹤琴等人幼儿教育思想的研究。

3）加强对幼儿体、智、德、美教育方面的研究。例如，智育方面的课题“幼儿园3—

6 岁儿童言语发展的特点和教育的研究”，由中央教育科学研究所与 10 个省、市协作进行，其研究成果已被写成综合论文编入《中国儿童青少年心理发展与教育》一书。

4）农村幼儿教育的调查和实验研究。中央教育科学研究所幼儿教育研究室于 20 世纪 80 年代初期开始调查农村幼儿教育，1987 年开始与河北省教委合作，对农村幼儿教育进行宏观和微观的研究，以探索农村幼儿教育事业发展和提高的特殊规律。

5）幼儿园课程结构的实验研究。1983 年起，南京、北京、上海等地先后开始课程改革的实验研究，旨在克服当时幼儿园课程结构的弊端，探索新的课程结构，以利于幼儿身心得到充分的发展。主要有以下几种实验研究：南京师范大学与南京市实验幼儿园的“幼儿园综合教育结构”研究；中央教育科学研究所与北京市崇文区教育科学研究所等协作进行的“幼儿园综合教育”；上海长宁区教育科学研究所与愚园路第一幼儿园合作进行的“幼儿园综合性主题教育的实验”；南京师范大学与鼓楼幼儿园协作进行的“活动教育课程”；东北师范大学教育系与该校实验幼儿园的“整体教育课程”等。

中华人民共和国成立后的 40 年，我国幼儿教育走过了一条坎坷的发展道路，其基本经验可概括为以下几点。

1. 学前教育的发展必须与国民经济发展水平和社会需求相适应

学前教育离开了经济发展的实力，不从客观实际出发，仅凭主观意向促发展，是不能巩固的，必将以失败而告终。为此，应不断从调查研究入手，根据本地区的社会需求，及时调整学前教育发展的数量、布局、形式与制度等，使之与国民经济发展水平和群众需求相适应，避免主观性、盲目性。

2. 必须加强领导，构建科学的学前教育管理体制

发展学前教育离不开各级政府支持，更不能没有科学的管理。幼儿园的经费、人事、行政事务可由各主办单位负责，保教业务可由卫生部门及教育部门负责。我国幼儿园发展的实践已证实，实行“统一领导，地方分级管理、分工负责”的方针是适合我国国情的，今后仍然适用于幼儿园的发展。

3. 必须明确幼儿园为儿童成长和家长工作服务的双重任务

我国幼儿园的双重任务是既满足培养革命接班人的需要，又满足广大适龄妇女投身社会主义劳动的需要。幼儿园工作的实践业已证明，幼儿园的两项任务能够统一地、协调地实现。将两项任务对立或偏向某一方面的做法都是不妥的，有碍幼儿园为社会主义服务功能的实现。

4. 必须坚持保育与教育相结合的原则

幼儿园是保育和教育儿童的机构。从幼儿发展需要出发，施以体、智、德、美全面发展教育，促进幼儿身心的和谐发展，是幼儿园保育和教育的任务，不容偏斜。对幼儿实施全面发展的教育，要根据幼儿年龄发展与个性特征，通过游戏活动，把教育渗透于幼儿生活的各项活动之中。

5. 应充分重视古今中外的学前教育理论与实践

借鉴古今中外学前教育理论与实践经验，是幼儿教育健康、快速发展的需要。以马克思主义理论为指导，结合我国的国情和具体教育对象的实际，有选择地吸取古今中外学前教育理论的精华，对建设与发展我国的幼儿教育理论和幼儿教育实践是非常有利的。

6. 应确保乳婴儿教育和幼儿教育两部分的衔接

乳婴儿教育和幼儿教育是连续的、衔接的，构成学前教育的整体。我国在 20 世纪 50 年代学习苏联的做法，将托儿所与幼儿园分别划归卫生部门与教育部门管理，这种分工管理在当时起了加强领导的作用，但也由此造成了托儿所教育与幼儿园教育的脱节或重复，这种情况延续至今。近年来，大量研究成果证明，从低龄开始进行教育是可能与必要的，从而提出了对乳儿、婴儿、幼儿的教育应做连续的、统一的考虑，使各阶段教育能更加适应和促进各年龄段儿童的发展。

思考与练习

1. 中华人民共和国成立初期，我国学前教育的发展方针是什么？学前教育的改革实施情况怎样？

2. 从中华人民共和国成立以来学前教育发展的曲折道路中，我们应吸取什么经验与教训？

3. 十一届三中全会以后，我国学前教育是如何沿着规范化、科学化的方向发展的？

第九章
当代中国学前教育发展概述

学习目标

1. 了解我国学前教育1990—2020年的发展历程，以及各个阶段政策的内涵。

2. 掌握《国家中长期教育改革和发展规划纲要（2010—2020年）》《中共中央、国务院关于学前教育深化改革规范发展的若干意见》等国家重大决策产生的背景及其重大历史意义。

3. 分析教育部为什么两次下发专项治理幼儿园“小学化”问题的通知。

20世纪90年代，中国的学前教育进入了快速稳步发展的阶段：幼教机构的数量迅速增加，不仅在城市，而且在乡村也普及开来；幼教机构的类型、课程模式等趋向于多元化，教育范围向0—3岁幼儿延伸，民办幼儿园发展迅速；一批政策性文件相继出台，著名教育学家的教育思想得以被整理，教育实验也轰轰烈烈地开展起来。2010年7月，《国家中长期教育改革和发展规划纲要（2010—2020年）》的颁布，为我国学前教育事业的发展开启了新的篇章，为学前教育的发展带来了新的机遇。党的十八大以来，学前教育发展步入新纪元。

第一节　建设中国特色社会主义时期的幼儿教育（1990—1999年）

一、制定政策性文件，指导中国特色社会主义时期幼儿教育事业的发展

1990年9月29日至30日，联合国在纽约召开了世界儿童问题首脑会议，这是有史以来儿童领域规模最大的一次政府首脑的盛会。会议通过了《儿童生存、保护和发展世界宣言》和《执行九十年代〈儿童生存、保护和发展世界宣言〉行动计划》，承诺在2000年前努力结束当前存在的儿童死亡率过高及儿童营养不良状况，为全世界所有儿童身心的正常发展提供基本保障，使儿童拥有更加美好的未来；提出了“一切为儿童”的新道德观，要求遵循“儿童至上”的原则，保证社会资源首先用于儿童，使儿童成为人类所

有成就的第一个受益者以及人类所有失败的最后承担者；确认在儿童问题上的进步是一个国家发展的重要标志。1991 年李鹏总理代表中国政府签署了上述两个文件，全国人大常务委员会通过了《中华人民共和国未成年人保护法》。

1992 年 2 月国务院下达《九十年代中国儿童发展规划纲要》。该纲要内容包括 90 年代我国儿童生存、保护和发展的主要目标、策略与措施、领导与监测等。该纲要还提出了城市入园（班）率达到 70%，农村学前一年幼儿入园（班）率达到 60%的目标。这些目标虽然未能如期实现，但对促进当时的幼教事业发展产生了积极作用。1993 年 2 月中共中央、国务院印发《中国教育改革和发展纲要》，规定幼儿教育的发展目标是“大中城市基本满足幼儿接受教育的要求，广大农村积极发展学前一年教育”。1995 年 3 月全国人大通过《中华人民共和国教育法》，在“教育基本制度”章节中规定，国家实行学前教育、初等教育等学校教育制度。以上这些国家法律、文件的颁布，将儿童的生存、保护和发展与人类未来之间的关系提到了“人口素质基础”和“未来发展的先决条件”的高度。

国家教委、计委、妇联等部门于 1995 年 9 月 19 日联合发布了《关于企业办幼儿园的若干意见》。该文件的颁布，使企业办园得到了有效的发展。

1996 年 3 月国家教委颁布了《幼儿园工作规程》。该规程确定幼儿园是对 3 周岁以上学龄前幼儿实施保育和教育的机构，是基础教育的有机组成部分，是学校教育制度的基础阶段。《幼儿园工作规程》对幼儿园工作的定位、对学前教育事业后续发展、政策制定产生了深远影响。

为了更好地贯彻落实《全国教育事业“九五”计划和 2010 年发展规划》关于幼儿教育事业发展目标，促使幼儿教育事业的发展与当地经济和社会发展以及普及九年义务教育工作相协调，国家教委拟定了《全国幼儿教育事业“九五”发展目标实施意见》。该文件提出，到 2000 年全国学前 3 年幼儿入园（班）率达到 45%以上，大中城市基本解决适龄幼儿入园问题，农村学前 1 年幼儿入园（班）率达到 60%以上，并按“普九”情况和经济发展水平提出分区实施要求。

1998 年 12 月教育部制定《面向 21 世纪教育振兴行动计划》，提出“实施素质教育，要从幼儿阶段抓起，要用科学的方法启迪和开发幼儿的智力，培养幼儿健康的体质、良好的生活习惯、活泼开朗的性格与求知的欲望”。1999 年 6 月的《中共中央 国务院关于深化教育改革，全面推进素质教育的决定》指出“实施素质教育应当贯穿于幼儿教育、中小学教育、职业教育、成人教育、高等教育等各级各类教育，应当贯穿于学校教育、家庭教育和社会教育等各个方面”，强调“积极发展以社区为依托的、公办与民办相结合的幼儿教育”，提出了“建设全面推进素质教育的高质量的教师队伍”的要求。

二、1990—1999 年我国学前教育的发展状况

从表 9-1 可以看出：

1）幼儿园数 1990—1998 年呈逐渐增加趋势，1998—1999 年略有下降。

2）幼儿园专任教师数 1990—1995 年有较为显著的增长，1995 年以后出现了停滞甚至下降的现象。

3）招生数从 1995 年开始出现较为明显的下降趋势。

4）在园幼儿数从 1990—1995 年有明显增长，1995 年以后出现较为显著的下降趋势。

表 9-1 1990—1999 年我国学前教育发展主要指标一览表

发展指标	1990 年	1995 年	1998 年	1999 年
幼儿园数/个	172 322	180 438	181 368	181 136
教职工人数/万人	—	—	115.763	—
专任教师数/万人	75.0	87.5	87.5	87.2
招生数/万人	—	1 972.4	1 720.0	1 617.5
在园幼儿数/万人	1 972.2	2 711.2	2 403.0	2 326.3
生均教育经费/元	—	—	—	846.9

资料来源：《中国经济年鉴 1999》，2000 年版。

我国的学前教育发展出现这种情况，与我国的教育政策有一定的关系。我国于 20 世纪 90 年代中后期兴起了素质教育改革高潮，各级教育包括学前教育都在大力开展素质教育，以培养身心全面、和谐发展的人才。但由于社会条件、经济发展和教育科研状况、人们观念与认识的局限等原因，我国学前教育发展也面临着不少问题与挑战，制约了学前教育事业的积极、健康发展。同时，幼儿教育的滑坡也与我国当时的经济政策有关。在计划经济年代，企业、机关、学校、部队等单位，为解决自身职工子女的托育问题，绝大多数都办起了托儿所、幼儿园。然而在向市场经济转变的过程中，各企业为了应对激烈的市场竞争，无暇顾及幼儿园的发展状况。同时，由于相关的政策衔接不够紧凑，大量原来企业办得很好的幼儿园被推向市场，不少幼儿园适应不了新形势的发展，纷纷被淘汰。因此，幼儿教育发展出现了滑坡。

三、重视幼儿教育师资的培养和提高

高质量的学前教育必然对教育者的素质提出更高要求，各级教育行政部门都应对幼儿教师队伍建设和师资培训更加重视，将幼儿教师素质的提高纳入教师继续教育工程，加强和完善教育培训制度，不断提高教师队伍的整体素质。特别是要帮助教师增强事业心和责任感，更新教育观念与思想，提高教育教学能力，从而切实提高教师实施素质教育的意识与能力，保障素质教育在学前教育中普遍、全面地实施。

（一）通过颁布政策性文件保证幼儿教育师资素质的提高

1993 年 2 月，中共中央、国务院发布的《中国教育改革和发展纲要》指出："振兴民族的希望在教育，振兴教育的希望在教师。建设一支具有良好政治业务素质、结构合理、相对稳定的教师队伍，是教育改革和发展的根本大计。要下决心，采取重大政策和措施，提高教师的社会地位，大力改善教师的工作、学习和生活条件，努力使教师成为最受人尊重的职业。”同年10月，第八届全国人民代表大会常务委员会第四次会议通过了《中华人民共和国教师法》。1995年1月，国家教委发布《三年制中等幼儿师范学校教学方案（试行）》，提出了幼儿师范学校的培养目标与规格。

1996年1月25日，国家教委印发《关于开展幼儿园园长岗位培训工作的意见》，1月26日又发布《全国幼儿园园长任职资格、职责和岗位要求（试行）的通知》，要求采取多种形式开展培训工作，使幼儿园园长努力达到相关基本要求。12月，国家教委印发《关于师范教育改革和发展的若干意见》。

1997年国家教委印发《全国幼儿教育事业“九五”发展目标实施意见》，提出：“到2000年，全部在职园长（副园长）都应接受1次岗位培训，达到国家规定的任职资格要求，做到持证上岗。”同年10月，国家教委发布《关于组织实施〈高等师范教育面向21世纪教学内容和课程体系改革计划〉的通知》，指出世纪之交的高师改革计划“起点高、立意新、针对性强”，“具有鲜明的时代特征”，高师需“用现代文化、科技发展新成果充实和更新教育内容”，要“采取科研立项的办法，把研究过程和改革实践紧密结合起来”。

（二）重视提高幼儿园教师的学历

1993年颁布的《中华人民共和国教师法》规定“取得幼儿园教师资格应该具备幼儿师范学校毕业及其以上学历”，幼教师资水平的提高迈上了一个新的台阶。为了提高幼儿教师的培养质量，教育部三次调整三年制幼儿师范学校的教学计划。20世纪90年代后期，高等幼儿教师教育获得较快发展，一些综合性大学也设置学前教育专业，学前教育专业呈现出多样化的培养目标和课程设置。20世纪80年代初，高等师范学校学前教育专业的研究生教育也开始发展。1994年，经国务院学位委员会批准，我国第一个幼儿教育学博士学位授予点诞生。

在相应政策的影响下，我国幼儿教师的学历水平不断提高。1996年，全国幼儿师范学校在校生达到8.43万人（1989年为3.65万人）。1981年，全国43万名幼儿园教师中，文化业务水平为中等师范和高中毕业者占教师总数的35.5%；到了1996年，全国96.2万名幼儿园教师中，中等师范、职业高中毕业以上者占幼儿园教师总数的58.8%，已经取得专业合格证书的约占幼儿园教师总数的12.6%。此外还有5 070名高等师范毕业的幼儿园教师，占幼儿园教师总数的5.3%。1996年国家教委提出全国幼儿园园长任职资格、职责和岗位要求后，各地均采取多种形式开展培训工作。

从表9-2可以看出：1998年，全国幼儿园专任教师中，师范专业毕业的人数较多，约占总人数的62.55%；在师范专业中，又以中师毕业的占大多数，其次是职业高中幼教专业毕业的，最后为师范院校本专科毕业的。在园长和专任教师中，取得“专业合格证书”的约占总人数的11.65%。同1996年相比，幼教师资水平又有了很大程度的提高。

表 9-2　1998 年我国园长、专任教师学历情况　　单位：人

	师范院校本专科毕业	中师毕业	职业高中幼教专业毕业	非师范专业毕业		合计	合计中取得“专业合格证书”的
				高中毕业及以上	初中毕业及以下		
园长	13 584	37 368	9 618	14 167	5 580	80 317	7 057
专任教师	53 669	357 259	136 691	192 833	135 175	875 427	104 245
合计	67 253	394 427	146 309	207 000	140 755	955 744	111 302

资料来源：《中国教育统计年鉴 1998》，人民教育出版社，1999 年 8 月版。

（三）重视农村幼儿教师队伍的建设

长期以来，农村幼儿教师不能评定职称，工资待遇较低，致使其教师队伍不断流失，严重影响了农村幼儿教育质量。

1995 年颁布的《中华人民共和国教育法》中明确规定了幼儿园教师享受与中小学教师同样的政治和经济待遇。1997 年 7 月，教育部在关于《全国幼儿教育事业“九五”发展目标实施意见》中指出，要根据农村幼儿教师的实际制定相应的办法，保证农村幼儿教师队伍的稳定。但遗憾的是，在实际中，由于经济条件与人为的诸多因素的影响，我国幼儿教师的待遇仍普遍偏低，幼儿教师培训、学习的机会和条件未能得到很好的保障。

四、开展科学研究，探索建设有中国特色的社会主义幼教体系和规律

（一）重视学前教育的科学研究工作

在教育部幼教处处长朱慕菊的主持下，“幼儿园与小学衔接的研究”于 1990—1994 年进行。该研究系与联合国儿童基金会的合作项目，共有全国城乡 8 个实验点，选择了各 16 所小学和幼儿园作为实验班和对比班，其成果包括《幼儿园与小学衔接的研究》丛书共 7 册，由中国少年儿童出版社出版。

（二）幼教科研课题数量、质量双提升

经全国教育科学研究规划组批准的幼教科研课题，其项目数量由“七五”时期的 2 项发展到“八五”时期的 7 项和“九五”时期的 9 项；研究领域从幼教机构扩展至家庭，从城市扩展至农村，从幼儿发展扩展至幼儿园师资水平提高；研究内容从单一走向综合；研究方法从侧重调查研究到以实验研究为主；研究结论的获取从重视定量分析发展到定量和定性分析兼顾；研究主持者从专职研究人员发展到各层面的幼教工作者，从以中、老年为主扩展到以中、青年为主。

（三）各地根据地区特点确立研究项目

北京市教育科学“九五”规划重点研究课题“北京市幼儿园课程方案实验研究”，为指导北京市幼教界贯彻相关文件的基本精神，提供了具有本地区特色的指导教育实践活动的依据；上海市教委于 1999 年发布的《上海市学前教育纲要》，是上海市中小学课

程教材审查委员会学前教育分会的科研产物；江苏省教委 1996 年发布的《江苏省基本实现现代化幼儿园评估细则（试行）》，对重视教育质量、提高幼儿发展水平的教育思想的确立，起到了导向作用。

第二节　2000—2012 年我国幼教事业的改革与发展

一、幼儿教育改革与发展的目标与政策

（一）“十五”期间幼儿教育改革的总目标

形成以公办园为骨干和示范，公办与民办、正规与非正规教育相结合的发展格局，在城乡逐步建立和完善以示范性幼儿园为中心，托儿所、幼儿园、游戏小组、社区玩具图书馆、家庭教育咨询服务等正规与非正规相结合的社区幼儿教育服务网络，布局合理，方便家长，满足幼儿和家长的多样化需求。到 2005 年，全国学前 3 年幼儿受教育率达到 55%，学前 1 年幼儿受教育率达 80%；大中城市普及学前 3 年教育；大面积提高 3 岁以下和 3—6 岁儿童家长及看护人员的科学育儿能力。

（二）颁布《幼儿园教育指导纲要（试行）》和《中国儿童发展纲要（2001—2010 年）》

2001 年，教育部颁布《幼儿园教育指导纲要（试行）》，包括总则、教育内容与要求、组织与实施、教育评价等方面，将教育内容相对划分为健康、语言、社会、科学、艺术五大领域，强调要有机结合、相互渗透。

《幼儿园教育指导纲要（试行）》是在总结了近年来我国幼儿教育改革的经验，并充分吸纳了世界范围内早期教育优秀思想与研究成果的基础上制定的。它立足于我国幼儿教育改革的现实，提出了一系列先进的观念和思想：坚持贯彻党的教育方针，坚持全面推进素质教育的思想；倡导“尊重每个幼儿”的教育观念和将社会、文化、环境与教育密切结合的思想；努力实现教育的目的性与幼儿发展的可能性相适宜的思想；促进教师与幼儿的相互作用、共同成长的思想；等等。《幼儿园教育指导纲要（试行）》遵循了《幼儿园工作规程》的精神，从幼儿园教育的基本理念、基本原理、基本规律出发，具体地规定了我国幼儿园教育的基本内容范畴、目标以及基本的实践规范和要求。

《中国儿童发展纲要（2001—2010 年）》是国务院按照《中华人民共和国国民经济和社会发展第十个五年计划纲要》的总体要求，根据我国儿童发展的实际情况提出的。此纲要以促进儿童发展为主题，以提高儿童身心素质为重点，以培养和造就 21 世纪社会主义现代化建设人才为目标，在儿童与健康、儿童与教育、儿童与法律保护、儿童与环境 4 个领域，提出了 2001—2010 年的目标和策略措施。

《中国儿童发展纲要（2001—2010 年）》的总目标：“坚持‘儿童优先’的原则，保障儿童生存、发展、受保护和参与的权利，提高儿童整体素质，促进儿童身心健康发展。

儿童健康的主要指标达到发展中国家的先进水平；儿童教育在基本普及九年义务教育的基础上，大中城市和经济发达地区有步骤地普及高中阶段教育；逐步完善保护儿童的法律法规体系，依法保障儿童权益，优化儿童成长环境，使困境儿童受到特殊保护。”

2003 年 3 月国务院转发了《关于幼儿教育改革与发展的指导意见》，内容涉及幼儿教育改革与发展目标、幼儿教育管理体制和机制、事业发展、教育质量、师资队伍建设等方面，提出今后五年（2003—2007 年）幼儿教育改革的总目标是形成以公办幼儿园为骨干和示范，以社会力量兴办幼儿园为主体，公办和民办、正规与非正规教育相结合的发展格局。根据城乡的不同特点，逐步建立以社区为基础，以示范性幼儿园为中心，灵活多样的幼儿教育形式相结合的幼儿教育服务网络，为 0—6 岁儿童和家长提供早期保育和教育服务。

（三）“十一五”期间幼儿教育改革的目标与政策

1. 总目标

2007 年国务院批转了《国家教育事业发展“十一五”规划纲要》。该文件中指出，学前三年的毛入学率要由 2005 年的 41.4%增长到 2010 年的 55%，提高 13.6 个百分点。

2. 方针政策

1）提高农村义务教育师资水平。实施农村教师培训计划，到 2010 年，使中西部地区 50%的农村教师得到一次专业培训。充分发挥现代远程教育在提高农村地区师资教育教学水平中的作用。

2）加强教师教育与培训。推进教师教育和师范院校改革，加强师范院校建设。吸引优秀青年读师范，鼓励优秀人才当教师。在教育部直属师范大学实行师范生免费教育，积累经验，逐步推广，鼓励更多的优秀青年终身做教育工作者。

3）加大公共财政对教育的投入力度，逐步使财政性教育经费占国内生产总值的比例达到 4%。

4）加强教育法制建设。加快完善中国特色社会主义教育法律法规体系，推进《中华人民共和国教育法》、《中华人民共和国教师法》、《中华人民共和国职业教育法》、《中华人民共和国高等教育法》和《中华人民共和国学位条例》的修订工作。适时启动学校法、考试法、终身学习法、学前教育法和教育督导条例的起草工作。积极推动各地制定必要的配套性教育法规。

（四）“十二五”期间幼儿教育改革的目标与政策

1. 总体目标

基本普及学前一年教育，农村学前一年毛入园率达到 80%左右，城镇和经济发达地区农村基本普及学前三年教育，基本解决“入园难”问题。

2. 方针政策

1）落实各级政府发展学前教育责任。推进学前教育法的起草工作。明确地方政府作为发展学前教育的责任主体。加强对学前教育机构、早期教育指导机构的监管和教育教学的指导。

2）以多种形式扩大学前教育资源，大力发展公办幼儿园。积极扶持民办幼儿园，采取政府购买服务、减免租金、以奖代补、派驻公办教师等方式引导和支持民办幼儿园提供普惠性服务；中央财政安排扶持民办幼儿园发展奖补资金，支持普惠性、低收费民办幼儿园；探索营利性和非营利性民办幼儿园实行分类管理；扶持和资助企事业单位办园、街道办园和农村集体办园。

3）多种途径加强幼儿教师队伍建设。实施幼儿教师、园长资格标准和准入（任）制度。切实落实幼儿园教职工的工资待遇、职务（职称）评聘、社会保险、专业发展等方面的政策。将中西部地区农村幼儿教师培训纳入中小学教师国家级培训计划；三年内对 1 万名幼儿园园长和骨干教师进行国家培训。各地五年内对幼儿园园长和教师进行一轮全员专业培训。

4）提高学前教育保教质量。修订《幼儿园工作规程》和《幼儿园教育质量评估指南》，发布《3—6 岁儿童学习与发展指南》。规范幼儿园保教工作，坚持以游戏为基本活动，坚决纠正和防止“小学化”，促进儿童健康快乐地成长。加强学前教育科学研究，推动学前教育和家庭教育相结合，依托幼儿园，利用多种渠道，积极开展公益性 0—3 岁婴幼儿早期教育指导服务。

二、学前教育的多元化发展

（一）学前教育机构类型多元化

1）半日制、全日制、寄宿制幼儿园并存，公办园、民办园互相补充。立足社区、服务社区的社区幼儿园应运而生。

2）包括传统的少年宫在内，各种教育机构百花齐放，纷纷推出各种各样的课程，吸引家长和幼儿的注意，发展迅速。

3）针对特殊幼儿的特殊教育机构也有了一定程度的发展。

（二）民办教育发展迅速，办园体制多元化

从表 9-3 可以看出，在 2003 年《关于幼儿教育改革与发展的指导意见》颁布以后，2003 年全国基本形成了民办幼儿园与公办、集体办幼儿园数量上平分天下的办园格局。

表 9-3　2001—2003 年全国幼儿园基本情况

年份	公办与集体办幼儿园数/所	公办与集体办幼儿园在园幼儿数/人	民办幼儿园数/所	民办幼儿园在园幼儿数/人
2001	55 682	11 081 583	44 526	1 915 477
2002	53 838	14 463 552	48 365	4 005 204
2003	51 774	13 423 070	55 536	4 802 297

此后，我国民办幼儿园数量迅速增加，已经占到全国幼儿园总数的 60%以上。应该

说，民办幼儿园在一定程度上弥补了我国学前教育资源的不足，在满足人民群众的学前教育需求上发挥了积极作用。

民办幼儿园办园模式多样化，有公办民助、民办公助、公办转制、协议承办、私人办园、中外合作办园等，其形式有全托制、半托制、全托与半托混合制等。民办幼儿园的办园形式比较灵活，一些幼儿园采取了延长幼儿在园时间、允许幼儿临时在园留宿等形式，即延时服务、全托服务、特殊护理等，大大方便了家长，受到了家长的欢迎。同时，还出现了专门针对 0—3 岁儿童的社会教育机构——民办亲子园。这些亲子园大多办在社区内，其宗旨是指导父母科学育儿、组织亲子游戏，以及提供健康发展方面的咨询等。这些民办亲子园受到了家长的欢迎。

（三）学前教育课程模式多元化

自从 20 世纪 80 年代初启动学前课程改革以来，我国的学前教育工作者以不同的理论为指导，不断进行尝试，探索出了综合课程、活动课程、游戏课程、领域课程等课程模式，形成了多元化的课程格局。

此阶段我国学前教育事业取得了长足进步，但也存在突出问题，表现为：①有关学前教育的法律条例不完善，学前教育的发展缺乏有力的法律保障；②幼儿教师待遇低，合法权益得不到保障，教师队伍不稳定；③城乡之间学前教育发展不平衡；④“入园难”、“入园贵”、教育质量不高等问题也凸显出来。

三、2010—2012 年，我国学前教育发展新气象

2010—2012 年，国家陆续颁布了《国家中长期教育改革和发展规划纲要（2010—2020 年）》（以下简称《教育规划纲要》）、《国务院关于当前发展学前教育的若干意见》、《幼儿园教师专业标准（试行）》和《3—6 岁儿童学习与发展指南》等有关学前教育发展的纲领性文件，提出了学前教育发展的三年规划，这一切昭示着我国学前教育理论体系和管理体系的进一步成熟和学前教育事业发展的美好未来。

（一）《教育规划纲要》的颁布

1. 目标及政策

（1）幼儿教育发展的主要目标

基本普及学前教育，一年普及率和三年普及率分别由 2009 年的 74%、50.9%达到 2020 年的 95%、70%；积极发展学前教育，到 2020 年，普及学前一年教育，基本普及学前两年教育，有条件的地区普及学前三年教育。重视 0—3 岁婴幼儿教育。

（2）明确政府职责

把发展学前教育纳入城镇、新农村建设规划，建立政府主导、社会参与、公办民办并举的办园体制。大力发展公办幼儿园，积极扶持民办幼儿园。加大政府投入，完善成本合理分担机制，对家庭经济困难幼儿入园给予补助。完善幼儿园工作制度和管理办法。制定学前教育办园标准和收费标准。建立幼儿园准入和督导制度，加强学前教育管理，规范

办园行为。依法落实幼儿教师地位和待遇，加强幼儿教师队伍建设。教育行政部门宏观指导和管理学前教育，相关部门履行各自职责，充分调动各方面力量发展学前教育。

（3）重点发展农村学前教育

努力提高农村学前教育普及程度，着力保证留守儿童入园。采取多种形式扩大农村学前教育资源，改扩建、新建幼儿园，充分利用中小学布局调整富余的校舍和教师举办幼儿园（班），支持贫困地区发展学前教育。

（4）努力建设高素质、专业化的教师队伍

以农村教师为重点，提高中小学教师队伍整体素质。创新和完善农村教师补充机制。积极推进师范生免费教育，进一步完善制度政策，吸引更多优秀人才从教。完善教师培训制度，将教师培训经费列入政府预算。提高教师的地位和待遇，不断改善教师的工作、学习和生活条件，吸引优秀人才长期从教、终身从教。落实和完善教师医疗、养老等社会保障政策。国家对在农村地区长期从教、贡献突出的教师给予奖励。逐步实行城乡统一的中小学编制标准，对农村边远地区实行倾斜政策。制定高等学校、幼儿园教师编制标准。

（5）加大教育投入

要健全以政府投入为主、多渠道筹集教育经费的体制，大幅度增加教育投入。各级政府要优化财政支出结构，统筹各项收入，把教育作为财政支出重点领域予以优先保障。提高国家财政性教育经费支出占国内生产总值比例，2012 年达到 4%。

非义务教育实行以政府投入为主、受教育者合理分担培养成本的投入机制。学前教育实行政府投入、社会举办者投入、家庭合理负担的投入机制。

2. 意义

《教育规划纲要》的颁布，给学前教育发展带来新的机遇。特别重视学前教育的发展是其整个基础教育部分几个最鲜明的特点之一。文件把学前教育作为一个重要的章节单独列出来，并且提出了明确的发展目标，这在以前是没有过的。所有这些政策的提出给学前教育的发展开启了崭新的篇章。

（1）学前教育纳入规划，破解了城乡“入园难”的问题

《教育规划纲要》指出，“基本普及学前教育”“把发展学前教育纳入城镇、新农村建设规划”“大力发展公办幼儿园，积极扶持民办幼儿园”“制定学前教育办园标准”“重点发展农村学前教育”，这些政策的提出对我国学前教育的发展是非常有利的。投入不足、资源短缺、城乡发展不平衡等问题长期制约我国学前教育的健康发展，“入园难”“入园贵”等问题十分突出。2009 年，我国学前三年毛入园率仅为 50.9%，学前一年毛入园率为 74%。《教育规划纲要》颁布以后，这些问题有望被一一解决。

（2）《教育规划纲要》的颁布，给民办教育的发展带来了机遇

《教育规划纲要》中对民办教育的定位、导向以及所涉及的政策，给民办教育带来了新的发展机遇。

从定位上看，《教育规划纲要》把民办教育定位为“教育事业发展的重要增长点和促进教育改革的重要力量”，赋予了民办教育极为光荣的历史重任。从导向上看，在《教育

规划纲要》的体制格局、政策导向、组织领导部分都涉及民办教育。从政策上看，《教育规划纲要》提出大力支持民办教育。同时提出依法管理民办教育。依法管理民办教育绝不意味着要限制民办教育发展，而是要促进民办教育健康持续发展。

《教育规划纲要》是21世纪我国第一个教育改革发展规划纲要，它描绘了2010—2020年教育改革发展的宏伟蓝图，体现了国家意志，回应了群众关切，是一份指导我国教育改革发展的纲领性文件，也是新世纪又一个支撑国家战略的纲领性文件。制定《教育规划纲要》，是党中央、国务院着眼于全面建设小康社会和现代化建设全局做出的战略决策，是对我国未来十年教育事业发展进行的全面谋划和前瞻性部署。

（二）《国务院关于当前发展学前教育的若干意见》

为贯彻落实党的十七届五中全会、全国教育工作会议精神和《教育规划纲要》，积极发展学前教育，着力解决当前存在的“入园难”问题，满足适龄儿童入园需求，促进学前教育事业科学发展，2010年11月，国务院印发了《国务院关于当前发展学前教育的若干意见》（国发〔2010〕41号），提出了加快推进学前教育发展的十条政策措施。

1. 把发展学前教育摆在更加重要的位置

学前教育是终身学习的开端，是国民教育体系的重要组成部分，是重要的社会公益事业。

2. 多种形式扩大学前教育资源

大力发展公办幼儿园，提供“广覆盖、保基本”的学前教育公共服务。鼓励社会力量以多种形式举办幼儿园，努力扩大农村学前教育资源。

3. 多种途径加强幼儿教师队伍建设

依法落实幼儿教师地位和待遇。切实维护幼儿教师权益，完善落实幼儿园教职工工资保障办法、专业技术职称（职务）评聘机制和社会保障政策。完善学前教育师资培养培训体系。办好中等幼儿师范学校。办好高等师范院校学前教育专业。建设一批幼儿师范专科学校。

4. 多种渠道加大学前教育投入

各级政府要将学前教育经费列入财政预算。新增教育经费要向学前教育倾斜。财政性学前教育经费在同级财政性教育经费中要占合理比例，未来三年要有明显提高。

5. 加强幼儿园准入管理

完善法律法规，规范学前教育管理。严格执行幼儿园准入制度。

6. 强化幼儿园安全监管

各地要高度重视幼儿园安全保障工作，加强安全设施建设，配备保安人员，健全各项安全管理制度和安全责任制，落实各项措施，严防事故发生。

7. 规范幼儿园收费管理

国家有关部门 2011 年出台了幼儿园收费管理办法，坚决查处乱收费。

8. 坚持科学保教，促进幼儿身心健康发展

遵循幼儿身心发展规律，面向全体幼儿，关注个体差异，坚持以游戏为基本活动，保教结合，寓教于乐，促进幼儿健康成长。

9. 完善工作机制，加强组织领导

各级政府要加强对学前教育的统筹协调，健全教育部门主管、有关部门分工负责的工作机制，形成推动学前教育发展的合力。

10. 统筹规划，实施学前教育三年行动计划

各省（区、市）政府要深入调查，准确掌握当地学前教育基本状况和存在的突出问题，结合本区域经济社会发展状况和适龄人口分布、变化趋势，科学测算入园需求和供需缺口，确定发展目标，分解年度任务，落实经费，以县为单位编制学前教育三年行动计划，有效缓解“入园难”。

（三）《幼儿园教师专业标准（试行）》

为促进幼儿园教师专业发展，建设高素质幼儿园教师队伍，2012 年教育部颁布了《幼儿园教师专业标准（试行）》（以下简称《专业标准》）。《专业标准》是国家对合格幼儿园教师专业素质的基本要求，是幼儿园教师实施保教行为的基本规范，是引领幼儿园教师专业发展的基本准则，是幼儿园教师培养、准入、培训、考核等工作的重要依据。

1. 基本理念

（1）师德为先

热爱学前教育事业，具有职业理想，践行社会主义核心价值体系，履行教师职业道德规范，依法执教。关爱幼儿，尊重幼儿人格，富有爱心、责任心、耐心和细心；为人师表，教书育人，自尊自律，做幼儿健康成长的启蒙者和引路人。

（2）幼儿为本

尊重幼儿权益，以幼儿为主体，充分调动和发挥幼儿的主动性；遵循幼儿身心发展特点和保教活动规律，提供适合的教育，保障幼儿快乐健康成长。

（3）能力为重

把学前教育理论与保教实践相结合，突出保教实践能力；研究幼儿，遵循幼儿成长规律，提升保教工作专业化水平；坚持实践、反思、再实践、再反思，不断提高专业能力。

（4）终身学习

学习先进学前教育理论，了解国内外学前教育改革与发展的经验和做法；优化知识结构，提高文化素养；具有终身学习与持续发展的意识和能力，做终身学习的典范。

2．基本内容

《专业标准》从专业理念与师德、专业知识、专业能力三个维度、14 个领域对幼儿教师应达到的基本要求做了具体的描述。

1）职业理解与认识。

2）对幼儿的态度与行为。

3）幼儿保育和教育的态度与行为。

4）个人修养与行为。

5）幼儿发展知识。

6）幼儿保育和教育知识。

7）通识性知识。

8）环境的创设与利用。

9）一日生活的组织与保育。

10）游戏活动的支持与引导。

11）教育活动的计划与实施。

12）激励与评价。

13）沟通与合作。

14）反思与发展。

（四）《教育部关于规范幼儿园保育教育工作，防止和纠正“小学化”现象的通知》

为进一步贯彻落实《国务院关于当前发展学前教育的若干意见》和《幼儿园教育指导纲要（试行）》，规范办园行为，防止和纠正“小学化”现象，保障幼儿健康快乐成长，2011 年教育部下发了《教育部关于规范幼儿园保育教育工作 防止和纠正“小学化”现象的通知》，提出了以下要求：“一、遵循幼儿身心发展规律，纠正‘小学化’教育内容和方式；二、创设适宜幼儿发展的良好条件，整治‘小学化’教育环境；三、严格执行义务教育招生政策，严禁一切形式的小学入学考试；四、加强业务指导和动态监管，建立长效机制；五、加大社会宣传，营造良好社会氛围。”

（五）《3—6 岁儿童学习与发展指南》

为深入贯彻《教育规划纲要》和《国务院关于当前发展学前教育的若干意见》，指导幼儿园和家庭实施科学的保育和教育，促进幼儿身心全面和谐发展，2012 年 10 月，教育部印发了《3—6 岁儿童学习与发展指南》（以下简称《指南》）。

《指南》以为幼儿后继学习和终身发展奠定良好素质基础为目标，以促进幼儿体、智、德、美各方面的协调发展为核心，通过提出 3—6 岁各年龄段儿童学习与发展目标和相应的教育建议，帮助幼儿园教师和家长了解 3—6 岁幼儿学习与发展的基本规律和特点，建立对幼儿发展的合理期望，实施科学的保育和教育，让幼儿度过快乐而有意义的童年。

《指南》从健康、语言、社会、科学、艺术五个领域描述幼儿的学习与发展。每个领域按照幼儿学习与发展最基本、最重要的内容划分为若干方面，每个方面由学习与发展目标和教育建议两部分组成。

《指南》的目标部分分别对 3—4 岁、4—5 岁、5—6 岁三个年龄段末期幼儿应该知道什么、能做什么，大致可以达到什么发展水平提出了合理期望，指明了幼儿学习与发展的具体方向。但是也需要注意：《指南》只是参考，不是测量标准和准则，幼儿园教师切忌把《指南》中的目标作为一把尺子，刚性地对幼儿进行衡量、比对，甚至分等、划级，忽视个体差异，伤害幼儿。

学前教育一系列文件的出台，充分表明了国家对学前教育的高度重视。同时，一系列文件的出台也给学前教育的发展带来了新的机遇，注入了新的活力，使学前教育的发展慢慢走上有章可循的道路，让学前教育工作者看到了希望，有了动力；使现阶段学前教育发展中产生的很多问题，如城乡之间学前教育发展不平衡；学前教育资金投入不足；幼儿教师待遇低，合法权益得不到保障，教师队伍不稳定；学前教育的法律条例不完善、发展缺乏有力的法律保障等，找到了解决的途径，对我国学前教育的发展具有里程碑式的意义。

第三节　十八大以来我国幼教事业进入发展的新纪元

一、十八大以来我国幼教事业发展概况

中国共产党第十七次全国代表大会将“重视学前教育”写入报告，意味着学前教育发展已开始成为党和国家的重要任务；十八大报告中进一步提出要“办好学前教育”，意味着学前教育不仅要大力推进、积极发展，还要办出质量和成效，真正促进学前儿童身心和谐发展。

党的十八大以来，随着《教育规划纲要》和《国务院关于当前发展学前教育的若干意见》的贯彻落实，以及两期学前教育三年行动计划的实施，我国学前教育迎来了前所未有的跨越式发展。2016 年，全国幼儿园达到 24 万所，比 2012 年增加了 5.9 万所，增长 32.6%；全国在园幼儿数达 4413.9 万人，比 2012 年增加 728.1 万人，增长 19.8%。学前三年毛入园率达到 77.4%，5 年提高 12.9 个百分点，提前完成了《教育规划纲要》确定的 70%的基本普及目标，也超过了中高收入国家 73.7%的平均水平。

党的十九大报告将“幼有所育”作为七项民生与社会事业之首，强调要“不断取得新进展”。“幼有所育”是十九大报告的新提法。“幼有所育”，即让所有 0—6 岁的适龄儿童得到更好的养育、教育，将早期教育和学前教育统一起来。办好学前教育、实现幼有所育，是党的十九大作出的关于学前教育的重大决策部署。

十九大以来，在党中央、国务院坚强领导下，教育系统坚持以习近平新时代中国特色社会主义思想为指导，深入贯彻党的十九大和十九届二中、三中、四中全会精神，落实学前教育发展战略，使我国的学前教育事业发展取得了长足进步。

2019 年全国共有幼儿园 28.12 万所，比上年增加 1.45 万所，增长 5.44%；学前教育

入园幼儿数达 1688.23 万人；在园幼儿数达 4713.88 万人，比上年增加 57.46 万人，增长 1.23%；学前教育毛入园率达到 83.40%，比上年提高 1.7 个百分点（见图 9-1）；幼儿园教职工 491.57 万人，比上年增加 38.43 万人，增长 8.48%，其中专任教师 276.31 万人，比上年增加 18.17 万人，增长 7.04%。

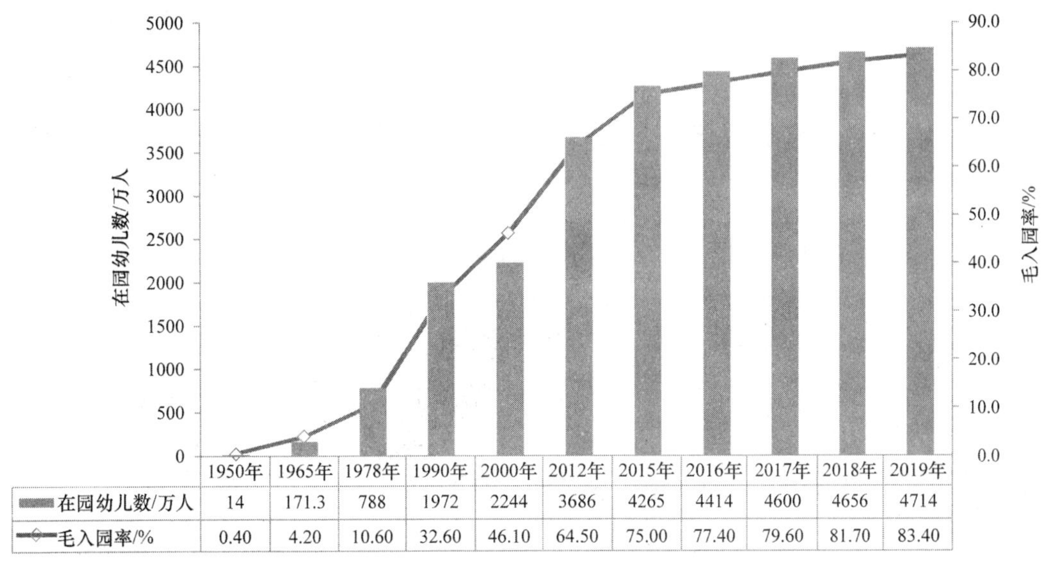

	1950年	1965年	1978年	1990年	2000年	2012年	2015年	2016年	2017年	2018年	2019年
在园幼儿数/万人	14	171.3	788	1972	2244	3686	4265	4414	4600	4656	4714
毛入园率/%	0.40	4.20	10.60	32.60	46.10	64.50	75.00	77.40	79.60	81.70	83.40

图 9-1　建国 70 年来学前教育在园幼儿数和毛入园率

二、国家发布关于学前教育发展的一系列重大决策

2017 年 4 月，国家教育体制改革领导小组会议通过了《教育部等四部门关于实施第三期学前教育行动计划的意见》，主要目标为：到 2020 年基本建成广覆盖、保基本、有质量的学前教育公共服务体系；全国学前三年毛入园率达到 85%，普惠性幼儿园覆盖率（公办幼儿园和普惠性民办幼儿园在园幼儿数占在园幼儿总数的比例）达到 80%左右；基本消除学前教育“小学化”现象。

2018 年 7 月，教育部办公厅下发《教育部办公厅关于开展幼儿园“小学化”专项治理工作的通知》，要求全面贯彻党的教育方针，落实立德树人根本任务，遵循幼儿年龄特点和身心发展规律，建立完善科学保教的长效机制。通过自查摸排、全面整改和专项督查，促进幼儿园树立科学保教观念，落实以游戏为基本活动，坚决纠正“小学化”倾向。其治理任务包括：①严禁教授小学课程内容。②纠正“小学化”教育方式。③整治“小学化”教育环境。④解决教师资质能力不合格问题。⑤小学坚持零起点教学。

2018 年 7 月，习近平总书记主持召开中央全面深化改革委员会会议，审议通过了《关于学前教育深化改革规范发展的若干意见》，2018 年 11 月中共中央、国务院印发了《中共中央 国务院关于学前教育深化改革规范发展的若干意见》（以下简称《意见》）。这是新中国成立以来以中共中央、国务院名义出台的第一个面向学前教育的重要文件，开启了新时代学前教育普及、普惠、安全、优质发展的新征程。

《意见》指出：党的十八大以来，我国学前教育事业快速发展，资源迅速扩大、普及水平大幅提高、管理制度不断完善，“入园难”问题得到有效缓解。同时也要看到，由于底子薄、欠账多，目前学前教育仍是整个教育体系的短板，发展不平衡不充分问题十分突出，“入园难”“入园贵”依然是困扰老百姓的烦心事之一。主要表现为：学前教育资源尤其是普惠性资源不足，政策保障体系不完善，教师队伍建设滞后，监管体制机制不健全，保教质量有待提高，存在“小学化”倾向，部分民办园过度逐利、幼儿安全问题时有发生。

为进一步完善学前教育公共服务体系，切实办好新时代学前教育，更好实现幼有所育，《意见》就学前教育深化改革、规范发展提出了优化布局与办园结构、拓宽途径扩大资源供给、健全经费投入长效机制、大力加强幼儿园教师队伍建设、完善监管体系、规范发展民办园、提高幼儿园保教质量、加强组织领导等意见。

《意见》提出的主要目标：到 2020 年，全国学前三年毛入园率达到 85%，普惠性幼儿园覆盖率（公办园和普惠性民办园在园幼儿占比）达到 80%；到 2035 年，全面普及学前三年教育，建成覆盖城乡、布局合理的学前教育公共服务体系，形成完善的学前教育管理体制、办园体制和政策保障体系，为幼儿提供更加充裕、更加普惠、更加优质的学前教育。

三、教育部发布《中华人民共和国学前教育法草案（征求意见稿）》

2004 年全国人大在全国范围内开展了立法调研，2020 年 9 月 7 日，教育部发布了《中华人民共和国学前教育法草案（征求意见稿）》（以下简称《学前教育法草案》），公开征求意见。《学前教育法草案》将填补我国在学前教育领域的法律空白。

《学前教育法草案》分九章共七十五条，包含总则、学前儿童、幼儿园的规划与举办、保育与教育、教师和其他工作人员、管理与监督、投入与保障、法律责任和附则等部分。

《学前教育法草案》主要强调了如下内容。

（1）学前教育是国民教育体系的重要组成部分

根据《学前教育法草案》的规定，我国实行三年学前教育制度。学前教育是学校教育制度的起始阶段，是国民教育体系的重要组成部分，是重要的社会公益事业。凡是具有我国国籍的适龄儿童，都依法享有接受学前教育的权利。

（2）学前教育具有普及普惠的特性

根据《学前教育法草案》，学前教育是指由幼儿园等学前教育机构对三周岁到入小学前的学前儿童实施的保育和教育，具有普及普惠的特性。因此，在发展学前教育时应当坚持政府主导和以政府举办为主，大力发展普惠性学前教育资源，鼓励、支持和规范社会力量参与。

（3）办园体制：公办园、民办园、普惠民办园

根据《学前教育法草案》，公办幼儿园的定义为政府及其有关部门举办，或者军队、国有企业、人民团体、高等学校等事业单位、街道和村集体等集体经济组织等利用财政经费或者国有资产、集体资产举办的幼儿园。公办幼儿园规定以外的幼儿园为民办幼儿园，其中接受政府支持、执行收费政府指导价的非营利性民办幼儿园为普惠性民办幼儿

园。政府可以向民办幼儿园购买普惠性学前教育服务。

（4）新小区配套幼儿园只能为公办园

根据《学前教育法草案》，新小区按照国家和地方标准配套建设的幼儿园，只能是公办幼儿园，且在交付使用时产权需要移交地方人民政府。

（5）逐利限制

根据《学前教育法草案》，社会资本不得通过兼并收购、受托经营、加盟连锁、利用可变利益实体、协议控制等方式控制公办幼儿园、非营利性民办幼儿园。幼儿园不得直接或者间接作为企业资产上市。上市公司及其控股股东不得通过资本市场融资投资营利性幼儿园，不得通过发行股份或者支付现金等方式购买营利性幼儿园资产。

（6）规范校外培训机构

根据《学前教育法草案》，校外培训机构等其他教育机构不得对学前儿童开展半日制或者全日制培训。

（7）师资及师资待遇

根据《学前教育法草案》，幼儿园教师应当取得幼儿园教师资格，幼儿园与教师实行聘任制，并签订聘用合同或劳动合同。教育行政部门对幼儿园教师进行职务评聘，其职级可分为初级、中级、副高级和正高级。幼儿园及其举办者应当按照国家相关规定保障教师和其他工作人员的工资福利、社会保险待遇，改善工作和生活条件。县级以上政府应当将公办幼儿园教师工资纳入财政保障范畴。民办幼儿园应当参照当地公办幼儿园同类教师工资收入水平合理确定教师薪酬标准。

（8）违规责任

《学前教育法草案》规定了擅自举办幼儿园的违法责任和上市公司通过幼儿园进行违规逐利的违法责任。擅自举办幼儿园的，将给予 1 万元以上 20 万元以下的罚款并没收违法所得；上市公司违规逐利的，没收违法所得，并可处以 30 万元以上 100 万元以下的处罚。

《学前教育法草案》的出台，意在将已取得的成绩用法律的形式固定下来，其形成是我国学前教育方面立法过程中的重大突破，但这仅仅是第一步，还需要经过公开征求意见、征求各职能部门意见、国务院常务会议审议、全国人大审议通过才能最终成为法律。

四、党的二十大为创建中国特色的学前教育发展模式明确了方向

中国共产党第二十次全国代表大会于 2022 年 10 月 16 日至 22 日在北京举行。这是在全党全国各族人民迈上全面建设社会主义现代化国家新征程、向第二个百年奋斗目标进军的关键时刻召开的一次十分重要的大会，是一次高举旗帜、凝聚力量、团结奋进的大会。大会高举中国特色社会主义伟大旗帜，坚持马克思列宁主义、毛泽东思想、邓小平理论、“三个代表”重要思想、科学发展观，全面贯彻习近平新时代中国特色社会主义思想，分析了国际国内形势，提出了党的二十大主题，回顾总结了过去 5 年的工作和新时代 10 年的伟大变革，阐述了开辟马克思主义中国化时代化新境界、中国式现代化的中国特色和本质要求等重大问题，对全面建设社会主义现代化国家、全面推进中华民族伟大复兴进行了战略谋划，对统筹推进“五位一体”总体布局、协调推进“四个全面”战略布局作出了全面部署。

习近平同志的报告，深刻阐释了新时代坚持和发展中国特色社会主义的一系列重大理论和实践问题，描绘了全面建设社会主义现代化国家、全面推进中华民族伟大复兴的宏伟蓝图，为新时代新征程党和国家事业发展、实现第二个百年奋斗目标指明了前进方向、确立了行动指南。

习近平同志在二十大报告中指出："我们深入贯彻以人民为中心的发展思想，在幼有所育、学有所教、劳有所得、病有所医、老有所养、住有所居、弱有所扶上持续用力，人民生活全方位改善。""建成世界上规模最大的教育体系、社会保障体系、医疗卫生体系，教育普及水平实现历史性跨越……人民群众获得感、幸福感、安全感更加充实、更有保障、更可持续，共同富裕取得新成效"。要求"办好人民满意的教育。""全面贯彻党的教育方针，落实立德树人根本任务，培养德智体美劳全面发展的社会主义建设者和接班人。坚持以人民为中心发展教育，加快建设高质量教育体系，发展素质教育，促进教育公平"。

报告在第五部分"实施科教兴国战略，强化现代化建设人才支撑"中强调："教育、科技、人才是全面建设社会主义现代化国家的基础性、战略性支撑。必须坚持科技是第一生产力、人才是第一资源、创新是第一动力，深入实施科教兴国战略、人才强国战略、创新驱动发展战略，开辟发展新领域新赛道，不断塑造发展新动能新优势"，提出"坚持教育优先发展、科技自立自强、人才引领驱动，加快建设教育强国、科技强国、人才强国，坚持为党育人、为国育才，全面提高人才自主培养质量，着力造就拔尖创新人才，聚天下英才而用之"。

党的二十大报告第一次把教育、科技、人才三大战略聚在一起，统筹表述，是一个创新，有其深义。学前教育是终身学习的开端，是国民教育体系的重要组成部分，是重要的社会公益事业。党的二十大为创建中国特色的学前教育发展模式明确了方向，绘制出更加美好的前景。

思考与练习

1．简述《幼儿园教育指导纲要（试行）》的颁布对我国幼儿教育改革的重大历史意义。

2．简述《国家中长期教育改革和发展规划纲要（2010—2020 年）》的颁布给我国学前教育的发展带来的机遇。

3．总结中国学前教育发展的历程，概括中国学前教育发展的特色。

下篇

外国学前教育史

本书的“外国学前教育史”部分通过对外国典型国家的学前教育发展历史分析和主要发展历程的梳理，展示了外国悠久的学前教育历史、丰富的教育思想和经验、卓越的教育家群体和特色。它是世界学前教育史的重要组成部分，也是中国学前教育发展的重要参考资料。

第十章
古代东方国家的学前教育

学习目标

1. 掌握古代埃及、古代印度、古代希伯来幼儿教育的特点。
2. 了解古代希伯来在摩西改革后儿童观的变化及古代印度的种姓教育制度。
3. 理解并比较古代东方各国幼儿教育的异同点。

公元前 3000 年左右，古代埃及、巴比伦、亚述、古代印度和古代中国等古代东方国家相继形成早期的奴隶制国家，历史上常称这些国家为“世界文明古国”。它们是人类文明的发祥地，也是学校教育最早产生的地区。因此，我们探讨学前教育问题，首先应从这几个古代东方国家开始。

第一节　古代埃及的学前教育

古代埃及地处非洲北部的尼罗河流域，公元前 3500 年左右逐渐建成上埃及和下埃及两个奴隶制王国。自大约公元前 3100 年埃及王国统一，到公元前 332 年被马其顿王亚历山大征服，古代埃及经历了早王朝、古王国、中王国、新王国、后王朝等历史时期。据考古学家证实，早在公元前 4000 年，埃及人就开始使用象形文字，到了古王国时期，埃及的文化教育事业已经得到很大的发展。与其他国家相比，古埃及的教育比较发达，教育制度比较完善，家庭教育内容、学校教育类型也多种多样。

一、古埃及学前儿童的生活

考古资料证实，古埃及的婴儿死亡率是很高的。在卫生条件很差的情况下保持一个婴儿健康的最好办法，就是用母乳喂孩子。母乳不仅能给予婴儿抗体，而且能避免由食物引起的疾病。由于婴儿在断奶后免疫力下降，患病的可能性上升，许多小孩在 4 岁时就夭折了，因此，延长哺乳期对孩子的生存作用很大。延长哺乳期对母亲也有利。古埃及的婴儿有大量时间用于玩耍，但一过婴儿期，他们就要被训练成成人。女孩跟母亲学做家务或农活；男孩则子承父业，先是学习简单的事情，然后干更重要的活。父母要让孩子了解世界，以及宗教信仰、伦理道德和正确的行为等。讲故事在古代埃及人的生活中占有重要地位，儿童就是在听故事和讲故事的过程中逐渐长大的。

二、古埃及的家庭教育

古埃及以家庭为教育子女的场所，即使是在学校产生以后，家庭仍然是重要的教育园地。家庭教育不仅进行普通生活技能和道德品质的培养，就连高深的专业知识和技能也由其传授。

一般来讲，古埃及的儿童在 14 岁以前由母亲负抚育之责，子女们的生活以玩玩具、做游戏为主，并从日常活动中受教育。在古王国和中王国时期，权贵人士都以王宫为生活中心，其五六岁以上的子弟也常到宫廷和王子王孙同玩，有时和他们同受教育，学习文化和实习治术，直到新王国时期，才发展到由政府部门成立学校，担负起造就官员的职责。

古埃及的专业工作者，如文士、医师、木乃伊师、建筑师等，常常采用父子传习的方式，由父亲在生产作业中把应具备的知识和技能教给儿子。由此可见，古埃及的家庭教育、生产和生活是融为一体的。古埃及的年轻人通常从事与父亲相同的职业。这并不是严格的继承，而是将父辈的职业传给子辈。儿子被界定为“年老父亲的接班人”，帮助老年人完成任务并最终接替他。因此古埃及的不少行业，其行业秘密是由不同家族长期把持的。历史学家狄奥多罗斯曾说：“处理尸体的巧妙的木乃伊师，是由家庭传统中获得专业知识的。”所以，不少家庭担负着专业教育的重要职责。

三、古埃及的学校教育

自古王国时期，古埃及陆续产生了宫廷学校、僧侣学校（寺庙学校）、职官学校和文士学校等机构类型。

1. 宫廷学校

始建于大约公元前 2500 年，是埃及有历史记载的最古老的教育机构。此类学校设置在宫廷内部，教育对象主要是王子王孙和极少数大臣子弟。学校主要邀请有经验的僧侣、官吏、学者等任教，有时候国王（法老）也亲自授课，这样宫廷学校便逐渐发展和完善起来。

古埃及的皇族子弟在幼年时期享有乳母的精心喂养，稍一懂事，就被送入宫廷学校进行系统的学习。在宫廷学校，幼儿主要学习简单的知识、进行抄写练习，以及模仿成人的宫廷礼仪，以便养成未来统治者所应具备的言行举止。除此之外，幼儿还经常被灌输敬畏日神、忠于国君的说教，进行简单的游戏、听故事等。在教育方法上，教师经常对幼儿施行体罚。在古埃及人看来，体罚是合理的行为，就像古埃及谚语所说的“学神把教鞭送给人间”“男孩的耳朵是长在背上的，打他他才听”。

2. 僧侣学校

这是在中王国时期之后出现的设在寺庙中的学校，因此也称寺庙学校。古埃及的寺庙，既是宗教活动的场所，也是替埃及法老办理天文、建筑等专业领域事务的机构，因此当时的寺庙也间接承担了为以上专业领域培养接班人的任务。但是由于僧侣学校的教学内容一般以较高深的天文学、数学、医学等为主，因此少数祭司、医学、建筑等职业家庭的男孩子在进入僧侣学校之前，首先要在家庭中接受父辈们的教育和熏陶到 17 岁左右，之后才能进入僧侣学校继续学习。

3. 职官学校

这种学校是古埃及中王国时期官办的具有职业教育性质的学校。中王国时期古埃及国家发展日益强盛，宫廷学校已不能满足社会对人才的需要，这就出现了在政府机关内附设的职官学校，以担负起培养机关所需要的官吏的任务。这些学校的教育对象为贵族和官吏子弟，还招收一定数量的外邦留学青年。职官学校出现并发展后，宫廷学校便逐渐衰落。在职官学校中，学习内容除基础知识外，主要进行与政务工作有密切联系的业务训练。这类学校的教师大多由学校所在政府机关的官吏充任，学生从 5 岁开始，经过 12 年的学习，毕业后可成为文士和官员。

4. 文士学校

在古埃及的学校教育机构中，文士学校是最主要也是最重要的学校，同时也是一种等级相对较低的教育机构。古代埃及公私事务均注重书写，各级官吏又由文士（scribe）充任，很多文士遂私人招生授课，有志的青少年前往学习。教育史上将这种私立学校称为文士学校，也叫作书吏学校。此类学校主要培养能从事书写和计算工作的人，对学生的出身限制较前三类学校少一些，因此招收的学生人数相对较多。

儿童 5 岁可以进入这种学校，教育内容中有书写、计算、律法、数学、天文和地理等，其中最受重视的是书写。就学习书写的内容而言，在最初阶段主要是关于道德的训诫，等学生能力逐渐提高后，便书写《尼罗河的赞歌》《道福的教诲》等长文。古埃及在书写教学中还注重指导儿童学习辞令，认为善于辞令是良好教养的标志。儿童获得初级水平的书写能力后，则以商业文牍、请假申请书、对长官的颂词、工作报告等，作为书写练习的题材。等到学生年龄渐长，教师便培养其写作能力，教他们想象各种具体情况练习作文，如记叙和撰写法老和高级官吏的旅行、城市和庙宇的修筑、船舶的修理、下属向长官提出的申请、上官对僚属的复札等。虽然文士学校有贫家子弟入学就读，但从总体上来看，埃及各类学校的学生多半是奴隶主子弟，而一般农民、手工业者是很难有机会入学的，这也说明了古埃及学校教育中的等级性。

综上所述，古埃及的教育机构呈现出多样化的特点。由于当时的幼儿教育尚处于萌芽状态，因此它与初等教育之间没有明显的年龄界限；教育内容具有强烈的职业性和实践性；教育方法简单粗暴，体罚盛行。尽管如此，古埃及对世界幼儿教育史的发展仍然做出了极大的贡献。

第二节 古代印度的学前教育

古印度位于亚洲南部的印度半岛，是人类文明的发祥地之一，早在公元前 2500 年前后，就出现了相当发达的哈拉帕文化。在公元前 1000 年至公元前 600 年，印度逐渐形成了一套严格的等级制度，即种姓制度。它对当时印度的政治、经济、文化、教育曾产生过极大的影响。

种姓制度把人分为四种种姓，相应形成四个等级：第一等级是婆罗门，即掌握宗教事务的僧侣贵族；第二等级是刹帝利，即执掌行政与军事大权的世袭贵族；第三等级是吠舍，即名义上具有人身自由、从事各种生产活动的农夫、手工业者和贫民；第四等级是首陀罗，即被征服者或奴隶，处于社会最底层。高低种姓之间尊卑悬殊，世袭相传，不得更改。直到公元前 6 世纪，佛教兴起，才逐渐取代了婆罗门教而成为印度国教。

种姓制度及婆罗门的权力高于一切，是古代印度社会的一大鲜明特点，致使其意识形态、教育发展等无不打上这一烙印。古代印度婆罗门教的形成和传播，正是为此目的而服务的，古代印度的幼儿教育也不可避免地为维系种姓制度和培养宗教意识而展开。

一、婆罗门教的幼儿教育

公元前 6 世纪以前的古代印度教育通常称为婆罗门教育，以培养婆罗门为教育的最高使命，具有强烈的贵族性。婆罗门教育以印度人最早的宗教典籍——吠陀经书为学习的首要内容，教育方法为口耳相传。古代印度教育的分期比较明确，一般儿童在 7 岁之前在家里接受教育，8—16 岁在学校接受教育。公元前 9 世纪以前，婆罗门教育以家庭教育为主，儿童在 3—5 岁行剃度礼后就开始接受家庭教育。古代印度盛行家长制，父亲是一家之主，一切家庭生活的安排都由父亲做主，父亲同时握有子女生杀、买卖大权，也有教育、培养儿童的义务。尤其是婆罗门种姓家庭，为了保持种姓的尊严和世袭性，父亲在家庭中除了传授生活知识、基本技能、行为习惯和风俗习惯之外，最主要的是悉心指导子女传诵吠陀经书。尽管吠陀经书均由梵文写成，对于幼儿来讲词意晦涩、艰深难懂，但是传授时也不允许儿童抄写笔录，更不准提问，全凭口耳相传，死记硬背。之所以不允许儿童抄写，是因为当时的人们认为吠陀经书里的内容都是神所说过的话，如果擅自抄写，则有渎神之嫌。这种神学色彩极浓的家庭教育，一般要经过10 年的时间，才能学完 4 部吠陀经书中的一部，对于婆罗门家族的儿童来说，花费大量的时间和精力去背诵这些浩繁难解的宗教术语，实在是一项苦役。

二、佛教的幼儿教育

随着奴隶制的发展和奴隶制大国的崛起，公元前 6 世纪到公元前 5 世纪古印度进入“列国时代”。因掌握军事力量而日益强盛的刹帝利和上层大商人吠舍，不满婆罗门的特权地位，开始提出自己的宗教思想，婆罗门教实力日益削弱，佛教应运而生。相传佛教的创立者是公元前 600 年古印度迦毗罗卫国的王子乔答摩·悉达多（即释迦牟尼）。作为当时反婆罗门教的思潮之一，佛教主张善恶报应、生死轮回，反对婆罗门教的特权地位，强调信仰平等、普度众生，追求大彻大悟。随着公元前 3 世纪佛教的广泛传播，佛教教育也随之发展起来。佛教在教育方面的改革主要表现为：①主张各种姓平等，广泛满足人民群众接受初等教育的愿望；②强调用方言代替梵文进行教学。

佛教的幼儿教育一般在家庭中进行，也有信仰虔诚者在子女五六岁时把他们提前送入寺或庵中“出家”修行。入寺或庵修行的儿童要参加一次专门的入学仪式才能成为僧（尼）徒，之后的教育内容除了重视道德品格教育和言行举止的训练外，主要是学习佛教经典。学习 12 年并经检验合格者，则可留寺（庵）充当比丘（即和尚）、比丘尼（即尼姑）。普通家庭的孩子从懂事起就在父母的言传身教和日常生活中接受早期的教育，比如要对佛祖释迦牟尼虔敬崇拜，要定期跟随父母参加宗教仪式、诵读简易经文；要坚持慈悲为怀、积德行善、普度众生、悲天悯人的做人准则，要勤奋、早起、打坐、洁净、生活俭朴、乐意吃苦，要养成一种乐于助人、慷慨施舍的心态等，并准备自己稍大一点即可宣布皈依佛法，以便成为在家佛徒。以上这些都是为了实现在信仰、公德意识的养成和良好行为习惯的培养等方面的教育目的而提出的要求。这些在家修行的僧（尼）被称为优婆塞（优婆夷）。

总之，古代印度的幼儿教育是与种姓制度和宗教神学密切相关的，无论是婆罗门教教育还是佛教教育，都主张培养幼儿的宗教意识。其中，婆罗门教育是以维系种族压迫为核心目的的，实行等级分明的种姓教育制度；佛教教育则以主张吃苦修行、消极厌世、追求来生为基本特征。

第三节　古代希伯来的学前教育

古代希伯来位于现在的西亚巴勒斯坦地区，是现代犹太人祖先的居住地，信奉犹太教，奉耶和华为最高主宰和庇护神。希伯来人由以色列和犹太两个部落组成。约在公元前 14 世纪，希伯来人曾因躲避洪水和寻找谷物而向外迁徙，进入埃及并沦为埃及法老的奴隶，后来在首领摩西的带领下，逃离埃及返居巴勒斯坦。以色列部落居住在土地肥沃的北部，犹太部落居住在南部山区。约公元前 1010 年，奴隶主大卫建成统一的希伯来王国，不久之后却由于民族矛盾而分裂：北部形成以色列，建都在撒马利亚；南部为犹太国，建都在耶路撒冷。公元前 722 年，以色列亡于亚述；公元前 586 年，犹太国亡于巴比伦。犹太亡国之际，战胜者新巴比伦国王尼布甲尼撒二世掠获战败国的大批民众、工匠、祭司和王室成员到巴比伦，即历史上有名的“巴比伦之囚”。直到公元前 538 年，波斯帝国灭巴比伦，希伯来人才得以重返家园，建立宗教公社，以犹太教为立国施教之本，以耶路撒冷为都城。公元 70 年，犹太国家被罗马帝国吞并。综上所述，其历史大致可分为两个时期：第一时期从摩西带领希伯来人逃离埃及（约公元前 14—前 13 世纪），到公元前 586 年犹太王国亡于巴比伦；第二时期从公元前 538 年希伯来人返回家园，至 1 世纪被罗马帝国吞并。古代希伯来的幼儿教育也因为这两个历史时期的不同而具有不同的特点。

一、学前教育的家庭时期

流放时期之前的希伯来，没有学校，幼儿主要由部落和家庭来进行教育。在希伯来人看来，国家的兴旺以众多幸福的家庭为基础，而子女只有受到良好教育方能保证父母的幸福，没有良好的家庭教育便是父母的苦恼。教导子女既被视作父权，同时也是不可忽视的父职。家庭教育固然要由父亲负责，母亲也不该推诿。摩西带领希伯来各部落出埃及定居巴勒斯坦以后，希伯来社会逐渐由游牧文化进入农业文化。这一时期家庭组织形成，属于父权制，父亲为一家之主，拥有绝对的权威。当时学校还未出现，家庭成为教育青年一代的主要场所，父亲理所当然地承担教育儿童的职责。

父母担负的主要责任是培养孩子，使他们作为以色列这个群体的成员去生活。其目标是要把他们锤炼成延绵不断的链条中牢不可破的环节，从而使先辈们留下来的宗教遗产完好无损地传给后代。

婴儿自出生之日起实际就进入了接受家庭教育的程序。在家庭中，儿童最初接受的是母亲的基本道德教育。《圣经·箴言》称："我儿，要听父亲的训诲，不可离弃你母亲的法则。"孩子长大后，父亲便开始向他传授有关民族传说、宗教信仰和祖先训诫等方面的知识和某种职业技能。父亲常常要把自己的一技之长传授给儿子，以保证他将来成家立业，不致成为社会的累赘。家庭教育主要以生活训练为主，通过实践达到教育目的。孩童幼时以游戏为教育手段，稍大一点便积极参加劳动和使用武器。在父亲和部落中亲属们的指导下，男孩子学会一切必要的本领。由于那些法律学家和权威学者们自己也往往从事某一行业，所以艺术、手艺和手工劳动便起到教育每个孩子的作用。

希伯来的家庭教育以陶冶宗教的思想感情为首要目标。家庭教育不仅对儿童进行道德和某些职业方面的训练，更重要的是对其进行宗教神学的灌输，以培养宗教信仰为最重要的目标。这种以培养对上帝的信仰和敬畏为目的的教育，由父母言传身教，传于子女。犹太人为了让儿童从小树立牢固的宗教意识，还经常有意识地利用名目繁多的宗教节日活动，对他们进行宗教道德意识的灌输和教育。

正是这种沉浸着浓郁宗教气氛的家庭教育，使得犹太人家庭成为一个个牢不可破的堡垒。正是这种笃信上帝、充当上帝的子女的教育，使得犹太人尽管以后散居各地或被掳往异乡，仍能继续生存、发展，保持其传统习惯和宗教信仰。

虽然古代希伯来家长一般都懂得一些文字和书法，但教育儿童的方式却基本是口授，父亲为了严格地要求儿童，有时甚至会采用体罚和暴力手段。

二、学前教育的学校时期

在公元前 586—前 538 年近半个世纪的巴比伦流放时期，希伯来人开始接触一种更为先进的文化——古代巴比伦文化，这在一定程度上有利于希伯来文明的进步，但同时希伯来文明也面临着被外族文化吞并的危险。于是流放中的希伯来人在居住地周围建立起犹太会堂，无论大人儿童，都必须经常在那里聚会或者做礼拜，倾听教士宣读《圣经》，聆听上帝的教诲，以提醒所有的希伯来人铭记自己的故乡和祖先。起初，会堂只是进行祈祷的场所，慢慢地它成为讲述律法知识、在安息日和周末举行礼拜祷神的地方。到后来各居民区几乎都有了这种建筑。因为会堂中不仅进行祈祷，还会讲解和阐述经典，儿童们便来会堂就学，会堂便兼为教学机构了。会堂既然负有教育任务，便需要胜任这项任务的人才，其结果便促成了文士的出现。文士具备良好的学术修养，能够解说经典的含义。会堂和文士的出现为学校的产生提供了客观条件。

公元前 538 年流亡归国后，这种融幼儿教育与小学教育为一体的会堂式小学校越来越多，并开始出现从会堂独立出来的学校。儿童在学校里读书、写字和理解一些简单的律法知识，教师经常会以口授的方式摘读《摩西五经》的诗句指导儿童朗读；有时为了帮助记忆，教师经常给儿童印满字句的圣饼，让他们边吃、边读、边记，并组织他们互帮互学、相互竞赛。同时，教师鼓励儿童提问，认为只有善于提问题的孩子，才是善于学习的孩子。当然，此时采用的教育方法主要仍是家长制加体罚。虽然自从摩西带领大家重返家园并进行了一系列的改革后，希伯来人的儿童教育观已经越来越具有民主色彩，但是他们仍然不反对体罚。在古代希伯来人看来，教育就意味着严酷的纪律，只有这种纪律才能保证家庭和宗教教育的成功。虽然父母之爱是天性使然，但是为了教育好子女，就要严格地管教他们。由此，古代希伯来人认为对儿童的打骂和体罚完全不是出于愤怒，而是出于信念，是为了培养儿童敬畏神明、谦逊节制、诚实勤劳的美德。

古代希伯来人对儿童的早期教育颇为重视，将其看作是为整个国家和民族服务的。正是由于希伯来儿童从小在家庭和会堂学校中接受严格的宗教教育，才把一个亡国的民族紧紧地联结在一起，并进行着不屈不挠的斗争，直至创造出崭新的未来。

古代东方国家是世界文明的发祥地之一，古代埃及、古代印度、古代希伯来分别在世界文明发展的进程中做出了自己独特的贡献。本章主要介绍了以上三个古代国家的幼儿教育产生、发展和演变的历史过程。古代埃及最早产生了丰富多样的学校机构类型；古代印度的教育因为种姓制度的长期把持而具有明显的宗教色彩；古代希伯来的教育在摩西改革前后分别呈现不同的特点，由最初的家庭教育时期过渡到了学校教育时期。在三个东方国家历史发展的同时，其幼儿教育的特点也随之发生了显著的变化。本章的目的就是要在以上诸多问题方面让学生获得一个清晰的思路。

思考与练习

1. 古代埃及的幼儿教育有哪些特点？
2. 古代希伯来在摩西改革后，其儿童观发生了哪些变化？
3. 试比较古代东方各国幼儿教育的异同。

第十一章
古代希腊和罗马的学前教育

学习目标

1. 了解古希腊学前教育发展的历史背景，掌握斯巴达与雅典的学前教育实施特点。
2. 了解古罗马在不同时期的学前教育特点及其产生的原因。
3. 掌握柏拉图、亚里士多德、昆体良的学前教育思想。

靠近东方国家的希腊半岛和地中海东北部沿岸地区是西方文明的发祥地，它孕育了古代希腊文明。公元前 8 世纪前后，希腊原始社会解体，逐渐发展成为典型的奴隶制社会。希腊在各族分布范围的基础上建成了数以百计的独立城邦，即由“城市”和周围农牧地域构成的奴隶制国家，其中最重要、最强大、最有代表性的两个城邦是斯巴达和雅典。这两个城邦虽然共同存在于同一个时代，但是由于各自的政治、经济和地理条件等的不同，其幼儿教育的特征也迥然各异。到了公元前 146 年，希腊被罗马帝国吞并。古代罗马是继古代希腊之后的又一种类型的奴隶制国家。古代罗马在吸收和继承古代希腊的文化和教育的过程中，根据自己的实际情况对其进行了重要的修正和补充，形成了自己的特点，并由此传播到后世的欧洲。因此，在西方教育史上，古代罗马的教育作为古代希腊教育的延续和发展，同样具有重要的历史地位。

第一节　古希腊的学前教育

古希腊教育思想的产生和发展与其政治、经济和文化等方面的发展有着必然的联系。大约公元前 8 世纪，古希腊进入奴隶制社会。从这时起，古希腊的经济得到了迅速发展。铁矿的开采和冶炼技术的普及，为农业和手工业的发展提供了更多的劳动工具；农业和手工业的发展，又为工商业的发展创造了良好的基础；工商业贸易和航海业的发达，促使国际交往和海外贸易不断增长，从而对希腊各城邦的经济产生了巨大的影响。由于工商业的发达，工商业奴隶主贵族逐渐形成并发展壮大，日渐取代农业世袭贵族而占据统治地位。许多城邦由于经济生活的需要而广泛实施相应的奴隶主民主政治，雅典是其中典型的代表。由于社会条件的不同，不同的城邦形成了不同的政治体制。与雅典相反，斯巴达由于相对封闭的自然环境和自给自足的农业经济，加之对土著居民的征服

和奴役的需要，逐步建立起保守的贵族寡头统治。古希腊的教育思想主要是在斯巴达和雅典这两个希腊最强大且最具有代表性的城邦的教育实践基础上孕育和发展起来的，由于这两个城邦的经济、政体、文化和地理条件的不同，形成了两种各具特色的教育类型。

一、斯巴达的学前教育

斯巴达位于伯罗奔尼撒半岛南部的拉哥尼亚平原，土地肥沃，有发展农业的良好条件，是古希腊最大的一个农业城邦。但因其周围群山环绕，故交通十分闭塞。这对其经济和教育的发展有一定的影响。

斯巴达奴隶制城邦是在多利安人入侵拉哥尼亚平原和征服当地居民的过程中形成的。作为多利安人的一个分支，斯巴达人把当地的土著居民掠为奴隶，称为希洛人，希洛人是没有任何政治、经济权利的；另有小部分土著居民被驱逐到边远地区，和当地居民一起被称为庇里阿西人，他们在法律上是自由的，且拥有土地，可以经营农业和工商业，但是不享有政治权利。斯巴达城邦的正式居民是斯巴达人，他们是军事农业贵族，享有一切特权，是城邦的统治者，但是人数较少，只有大约 3 万人。斯巴达人以如此少的人口数量统治着当时大约 30 万人口的希洛人，因此，为了防范希洛人的反抗，作为统治者的斯巴达人要求全体斯巴达青年成长为强悍的战士，以保持国家的军事化，从而镇压奴隶们的起义。斯巴达人先后实行的一系列具有浓厚军事色彩的措施，使整个城邦成了一座戒备森严的大兵营，斯巴达的幼儿教育就是在这样的背景下形成的。

在斯巴达，儿童归国家所有，斯巴达人对新出生的婴儿实行严格的体格检查制度。只有那些检验合格、体格健壮的新生儿，才被允许生存下来；身体孱弱或有残疾的新生儿则被弃之荒野。实行体格检查的目的，是保证人口在体质上的“优越性”，以便日后培养出体格强壮的战士。

儿童在 7 岁之前，由父母在国家的监督下抚养教育，具体工作一般由母亲负责。为了方便新生儿的四肢活动、迅速增强他们的体力，母亲从来不用衣物包裹孩子；为了使婴儿长大后不怕黑暗、不怕独处、不任性、不择食、不哭闹、不顽皮，母亲还经常对他们进行一些专门训练。比如儿童稍大一些时，教他们不计较食物的品种和好坏、不挑剔衣服的颜色和式样；能经受住恶劣生存条件的考验，吃苦耐劳，经常参加身体锻炼，以保持强健的体魄。此外，在性格养成方面，教育他们知足、忍耐、勇敢，男孩子长到五六岁时，还经常被带到斯巴达成年男子聚会的场合聆听英雄的事迹，对英雄们的伟大事迹顶礼膜拜，同时通过观察成年人的活动，获得斯巴达生活方式的初步熏陶，从而为 7 岁以后进入正规的国家教育场所接受严格训练打下坚实的基础。

此外，斯巴达十分重视女子教育，女孩在体力方面和道德方面与男孩受到同样的教育，以便在男子出征时担负起保家卫国的职责。

总之，斯巴达封闭的地理条件和其试图维持国家统治的现实需要决定了斯巴达教育的总特征为单纯的军事体育训练和性格教育；其教育目的是培养性格坚强、英勇善战的军人。可以说，这种教育贯穿斯巴达儿童的一生。

二、雅典的学前教育

雅典是古代希腊另一个著名的城邦国家。它三面临海，有良好的海运条件，便于航海和工商业贸易往来，并且境内多山，拥有丰富的自然资源和发达的手工业。在雅典奴隶制城邦的形成和发展时期，新兴的工商业奴隶主战胜了保守的农业奴隶主，逐步确立了奴隶制度下的民主政体：除“将军”之外的所有公职向全体公民开放；公职津贴用以资助贫穷公民参加城邦的政治生活和文化生活等。这种奴隶主民主政治的实施，为雅典经济、文化的繁荣和教育的发展奠定了坚实的基础，并对后世西方教育产生了深远的影响。当然，雅典的奴隶主民主政治仍然只是公民范围内的民主，因此雅典教育的阶级性和斯巴达一样是非常明显的，它的教育对象仅限于享有政治权力的公民子弟。但由于政治、经济、文化背景的差异，雅典的教育又具有和斯巴达教育完全不同的特点。

雅典的教育目标是多方面的，不仅要求把儿童培养成为能征善战的军人，更要求培养成社会、政治、经济和文化方面的优秀人才，简言之，就是“身心既美且善” 的合格公民。他们认为只有这样的人才能更好地履行公民的义务。为此，雅典对年轻一代的教育不仅强调军事，更注重躯体的匀称健美、动作的矫健灵活。他们不仅注重对儿童进行音乐、文学等多方面的教育，更注重对儿童进行宗教、道德教育。雅典对儿童实施的这种德、智、体、美和谐发展的教育，不仅在当时促进了雅典公民人才素质的普遍提高，为雅典民主政治的发展、文化经济的繁荣做出了贡献，而且开创了西方“和谐教育”发展的先河。

雅典的儿童 7 岁之前在家庭里接受系统、严格的养护和教育。新生儿要接受严格的体检，只有体格健壮者才有资格活下来，不健壮的或者残疾的婴儿被弃之野外，或者交给奴隶抚养。雅典的家长非常注重对婴儿的合理喂养，注重婴儿的饮食卫生和适宜的生活环境。富裕人家的婴儿在襁褓期间，通常由有经验的奶妈负责照料。斯巴达妇女由于善于调教婴儿，成为受雅典贵族欢迎的奶妈候选人。婴儿断奶后，一般会交给专门的家庭女教师继续照料。家庭女教师主要负责幼儿的饮食起居、散步玩耍和初步的教化等，在家庭教师的引领下，幼儿可以玩玩具（如木偶、皮球等）、做游戏、听讲故事（如《伊索寓言》等）、欣赏音乐（如母亲或者女仆温柔动听的摇篮曲等）。雅典的儿童在内容丰富的家庭教育的初步熏陶下，不但获得知识，而且养成初步的礼貌行为习惯，从而为 7 岁之后的继续教育打下基础。7 岁之后，女孩子仍然留在家中接受母亲的教育，学习纺织、缝纫等技能；男孩子则要进入专门的文法学校、弦琴学校或体操学校进行学习。

第二节　古罗马的学前教育

古罗马是古希腊之后的又一个典型的西方奴隶制国家，它最初为意大利中部台伯河畔的一个小城邦，由于战争得利而迅速扩张为一个地跨欧、亚、非三洲的大帝国。古罗马的历史一般可以分为王政、共和、帝国3个时期。

王政时期的古罗马正处在从农村公社向奴隶制社会过渡的时期，其间的教育发展情况难觅历史资料，因此对古罗马儿童教育情况的研究，一般从有历史记载的共和时期开始。共和时期是古罗马正式确立奴隶制并逐渐发展繁荣的时期，教育事业也有了很大的发展，但是因为共和时期历史漫长，通常又分为共和前期和共和后期两个阶段。帝国时期的古罗马由共和时期的繁荣逐渐走向衰败，其间的教育也因此具有了相应的特点。由于古罗马的教育深受古希腊教育的影响，因此其儿童教育明显带有古希腊儿童教育的特征。

一、共和前期的学前教育

从公元前509年到公元前3世纪初，史称罗马共和前期。这一时期，贯穿着平民反抗贵族的斗争。通过二百多年的斗争，旧的氏族贵族的特权逐渐被废除，旧贵族与平民的阶级界线逐渐消失，平民获得了一定的政治地位。这一时期的经济产业主要是农业和畜牧业，手工业和商业尚不发达。由于此时的罗马对外军事活动不断，对内则要坚持农业生产以保证军民供给，因此这一时期的教育是一种叫作“农夫-军人”的家庭教育模式。男孩子主要由父亲进行教育，女孩子主要由母亲进行教育。教育的方法主要是观察和实践。普通人家的男孩从幼年起就跟随父亲学习农业和军事的本领和技巧，通过这些实践活动，男孩学会干各种农活，习得参加各种社会或者军事活动的本领。贵族子弟则跟随其父亲学习管理农庄上的事务和处理有关司法方面的问题。这时罗马人的教育对读、写、算不够重视，但对宗教和道德教育，特别是对孝顺、爱国、守法、勇敢、诚实、谨慎等传统美德的教育十分重视。罗马人对体育也很重视，但是在家庭中由父母对子女进行教育，没有专门的体育学校。

二、共和后期的学前教育

从公元前3世纪到公元前30年，罗马进入共和后期。这一时期，由于内部阶级斗争的缓和、经济的发展，综合国力日渐雄厚，于是罗马大举向外扩张。它很快征服了意大利全境，接着打败了海上强国迦太基，彻底消灭了马其顿的势力，并征服了希腊，成为西起大西洋沿岸，东到小亚细亚，囊括欧、亚、非广大地区，独霸整个地中海的大国。通过野蛮的扩张和掠夺，罗马积聚了大量的财富，经济迅速发展起来。在经济发展的基础上，罗马的教育也得到相应的发展。这时的罗马在军事上是强大的，但在文化上却远远落后于希腊。所以在征服希腊以后，罗马人开始大量吸收希腊文化。他们把大批希腊战俘带到罗马，让其中有学问的人从事文化教育工作。许多希腊人为了谋生，也大批涌进罗马，在那里开办学校、传播文化。伴随着社会发展和经济状况的改变，古罗马奴隶主贵族渐渐养成了鄙视体力劳动、重视精神享乐的习惯。此时的家庭教育内容和性质也发生了很大的变化，由以前父母教育子女的传统逐渐改变为由雇佣的保姆或者教仆承担家庭教育任务。其中，多数保姆或者教仆来自被俘虏的希腊奴隶，他们负责照料儿童起居，教给儿童希腊文、拉丁文，给儿童讲故事等。

三、帝国时期的学前教育

从公元前 30 年起，罗马进入帝国时期。公元 395 年，罗马帝国一分为二，分为西罗马帝国和东罗马帝国。西罗马帝国于公元 476 年灭亡，东罗马帝国则一直存在到公元 1453 年。我们所说的帝国时期的教育，是指罗马帝国分裂以前的教育。在帝国建立后的最初二百年，政局相对稳定，经济繁荣，是帝国的“黄金时期”，文化和教育也随之得到发展。帝国时期的文化，在原有罗马文化的基础上，大量吸收并融合了古代希腊文化和东方文化，从而形成了灿烂的古代罗马文化。古罗马文化在建筑学、医学、农学、法学、史学和文学等方面都有辉煌的成就，但其成就主要偏重于应用科学方面，在哲学和基础理论研究方面，则远远落后于古代希腊文化。到了公元 1 世纪，基督教在罗马产生。为了宣传教义，基督教进行了一些教育活动，古罗马皇帝也逐渐把基督教当成自己的精神支柱。帝国的社会风气日渐奢靡，达官贵人醉生梦死，贵族阶层的家庭主妇也只顾自己寻欢作乐，儿童的教育问题完全被扔给希腊侍女或者教仆。在这种情况下，学前教育在某种意义上变成了忠实执行皇帝意志的工具。一方面，奴隶主子弟生活在这样的环境中，从小就被培养成贪图享乐、好逸恶劳的未来统治者；另一方面，劳动群众的子女则逐渐被训练成麻木不仁的帝国顺民。

第三节　古希腊和古罗马的学前教育思想

古希腊和古罗马时期涌现出许多著名的教育思想家，他们站在自己的阶级立场上，从不同的角度阐述了学前教育的有关思想，留下许多颇有研究和参考价值的教育著作，为后人研究古希腊和古罗马时期的学前教育问题提供了翔实的资料。虽然其中的许多观点因为时代的局限而看似缺乏必要的科学性，但其中不乏富有时代特色的教育观点和见解。

一、柏拉图

柏拉图是西方学前教育思想的重要奠基人，他在其代表作《理想国》中提出一个培养“哲学王”的教育计划，其中涉及的学前教育问题对后世的教育思想发展有重要的影响。

（一）生平和代表作

柏拉图（Plato，前 427—前 347）是古希腊著名的思想家、哲学家、教育家，客观唯心主义的创始人。他出身于雅典的一个贵族家庭，从小就受到了良好的教育。青少年时师从苏格拉底 8 年时间，在政治上与其老师一样，反对当时盛极而衰的民主政治，拥护贵族专政，是苏格拉底最得意的弟子之一。公元前 387 年，他创办了一个学园，取名阿卡德米学园。从此，他在这里讲学达 40 年，一直到去世。阿卡德米学园的创建不仅为柏拉图提供了著书立说、进行教育活动的场所，而且成为欧洲学术思想交流的中心。

柏拉图的教育思想主要反映在《理想国》和《法律篇》中。柏拉图把世界分为现象世界和理念世界，现象世界就是现实世界中可感知到的事物，即自然界；理念世界是精神世界。理念世界是现象世界的原型，理念是万物的本原。他认为，现象世界是不可靠的、不真实的，只有理念世界才是真实的、永恒的。现象世界是理念世界的映像；理念世界是真理的化身，是宇宙精神，而神是宇宙万物的本质，主宰一切。人是神所创造的万物中的最优者；人由肉体和灵魂构成，人的灵魂先于肉体存在于理念世界中。当灵魂和肉体相结合"投胎"为人时，就暂时失去了对最高理念的认识和记忆，但在现象世界万物的刺激下，又可以把忘掉的记忆捡回来。因此在认识论上，柏拉图主张认识不是对万物存在的现象世界的感知，而是对理念世界的回忆。他力图从具体、个别的事物中追求事物的规律，因而是人类认识发展史上的一个进步。但是他的理念论把事物的一般概念绝对化，把它们变成脱离事物并先于事物而独立存在的精神实体，从而割裂了一般与个别、共性与个性的关系。

具体到教育上，他认为学习就是回忆，即人的灵魂因为先于肉体而存在于理念世界中，所以灵魂本来就认识理念，但是当灵魂再次投生肉体后，由于受到惊吓等原因，就暂时忘却了原有的理念知识。以后通过学习，人就能逐渐回忆起原来所掌握的知识。并且，柏拉图认为，人死后灵魂离开肉体又回到理念世界中，即灵魂不死。柏拉图的这些思想，对后世宗教学影响很大。在社会观上，柏拉图推崇斯巴达的社会制度——原始的共产主义，因此写了专著《理想国》，阐述了自己的主张。柏拉图在其理想国家中，将神的最优创造物——人分为 3 个等级：哲学家、军人和劳动者。其中，哲学家是奴隶主国家的最高统治者，是神用金子做成的，拥有智慧和理性。军人是奴隶主国家的保卫者、社会秩序的维持者，是神用银子做成的，拥有勇敢和意志。劳动者包括手工业者和农民，是神用铜铁做成的，具有节制的品质。处于社会最下层的奴隶不属于以上 3 个等级，只是一种会说话的工具而已。3 个等级的人应各司其职、各尽其才，做好自己分内的事，不可越级行事，只有这样国家才能正常运转；反之，社会就会处于混乱不堪的境地。显然，这是为奴隶主贵族专制制造的理论依据。柏拉图的哲学和社会学思想反映在教育上，就是教育应为国家培养哲学家和军人。在教育的组织管理上，他主张国家控制教育，采取公养公育的方法培养人才。可以说，《理想国》是最早的乌托邦思想的集中反映。

但在柏拉图的晚期作品《法律篇》中，他承认了私有财产和家庭的功能，同时也对斯巴达式的教育训练有了更加理性的分析：斯巴达教育制度只强调要教会人们勇敢地面对痛苦和危险，但没有教会他们面对快乐和享受的诱惑而不屈服，这只是培养了人们最低层面的德性，而缺乏智慧、节制等美德的培养。为此，他在《法律篇》中提出，在社会或者个人灵魂的各部分之间的最佳状态是和平而非战争，并由此提出了立法的重要性。也就是说，柏拉图的思想在晚年表现得更加贴近现实生活。

（二）学前教育思想

1. 学前教育的任务

在西方教育史上，柏拉图是最早提出学前儿童教育问题的教育家。他主张：儿童应该从出生就接受教育，因为“凡事开头最重要。特别是生物，在幼小柔嫩的阶段，最容易受到陶冶，你要把它塑成什么型式，就能塑成什么型式”“一个人从小所受的教育把他往哪里引导，就能决定他后来往哪里走”。关于学前教育的任务，柏拉图认为主要是着重于道德行为的熏陶，以形成良好的品质。为此，他强调要利用儿童善于模仿的天性，从小就让他们模仿那些英雄伟人的言行举止；对于那些与传统道德标准不符的言行，则要严禁儿童模仿。这些有意识的训练，可以把善与恶的种子播撒到儿童心灵上，从而引导他们爱其所应该爱的、恨其所应该恨的。对此，柏拉图强调“先入为主，早年接受的见解总是根深蒂固不容易更改的”。

2. 学前教育年龄阶段的划分和内容的选择

柏拉图在《理想国》中制定了一个从胎教开始直到 50 岁为止的长期教育计划，并按照年龄阶段对各时期的教育内容进行了详细的阐述。他认为，7 岁以前是人生的奠基时期，因此主张优生优育：首先，婚姻问题需要国家的统一管理，要在全国实行计划结婚和计划生育，以保持适当数量的人口。待产的妇女必须接受有利于孩子未来成长的专门知识的训练。其次，他又把儿童出生后到 6 岁的教育，划分为两个时期：0—3 岁是第一时期，3—6 岁是第二时期。在其“儿童属于国家所有”观点的指导下，柏拉图认为，儿童一出生就应该送到国家特设的育儿场，接受统一的照料和管理，由女仆专职负责饮食起居；教育则由国家最优秀的公民来监督实施，并用摇篮曲、儿歌等对儿童施以教育。第二时期的儿童要集中到神庙的儿童游戏场上，由国家选派公民监督教育，饮食起居由女奴负责，教育内容主要是讲故事、做游戏、学音乐等。

柏拉图非常注重给儿童讲故事，认为这是对儿童进行道德教育的有效途径。同时他要求给儿童讲的故事要经过挑选，选择那些能激发幼儿勇敢、正义和高尚品德的故事。不但如此，柏拉图还对寓言、诗歌等文学作品的内容加以严格挑选，主张要把真正振奋精神、鼓舞斗志、积极向上的作品奉献给儿童，取缔那些神鬼离奇、死难恐怖的题材，防止儿童因受到影响而成长为残暴、凶狠的狂妄之人。

柏拉图同样重视游戏在儿童教育中的重要作用。他认为，游戏符合儿童的天性，应当予以满足，但他又提出游戏不仅仅是玩耍和娱乐，同时也是一种教育过程，为此要选派有经验的人去组织和管理，游戏的内容和方式也要符合法律精神。另外，他主张游戏的方式和内容要有精心的安排，不要经常变化，否则会影响其成人时对国家和法律的忠诚。在符合法律精神的基础上，游戏活动应尽可能由孩子们自己发明，但也要讲究一定的规则和秩序，否则就容易出现违反纪律的现象。由此可见，柏拉图一方面认为儿童游戏很重要，另一方面又给儿童的游戏施以种种规则和法律的限制。这表现出一种他自己难以调和的自相矛盾的心态。

音乐也是柏拉图对儿童规定的教育内容。他认为合适的音乐可以使儿童的身心得到陶冶，但要为儿童选择那些旋律优美、曲调和谐的乐曲。在优美音乐的熏陶下，儿童会逐渐变得仪态优美、精神和谐。柏拉图还强调儿童的心灵教育应该和体育教育相结合，他认为和谐的教育应当是“用体操来训练身体，用音乐来陶冶心灵”，因为音乐和体操的结合能够使儿童的激情和理性两个方面更趋于和谐，而不至于偏废某一方面。柏拉图的体育思想在其思想体系中占有重要地位。他主张儿童体育教育的目的是使其身体健康，使儿童更好地为国家奉献自己，而不至于因为体质虚弱而牵制心智的发展。因此，儿童的体育要简单而朴素，比如儿童的饮食要适当、生活要有规律、睡眠时间不能过多也不能太少、日常训练要量力而行等。

柏拉图是西方古代教育史上最伟大的教育家之一，是西方学前教育思想的奠基人，其儿童教育思想更是具有开创性的历史意义。他重视教育的政治意义，认为教育是受教育个体和社会互相影响的互动过程，进而提出了儿童公育的思想。他重视优生优育，主张分阶段对儿童进行早期教育。他提出慎选故事内容、音乐素材和游戏内容的主张，以促进儿童身心和谐发展。所有这些观点对后世学前教育思想的发展无不产生了巨大的影响。当然，作为奴隶主阶层出身的教育家、思想家，柏拉图的教育观点同时带有诸多保守、落后的迷信色彩。

二、亚里士多德

亚里士多德是古希腊哲学家、教育家。他在《政治学》和《伦理学》两部著作中集中阐述了自己的教育理论和学前教育思想。

（一）生平和教育活动

亚里士多德（Aristotle，前 384—前 322）生于富拉基亚的斯塔基尔希腊移民区，父亲是宫廷侍医。亚里士多德学过医学，还在雅典跟柏拉图学习哲学长达 20 年，是柏拉图阿卡德米学园的积极参加者。这一时期的学习和生活对他的一生产生了决定性影响。在雅典的阿卡德米学园中，亚里士多德表现得很出色，柏拉图称他是“学园之灵”。但亚里士多德不是一个只崇拜权威、在学术上唯唯诺诺而没有自己的想法的人。他努力收集各种图书资料，勤奋钻研，甚至为自己建立了一个图书室。公元前 347 年，柏拉图去世后，亚里士多德在雅典又继续待了两年，此后他开始游历各地。公元前 343 年，他受马其顿国王的聘请，担任起太子亚历山大的老师。公元前 335 年，亚历山大继任王位后，他重返雅典，创办了吕克昂学园，园里有当时一流的图书馆和动植物园等。亚里士多德在这里创立了自己的学派，由于这个学派的老师和学生们习惯在花园中边散步边讨论问题，因而得名“逍遥学派”。

作为一位最伟大的、百科全书式的科学家，亚里士多德对世界的贡献无人可比。他是一位真正的哲学家，几乎对哲学的每个学科都做出了贡献：他至少撰写了 170 种著作，其中流传下来的有 47 种；内容涉及天文学、动物学、胚胎学、地理学、地质学、物理学、解剖学、生理学。总之，涉及古希腊人已知的各个学科。因此，他被马克思誉为“古代最伟大的思想家”。

（二）论教育的本质和目的

亚里士多德充分肯定教育与政治之间的关系，把教育视为实现政治的最重要手段。他认为，教育是最高的政治艺术，国家政治的优劣在很大程度上取决于城邦公民的本质，所以教育应该成为国家的重要事业，由国家统一管理。教育的目的首先是培养良好公民，必须让全体公民都接受统一的教育。这种国家统一管理的教育，必须符合特定国家的社会生活需要，教育要依据国家政体的性质而定，为此他强调应该把教育纳入国家法治的轨道。这标志着亚里士多德首开西方教育史上“教育立法”思想的先河。

亚里士多德同时指出，教育不仅应该培养良好公民，还应该发展人的理性，他说：“有三种东西能使人善良而有德行，那就是天性、习惯和理性。首先一个人生来就是人，而不是其他动物，并且其身心必定有某种特性。但在出生时有些品质虽具有而无用，因为它们可以为习惯所改变，还有些禀赋天然地有待于习惯使之变好或变坏。……只有人类除天性与习惯外，尚有理性。由于天性、习惯和理性不能经常统一，要使它们互相协调并服从于理性，除了通过立法者的力量外，就寄托于教育。”亚里士多德认为人是由肉体和灵魂组成的，人的灵魂具有双重性——理性和非理性，教育也必然具有双重目的：既要培养良好公民，以保障国家的繁荣昌盛；也要发展人的理性，从而使人们充分享受美好生活。为此，他提出了“文雅教育”的理念。

（三）论体、德、智、美和谐发展的教育

亚里士多德的体、德、智、美和谐发展的教育思想是建立在他的灵魂学说之上的。他把人的灵魂区分为植物的、动物的和理性的三部分。其中，植物的灵魂是最低级的，主要表现在满足身体的生长和发育的需要；动物的灵魂表现为人的情感和欲望等；理性的灵魂是最高级的部分，主要表现为人的思维、推理等方面。与他的灵魂学说相适应，亚里士多德提出了体、德、智、美和谐发展的教育思想。

亚里士多德认为，在儿童的教育中，必须首先训练其身体。体育练习的目的在于使人健康、有力和勇敢，养成体育竞技的习惯，能够参加各种体育竞技活动。亚里士多德指出，体育训练的重要目的是培养学生勇敢的品质，但对于儿童的体育训练一定要适度，否则会损害他们的体格，妨碍他们的生长。

道德教育方面，亚里士多德重视培养学生的习惯。他认为理性和习惯是人们具有“善德”的根基。道德教育的目的在于通过实际活动和反复练习，使人逐渐养成中庸、适度、公正、节制和勇敢的美好德行。

智育方面，亚里士多德认为，阅读、书写，乃至绘画都是为了将来的实际效用，如为了处理家事、从事政治生活等。受雅典教育思想的影响，亚里士多德将应属于智育部分的文学作品和诗歌的阅读、欣赏、吟唱等都划归到音乐教育里面。

音乐教育是亚里士多德和谐发展教育思想的核心部分。音乐不仅是实施美育的最有效的手段，还担负着智育的部分职能，并且是实施道德教育不可缺少的内容。也就是说，他认为音乐具有多种功能：教育、心灵的净化和理智的享受等。因此，亚里士多德主张必须将音乐纳入教育计划之中。亚里士多德认为，音乐教育不是为了实际生活的需要，而是为了在闲暇时供理性享受。亚里士多德注重音乐与他的“文雅教育”思想密不可分。在他看来，课程可以分为两大类：有用的和文雅的。前者因为其实用价值而不文雅、不高尚；后者因为服务于人性的需要，是文雅的、高尚的。音乐既能陶冶性情，又能供理性享受，所以是文雅学科。

（四）论教育的年龄分期

亚里士多德要求根据儿童身心发展的特点来划分教育的阶段，安排教育的内容和方法。他把一个人从出生到21岁的教育过程划分为3个阶段：①0—7岁，这一阶段属于学前教育阶段，以幼儿身体的生长发育为主；②7—14岁，这一阶段属于初级学校教育阶段，以情感道德教育为主；③14—21岁，这一阶段属于高级学校教育阶段，以智力教育为主。亚里士多德认为，合理的教育就应该遵循人的自然发展过程：首先确保身体的健康发育；其次给予情感的训练，培养其良好的思想意识；最后给予理性的指导，促进其理解能力、思维能力的发展。这就是“适应自然”的教育原则。亚里士多德是西方教育史上首次论述“教育适应自然”原则的教育家。

（五）论学前教育

亚里士多德根据自己年龄分期的教育原则，详细而具体地论述了其0—7岁学前教育阶段的观点。

1. 胎教

和柏拉图一样，亚里士多德主张优生优育，控制人口过度增长。他反对早婚的习俗，认为不利于子嗣的培养，而且早婚的少女常常夭亡。男女双方都应该在最旺盛的年龄结婚、生育子女，以保证下一代的健康。为此他主张，男子适合在37岁前后结婚，女子出嫁的合适年龄是18岁；双方结婚的季节应该选在冬季。已经结婚的男女应该在生育之前接受医生的专业指导，已经怀孕的妇女要注意自己身体的变化，主动摄取有营养的食物，养成经常运动的习惯，保持平和的情绪，等等。

2. 婴幼儿教育

亚里士多德认为，婴幼儿阶段的教育应该以身体的生长发育为主。他主张对新生儿进行严格的体格检查，建议国家制定相应的法律，只允许健康的婴儿存活下来，畸形或者残疾儿不应该得到抚养。对于年幼的婴儿来说，最重要的是他们的营养问题，因此他主张母乳喂养。要引导他们通过游戏的方式进行适当的体育活动，注意保护他们稚嫩的肢体，使其免受损伤。让婴儿及早适应寒冷也是一种较好的锻炼方法，这有助于他们身体的强健。亚里士多德对此的解释是：凡是儿童需要培养的良好习惯，都应该越早越好。因此，这一时期的家庭影响至关重要，尤其要防止婴儿在家庭中受到不良的影响，否则长大后就难以纠正。对于5岁之前的幼儿，不应该教给他们任何课业，不能强迫其从事劳作。为了避免幼儿肢体不灵，可以进行适当的游戏活动，但游戏既不能流于卑鄙，也不能导致过度劳累。此外，幼儿要在充分游戏的同时，多听神话故事，但是故事的内容要由教育督导进行精心选择。幼儿长到 5—7 岁的时候，可以开始初步的课业学习，同时通过体操锻炼来保证良好的体格，但是这两者都不能过度。他还特别提出，身体训练仅仅是达到目的的手段，像斯巴达人那样只限于培养头脑愚笨的体育健将是不明智的。幼儿在这一阶段应该有机会旁观其他人正在从事且他们自己长大后也要从事的各种活动，以获得最初阶段的熏陶。

亚里士多德作为古代西方最伟大的思想家，在哲学上摇摆于唯物主义和唯心主义之间，最终走向了唯心主义。他对教育本质和目的的理解和论述，虽然因为他的奴隶主阶级立场而带有神秘性、保守性的色彩，但是他强调教育要根据国家和受教育个体的实际情况的观点还是合理的；他首次在西方教育史上提出了“教育立法”的思想，具有重大历史意义；他提倡的“教育适应自然”原则，也是其教育观点进步性的表现；他在学前教育方面所提出的胎教优生、教育年龄分期、习惯的及早培养等观点，对西方学前教育理论和实践的发展产生了重要影响。

三、昆体良

昆体良是古代罗马著名的律师、演说家和教育家。经过长期的实践探索和理论研究，他在演说家的培养问题上提出了教育和教学方面的许多有益主张，其中涉及学前教育的许多方面。他是西方教学论的奠基人。

（一）生平和教育著作

昆体良（Quintilianus，约 35—约 95）出生于罗马帝国西班牙行省，其父是当时颇有经验的雄辩术教师。在罗马接受雄辩术教育的昆体良，曾做过 10 年律师，后来在罗马开办了一所修辞学校并担任校长。凭借在修辞学方面的造诣和办学上所取得的卓越成就，他很快赢得了社会的盛赞，连续担任了 20 年的雄辩术教师，并被罗马皇室聘任为第一位修辞学教授。

昆体良退休后，应朋友之邀，花费两年多的时间写成了凝聚其一生智慧和经验的教育理论专著《雄辩术原理》，又译为《论演说家的教育》等。这是西方第一本专门论述教育问题的系统著作，在教育史上占有极其重要的地位。

（二）论教育与天赋

昆体良从教育与人的天赋之间的关系出发，阐述了教育在人的形成中的重要作用。他说：“大多数人既能敏捷地思考，又能灵敏地学习，因为此种灵敏是与生俱来的……天生的畸形和生来有缺陷的人才是天生愚鲁而不可教的人，这样的人肯定会有，然而很少。”在他看来，大部分人都是可以经由教育培养成人的，但是教育要想达到良好的效果，则要遵循一定的规律，即儿童的天性。他主张教育者要主动研究、了解儿童的天性，从而采取有针对性的教育措施。首先，教育要遵循儿童的年龄特点，对不同的儿童区别对待，防止教育过程中不顾儿童实际接受能力的盲目教学。对于智力差的孩子，要尽量适应其能力，顺其自然地对其进行智力训练；对于资质优异的孩子，则应让其学习一个杰出的雄辩家所该掌握的全部知识和技巧。但有两种情况应予以避免，一种是让学生做不可能做到的，二是让学生放弃他们能胜任的。其次，教育者要根据每个儿童的个性特征因材施教，在雄辩术的教学上要根据各人的气质特点进行训练。有的人适合用温文尔雅的态度讲，有的人适宜用生气勃勃的表情讲，有的则适宜用粗犷有力的态度去讲。教育者只有充分了解儿童的个体差异，才能帮助他们选择最适合的教育内容。

（三）论雄辩家的道德品质

昆体良认为雄辩术本身是一门高尚的学问，是社会政治生活中的一种工具，作用在于宣扬正义和德行，指导人们避恶趋善，为无辜辩护，制止犯罪，因此应掌握在善良、正义、能够维护法律尊严的人手中，绝不能落在强盗手里。因而教育所要培养的雄辩家必须首先是一个善良的、德行上无可挑剔的人。所谓善良的人，应该是有识别善恶的能力和遵守法律、坚持正义的人。这样，他才能为真理和正义而辩。一个品德邪恶的人即使获得辩论中的胜利，也不可能成为一个完美的雄辩家。

（四）论学前教育

昆体良非常重视学前教育。他认为，学前教育可以在德行和知识方面为雄辩家的培养打下初步的基础。

1. 家庭环境的影响

由于学前教育是在家庭中进行的，父母、保姆和家庭教师都是幼儿的教育者，所以他强调在家庭中，父母、保姆和家庭教师都要时刻注意自己的言行举止，讲话要清楚正确、讲究礼仪、道德高尚。为此，他提出，首先要为幼儿选择合适的保姆。保姆最好是受过教育的，这样可以避免因为保姆本身的习惯、语言等问题对幼儿产生不良影响。其次，幼儿的父母，尤其是母亲最好能够掌握家庭教育的基本原理。父母双方都要注意积累知识，增强自身的文化修养，只有这样才有可能获得理想的家庭教育效果。

2. 及早接受教育的原则

昆体良主张学前教育应该越早开始越好。他在《雄辩术原理》第一卷第一章中提出："当儿子一出生的时候，但愿做父亲的首先对他寄予最大的希望，这样才会一开始就精心地关怀他的成长。"他认为，7 岁之前的收获即使再微小也不能轻视。因为：首先，既然许多人都认为这个年龄阶段的儿童可以接受道德方面的教育，那他就同样可以接受文化知识方面的教育。其次，7 岁之前即便学习的东西再少，但是有了这样一个基础，7 岁之后就可以接着学习更深层次的东西，否则到了 7 岁时就只能从最简单的东西学起。最后，昆体良认为，初步识字仅靠记忆，儿童在 7 岁之前不仅具有了记忆，而且儿童期的记忆更加牢固，所以没有必要浪费儿童早期的时光。昆体良告诫人们要避免走极端，不能把幼儿逼得太紧。为此他提出两点注意事项：一是不能让幼儿在还没有学会学习的时候就厌恶学习；二是要想方设法激发幼儿的学习兴趣，使最初的教育成为一种娱乐。

3. 游戏的作用

昆体良认为，爱好游戏是儿童的天性，所以他十分重视幼儿的游戏活动。他提出，游戏和娱乐有助于发展智力，能够促使幼儿的道德品质毫无保留地按照原本面目展现出来。因此，家长或者教师要善于利用游戏活动，寓发展智力和道德品质于游戏之中，使幼儿在得到快乐的同时也能习得有用的知识。

4. 幼儿智育

在教育史上，昆体良首次提出了“双语教育”的问题。他主张幼儿在智育方面要首先学习字母、书写和阅读。他认为幼儿最好首先学习希腊语，因为希腊是罗马文明的源头；而后再学习当时通用的拉丁语；最后在熟练的基础上，两种语言的学习最好齐头并进。在学习字母方面，昆体良提出，最好的办法是在教给幼儿认识字母名称的同时教给他们字母的形状，这样可以增强学习效果。幼儿学习音节时则无捷径可走，所有的音节都必须学会，因此应反复练习，牢记在心中。音节学完后，可学习由音节组成的单字，以及由单字组成的句子。在幼儿的书写教学法方面，他主张让儿童在临摹的基础上开始学习，这样可以少出错误。在幼儿的阅读方面，他提出要在正确阅读的基础上再力求连贯，不要贪快，否则容易造成幼儿口吃和其他困难。

5. 对教师的要求

昆体良提出要严格选择幼儿教师，即教师要具备德才兼备的标准。教师首先应品德高尚，有德行，因为任何失检的行为都会对学生产生深刻的影响。

1）幼儿教师要热爱儿童。只有热爱儿童的教师才有可能教育好儿童，因此，教师要对儿童付出充满感情和理智的爱，既要像父母一样关心爱护儿童，又要严格要求他们，和蔼而不放纵，以自己理智的爱赢得儿童的尊敬，进而获得教育的成功。

2）幼儿教师要注重因材施教。教师只有充分地观察和了解儿童，才能在教育过程中随时调整教育策略，采取最有针对性的方法，从而获得良好的教育效果。

3）幼儿教师应懂得教学艺术，既要善于进行道德教导，也要善于运用表扬和批评。面对幼儿所犯的任何错误，教师都要在尽量保持温和态度的同时予以及时的纠正，避免幼儿养成不良的行为习惯。面对幼儿的成绩或错误，教师要掌握好表扬或批评的适当时机和尺度，既不能因为过多表扬而使幼儿产生骄傲自满的负面情绪，也不能因为过分的批评而挫伤幼儿的积极性。

6. 关于体罚

昆体良强烈反对体罚，尤其是对幼儿的体罚更要严厉禁止。他认为，体罚并不能换取良好的教育效果，反倒会引起诸多不良的后果。首先，体罚对于幼儿稚嫩的身体来说无疑是一种残忍的行为。其次，一旦幼儿对体罚习以为常，教育就更加难以奏效，而且在体罚中成长起来的幼儿，长大后往往会变得更加难以驯服。再次，体罚将会使幼儿心情压抑、沮丧，不利于幼儿心理发展。最后，仅仅依靠体罚并不能培养出真正的雄辩家，反而会造就奴隶性格。

昆体良的《雄辩术原理》代表了古希腊、古罗马时期教育理论发展的主要成就。他在教育史上首次提出了“双语教育”的问题，其在教学法上的成就更是对教育发展史做出了巨大贡献。他对教师的要求、反对体罚的观点等，无一不给后人以有益的启示。昆体良不愧为西方教育史上一位杰出的教育家。

思考与练习

1．试比较斯巴达和雅典学前教育特点的不同之处。
2．结合亚里士多德的胎教思想，谈谈你对现代胎教问题的具体看法。
3．试述昆体良的学前教育思想及其对现代幼儿教育的启示。

第十二章 中世纪和文艺复兴时期的学前教育

1. 理解西欧中世纪两种主要的儿童观及其成因。
2. 了解基督教会学前教育、宫廷教育和骑士早期教育的内容与特点。
3. 掌握文艺复兴时期的儿童教育观及其现实意义。
4. 熟练掌握人文主义教育家伊拉斯谟和蒙田的学前教育思想。

公元 476 年，西罗马帝国灭亡，西欧进入了封建时代。公元 5 世纪末至 14 世纪文艺复兴之前的这段历史被称为中世纪。欧洲的中世纪，基督教成为维护封建社会形态的精神支柱，“原罪说”“禁欲主义”的宗教观对学前教育的实施产生了重要影响。向儿童灌输宗教思想，使孩子虔信上帝，成为服从上帝的“圣童”是中世纪学前教育的全部。14—16 世纪，文艺复兴时期的教育家强烈批判性恶论的儿童观，反对“原罪说”，提出儿童身心和谐发展的教育理想，强调尊重儿童天性，培养儿童的个性，重视兴趣引导。这些进步的观念体现在伊拉斯谟、蒙田等人的思想中。

第一节 中世纪的学前教育

对于欧洲中世纪时期的历史概貌，恩格斯做了十分精辟的剖析，他指出：“中世纪是从粗野的原始状态发展而来的。它把古代文明、古代哲学、政治和法律一扫而光，以便一切从头做起。它从没落了的古代世界承受下来的唯一事物就是基督教和一些残破不全而且失掉文明的城市。其结果正如一切原始发展阶段中的情形一样，僧侣们获得了知识教育的垄断地位，因而教育本身也渗透了神学的性质。”中世纪封建社会政治、经济、社会生活的特点，决定了西欧中世纪的教育带有浓厚的宗教性和明显的等级性，其教育目的在于培养僧侣、封建官吏和骑士。

一、西欧中世纪的儿童观

西罗马帝国之后的欧洲一度成为基督教的天下。基督教会在思想意识上极力提倡

“原罪说”和“禁欲主义”。教会宣布“肉体是灵魂的监狱”，要求禁绝或控制一切成为万恶之源的欲望（包括犯上作乱的念头及饮食男女等人生本能的要求）。在中世纪，禁欲主义成为基督教会所提倡的世界观的主要特征。

为了让人们相信禁欲主义的荒唐说教，使上帝的神话成为人们的信仰，基督教会还宣扬蒙昧主义、愚民政策，鼓吹一切认识都来自“神启”，一切真理都存在于《圣经》中，实行文化专制，禁止文化教育的传播，禁绝独立思考。中世纪的儿童观也深受这些愚昧思想的影响。

（一）性恶论及体罚教育

基督教的重要教义“原罪论”，大肆渲染“性恶论”，鼓吹儿童是带着“原罪”来到人世的，故生来性恶，要想控制儿童邪恶的本性并使其成为高尚的人，就必须惩罚他们的肉体、压制他们的欲望。

以性恶论及禁欲主义为依据，教会要求摧残肉体以使灵魂得救，声称“不可不管教孩童，你要用杖打他，就可以使他的灵魂免下地狱”。基督教会从幼年起就抑制儿童嬉笑欢闹、游戏娱乐的愿望，并采取严厉的措施来制止这类表现。戒尺、棍棒是中世纪学校不可缺少的工具，对儿童的约束与惩戒成为中世纪学前教育的重要特征，教育中体罚盛行，体育完全被取消。教会对崇尚和谐发展的雅典文化教育持敌视态度。

（二）预成论及成人化的儿童教育

与“性恶论”并存的儿童观叫“预成论”。预成论认为，当妇女受孕时，一个极小的、完全成形的人就被植于精子或卵子中，人在创造的一瞬间就形成了。儿童是作为一个已经制造好了的小型成年人降生到世界上来的，儿童与成人的区别仅是身体大小及知识多少的不同而已。因此在社会上，儿童被看成小大人，一旦能行走和说话，就可以加入成人社会，玩同样的游戏，穿同样的服饰，并被要求有与成人同样的行为举止。按照预成论的观点，儿童与成人不应有重要区别，从幼儿开始，儿童的身体和个性已经成人化了。在这一观点的影响下，欧洲 14 世纪以前的绘画总是不变地以成年人的身体比例和面部特征来画儿童肖像。显然，预成论的观点既否认了儿童与成人在身心特点上的差异，也否认了儿童身心发展的节律性、阶段性。

预成论的形成与流行除与古代自然科学（尤其是与人的身心有关的医学、生物学、生理学等科学）的落后或滞后有关，还有两种原因：一是古代儿童死亡率高，人们不愿对儿童的特点给予较多关注；二是与成人的自我中心主义有关。

由于预成论的影响，中世纪的人们忽视儿童的身心特点、爱好及需要，对儿童的要求整齐划一，教育方法简单粗暴。儿童活泼好动的本性被压抑，其影响一直延续到近代。例如，从中世纪一直到 18 世纪，在法国的贵族家庭中保留着这样一种习惯：小男孩即被要求穿骑士服，佩带宝剑，犹如成年男子的装束；小女孩则被要求浓妆艳抹，穿拖地长裙，打扮得像贵妇人。有人称这样的小孩为“小大人”或“6 岁小妇人”。近代法国著名启蒙思想家及教育家卢梭曾与这种理论及社会现象进行了坚决的斗争。

二、西欧中世纪学前教育的实施

（一）基督教会的学前教育

1. 学前教育的目的

中世纪时期的教育，基督教会居于垄断地位，教堂是唯一珍藏知识的地方，教士就是掌握知识之人；一切真理都来自《圣经》，教育的目的就是使受教育者虔信上帝、熟读《圣经》，以求做一个合格的基督徒。这种教育从幼儿开始，从小要把幼儿训练成为笃信上帝、服从教会的“圣童”，从而为培养真正的基督徒奠定坚实的基础。

2. 学前教育的内容和方法

基督教会的学前教育是通过基督教徒对子女进行宗教意识的熏陶及幼儿跟随家长参加圣事礼仪和节日活动来实施的。例如，在孩子稍懂事时，就向他们灌输以下思想：儿童生来就是个犯有“原罪”的人，人生来就要准备经受苦难，学会忍耐服从，逆来顺受；每个人都是上帝的子民；圣父、圣子、圣灵是三位一体的天主；上帝是仁慈的、全能的；人只要虔诚地敬仰上帝，死后灵魂就可升入天堂；要想使灵魂升入天堂，人人必须参加教会规定的宗教仪式和圣事活动。对幼儿来说，出生后的第一件事就是要参加由神父主持的“洗礼”或“浸礼”。此后，他们就跟随家长到教堂或在家里欢度各种宗教节日，如圣诞节、复活节、万圣节等，从中萌生对宗教的好感，确信人的最大幸福就是爱上帝、爱人人，感受所谓圣灵无所不为、无所不能、全知全能的神秘。

此外，幼儿还要更多地参加教会组织的圣事活动，如参加主日的祈祷（基督教徒向上帝呼求、感谢、赞美等）、读经（跟着诵读《圣经》）、唱诗（唱颂赞美上帝的颂词）和听“圣事论”（由教士粗浅地讲述基督教各种“圣事”的名称、由来、意义、规则等）活动等。有时，他们还被要求欣赏教会音乐，以陶冶其宗教情感和增强对上帝的信仰。

（二）世俗封建主的学前教育

西欧中世纪既是基督教神学垄断的年代，又是帝王贵族进行封建统治的年代。基督教会对民众的思想欺骗成为维护帝王贵族封建统治的精神支柱，而封建贵族对民众的政治控制、经济掠夺又成为基督教会的社会保障。他们是一对互为依存、结伴而行的畸形儿。

封建贵族的学前教育一般按等级分为两类。

1. 宫廷学校的教育

这是一类专为王室儿童实施的教育，主要培养王公贵族的后代。参加宫廷学校学习的只是皇室中的王子、王孙、公主和少数机要大臣的子弟。中世纪初期，西欧最具实力的法兰克王国的统治者就意识到了发展文化教育的重要性。早在查理·马特（Charles Martel）在位期间（715—741），宫廷中就设立了以王室和贵族子弟为对象的学校。后来的查理曼（Charlemagne）在位期间（768—814）更是大力发展文化教育，广揽知名学者为教师，使宫廷学校成为欧洲重要的世俗教育形式。其教育方法多采用问答法。下面是著名的宫廷学校的校长阿尔琴（Alcuin，735—804）为查理曼的儿子编写的问答教材，从中我们可以清楚地看出当时的教育方法。

问：太阳是什么？

答：宇宙的光辉，天空的美丽，白昼的光荣，时间的分配人。

问：月亮是什么？

答：夜的眼，露的施者，风暴的先知。

问：星是什么？

答：天顶的图画，水手的导航者，夜的装饰。

问：雨是什么？

答：地球之库，果实之母。

问：雾是什么？

答：白昼的夜，视力的劳作。

问：风是什么？

答：空气的骚动，水的动乱，土的干涸。

问：霜是什么？

答：植物的迫害者，树叶的毁灭者，土的羁绊。

通过以上问答，儿童可以学到不少作为未来统治者所必需的有关自然和社会的知识及某些粗浅的哲理。

2. 骑士早期教育

西欧封建统治者除了利用宗教对广大人民进行精神奴役外，还会依仗武力镇压来维护其政权。骑士是封建贵族中最低一等的贵族。骑士立马横枪地冲杀和战斗，既是保卫封建庄园的需要，也是一种非常时尚的竞技活动。由此，骑士的地位和作用大为提高，培训骑士的教育也应运而生，并成为贵族子弟走上仕途的必经之路。

骑士教育的实施要经历 3 个阶段：出生至 7 岁为第一阶段，7—14 岁为第二阶段，14—21 岁为第三阶段。第一阶段为骑士养成的学前教育时期，幼儿在家庭中接受父母的教育。教育的主要任务是熏陶宗教意识、培养道德品质和养护身体。

宗教意识的熏陶在骑士早期教育中占有重要的地位。因为训练骑士的首要标准就是虔敬上帝，听命于教会，甘为宗教而献身，而树立这些观念必须从幼年抓起。其教育方法是由母亲从孩子懂事起就灌输有关宗教神学的初步概念，并要求儿童随着年龄的增长多参加一些宗教仪式和节日活动，为日后成为一名虔诚的基督教徒打下思想基础。道德品质的培养，则是父母共同教育儿童从小树立“忠君爱国”之心，仿效要人贵妇讲求礼节，谈吐文雅，以便成年后能坚定地效命于国王和上一级封建主。养护身体，是根据骑士的“剽悍勇猛”的标准提出的。为了能够横枪立马、纵横厮杀、英勇顽强、克敌制胜，骑士必须具有健壮的体魄，从小养护身体很关键。幼儿身体的养护通常是由母亲来指导和实施的，主要包括合理的饮食、适宜的锻炼与作息、生活习惯的遵守等。

西欧中世纪的学前教育还不是一个明确划分的学习阶段，虽然它会根据儿童所处的社会地位不同而实施不同的教育内容，但神学性和等级性是其共同特点。就整个学前教育来说，中世纪的学前教育还是比较粗浅、简单的。尽管如此，它也为未来学前教育的发展奠定了重要基础。

第二节　文艺复兴时期的学前教育

在中世纪基督教神学的严密禁锢下，古希腊、古罗马的文化被埋没了近千年。自14世纪开始到16世纪，在沉寂良久的欧洲大地上，掀起了一个搜集、整理、研究古希腊、古罗马文化的热潮。它以疾风暴雨之势，砸开了禁锢古希腊、古罗马文化的枷锁，把欧洲的学术文化思想推向了一个繁荣的时代。这就是欧洲历史上著名的“文艺复兴”。

一、人文主义的特征及教育观念的转变

“文艺复兴”原意指人文学科的“复兴”，基本含义有二：一是指古希腊、古罗马文化的复兴；二是指人类精神的觉醒，即反抗中世纪的精神桎梏，追求人的思想解放与个性的圆满发展。文艺复兴运动实质上是新兴资产阶级在意识形态领域掀起的一场反封建、反教会的伟大思想文化运动。

文艺复兴首先产生于意大利，其指导思想是人文主义，在学术思想上涉及艺术、文学、教育、哲学各个方面。人文主义是一种崇尚现实、崇拜人生，反对来世观念，以世俗的人为中心的世界观。它提倡以“人性”反对“神性”，以“人权”反对“神权”，以“人道”反对“神道”；主张个性解放、个性自由、个人幸福，尊重人的价值，反对禁欲主义，反对压抑；宣扬个人是生活的创造者和享受者。显然，它是和基督教对立的一种世界观。

中世纪的教会和封建主都把儿童看作赎罪的羔羊，压制摧残他们的身心，向儿童灌输宗教意识，麻醉和禁锢儿童的头脑。人文主义的新教育则提出儿童是正在成长和发展的新人，父母要热爱儿童，为儿童创造良好的家庭教育环境，让儿童自然地、愉快地、健康地成长，要通过智育、体育、美育和道德教育来培养儿童的完美精神和高尚情操。在教育方法方面，人文主义强调环境的陶冶作用，主张建立优美的校舍，变基督教阴森的学府为舒适的学习乐园；强调尊重儿童天性，主张顺应儿童身心发展的特征，考虑儿童的个别差异；强调教师的言传身教，师生之间应保持自然协调的关系；主张教学运用直观教具，向大自然学习；反对压抑个性，主张减少甚至取消体罚；注重兴趣引导，提倡体育和游戏。以上这些思想，相对中世纪的教育无疑是一个重大进步，对后世教育的发展产生了深远的影响。

二、伊拉斯谟的儿童教育观

伊拉斯谟（Erasmus，1466—1536）出生于尼德兰（今荷兰），是文艺复兴时期著名的人文主义学者及教育家。他从小受到较好的教育，在巴黎大学受到人文主义的影响，后游历欧洲，一生致力于人文主义的宣传。主要作品有《愚人颂》《一个基督教王子的教育》，其中不少地方涉及学前教育。重要学前教育著作有《幼儿教育论》。

（一）教育的目的和任务

伊拉斯谟认为人并非生而为人，要成为人，必须通过教养、理性、道德的规范和约束。在他看来，教育目的融合在道德目的中，即培养“善良”的人。教育的任务则是在年轻人的头脑里播下虔诚的种子，使其认真学习自由学科，掌握基本礼仪，为生活做好准备。

（二）教育的作用及环境的重要性

伊拉斯谟深信教育对改造社会和改造人性发挥着重要作用。他指出：教育无论是对于国家、君王还是平民百姓，都是极其重要的。一个国家要想治理得好，有赖于君王贤明，而一个贤明君王的培养，则有赖于教育。此外，他还呼吁国家担负起教育年轻一代的重任。他说：“一个国家的主要希望，在于它对青年的适当的教育。”他曾引用柏拉图的话来说明教育的巨大影响：“一个受过正当训练的人，发展成为一种神圣的动物，而另一方面，一个受到错误训练的人，堕落成为一种畸形的野兽。”他提出影响儿童成长的 3 个因素：自然（儿童的天赋）、教导和练习，并指出后两者是起主导作用的。伊拉斯谟认为人的先天禀赋虽有不同，但任何人都是可教育的，教育对于人的作用不可低估。

伊拉斯谟非常重视环境对儿童成长的影响。一方面是重视家庭环境。他指出，家庭环境优越的儿童更要加强教育，因为如果农人不注意，土壤的质地越好，土地则越容易荒芜，以致长满无用的野草和灌木，育人的道理与此相似。另一方面，是重视孩子交朋友。他认为只能让幼儿和品德优良、谦虚谨慎的孩子交朋友，应使孩子远远避开成群的顽童、死硬的酒鬼、下流的人，特别是溜须拍马的人，不要让孩子闻其声、观其影，以免受到不良影响。

（三）论学前教育

1. 重视早期教育

伊拉斯谟提出对儿童应及早进行教育，可从襁褓时期开始。他认为幼儿尚处在有待成熟的过程中，稳定的习惯很少。儿童喜欢模仿，人们应给以良好的范例，以便使有益的思想充满孩子尚未成形的心灵。他说：“道德的种子必须播种在他精神的处女地，随着年龄和经验日益增长，它们会逐渐生长和成熟，在整个生命的过程中植根。从来没有什么东西像在早年学习的东西那样根深蒂固。”

2. 教育要遵循儿童身心发展的特点

伊拉斯谟反对中世纪教会对儿童的压制态度和严酷的体罚，倡导自由教育，主张按照儿童的身心特征，照顾儿童的个性，采取扬长避短的方法。他指出，“儿童”这个词在拉丁语中意味着“自由者”（liberi），因此，自由的教育是符合儿童天性的，如果用恐怖的教育手段来使之弃恶，将原本是自由的儿童奴隶化，是极其荒谬的。此外，他还要求教师不要把儿童视为小大人，施教时必须考虑儿童的身心特征，并照顾儿童的个体差异。他要求教师在教育过程中要先仔细观察、掌握孩子的性情，然后有的放矢地采取措施。教师如果发现孩子的弱点，要擅长救失，设法将其引上正路；如果发现了孩子的长处，应扬长避短，使孩子更加出色。

3．学前教育的内容和方法

1）热爱儿童。儿童会通过对教师的爱达到对学习的爱，故教师能否深受儿童爱戴是至关重要的。伊拉斯谟强烈地抨击了当时学校中虐待儿童的做法。

2）采取中庸之道。伊拉斯谟认为教师必须采取中庸之道，将严格与慈爱相结合、表扬和批评相结合。教师责备学生，“而不使其感到奚落”；赞扬学生，“而不流于谄媚”，“老师的申斥应该私下进行”，“应该态度和蔼，稍微减少训诫的严肃性”。

3）通过有趣的故事。伊拉斯谟指出，教师可以通过有趣的故事、令人忍俊不禁的寓言和巧妙的比喻来引出教导。当孩子听毕，停止了欢笑时，教师要及时指出其中富有教育性的寓意。例如，讲了《伊索寓言》中《狮子和老鼠》的故事后，教师就要教导孩子不要轻视别人，应当以自己的诚实和善良去赢得别人的尊重。

4）采用直观教具。伊拉斯谟还探索了教育方法的改进，提出了“事物先于文字”的口号，主张在教学中采用直观教具。与此同时，他也批评有的人为了吸引儿童的兴趣，不分良莠，将一些荒谬的谜语、精灵和恶魔的故事对儿童和盘托出。他认为这些毫无教育价值的材料不仅浪费了儿童宝贵的时光，而且对其成长十分有害。

可见，伊拉斯谟的许多教育观点承袭了昆体良等前人的思想，同时也给了后来夸美纽斯等人以重要影响。

三、蒙田的儿童教育观

蒙田（Montaigne，1533—1592）是法国文艺复兴时期的人文主义者、思想家、散文家及教育家。他出身于新贵族家庭，受过良好的教育，曾从事过多年的法律工作。他的主要著作《随笔集》，为享誉世界的文学名著，其中有一些篇章专门论述或涉及了儿童教育问题。

（一）教育目标——培养体、智全面发展的绅士

蒙田所憧憬的教育目标是体、智全面发展的新的绅士。他理想中的人是身心两方面和谐发展的。蒙田本人患有气喘病，体质柔弱易感，所以他认为这对他的“心智活动是一个沉重的负担”。因此他以自身为例，主张教育要兼顾心智和身体，“只使他们的心智健全是不够的，还必须增强他们的体力，如果心智得不到体力的支持，就要受到过分的压力”。蒙田服膺柏拉图的理论，他认为，心智与身体绝不能一个得到训练，而另一个没有训练，两者同样需要指导，好像两匹马配合起来合力拉车一般；教育所训练的，不是心智，也不是身体，而是一个人，绝不能把两者分开。

（二）教育必须顺应儿童的天性

为了培养身心和谐发展的人，蒙田重视早期教育，认为儿童期接受教育是人一生最重要的事情。他批评中世纪的神学强调超自然，离开了现实，离开了自然，离开了人类

生存的生活基础；也批评经院主义教育不注意研究儿童的天性，执教时往往和儿童的天性背道而驰，只注重儿童的记忆，不给儿童发展智力的机会，不给儿童独立行动的自由，以至于把儿童变成胆怯的人。他提出，教育工作者应当遵循自然，顺应儿童的天性，把儿童培养成具有自然精神的绅士，应该了解儿童的天性，否则是不可能教育好儿童的。这与亚里士多德的自然教育观点是一致的，也与文艺复兴时期出现的遵循自然的思想是一致的。

（三）论教育内容和教育方法

蒙田同其他人文主义者一样，主张学习广博的知识。他在作品中写道："我愿意把这个世界作为我的学生精选的教科书。"他非常重视人文学科的学习，在语言、诗歌、历史、哲学等领域都有独到的见解。关于语言，蒙田提出的是"一种自然、平易和不矫揉造作的语言，无论是口头讲的，还是写在纸上的，是一种有表现力、简洁、紧凑的实质的语言"。关于历史，蒙田认为学习历史的重点在于学习美德，而不是记年代。一个好教师"灌输到学生脑子里去的东西，主要的不是迦太基灭亡的日期，而是汉尼拔和西比奥留下的教训"。关于哲学，蒙田认为"应该成为人类行为的试金石，成为使行为正直的规则"。关于身体方面的教育，他认为"一切运动和锻炼，如长跑、击剑、音乐、舞蹈、打猎、骑马，都应该是学习的一部分"。关于学习方法，蒙田反对死记硬背，主张深入理解所学的知识，并且要行动。他告诫道："不要孩子多背诵功课，而是要他行动。他应该在行动中复习功课。"此外，蒙田还提倡独立思考和练习。

（四）论德育

蒙田既尊崇博学多能，又重视德育。他在《论儿童教育》中到处都流露出对德行的景仰。他认为应教育儿童树立"道德的崇高和价值就在于实践时容易、快乐和有用"，指出"获得它的方法是自然，而不是勉强"，强调道德应自幼培养。他指出儿童犹如黏土，趁它还湿润而易塑，"让旋转的轮赶快把它抟造"。在所有德行中，蒙田特别提到谦虚、不固执己见、勇于承认自己的错误及正直等品德。蒙田在德育方法上也提出了有新意的看法。他反对娇生惯养，主张严格要求，不同意"把一个孩子挨紧抚抱、娇养溺爱，使其在父母的膝上长大"。他分析了溺爱子女的恶果，指出对孩子的过错不能姑息迁就，强调父母和教师要为孩子做出榜样，使孩子自然地接受影响，如通过旅游观察别人的仪态、举止，会使儿童学会嫉恶和向善。

（五）对教师的要求

蒙田十分重视教师的作用。他认为儿童的教育和成长，完全在于导师。蒙田说："我还是喜欢有智慧、有判断力、习惯文雅和举止谦逊的人，而不喜欢空空洞洞、只有书本知识的人。"他主张教师应让学生说话，让他们轮流表达自己的观点。他说："教育的权威往往阻碍着好学的人。"对于学生来说，由于教师剥夺了他们独立思考的自由，他们会变得更加奴性、更加怯懦。他还主张教师不应只传授知识，更要注意让儿童理解所学的知识，提高儿童各方面的能力。

蒙田揭露了当时儿童教育中的种种弊端。尽管他没有写下系统的教育专著，但在其散文的字里行间充满了睿智的教育观念，闪耀着新的教育思想的火花。蒙田不仅为文艺复兴时期留下了值得讴歌的业绩，而且对洛克、卢梭、裴斯泰洛奇教育理论的发展做出了铺石垫路的贡献。

思考与练习

1．简述西欧中世纪教会的学前教育。
2．文艺复兴时期的儿童教育观发生了哪些变化？
3．简述人文主义教育家伊拉斯谟和蒙田的学前教育思想。

第十三章 近代主要资本主义国家的学前教育

学习目标

1. 掌握欧文幼儿学校产生的原因及其教育内容和方法。
2. 了解福禄贝尔幼儿园对法国近代学前教育的影响。
3. 理解俄国近代学前教育机构的发展历程。
4. 了解明治维新后日本学前教育的发展状况及其措施。
5. 了解美国的学前教育。

英国通过1640—1688年的资产阶级革命确立了资本主义制度。此后，法、德、俄、美和日本等国也建立了资本主义制度。这些国家又分别建立了适合资产阶级需要的教育制度，学前教育的发展进入了一个新的历史时期。

伴随着大工业生产的发展，近代学前教育机构开始产生。英国的罗伯特·欧文（Robert Owen，1771—1858）在1816年创办的幼儿学校是最早的近代学前教育机构，为当时欧洲一些国家的学前教育树立了榜样。到19世纪中期，德国教育家弗里德里希·威廉·奥古斯特·福禄贝尔（Friedrich Wilhelm August Fröbel，1782—1852）创办的幼儿园及其学前教育思想很快被传播到世界各地，对许多国家学前教育的发展产生了深远的影响。

第一节 英国的学前教育

英国是最早产生近代学前教育机构的国家，其近代学前教育机构的建立和发展走过了一个从幼稚到成熟的逐步形成和推广提高的过程。英国19世纪前期的幼儿学校运动中，最著名的有欧文的幼儿学校和塞缪尔·怀尔德斯平（Samuel Wilderspin，1792—1866）的幼儿学校，他们推动了幼儿学校在英国的普及，并在世界范围内为一些国家所效仿。英国19世纪后期的学前教育在福禄贝尔幼儿园的影响下出现了一些新的特点。

一、18世纪下半期至19世纪上半期英国学前教育的发展

18世纪60年代，英国率先开始了以蒸汽机的诞生为标志的第一次工业革命。大机

器工业逐渐代替了手工业，生产力得到了巨大的发展。企业主为了谋取更大的利润，大量雇佣低工资的女工和童工，由此带来了一系列严重的幼儿及幼儿教育问题。首先是幼儿的照护问题。劳动妇女早出晚归，无暇照顾孩子，加上生活贫困，劳动阶级的幼小子女缺少必需的营养及合适的生活环境，致使婴幼儿大量死亡。其次，工业技术的变革迫切要求劳动者掌握一定的文化技术知识。迫于生计的童工急需接受教育培训，故将初等教育的内容（如读、写、算的知识）提早到幼儿阶段是这一时期学前教育的一个特点。最后，因父母长时间工作而无人管教的幼小子女，极易受坏人引诱，导致道德堕落，成为当时严重的社会问题。出于对这些社会问题的关心和对穷苦幼儿的同情，19 世纪初，慈善家、热心之士及教会人士开始建立幼儿学校，来保护和教育贫苦幼儿。19 世纪 40 年代后，政府也参与进来，对幼儿学校加强了补助与管理。

（一）欧文的幼儿学校

欧文是 19 世纪英国空想社会主义思想家和教育家，他于 1816 年创办的新兰纳克幼儿学校，是英国也是世界上最早的学前教育机构。

1. 创办幼儿学校

1800 年，欧文接管了苏格兰的新兰纳克纺织厂，但工厂环境非常恶劣，不利于幼小孩子性格的形成。他分析了 3 个方面的原因：一是工人居住条件恶劣，狭窄的空间和简陋的设备都不利于孩子的成长；二是父母们忙于赚钱养家，很少有时间、精力考虑子女的教养和教育；三是父母缺少知识，不懂得如何养护和教育孩子。他明确指出，幼儿学校的教育目的就是为儿童形成合理的性格奠定基础。总的来说，欧文是为了使工人阶级的幼儿摆脱不良的生活环境，培养他们合理的性格而开办幼儿学校的。

欧文在改造新兰纳克纺织厂的过程中，为 2—5 岁儿童设立幼儿游戏场，接收刚会走路的幼儿，聘请热爱孩子的青年女子担任幼儿保姆，帮助幼儿发展体格和好的品德；为 5—10 岁的儿童提供免费入小学学习的条件；为 10 岁以上的童工、青工设立业余学习班；为成人举办实用知识讲座；等等。1816 年，欧文将以上各种教育形式加以合并，使之成为一个统一的教育机构，正式命名为“新兰纳克性格陶冶馆”（也称“性格形成学院”），而幼儿学校就是其中的一个部门。幼儿学校招收 1—6 岁的儿童，包括两部分：1—3 岁儿童和 3—6 岁儿童。但实际上幼儿学校是以 3—6 岁的孩子的保育和教育为中心的，1816 年共招收 3—6 岁的儿童 200 多名。

2. 幼儿学校的教育内容和教育方法

欧文幼儿学校非常重视幼儿的智育和道德教育。在智育方面，他提倡发展幼儿的“推理能力”，让幼儿学习实际有用的知识。他要求教师顺从幼儿的兴趣爱好，让他们多去认识周围的事物。为此，幼儿学校的教师经常带孩子们到户外去活动，使孩子们对果园、田地、森林里的一切都产生浓厚的兴趣和亲切感。欧文要求幼儿教师要善于发现孩子们感兴趣的事物，并及时地将这些事物教给他们。他希望孩子们能把教学当作一种娱乐或游戏，喜欢学习知识。欧文还提倡实物教学。在他的幼儿学校里，教室的墙上贴了各种动物图画，还有地图，教室里经常放一些从花园里、田野里和树林里采集来的实物标本，供直观教学使用。欧文提倡开放的教学形式，他的幼儿学校里没有固定的室内活动时间。他说，应该让孩子们在户外的新鲜空气中玩耍，在游戏场里玩够了，再把他们带到教室里。游戏场是欧文幼儿学校的重要设施，也是幼儿户外活动的主要场所。幼儿学校还有供幼儿娱乐的房间和教室，其中一间是专供跳舞和唱歌用的教室。

在道德教育方面，欧文提出道德教育的任务是培养幼儿遵守纪律的习惯，使他们与小伙伴友好相处。为此，他要求教师让幼儿明白个人的幸福和团体的幸福、他人的幸福是不可分割的。

幼儿学校除了进行智育和道德教育，还开展舞蹈、音乐和军事训练活动。欧文认为，舞蹈、音乐和军事训练能使孩子们精神愉悦，身体健康，培养他们对美的感受，并形成服从和守秩序的习惯。

在教育方法方面，欧文要求幼儿教师要以人道主义的态度对待孩子。他特别反对责骂或惩罚幼儿，要求教师始终如一地以和蔼的语调、表情、言语和行为对待所有的儿童。

欧文从性格形成的观点出发，非常重视幼儿教育。他尝试把工人阶级的幼儿放到最好的教育环境里，通过集体合作游戏、实物教学、教师的人道主义态度等教育形式和手段，来促进幼儿合理性格的形成。欧文的幼儿学校在世界学前教育史上占有重要的地位，开启了近代学前教育的先河。但是，欧文将发展教育的希望寄托在统治者身上，并试图仅仅通过教育来改造社会，因此，他的思想和实践有一定的局限性。

（二）怀尔德斯平的幼儿学校

怀尔德斯平是英国 19 世纪幼儿学校的积极创办者，一生致力于发展学前教育事业。1820 年，怀尔德斯平在伦敦斯平脱地区开设了一所幼儿学校，该校在办学过程中形成了一套具有自身特色的教育内容和方法，对促进幼儿学校的发展做出了重要贡献。

1. 怀尔德斯平幼儿学校创办的目的

怀尔德斯平创办的幼儿学校以贫民、工人阶级的幼儿为对象。他看到当时由于劳动阶级的生活贫困，他们的幼儿畸形成长，身体受到严重的损害。因此，怀尔德斯平开办幼儿学校的目的就是保障幼儿的安全和健康。他说：“培养好的体质必须是我们在儿童管理上的第一目的。”

2. 怀尔德斯平幼儿学校的教育内容和教育方法

怀尔德斯平非常重视幼儿学校的智育。他为幼儿规定的智育内容主要有英语、算术、自然、社会、音乐、宗教等。这些内容实际上是把初等教育的课程下放到幼儿教育阶段。在这一问题上，怀尔德斯平迎合了形势发展的需要。一方面，幼儿家长要求按照原来初等学校的方法教授读、写、算；另一方面，在当时的英国，贫民子女的教育期实际上被限制在 8 岁以内，8 岁后他们就被迫参加各种形式的劳动以便谋生。

在智育方法上，怀尔德斯平主张培养儿童独立思考和独立获得知识的能力，提出了“开发教育方法”。这种方法包括 5 个方面：一是激发好奇心；二是通过感觉教学；三是从已知到未知；四是让孩子们独立思考；五是把教学和娱乐结合起来。为实施以上教育方法，怀尔德斯平设计了“游戏场”“阶梯教室”“旋转秋千”“教学柱”“置换架”等教具，研究编写了教材“发展课本”。他所设计的智育内容、智育方法和教具影响非常广泛，被很多国家的学前教育机构效仿。

在德育方面，怀尔德斯平幼儿学校的主要任务在于预防贫穷幼儿的道德堕落，消除虚伪、下流、贪欲、残酷、粗暴等不道德行为；培养爱怜之心，以及服从父母、守秩序、正直、勤勉、节制和尊重私有财产等德性。在方法上强调“爱”和“赏”。

怀尔德斯平对幼儿教师也提出了要求，认为教师应有“受人欢迎的风采”“生气勃勃的气质”“很大的忍耐性，温顺、坚韧、冷静、精力旺盛，具有关于人性的知识，尤其是虔诚——朴素的、诚实的，而且实际的虔诚”。另外，他强调幼儿学校的教师必须研究幼儿的心理状态及其掌握知识的情况，以便更好地指导教学。

怀尔德斯平一生积极致力于贫民幼儿教育，为幼儿学校在英国的普及做出了很大贡献，是公认的幼儿学校运动领袖。他强调关心幼儿健康，提出开发教育的方法，为幼儿学校设计游戏场和各种教学用具，并极力主张教师要研究幼儿，这些都是应当肯定的。但他过于注重智育内容，在教学中重视记忆而忽略了幼儿的理解能力，这是违背幼儿身心发展规律的。

（三）英国政府的幼儿教育补助政策

英国自1833年开始实行从国库拨款的教育补助政策。直到1840年8月，枢密院教育委员会视学官首次发出关于幼儿学校检查项目的训令，幼儿学校才开始受益于这项政策。视学官会对学校设备、娱乐和身体练习、劳动、艺术模仿、音标、自然常识、阶梯教室的教学和纪律等方面进行检查，他提出的这些项目可以看作对当时大多数幼儿学校特点的总结，同时也表明了英国政府对于幼儿学校的态度。其中重视读和写、重视阶梯教室的教学，以及将娱乐限定在休息时间内等意见，反映了怀尔德斯平传统方法的影响。政府通过派遣视学官对幼儿学校进行检查（以确定补助额）及控制师范学校（即教员）等方式，加强了对幼儿学校的控制。当时想要接受国库补助的幼儿学校，必须接受政府的监督和管理，由此英国开启了政府干预学前教育管理的道路。19世纪50年代末，幼儿学校的入学率达到贫民子女的12%左右。

二、19世纪下半期英国的学前教育

19世纪下半期英国学前教育的发展主要受福禄贝尔幼儿园的影响。1851年，德国的伦克夫妇将福禄贝尔幼儿园引入英国，并获得了初步发展。19世纪60年代后，其发展受政府政策的影响停滞，70年代后才走上正轨。

（一）福禄贝尔幼儿园的引进

德国法兰克福联邦议会的议员约哈勒斯·伦克（Johannes Ronge）因遭反动势力的迫害，流亡英国伦敦。1851年，伦克及其夫人在英国设立福禄贝尔式德语幼儿园，1854年又设立英语幼儿园，招收英国儿童，并开始改用英语教学，以引起英国人的注意。同

年，伦敦举办了一次教育博览会，福禄贝尔的学生别劳夫人发表演讲并展出了福禄贝尔的恩物，引起了强烈反响。会后，伦克夫妇的幼儿园和福禄贝尔的恩物受到了英国教育行政部门的重视。1855 年，伦克夫妇编著《英语幼儿园入园手册》，解答人们迫切需要了解的幼儿园问题。此书出版后，备受欢迎，英国人开始认识福禄贝尔幼儿园。1855 年 4 月，伦克夫妇开办了福禄贝尔主义初等学校。该校打破传统的小学课程，重视发展儿童个性，倡导创造性教育。

正当福禄贝尔幼儿园在英国稳步发展时，却遇到了意想不到的打击。1861 年，英国政府公布修订的教育法规，宣布实行以读、写、算的学力测验成绩决定国库补助额的政策。在这一政策导向下，各类学校均加强了知识教学，以争取政府资助。不注重读、写、算教学的福禄贝尔幼儿园则遭到冷落，发展一度处于停滞状态。

（二）19 世纪 70 年代后福禄贝尔幼儿园运动的发展

1870 年，英国颁布《初等教育法》，规定儿童从 5 岁开始进行初等义务教育。此后，学力测验的影响开始淡化，幼儿园重新获得发展的动力。1874 年，伦敦福禄贝尔协会宣告成立。翌年，协会开设了幼儿园教师培训所和幼儿园。1876 年，英国实行幼儿园教师资格考试，除了读、写、算、文学、地理等基础课程外，还加考教育学、教育史、博物学、生理学、卫生学、体育、音乐、福禄贝尔著作、幼儿园作业等专业课。1881 年的英国教育法规中还规定了在幼儿教育中，除读、写、算等传统的学力考试科目外，增加实物、自然以及和日常生活有关的课业；采用幼儿园的恩物和作业，注意手和眼的正确训练。上述事例说明，19 世纪 70 年代后，福禄贝尔的学前教育理论和方法已全面渗透到英国幼儿教育之中。

福禄贝尔幼儿园运动对英国学前教育的发展产生了两方面的影响：①引进福禄贝尔幼儿园后，学前教育机构开始存在着两种并立的制度，一种是原来以收容工人阶级和贫困阶层子女为对象的幼儿学校，另一种是以中上层阶级子女为对象的幼儿园。②幼儿学校的发展受到福禄贝尔运动的影响，开始减少读、写、算训练的时间，增加游戏的时间，突出了学前教育的特点。

第二节　法国的学前教育

1789 年法国爆发资产阶级革命，推翻了封建制度，并于 1792 年建立共和国，资本主义制度在法国确立起来。18 世纪 70 年代至 19 世纪 30 年代中期，为法国学前教育发展的第一个阶段，约翰·弗雷迪·奥柏尔林（Johann Freddie Oberlin，1740—1826）的“编织学校”揭开了法国近代学前教育的序幕。此后出现的众多慈善性质的托儿所，其办学宗旨、教育内容和方法都借鉴了英国幼儿学校的经验。从 19 世纪 30 年代开始，到 19 世纪末，是法国学前教育发展的第二个阶段，法国政府逐步将学前教育纳入中央集权的教育行政管理体制，同时加强了对托儿所的财政资助，有力地推动了法国学前教育近代化。19 世纪中后期，法国学前教育的发展主要受到了福禄贝尔幼儿园教育理论的影响。

一、18 世纪下半期至 19 世纪上半期法国学前教育的发展

（一）奥柏尔林的“编织学校”

“编织学校”由法国新教派的牧师奥柏尔林于 1776 年创办。这是法国教育史上记载的最早的学前教育机构。该校招收的对象是 3—6 岁的儿童。学校有两名指导教师，一名任手工技术指导，另一名任文化和游戏方面的指导。此外，学校还挑选了一些年龄较大的女孩做“助教”。

学校的教学内容包括标准法语、宗教赞美歌、格言、观察和采集植物、绘画、地理、做游戏、听童话故事、传授缝纫及编织方法等。在教学方法上，学校重视直观教学和实物教学。学校每周只开放两次，主要是教育而非保育。“编织学校”的教学目标：①为儿童创造有序和有规律的生活，帮助儿童形成常规；②通过标准语法和宗教赞美诗的学习方式发展儿童的语言能力和对宗教教义的理解能力；③通过手工操作帮助幼儿掌握劳动技术。

奥柏尔林创办的“编织学校”不仅对法国，而且对英、德等国的学前教育都产生了一定影响。据说，欧文 19 世纪初在英国创办幼儿学校时，曾从“编织学校”获得过启示。

（二）托儿所运动

19 世纪上半期，法国的主要幼教机构为托儿所及托婴所。这一时期为学前教育的发展做出贡献的是帕斯特莱、柯夏及马尔波。

1801 年，法国著名妇女社会活动家及慈善家帕斯特莱（Pastoret）侯爵夫人在巴黎创办慈善性质的育儿院，收容 12 名贫民和工人的婴儿。此机构产生了一定的影响，但教育意味不浓。1826 年，帕斯特莱领导妇女会创办了法国最早的托儿所，收容儿童 80 名，翻开了法国学前教育史新的一页。

柯夏（Cochin）是巴黎第 12 区的区长。他热心学前教育，积极协助帕斯特莱夫人开展托儿所运动，还曾赴英国考察幼儿学校，并深受启发。1828 年，他模仿英国的幼儿学校在巴黎开办了学前教育机构“模范托儿所”。

柯夏对法国托儿所的创立还提供了理论指导。他在《托儿所纲要》里说明了设立托儿所的必要性和重要性，指出托儿所是最有效的公共贫民救济设施和儿童教育设施，于国于民都有重要的意义。他讨论了托儿所的教育内容，主张“百科全书式”的知识教育，包括宗教、读、写、算、几何、地理、历史、博物、图画等；在方法上使用直观教学，提倡人道主义态度，反对体罚。显然，柯夏受到怀尔德斯平思想的影响，具有偏重智育、注重知识教育的倾向。

马尔波（Marbeau）亦为巴黎政府官员，非常关心学前儿童的保教问题。他于 1844 年 11 月创办婴儿托儿所，以年龄较小的乳婴儿为招收对象，并撰写了《关于婴儿托儿所》的

小册子，其主张受到社会欢迎，对欧美各国产生了影响。

（三）法国政府的托儿所政策

法国自拿破仑时代开始，就形成了一套中央集权的教育领导体制。在制定旨在保护和教育幼儿的设施法令方面，法国也早于其他各国。

1833 年，教育部长基佐颁布了关于初等教育的法令，政府将注意力转向托儿所，认为它是初等教育的基础，并将其纳入国民教育体系。1835 年 2 月，法国政府颁布《关于在各县设立初等教育的特别视学官的规定》，指出视学官对托儿所具有视察和监督的权力。这是法国政府正式管理托儿所的开端，也是日后法国学前教育领先于世的原因之一。

1836 年 4 月，教育大臣布雷发出传阅文件，明确了托儿所是公共教育部领导下的学校，应同其他初等学校一样，接受市、镇、村教育委员会和郡教育委员会的领导。这标志着法国的托儿所由面向贫民的慈善救济事业转为面向全体国民的国民教育事业。

1837 年，法国政府发布了最早的有关托儿所管理和监督体系的规定。主要内容有：①托儿所是为 6 岁以下儿童开设的慈善设施，教学内容包括宗教、读、写、算、唱歌、画线等。②托儿所所长称“监督”，担任这一职务的人须具有“能力证书”“道德证书”“住地证书”。③市、镇、村、郡乃至中央的各级教育委员会，对于托儿所具有一般的管理、监督和惩戒的权力。④建立托儿所女视学官制度，自下而上设有一般女视学官、特别女视学官和首席女视学官。这项规定将法国托儿所纳入了中央集权教育行政管理体制。

除了加强对托儿所的行政领导，法国还加大了对托儿所的财政资助。1835 年，公共教育部对托儿所的补助金额达 25 900 法郎。1840 年，创设了由国库支付的托儿所基金。同年，自治体向托儿所交付的补助金达 245 631 法郎，得到补助的托儿所达 550 所。到 1840 年，除 4 个县外，法国所有的县都设有托儿所。有效的行政管理和大量的财政资助，推动了法国托儿所的迅速发展。

二、19 世纪下半期法国的学前教育

福禄贝尔幼儿园运动于 19 世纪中叶传入法国，法国的幼教机构开始向双轨制方向发展。19 世纪下半期，法国继续颁布一系列法令来指导幼儿教育的发展，确立了近代幼教制度。

（一）福禄贝尔幼儿园的引入

最早将福禄贝尔幼儿园引入法国的是别劳夫人，她是福禄贝尔的学生。为推广福禄贝尔的教育理论和实践经验，她于 1855 年来到法国。在法国生活的 3 年间，她一方面系统地介绍了福禄贝尔的思想，使法国人了解福禄贝尔幼儿园的方法；另一方面，她向法国政府申请将福禄贝尔教育方法引入法国托儿所。获得批准后，她以“国际幼儿所保姆培训学校附属托儿所”为试点，通过法国中央集权的教育领导体制，自上而下地把福

禄贝尔的教育方法引入法国。

福禄贝尔幼儿园的引入对法国学前教育产生了两方面的影响：一方面使法国的学前教育机构明显地形成了双轨制，即劳动阶级的儿童被送往数量较多的、简陋的托儿所，上层社会的儿童则被送往为数极少的、条件优越的幼儿园；另一方面是将福禄贝尔幼儿园的教育内容、方法引入托儿所中，开始注重儿童的游戏和户外运动，对改革法国托儿所的保育内容和方法起到了积极作用。

（二）近代学前教育制度的确立

1855年3月，法兰西第二帝国皇帝拿破仑三世颁布了有关托儿所组织的敕令。指出：托儿所不论是公立或私立，都应当成为2—7岁的两性儿童在道德和身体的成长中得到必要照顾的教育设施。教育的内容包括宗教教育、德育、读、写、算、常识、手工、体育。与此同时，政府还制定了具体的托儿所内部规章制度。

1881年，法国通过《费里教育法》，确立了国民教育的“免费”“义务”“世俗化”三条原则。这些原则既为普及学前教育创造了条件，也促进了学前教育的世俗化。同年8月，政府又颁布教育法令，将托儿所等幼教机构统一改称“母育学校”，并将其并入公共教育系统，以实施“母性养护及早期教育”为宗旨。母育学校招收2—6岁儿童，根据年龄男女混合编成2—4岁和5—6岁两个班。保教内容有德育、日常生活知识、语言训练、绘画、书法、唱歌、体操、博物，以及初步读、算等，宗教教育被取消。1881年的教育法令基本上确立了法国的近代幼儿教育制度。“母育学校”作为法国幼儿教育机构的统一名称一直沿用至今。

1887年，法国政府规定：凡拥有2000名居民以上的乡、镇，都必须建一所母育学校，并列举了母育学校应具备的设施和条件。母育学校虽保留了偏重知识教育的特点，但实际上倡导采用福禄贝尔幼儿园的教具和教育方法。

第三节　德国的学前教育

统一的德意志帝国的建立是在1871年，在这之前，德国是一个拥有众多诸侯邦国的封建制国家。德国近代学前教育的发展比英国和法国晚，19世纪初出现了一些慈善性质的保育机构，19世纪20年代以后开始接受英国学前教育的影响，学习英国幼儿学校的办学经验，发展学前教育。1840年福禄贝尔幼儿园的产生，极大地推动了德国学前教育的发展，使德国的学前教育走在了世界前列，成为其他国家学习的榜样。

一、19世纪上半期的学前教育

（一）巴乌利勒保育所

19世纪初期，德国已经有了一些幼儿教育设施，其中最早出现的是由侯爵夫人巴乌利勒（Pauline）设立的巴乌利勒保育所。巴乌利勒夫人出于对贫穷母亲们的理解和对穷苦孩子健康的关心，在法国帕斯特莱夫人创办育儿院的启示下，于 1802 年在多特蒙德设立保育所。

巴乌利勒保育所招收的对象是 1—4.5 岁的农村孩子，是季节性的托儿所，从初夏开始，到晚秋结束。每天的保育时间从上午 6 点到下午 8 点。保育所的工作由专门的保育员和保姆承担。巴乌利勒保育所把婴幼儿的健康摆在工作的首位，教育只是处于附带和从属地位。保育所有良好的卫生条件和营养丰富的饮食，鼓励户外游戏。教育内容有语言训练、唱歌、社会道德训练和生活规律的教养。保育方式是经常对孩子进行监督，但不给他们任何束缚，孩子们每天都在游戏中度过。

巴乌利勒保育所之后，1819 年，德国的幼儿教育家瓦德切克创立了柏林最早的托儿所，招收 9 个月至 2 岁的婴儿，实行 24 小时保育。同巴乌利勒季节性托儿所不同，它面向的是城市劳动阶级的子弟，是常设托儿所。

以上提到的这些幼儿教育设施，都是为了帮助父母安心工作而设的，以保护婴幼儿的健康为主，教育为次，这与英、法托儿所不同。设施所需费用主要靠慈善捐助，担任保育工作的大多是一些老妇人和从孤儿院和职业介绍学校招来的女孩子。

（二）弗利托娜的幼儿学校运动

弗利托娜（Fliedner）是阿尔萨斯州威尔特城新教派牧师，曾经两次前往英国访问，参观了英国的多所幼儿学校。1835 年，她在自己的教区设立了奥柏尔林式的“编织学校”，一年之后改名为“幼儿学校”，招收贫穷工人的幼儿 40 人，教学内容包括宗教、道德、读、写、算、图画、军事活动、直观练习、手工劳动等。在教学方式上，她要求以“愉快的、有益于孩子身心发展的方式”来教导孩子，即采取“游戏式的教学”，为此还在学校设有游戏场。她要求教师不去干涉孩子们的游戏活动，还规定上课时间不得超过 15 分钟，如果发现孩子疲倦了，注意力不集中了，教师应随时停下来，不必刻板地遵守规定的时间。弗利托娜的幼儿学校除了重视幼儿游戏活动，还重视幼儿的知识教育、宗教教育和道德教育。总之，其幼儿学校力图使幼儿养成有礼貌、节制、服从命令、勤劳和讲卫生等习惯。

为了培养更多的幼儿师资，弗利托娜的幼儿学校附设了幼教师资培训机构，通过 3—4 个月的培训，教师能承担音乐、算术、博物、德语和地理等课程的教学。这种培训不仅提高了幼儿教育的质量，而且扩大了幼儿学校运动的影响。在弗利托娜的影响下，1842 年以莱茵省为中心的地区共设立了 38 所幼儿学校。到 1851 年，培训女教师累计达 400 多人。

（三）福禄贝尔幼儿园的产生

1837 年，福禄贝尔在勃兰根堡开办了一所教育机构，专门招收 3—7 岁儿童，1840 年，他把这所学校命名为“幼儿园”，这标志着真正意义上的学前教育机构的产生。从此，他全身心地投入到学前教育工作中。福禄贝尔特别重视游戏，创制出一套称作“恩物”的教学用品，他注重幼儿的语言发展，为儿童安排了多种作业活动，形成了一整套学前教育理论体系，对后来世界各国的幼儿教育产生了深远的影响。

（四）德国各邦的学前教育政策

19世纪初，一些幼儿保育设施先后在各地设立，再加上多种介绍英国幼儿学校的著作的出现，德国各邦政府开始注意学前教育，并制定了诸多政策。最典型的政策是1825年黑森·卡塞尔选帝侯的指令。该指令申明：幼儿教育的目的在于保证孩子的安全和健康，并使其父母能安心工作。费用主要依靠富有居民捐助，未能得到捐助时，就从市、镇的金库中支取。

1827年，普鲁士教育部发布文件，号召各地“迅速建立幼儿学校”。之后，普鲁士政府对以贫民子女为对象的幼儿教育设施采取了一些保护措施，如1838年承认了为援助柏林托儿所由私人捐款设立的“中央基金”。

1839年，拜恩政府内务部制定了当时德国各邦中最为详细的有关学前教育的规定，代表了当时德国各邦的学前教育政策。这些规定有以下特点：第一，贯彻控制但不予以支持的政策；第二，坚决反对在托儿所里进行读、写、算等方面的知识教学；第三，鼓励儿童在室外进行轻松愉快的游戏活动；第四，强调宗教教育和道德教育。

虽然德国各邦对贫民幼儿所采取的教育政策，目的都是维护社会治安和统治秩序，想控制却又不想提供实际的支持，但毕竟吸收了一些英国幼儿学校的做法，如注重儿童的室外游戏等，给当时德国的学前教育带来了一股新鲜的空气。

二、19世纪下半期的学前教育

1848年欧洲革命失败后，普鲁士政府趋于保守和反动，开始镇压自由民主运动，把福禄贝尔为了发展幼儿教育而从事的宣传活动及其呼吁政府支持幼儿园的言论，看成是反政府的行为，于1851年下令禁止开办福禄贝尔幼儿园。这项禁令一直到1860年才被解除。随后，各地纷纷成立福禄贝尔幼儿园团体，将幼儿园运动推向深入。

（一）福禄贝尔幼儿园在德国的推广

幼儿园禁令解除之后，德国各地相继出现了许多幼儿园协会，福禄贝尔幼儿园被迅速推向了全国各地。其中，影响较大的团体有两个：一个是1860年成立的以别劳（Buelow）男爵夫人为名誉会长的“柏林福禄贝尔主义幼儿园促进妇女协会”。此协会成立以后，便积极地设立幼儿园。截至1864年，该协会已有会员272人。另外一个是别劳夫人于1863年在柏林创立的“家庭教育和民众教育协会”。该协会依据福禄贝尔的思想，以学前教育的全面改革为最终目标，其主要工作有设立幼儿园、设立幼儿园女教师养成所、改造托儿所使其向民众幼儿园方向发展、设置以福禄贝尔方法为指导的男女儿童游戏场所、把福禄贝尔的方法引进女子学校等。第二年，这个协会的会员就达到了410人。1869年，由这个协会所设立的幼儿园数目增加到7所。截至1870年，这个协会为德国及世界各地培养教员200多人。1874年，上述两个协会合并为“柏林福禄贝尔协会”，进一步推动了福禄贝尔幼儿园运动。

在推广福禄贝尔幼儿园运动中，别劳夫人做出了重要贡献。作为运动的领袖，她积极地创办“福禄贝尔协会”，尽量多地设立幼儿园。不仅如此，她还周游列国，在伦敦、巴黎进行多次演讲、宣传，在英国的幼儿学校和法国的托儿所里试行福禄贝尔的教育方法。她还应邀到比利时、荷兰、意大利宣传福禄贝尔幼儿园的方法。因为别劳夫人及其他福禄贝尔信徒的努力，福禄贝尔幼儿园的教育思想和实践传播到了世界各地，在世界范围内流行起来。

（二）19 世纪下半期德国的学前教育政策

这一时期的德国学前教育政策，除了 1860 年撤销了对幼儿园的禁令，没有什么大的政策出台，只有个别的地方性措施，如慕尼黑的地方公共团体积极支持幼儿园的发展等。这种情况一直持续到 20 世纪，之后德国政府才开始关注福禄贝尔幼儿园，其学前教育政策也有了一定的发展。

第四节　俄国的学前教育

与西欧各国相比，俄国的经济和文化都比较落后。在农奴制废除之前，俄国幼儿教育的设施主要有两种：一是沙皇政府为解决弃婴和孤儿的收容问题而办的教养院，二是社会慈善团体为母亲外出谋生无人照管的幼儿办的收容所和孤儿院。1861 年农奴制废除后，伴随着社会政治和经济各方面的改革，俄国学前教育出现了新气象。与此同时，福禄贝尔幼儿园运动对俄国的学前教育起了推动作用。著名教育家乌申斯基的“教育的民族性”思想对 19 世纪下半期俄国学前教育理论的发展产生了重要影响，对十月革命后苏联学前教育理论和实践体系的形成也有一定的奠基作用。

一、18 世纪下半期至 19 世纪上半期的幼儿教育

（一）别茨考伊与“莫斯科教养院”

18 世纪下半期，俄国女皇叶卡捷琳娜二世执政期间（1762—1796），在教育上实行了一些开明政策，如任用进步教育家别茨考伊（1704—1795）从事教育改革活动。别茨考伊曾旅居法国多年，对医院和慈善机构的事务较熟悉，也曾撰写过儿童教育方面的著作。1763 年，他向女皇叶卡捷琳娜二世上呈奏折，要求在莫斯科开办“教养院”，收容弃婴和孤儿，同时还要求为贫民开办一所产科医院，附设于教养院内。获得批准后，他被委托负责此事。1763 年，俄国第一所教养院在莫斯科成立，别茨考伊任院长。1770 年，该教养院在彼得堡开设了一所分院。后来，这所分院成为独立的彼得堡教养院。此后，教养院在各省市都开办起来。

别茨考伊负责的教养院收容 2—14 岁的弃婴和孤儿，并将其分成 3 个年龄阶段实施

教育：2—7 岁的儿童主要参加适龄的游戏和劳动；8—11 岁的儿童主要学习识字和计算，另外，男孩子要学习园艺和其他手艺，女孩子要学习编织、纺织和刺绣；12—14 岁的青少年主要学习算术、地理、教义问答和图画等，另外，男孩子要学习菜园、花园里的工作，女孩子要学习烹饪、缝纫、家政管理等工作。

别茨考伊的教养院不只是单纯的慈善机构，还非常重视儿童的教育工作，因为他希望通过教育改善社会。为此，别茨考伊很重视教养院的道德教育，特别注重给儿童灌输“敬畏上帝”的思想，还注意培养他们热爱劳动、勤俭、整洁的习惯，力图把他们培养成为有礼貌、富有同情心的新人。在知识教育方面，别茨考伊指出，学习过程对儿童来说应当是愉快的，不能强迫他们学习知识，而应根据其爱好来进行。他主张绝对禁止体罚。别茨考伊也很重视儿童的体育锻炼，主张让儿童多呼吸新鲜空气，多参加“无害的”娱乐和游戏，以保持心情的愉悦。别茨考伊的这些教育主张不仅在他创办的教养院中得到了实施，而且还收录在《从初生到少年期的儿童教育论文选集》中。

（二）葛岑教养院

为了降低婴幼儿的死亡率，改善更多儿童的生活环境，1802 年，彼得堡教养院在彼得堡近郊的葛岑村开办了葛岑教养院。自 1808 年起，教养院中 7 岁以下的儿童由保护人看管。鉴于这些孩子的教育无法保证，1832 年，俄国进步教育家奥波多夫斯基、古里耶夫和古格里等向教养院领导人提出建议：在教养院内附设幼儿学校，凡是留在保护人家中的 8 岁以下儿童，白天都应到幼儿学校来上学。教养院领导人未采纳此建议，古里耶夫和古格里便自筹资金，在葛岑教养院内设立了一所很小的实验幼儿学校，招收了 10 名在葛岑村居民家中寄养的儿童。

实验幼儿学校建立后，为使各项管理更为规范，古格里又在原幼儿学校工作经验的基础上，制订了新的葛岑村教养院组织计划，自 1837 年起建立了如下制度：儿童 4 岁前交给保护人养育；4—8 岁住在宿舍内，每间房子住 5—6 人，男女儿童分住；日间就学于教养院内为他们建立的幼儿学校，学校分为两班，4—6 岁的儿童在小班，6—8 岁的儿童在大班。儿童满 8 岁即可升入葛岑村与彼得堡教养院。古格里分别为小班和大班规定了不同的教育任务：小班没有严格的作业和上课时间表，主要任务是发展儿童的感受性与观察力，使之获得初步的道德观念、培养良好的行为习惯；大班则按照课表进行学习，主要任务是直观地研究外部世界的物体、智力练习，熟练掌握朗读、计算和书写方面的技巧。

除了以上的教养院之外，19 世纪上半期，俄国的一些进步人士组成的各种慈善团体还开办了一些“收容所”和“孤儿院”。1837 年，彼得堡的一所慈善机构“劳动妇女救济院”为因母亲外出谋生而无人照看的儿童开办了一个“收容所”，主要教儿童学习神学、阅读、书写、计算、唱歌、体操和手工等，后来又开了 4 个分所。与“收容所”类似的“孤儿院”在其他城市也出现多所。到 1841 年，彼得堡有 6 所孤儿院，共收容 920 名儿童。后来，沙皇政府把这些儿童慈善教育机构都收归政府管辖。

二、19 世纪下半期至十月革命前的幼儿教育

（一）福禄贝尔幼儿园运动的发展

19 世纪中期，福禄贝尔幼儿园运动传播到俄国。1860 年，俄国建立了第一所幼儿园。1866 年，彼得堡发行了俄国最早的学前教育杂志——《幼儿园》，该杂志的发行促使学前教育从俄国教育中单独分化出来，是俄国学前教育史上具有重要意义的事件。此后，彼得堡还出版了以宣传福禄贝尔学前教育思想为主的教育杂志——《家庭和学校》。

1870 年，“福禄贝尔协会”在彼得堡、基辅等地成立，这些组织一方面宣传福禄贝尔的学前教育理论，另一方面负责幼儿师资的培训工作。1872 年，彼得堡福禄贝尔协会建立了“福禄贝尔学院”——一所专门培训学前教育人员的私立学校。此后，类似的机构在俄国其他一些地方相继成立。它们是当时俄国唯一的培养学前教育人员的机构，为俄国的幼儿教育培养了一批合格的教师，推动了俄国学前教育的发展。1908 年，以培养高级幼儿教师为目的，在基辅福禄贝尔协会的领导下，俄国开办了三年制的学前教育专科学校，设置了教育学、心理学等课程，并配有实验室，还有供教育实习的幼儿园，这是当时俄国规模最大的一所学前教育师范学校。

（二）慈善教育继续发展

19 世纪后半期特别是到 19 世纪 90 年代，俄国资本主义发展迅速，大工业急剧增长，参与劳动的妇女日益增多，婴幼儿的保育及死亡问题严重，这引起了整个社会的关注。在这种情况下，俄国政府继续兴办孤儿院。1891 年，俄国政府开始设立农村孤儿院。据统计，到 1901 年，全俄已建起 80 所这种孤儿院。各教区在 19 世纪后半期也开始设立孤儿院。至 19 世纪末，莫斯科和彼得堡有 50 余所教区孤儿院。

此外，俄国各地还出现了各种慈善机构，如育婴堂、育婴孤儿院和平民幼儿园。1845 年，彼得堡开办了第一个乳婴期儿童的托儿所。1880 年，莫斯科纳门纺纱厂附设第一个工厂托儿所。1894 年，彼得堡开设了最早的免费平民幼儿园。1896 年，皮尔穆省自治机关首先为乡村儿童设立托儿所。1900 年，莫斯科开办了第一所以聋哑儿童为对象的纳费的寄宿幼儿园。1902 年和 1904 年，彼得堡和基辅先后开设了聋哑幼儿园。到 1903 年，全俄共有纳费幼儿园 84 所。

总的来看，这一时期沙皇政府还没有把学前教育纳入国民教育系统。政府对学前教育的经费补助也很少。因此，这一时期俄国学前教育的发展水平要明显落后于同时期的西欧。

三、乌申斯基的教育思想

乌申斯基（1824—1870）是俄国著名的资产阶级民主教育家，“俄国教育科学的创始人”。他对俄国师范教育制度的建立做出了巨大贡献，被称为“俄国教师的教师”。乌申斯基一生大部分时间在从事教育事业，曾任孤儿院俄语教师，并担任总学监，后来又担任一所贵族女子学校的总学监，兼任《国民教育部公报》编辑。其间，他对教育问题进行了深入研究，逐渐形成了自己的教育思想，并对贵族女子学校进行了大刀阔斧的改

革。乌申斯基的教育代表作是《人是教育的对象》，此外，他还编写了小学俄语教材《祖国语言》和《儿童世界》。

（一）主要教育思想

1. 论教育的民族性原则

教育的民族性原则是乌申斯基教育理论的重要组成部分，贯穿于乌申斯基教育思想和实践的各个方面。在他生活的时代，俄国存在轻视俄国文化和崇拜西欧的现象。对此，乌申斯基指出，民族性是一个民族生命力的唯一源泉，是建立国民教育制度的基础。人的民族性的培养和加强要靠教育，民族性是一个民族教育的灵魂。民族性教育对于民族的发展、完善有着不可或缺的重要作用。

他的“教育的民族性原则”主要包括以下内容：一是俄国的教育不能简单地照搬别国，而应该根据本民族的需要批判地吸收其他民族的优秀遗产，建立具有俄国自身特色的教育制度和教育思想体系。二是要继承俄罗斯民族的文化遗产，特别是本民族的语言，指出了民族语在民族生存、巩固、发展中的重要性。三是民族性包含了爱国主义和人民性这两个方面的内容。乌申斯基认为，爱国主义是一种伟大的力量，对捍卫国家的荣誉、独立、自由有着重要作用；还认为教育应是人民的，应相信人民的智慧和创造力，建立广泛的学校网，让人民自己来管理学校，并要求培养年轻一代的爱国情感。四是民族教育应当是男女平等的教育，男女儿童应实行统一的教育制度。

2. 教学论思想

教学论思想是乌申斯基教育思想体系中有重要价值的内容。他把心理学作为教学论的理论基础，创建了俄国古典教学论的完整体系。主要内容包括：①教学有两个目的，一是形式的目的，主要开发学生的智力、发展学生的能力，实现了这个目的，学生就有了终身学习的能力；二是实质的目的，就是掌握丰富的基本知识和技能。这两个目的相辅相成、缺一不可。②在课程设置上，乌申斯基强调实科课程的作用，主张把古典课程与实科课程结合起来。③在教学过程中，他提倡教学要适应学生的心理特点，培养其良好的心理素质。他分析了注意、记忆、思维、意志、情感等多种心理活动在教学中的作用，提出教学必须培养学生的这些心理品质。④提出了教学必须遵循的一些原则，如自觉与积极性原则、直观性原则、巩固性原则、连贯性原则等。

（二）对俄国学前教育的影响

乌申斯基的教育思想对19世纪后半期俄国学前教育理论的发展产生了重要的影响。①他从民族性原则出发，要求建立俄国自己的教育制度，包括学前教育制度，并提倡男女儿童享有平等的教育权利。②他重视儿童对祖国语言的掌握，高度评价了儿童学习民族语的作用，主张儿童应从幼儿期就开始学习民族语。他指出，民族语不仅能使儿童获取大量的知识，而且有助于儿童智力和精神世界的发展。因此，儿童学习本民族语言时，不仅要掌握词、词的组合和变化，还要掌握其中的观点，掌握语言中蕴含的民族精神、民族思想及情感，这有利于培养儿童的爱国主义精神、民族自豪感和责任感。③重视各种儿童心理现象对教学的影响。乌申斯基分析了儿童的注意力容易分散、意志力薄弱、情感不稳定、性格不完善等特点，要求教师在教育过程中加以精心培养。④在教育方法上，他反对说教、限制、恐吓的做法，主张根据儿童的年龄特征、爱好、兴趣、情绪和思维等特点，采取边学习、边游戏的方法。

第五节　美国的学前教育

19 世纪初，伴随着产业革命和资本主义的发展，美国的学前教育开始起步。受欧洲学前教育发展的影响，美国最早的学前教育机构是在英国欧文的影响下创办的幼儿学校。当时美国曾一度掀起“欧文幼儿学校运动”，出现了许多欧文式的幼儿学校。19 世纪中期以后，福禄贝尔幼儿园传入美国，出现了具有福禄贝尔特色的私立幼儿园。随着资本主义的深入发展，美国的学前教育进入飞速发展时期，到 20 世纪初，已形成了以公立幼儿园为主体、私立幼儿园和慈善幼儿园多种形式并存的体制。

一、幼儿学校的兴办

英国教育改革家欧文于 1816 年创设的幼儿学校，对美国的学前教育产生了重要影响。1818 年，幼儿学校传入美国。1824 年，欧文在美国印第安纳州建立“新和谐村”，并于 1826 年在此开办示范幼儿学校，以传播他的幼儿学校思想。此后，多所幼儿学校在美国成立。幼儿学校的招收对象是上层家庭 4—8 岁的儿童，在教育上强调幼儿的健康保护和户外活动，对当时的美国影响很大，它的某些方法甚至被初等学校借鉴。但由于当时美国政府把主要精力放在初等教育上，对学前教育重视不够，不愿为幼儿学校提供经费，使得只靠收费和慈善团体捐助的幼儿学校难以长期维持。加上后来的幼儿学校教育忽视了对幼儿特点的研究，幼儿学校很快就衰落了。虽然幼儿学校在美国只存在了较短的时间，但却改变了美国人的思想观念，使他们开始重视幼儿教育。

二、私立幼儿园的建立

美国的资本主义在 1861—1865 年的南北战争之后获得了飞速发展，到 19 世纪末，美国的经济和科技发展水平均处于世界先进地位。经济的繁荣，一方面为美国幼儿教育的发展提供了条件，另一方面也向美国教育提出了要求，引起了美国政府对公共教育事业的重视。另外，为了促进美国教育的发展，19 世纪中叶，一些教育工作者开始通过各种途径引进欧洲的教育理论，福禄贝尔的教育思想就是在这种情况下引进的。福禄贝尔式的幼儿园也在此时美国的幼儿教育领域中占主导地位。

（一）德语幼儿园的出现

1855 年，德国移民玛格丽特·舒尔茨（Margarethe Schurz）在美国的威斯康星州创办了一所德语幼儿园。这所幼儿园开办在她自己家中，专门招收移居美国的德国移民的子女，最初招收了 6 个孩子，是美国最早的幼儿园。在这所幼儿园里，曾受到福禄贝尔思想影响的舒尔茨，采用福禄贝尔的教育方法，指导孩子们进行游戏、唱歌和作业。她的做法对当时美国的学前教育产生了很大影响。继玛格丽特·舒尔茨之后，1858 年，福禄贝尔的另一学生哥伦布在俄亥俄州又开设了美国的第二所德语幼儿园。这所私立幼儿园采用双语教学，出现了向英语幼儿园过渡的倾向。到 1870 年为止，德国人在美国开设的德语幼儿园已有十几所，这些幼儿园实施的都是福禄贝尔式的教育。

（二）英语幼儿园的开办

美国第一所英语幼儿园是由美国妇女伊丽莎白·皮博迪（Elizabeth Peabody）创立的，她使美国的学前教育得到了普及和发展，被美国人尊称为美国幼儿园的真正奠基人。

1859 年，玛格丽特·舒尔茨访问波士顿时会见了伊丽莎白·皮博迪，并向她介绍了福禄贝尔的幼儿教育思想，皮博迪在对福禄贝尔的著作及思想进行了深入研究后，于 1860 年在自己的私人住宅里开办了美国的第一所英语幼儿园。后来，皮博迪又和妹妹一起进一步宣传福禄贝尔思想。她们发行刊物、演讲并撰写文章，于 1863 年出版了《幼儿园指南》一书。在书中她着重分析了幼儿园与小学的区别，强调应把幼儿园办成儿童的乐园，让儿童在其中自主地活动和游戏。虽然皮博迪的学前教育思想和她办的幼儿园已在美国享有盛誉，但她认为自己还没有充分理解福禄贝尔思想的精华，于是在 1867 年关闭了幼儿园，去德国拜访教育专家，到当地幼儿园参观实习，系统地学习福禄贝尔的教育理论和实践方法，对幼儿园的许多问题进行了深入探讨。这期间，她还到欧洲其他国家参观幼儿园和师范学校，学习各国的办学经验。在她的努力和支持下，1868 年，美国的第一所幼儿师范学校在波士顿成立。此外，她还从德国聘请专家担任这所学校的第一任教师，直接向未来的幼儿园教师灌输福禄贝尔思想。皮博迪对美国学前教育的发展做出了不可磨灭的贡献。

三、慈善幼儿园的兴起

美国工业革命在促进美国经济飞速发展的同时，也加剧了贫富分化。众多的贫民儿童体质羸弱，无人照管，流落街头，沾染恶习，形成了严重的社会问题。面对这种局面，19 世纪后期，美国出现了慈善幼儿园。这些幼儿园大部分由个人、教会和社会慈善团体开办，招收的主要对象是贫穷家庭的儿童，免收学费。这种慈善幼儿园发展得很快，到 19 世纪末，几乎所有的大中城市都办起了慈善幼儿园。

美国历史上的第一所慈善幼儿园是由弗利克斯·阿德勒（Felix Adler）于 1877 年在纽约创办的。此后，昆西·肖夫人（Mrs. Quincy Shaw）开展了免费幼儿园运动，并亲自创建了一所幼儿师范学校。在她的努力下，到 1883 年，美国建立起了由 30 所免费幼儿园组成的幼儿园网。

美国教会出于人道主义精神，把兴办幼儿园当作教区的一项事业，希望通过幼儿园来扩大教会的影响，宣传宗教信仰，使儿童从小就接受基督教思想。最早兴办幼儿园的教会是 1877 年俄亥俄州托利多的托雷尼特教会。1878 年，纽约市的安东纪念教会也设立了幼儿园。到1912年，全美已有108所教会幼儿园。

在教会兴办幼儿园的同时，社会团体也纷纷开办幼儿园。1870年，密尔沃基成立了第一个幼儿园协会。该协会在当地3所德英混合学校建立了幼儿园。到1897年，美国已成立了400多个幼儿园协会，其中以旧金山金门幼儿园协会影响最大。到1896年，该协会已拥有40所慈善幼儿园，接收儿童达18 000名。

慈善幼儿园的兴起推动了美国幼儿园的发展，在一定程度上为公立幼儿园的发展奠定了基础。一些慈善幼儿园后来转变为公立幼儿园。慈善幼儿园还对美国的社会发展起了重要作用——使贫民儿童的身体健康和安全得到了保护，社会秩序也有了好转。

四、公立幼儿园的产生和发展

从19世纪30年代开始，以新英格兰为中心，美国掀起了一场规模宏大的、以发展初等教育为目标的公立学校运动。在这场运动中，美国建立起一大批由政府开办并提供经费的公立小学。后来，这场公立学校运动也发展到学前教育领域。19世纪70年代，公立幼儿园运动在美国的中西部地区开始兴起，到19世纪90年代时，公立幼儿园运动在美国各地都得到了蓬勃发展。

1873年，美国第一所公立幼儿园在密苏里州的圣路易斯市建立。这是一所附设在公立小学里的幼儿园，创建者是当时的圣路易斯市教育局局长威廉·哈里斯（William Harris）。威廉·哈里斯是公立学校运动的积极支持者，他受伊丽莎白·皮博迪的影响，崇拜福禄贝尔的教育思想，非常关心学前教育的发展，曾向圣路易斯市教育委员会提交了一份报告，要求把学前教育作为学校教育制度的一个组成部分。他的报告最终得到了批准。该幼儿园最初招收了20名儿童，聘请苏珊·布洛女士担任第一任教师。她曾在德国视察过许多幼儿园，善于运用福禄贝尔的教育思想与方法对幼儿进行实际指导。

由于哈里斯与布洛女士的努力，这所幼儿园取得了很大的成功，并在美国产生了很大影响，促进了公立幼儿园的迅速普及和推广，一些私立幼儿园和慈善幼儿园逐步被纳入公立学校系统。到1878年，圣路易斯市已有53所公立幼儿园。到1914年，全美公立幼儿园已有7554所，几乎所有的大中城市都建立了公立幼儿园制度。

公立幼儿园运动是美国学前教育史上的一件大事，从此美国学前教育成为公共教育制度的一部分。公立幼儿园的建立，保证了学前教育的机会均等，在一定程度上改变了幼儿园和小学脱节的状况；促进了福禄贝尔理论与美国幼儿教育实践的结合，推动了美国学前教育理论的发展。

第六节 日本的学前教育

日本真正意义上的学前教育机构的产生，是在明治维新之后。之前的幕府统治时期，日本富有的家庭主要依靠聘请家庭教师为孩子进行学前教育，普通平民家庭则主要依靠一个专门为平民子弟开设的简易教育机构——“寺子屋”进行学前教育。1868年的明治维新使日本逐渐从封建主义弱国发展为资本主义强国，明治政府在政治、经济、军事、文化领域进行改革的同时，在教育上也进行了各种改革试验，在广泛吸收欧美国家教育思想和教育制度的基础上，开始了日本教育近代化的进程，日本近代学前教育正是在这种背景下产生并发展起来的。

一、学前教育机构的建立和发展

（一）国立幼儿园的创建

日本学前教育史上的第一所国立幼儿园是东京女子师范学校附属幼儿园。1876 年，根据文部省文部大辅田中不二麿提出的建议，仿照美国幼儿园模式，东京女子师范学校开办了附属幼儿园，直属文部省。该园首批招收幼儿 75 人、管理人员 6 人。1878 年，该附属幼儿园开始招收保姆实习生，后又设立了保姆训练班，通过保育实践为学前教育培养师资，成为东京女子师范学校学生的实习基地。1877 年，文部省为该附属幼儿园制定了规则，对幼儿园的办园目的、入园年龄、保育时间、保育科目和保育费用等方面做出了规定。有些规则被后来日本各地成立的幼儿园仿效，影响深远。

东京女子师范学校附属幼儿园不是按照 1872 年明治政府《学制令》中关于幼稚学校的规定开设的，这所幼儿园园舍精美华贵，设备完善齐全，入园费昂贵，令普通平民子女望而生畏。因此，其发展速度相当慢，难以普及。

为了增加幼儿园数量，使一般贫民子女能接受学前教育，1882 年，日本文部省发出建立简易幼儿园的“示谕”，出台了新的办园规定：幼儿园规模不宜过大，提倡设置简易幼儿园，一切办园费用由政府承担。1892 年，东京女子师范附属幼儿园增设一个分园，以社会低收入阶层的子女为对象，并延长保育时间。这一政策加速了幼儿园的普及，到 1885 年，日本全国已有简易幼儿园 30 所，入园儿童总数达 1893 人。

（二）私立托儿所的建立

19 世纪末，随着日本资本主义工业生产的发展，妇女就业人数增加，政府创办的简易幼儿园不再能满足所有孩子的入园要求，托儿所应运而生。1893 年，民间人士赤泽钟美夫妇在新潟市创立了日本学前教育史上的第一家托儿所。与幼儿园不同，这家托儿所是由私人出于慈善动机开办的，是专门为看管贫民的子女而开设的私立机构。此托儿所实行常设寄托制并且收费较低，深受年轻父母的欢迎。在它的影响下，1894 年，大日本纺织公司也在工厂内附设了托儿所。1896 年，福冈县还成立了利用民宅建起的邻里托儿所，以照管劳动妇女的子女。从此，日本学前教育事业的发展走上了一个新的轨道，形成了幼儿园和托儿所两种学前社会教育机构并存的格局。

二、近代学前教育制度的建立

（一）明治初期教育法令中关于学前教育的规定

1871 年，日本设立文部省，由其负责全国的教育事业。1872 年，文部省颁布了日本教育史上非常重要的《学制令》，标志着明治维新后教育改革的开始。《学制令》第二篇“学校”第 22 章是有关学前教育的规定：幼稚小学可招收 6 岁以下的男女儿童，实施入小学之前的教育。这是日本有关学前教育机构的最早规定。但在当时，明治政府把工作的重点放在创建小学以上的各级各类学校上，并不重视幼稚学校的发展，所以《学制令》中有关学前教育的规定只是一纸空文。

1879 年，明治政府颁布了修订后的新《教育令》，代替之前的《学制令》。该《教育令》的第一条即规定“全国的教育行政由文部卿统辖，学校、幼儿园、图书馆等，不论公立私立都要受文部卿的监督”。这一规定使日本的学前教育从一开始就被置于国家文部行政管理之下，成为国家教育体制的一部分。

1880 年 12 月，文部省公布了《修改学校令》，规定将公立幼儿园划分为府县立和镇村立两种。府县立幼儿园的设置和废除由文部大臣批准，镇村立幼儿园的设置和废除以及私立幼儿园的设置由府县知事批准，私立幼儿园的废除要呈报府县知事。1890 年，文部省又颁布新的《小学校令》，明确规定了市镇村和村镇学校组合可以设置幼儿园。

（二）《幼儿园保育及设备规程》的制定

随着幼儿园和托儿所在全国各地的普遍建立，日本学前教育迅速发展起来。为了进一步推进学前教育的发展，制定规范和指导学前教育的法令也迫在眉睫。

1896 年，东京女子师范学校附属幼儿园成立了福禄贝尔学会。1898 年，该学会向文部省大臣提出了制订幼儿园相关制度及教育法令的要求。文部省经过审议，在 1899 年颁布了《幼儿园保育及设备规程》。这是日本政府制定的第一个有关幼儿园的综合而详细的法规。它对日本幼儿园的设施、设备、保育内容及保育时间等做出了明确的规定，奠定了日本学前教育体制的基础。其主要内容包括：①阐明了“幼儿园是为年满 3 岁至学龄前儿童开设的保育场所”。②规定“一所幼儿园可招收 100 名儿童，个别情况可招收 150 名儿童”。③保育内容包括游戏、唱歌、谈话、手工作业以及纠正儿童的不良道德观念和仪表。④保育方法应适应儿童身心发展，难易程度得当，利用儿童模仿力极强的特点，让他们多接触嘉言懿行。⑤规定了幼儿园所需的设备。该规定是日本学前教育发展史上的一个里程碑，成为此后日本幼儿园制定新章程的基本依据，后虽经多次修订，其基本内容均被保存了下来。但是，这个规程没有把幼儿园列入正规的学校体系中，直至 1947 年新颁布的《教育基本法》和《学校教育法》才把幼儿园明确规定为学校教育制度的最初阶段。从此，幼儿园在日本学制体系中的地位才被正式确立下来。

三、福禄贝尔学前教育思想的影响

明治维新时期，在向欧美学习的浪潮中，近代的西方学前教育思想传入日本，其中对日本学前教育影响最大的是福禄贝尔的教育思想。许多日本学者纷纷发表译文或著述，宣传福禄贝尔的教育方法。最早介绍福禄贝尔幼儿园的是中村正直。1877 年 11 月 24 日，在东京师范学校担任协理（即校长）的中村正直，在日本新闻报刊上发表了介绍福禄贝尔幼儿园及其理论的文章。他认为日本应当把幼儿园办成福禄贝尔式的游戏园，在这里，孩子们聚集在一起，自由地表现各自的喜怒哀乐，彼此帮助、相互鼓励，培养自己探究和观察周围世界的兴趣和能力。这些新颖的幼儿教育观念很快被人们接受，明治政府对此也表示赞赏。东京女子师范学校附属幼儿园的成立就证明了这一点。

除了中村正直，日本的关信三、饭岛半十郎等在传播福禄贝尔教育思想方面也做出了重要贡献。关信三是东京女子师范学校附属幼儿园的监事，1877 年发表了译著《幼儿园记》，1879 年又编写了《幼儿园二十例游戏》，将福禄贝尔的恩物以 20 种游戏的方式进行了图解说明，并建议幼儿园每天花 3—4 小时，将这 20 种游戏一一教给儿童。该书曾被作为学前教育的基础教材而广泛应用。

饭岛半十郎的贡献是在 1885 年发表了《幼儿园入门》一书。书中专门探讨了幼儿游戏问题，指出福禄贝尔游戏思想的关键是让儿童在集体游戏中体会游戏的乐趣，产生和加强对自然的热爱。

但从明治中期开始，日本政府根据本国国情对外国的教育内容进行了调整，进一步加强了传统道德教育。例如，1882 年颁布的《幼学纲要》指出，儒家五伦道德乃教育之根本，恩物的比重在幼儿园的保育科目中大大减少，传统的道德教育科目则大大增加。

总之，日本的学前教育是在明治维新后资本主义大工业的刺激下发展起来的。同时，它的发展也是向西方学习的结果。在学习和发展的过程中，日本曾尝试建立自己的学前教育制度，也曾根据本国国情调整外国的教育内容。这些措施都为日本近现代的学前教育打下了坚实的基础。

思考与练习

1. 简述欧文幼儿学校产生的原因及其教育内容和方法。
2. 分析福禄贝尔幼儿园对法国近代学前教育的影响。
3. 分析俄国近代学前教育机构的发展历程。
4. 分析美国各类幼儿园产生的意义。
5. 明治维新后日本近代学前教育制度是如何确立的？

第十四章
近代学前教育理论

学习目标

1. 了解夸美纽斯关于学前教育的论述。
2. 了解洛克关于教育的目的和任务的论述，掌握其绅士教育的内容。
3. 了解卢梭教育思想产生的背景，掌握其自然主义教育理论。
4. 了解奥柏尔林的学前教育理论。
5. 掌握裴斯泰洛齐的教育心理学化理论和要素教育理论。
6. 理解福禄贝尔幼儿园教育的理论体系及其对我国学前教育的启示。

文艺复兴之后，随着资本主义的发展，西方各国先后出现了公共幼儿教育机构，近代幼儿教育体制逐渐形成和发展起来。与此同时，许多近代思想家、教育家对幼儿教育问题进行了探讨，提出了各自的学前教育理论。这些理论不仅反映了各个教育家的思想理念，也反映了近代社会对学前教育的客观要求及近代学前教育的实践经验，对世界学前教育的发展起到了积极的推动作用。各种学前教育理论之间存在着相互影响、继承和借鉴的关系，在近代西方教育史上占有重要的地位。

第一节　夸美纽斯的学前教育理论

夸美纽斯（Comenius，1592—1670）是17世纪捷克著名教育改革家和教育理论家，是人类教育史上里程碑式的人物。他继承了欧洲文艺复兴时期以来人文主义教育的思想，总结了自己四十余年丰富的教育实践经验，全面系统地论述了教育的理论和实践问题，反映了新兴资产阶级的教育要求，为近代西方教育理论的发展奠定了基础，对幼儿教育的发展做出了巨大的贡献。

一、生平及著作

夸美纽斯出生于一个磨坊主家庭，其父是捷克兄弟会受人尊敬的会员。夸美纽斯12岁时父母双亡，在兄弟会的资助下接受了中等教育和高等教育。1614年大学毕业后，他回国担任兄弟会一所拉丁语学校的校长，后又被推选为兄弟会的牧师。其间，夸美纽斯热情地推行教育改革，在学校传授实用的自然科学知识和社会科学知识，使教育为现世生活服务。当时的捷克隶属于德意志神圣罗马帝国，饱受德国天主教贵族的压迫。1618年，捷克人民举行的反对异族统治的起义，成为欧洲“三十年战争”（1618—1648 年）的开端。两年后，捷克新教势力战败，捷克兄弟会成员受到残酷迫害，夸美纽斯和其他 3 万名捷克兄弟会成员不肯俯首听命，被迫流亡国外，辗转流离于深山密林之中，丧失了所有的藏书和手稿。不久，夸美纽斯又在流行的瘟疫中失去了妻儿，境遇十分凄惨。1628 年他被迫迁居波兰。此后，夸美纽斯漂泊国外，始终未能返回祖国。

夸美纽斯在极其艰苦的流亡生涯中仍孜孜不倦地从事教育理论研究和教育实践工作。一方面，他埋头研究和著述，完成了《世界迷宫》《心的天堂》等重要著作；另一方面，他积极投身教育实践，并应邀到英国、匈牙利、瑞典等国从事教育改革。最后，他定居荷兰的阿姆斯特丹，并于 1670 年逝世，终年 78 岁。

在夸美纽斯漫长的教育生涯中，其研究和贡献涉及教育的许多领域，学前教育是其中非常有建树的领域之一。夸美纽斯的教育代表作有《母育学校》《大教学论》《世界图解》。

《母育学校》1630 年写成，是世界教育史上第一部系统论述学前教育的专著，详细阐明了学前教育的重要性、胎教及学前教育的内容。此书被翻译成德文、英文、俄文、波兰文、克罗地亚文、瑞典文和意大利文等多种文字出版。

《大教学论》1632 年写成，是西方教育史上第一部体系完整的教育学著作。书中全面论述了教育的目的和作用、教学原则、教育内容和教学方法、学校管理等教育学的基本内容，成为近代教育理论的奠基之作。

《世界图解》1658 年出版，是夸美纽斯依据他所提出的适应自然和直观教学原则，为孩子创作的一部教科书。书中附插图的短文有 150 篇，内容包括自然（宇宙、地理、植物、动物、人体等）、人类活动（手工业、农业、交通、文化等）、社会生活（国家管理、法院）和语言文字等方面，试图授予儿童以百科全书式的知识。此书出版后在欧洲国家广泛流行。

二、儿童观

夸美纽斯反对西欧中世纪儿童被看成与生俱有“原罪”的观点，他把儿童比作“上帝的种子”，认为他们生而具有和谐发展的根基；他还将儿童比作比金银珠宝还要珍贵的“无价之宝”，要求人们像尊敬基督那样去尊敬儿童，并严厉谴责、惩处那些虐待儿童的人。夸美纽斯还把儿童比作一面镜子，从它里面，人们“可以注视谦虚、有礼、亲切、和谐以及其他基督徒的品德”。夸美纽斯还从国家和社会的角度指出，不仅要把儿童看作世界未来的居民，由于他们中的大多数将成为最聪慧的各种人才，所以还应把儿童看作国家和社会的未来和希望，给予关怀、爱护和教养。夸美纽斯的儿童观表达了他将实现新社会的理想寄予新生一代的热切愿望。

夸美纽斯基于其儿童观，从教育适应自然的原则出发，认为如果要将儿童培养成有用的人，就必须在其身心形成的最早阶段就开始教育。“任何人在幼年时代播下什么样的种子，那他老年就要收获什么样的果实”，为此，夸美纽斯呼吁父母们都要承担起孩子的教育责任。他批评当时社会上一些人对父母义务的误解，如父母的义务只是生育儿女，让他们吃饱穿暖，为他们积攒钱财等。他指出，人比其他动物更高贵，父母只注意子女身体的养护和外表的装饰是远远不够的，更要注意他们的灵魂；要以教育去滋补、抚爱和照管儿童的心智，施以包括虔信、德行、知识和体育在内的全面的训练，以将其培养成忠实的、能够智慧地管理自己各种事务的有才能的人。

三、论教育适应自然原则

“教育适应自然”是夸美纽斯教育体系的一条主导原则，这一原则贯穿夸美纽斯整个教学思想之中，尤其是教学方法之中。夸美纽斯提出这条原则是基于其对旧教育和旧学校弊端的认识，他认为“在此以前没有一所完善的学校”，旧学校强迫学生死记硬背，用无用的知识填满学生的头脑，造成儿童时间及精力的极大浪费；“以致学校变成了儿童恐惧的场所，变成了他们才智的屠宰厂……”旧学校出现这些问题，归根结底最大的弊病就是违背自然。因此，要改革旧教育、造就完善的学校，就必须贯彻教育适应自然的原则。

夸美纽斯的教育适应自然原则包含两个方面的含义，其一是教育必须遵循自然界的普遍规律，即夸美纽斯所说的遵循自然界的“秩序”。他认为，在自然界（即客观世界）中存在着一种起支配作用的“秩序”，即普遍规律，这些“秩序”无论在动植物生活还是人的活动中都发生着作用，它保证了宇宙万物的和谐发展。夸美纽斯将人也看作整个自然界的一部分，因此人的发展及人的各种活动，包括教育活动，也应服从这些自然的普遍“秩序”和规律。夸美纽斯在《大教学论》中举了不少事例来论述教育应当遵循自然的原则。例如，在论述“自然遵守适当的时机”这一原则时，他借用鸟选择春天繁殖和园丁在春天种植的例子，指出人类的自然教育应该在人的春天——儿童时期开始，而在一天之中，则应该在早晨读书学习。如同自然分成春、夏、秋、冬四季，夸美纽斯提出教育也应该相应地分为四个阶段：母育学校相当于春季，国语学校相当于夏季，拉丁语学校相当于秋季，大学相当于冬季。其二是必须依据人的自然本性和儿童的年龄特征进行教育。他认为，人是自然界的一部分，人的发展也有其本身的法则，并论证了教育应从儿童期开始：这一时期生命和心理都是新鲜的，都在蓄积精力；一切事物都是精神饱满的，都可以深深地扎下根。他还认为各级学校应按学生的年龄及其已有的知识循序渐进地进行教导。

总的来说，夸美纽斯在继承前人思想的基础上，引用自然界的普遍规律来说明和论证自己的教育主张和见解，提出了教育适应自然原则，不仅将以往零散的教育经验理论化，而且使教育理论在摆脱神学束缚的道路上跨了一大步，给人们的教育思想以重大启示，使教育理论的发展取得了突破性进展。当然，由于当时科学发展水平的限制，夸美纽斯并不理解教育作为一种社会现象的特殊规律性，也不可能全面揭示自然界和人类社会发展的普遍规律。他采用将自然和社会现象类比的方法论述教育问题时，尽管不乏真知灼见，但也不可避免地出现了许多片面、机械和牵强附会之处。

四、论母育学校的性质、意义和任务

母育学校是夸美纽斯所理解的在家庭中由母亲担负的学前教育，是他构筑的前后衔接而统一的学制系统的第一阶段，也是必不可少的阶段。他在世界教育史上首次将学前家庭教育，即母育学校列入学制系统之中。夸美纽斯依据其民主信念及适应自然主义的思想，在《大教学论》中构筑了一个适用于一切男女儿童的4级单轨学制：①从出生到6岁，为婴幼儿期，由母育学校进行家庭教育；②6—12岁，为童年期，由设在每个村落的国语学校进行初步教育；③12—18岁，为少年期，由设在每个城市的拉丁语学校进行教育；④18—24岁，为青年，由设于省或王国的大学开展高等教育。

他还论证了早期教育的意义。从儿童发展来看，早期教育易见成效，是培养人才的基础，学习应从婴儿开始；从家庭方面来看，只有对子女实施早期教育，父母才算"已圆满地完成了他应尽的义务"；从国家方面来看，儿童教育搞好了，可以提高民族素质，使国家富强，使社会得到改造。

在夸美纽斯看来，每一个家庭都可成为一所学校，孩子的父母（特别是母亲）便是教师。他说，在母育学校里，要把"一个人在人生旅途中所应当具备的全部知识的种子播种到他的身上"，母育学校的主要任务是为儿童奠定体力、道德和智慧发展的基础。

五、论母育学校的教育内容

夸美纽斯为学前教育拟订了详细的教育内容：注意合理喂养，注意安全，细心保护儿童的身体健康，使儿童生活有规律、情绪愉快；要教给儿童有关周围自然界和社会生活的基本知识，具体包括自然方面（水、土、空气、火、雨、花草虫鱼）、天文方面（天体、日、月、星辰）、地理方面（山川河流、城、乡）、算术方面（1到10、多与少的比较）。同时，要注意发展儿童的感知觉，发展其语言，训练其手的操作能力等；要使儿童在幼年期就习惯于从事家务和劳动，从小就能认识家里的常用器具及其作用。夸美纽斯还提出要对儿童进行初步的道德教育，如培养他们节制、整洁、爱劳动、尊长、顺从、忍耐、老实、公正和爱人的品质等。

（一）保健

夸美纽斯在《母育学校》中提醒父母们首先应关注子女的健康："除非他们生气勃勃而有力，否则父母们很难成功地把他们培养成人。"子女的健康问题宜从胎儿时期就加以注意。他认为，孕妇的饮食应该有营养，不能饮酒。他强调孕妇的心理状态对于胎儿的影响，指出孕妇的情绪要稳定，避免强烈的情绪波动。如果孕妇不注意控制自己的感情，经常处于恐惧、愤怒、怨恨或伤感等不良的情绪中，就可能生育一个怯弱的、易动感情的和沮丧的婴儿，甚至可能造成死胎。孕妇的行动要谨慎，生活要有规律。

夸美纽斯指出，婴儿降生后应由母亲亲自哺乳，从而有利于其健康；婴儿的食物应该是软的、易消化的，不宜刺激性太强；应使婴儿的生活有规律，并保持愉快的心情；应给予婴儿充分活动、游戏的机会，并利用玩具、音乐、图画等促使其健康成长。

（二）德育

夸美纽斯十分重视儿童的道德教育，他强调必须在幼年生活的头几年就为他们奠定良好德行的基础，“德行应该在邪恶未占据心灵之前早早就教”，“成年时还未受过管理的，到老年就会没有德行”。在道德教育的内容方面，夸美纽斯强调应培养儿童的文明礼貌行为和良好的生活习惯，应培养儿童有关德行的初步知识，包括两个方面的要求：一是要培养儿童勤劳俭朴、爱整洁的习惯，即节制、整洁；二是要求儿童对人要亲切、温和、诚实、大方、不嫉妒、有礼貌、尊敬长辈、不损害他人等。夸美纽斯特别重视节俭和勤劳等良好品质的培养，他认为节制和俭朴是健康和生活的基础，是其他一切良好品德之本。在道德教育的方法上，夸美纽斯认为应充分重视榜样、教导、示范、训练、惩罚、表扬等方法的作用，坚决反对溺爱和放纵孩子，反对父母或成人容忍孩子为所欲为。他要求自幼培养儿童的纪律观念，但又对中世纪以来家庭教育实践中广泛实施的体罚持反对态度，主张只有在万不得已时才可使用。

（三）智育

智育是夸美纽斯学前教育思想中最有特色的部分。在西方教育史上，他首次为6岁以下儿童的智育提出了一个广泛而详细的教学大纲。根据幼儿的年龄特点，夸美纽斯认为这一时期智育的主要任务是训练幼儿的外部感觉、观察力并获得各类知识，同时还要发展幼儿的语言和思维，为他们以后在初等学校里的系统学习做准备。

夸美纽斯为幼儿教育提供了百科全书式的智育内容，包括自然科学知识和社会科学知识。夸美纽斯为母育学校制定的智育计划包括自然、光学、天文、地理、年代、历史、家务、政治、辩证法、算术、几何、音乐、语言等学科。夸美纽斯相信，这种启蒙性质的教育，可以为儿童奠定学习各门学科知识的最初步的基础。

夸美纽斯高度重视自然科学知识，力图使幼儿在获得有关知识的“种子”的同时，学会辨别和称呼那些东西，亦即发展语言。例如，在物理学方面，幼儿应该知道什么是火、空气和土，并且学会说出雨、雪、冰、铅、铁等名词；在天文学方面，幼儿应当辨别日、月、星；在地理学方面，幼儿应当认识他出生和生活的乡村、城市、要塞或城堡。此外，幼儿还应当知道什么是时、日、周、月、年，什么是春、夏等。对于社会科学知识，夸美纽斯也力求教会幼儿能知、能言、能行。他要求以易于理解的形式，使幼儿认识历史、经济和政治的初步原理。具体做法是要幼儿记住昨天、今天、过去一年发生的事情；知道谁是自己家庭的成员，谁不是；具有关于各种政府官员（如市长和法官）的概念等。

此外，夸美纽斯认为，智育还要发展幼儿的智力和语言，培养能力。比如，发展幼儿的感知觉，培养幼儿的观察力，发展幼儿的手的操作能力等。夸美纽斯受到弗兰西斯·培根的唯物主义感觉论的影响，认为感觉是知识的主要源泉，尤为重视视觉的培养。为发展幼儿的视觉，培养幼儿的观察力，夸美纽斯提出了相当细致的意见。例如，他建议在幼儿2—3岁时，即向他们展示涂过颜色的东西，观看天空、树木、花朵和河流等。4岁后，为扩大视野，可带他们到户外去观察各种动植物，或欣赏书中的图画。夸美纽斯认为，通过不断扩展观察的范围，幼儿的视觉和观察能力有了发展，也就会获得关于天文、地理和自然等方面的初步知识了。

（四）父母教育指导书及教材

为了帮助父母有效地教育孩子，夸美纽斯在《大教学论》第 28 章中专门讨论了幼儿父母教育指导书和儿童读物问题。他认为要为他们编写一部手册，且手册应包括以下内容：①父母及保姆的教育责任；②儿童所学各科教学大纲；③教学方法，主要是指教授每一科目的最佳时间以及应采用的最佳言语和姿态。

夸美纽斯还认为，应当为儿童编写一本可直接观赏的图画书。他已意识到，在儿童阶段，教育的主要媒介应是感知觉，而视觉是感知觉里面最主要的一种，所以应当把各门学问中最重要的事物以图像的形式输送给儿童，以刺激儿童的视觉。此外，这本书还应当画出高山、低谷、树木、鸟、鱼、马、牛、羊和各种年龄、高度的人等。总之，图画书中的内容正好和《母育学校》中提出的教学大纲相对应，可以配套使用。夸美纽斯也重视儿童语言的发展，指出每张图画的上端应写出它所代表的物体的名称，如“屋”“牛”“狗”“树”等。夸美纽斯认为，这种图画书有 3 个用处：①使事物在儿童心里留下一个印象；②使孩子形成一种观念——从书本上面可以得到快乐；③帮助儿童学习阅读，掌握语言文字。上述原则都体现在他后来编绘出版的《世界图解》一书之中。该书由附以插图的短文 150 篇组成，并运用拉丁语、当地母语的基本词汇对插图进行了解说。

六、论儿童的游戏及玩具

（一）活动及游戏

夸美纽斯关于儿童游戏的论述在儿童游戏理论发展史上具有重要意义。他认为游戏是在母育学校时期对儿童进行全面教育的手段，是符合儿童天性的能量释放活动；游戏是组织愉快、幸福童年的手段，是儿童生活不可缺少的伴侣；游戏是儿童一切力量和才能借以发展的重要的活动，是扩大和丰富儿童精神世界的有力手段；游戏是生活的预备。

夸美纽斯从儿童的年龄特征出发，强调多给儿童活动的机会。他认为，好活动是儿童的天性，应让他们常常有事可做。夸美纽斯认为给儿童以活动的自由有三大好处：一是可锻炼身体，增进健康；二是可运用和磨炼思想；三是可练习四肢五官，使之趋于灵活。对于活动方式的选择，夸美纽斯认为最适合幼儿的是游戏，他甚至规定了这样一条原则：凡是儿童喜欢的东西，只要对其没有害处，就应让他们通过玩而得到满足，不应加以阻止。他指出，游戏的时候，儿童的精神专注于某种事物，自然就能激发他们去做事情的兴趣，并可使其身体健康、精神活泼、肢体敏捷。因此，他要求父母积极行动起来，帮助和指导儿童游戏，甚至直接参与儿童的游戏。

（二）玩具

夸美纽斯对玩具进行了详细阐述。他认为，为了避免真的工具带给儿童危险，必须找些可取代的玩具，如木剑、锄头、小车、滑板、踏车、建筑物等。儿童也可以用自己喜欢的泥土、木片、木块或石头等材料搭盖小房子，以此来发展他们的建构能力。夸美

纽斯还提议要为儿童的眼、耳及其他感觉器官提供一些小的作业，认为这些作业对增强其身心力量将大有裨益。

七、论幼儿的劳动教育和语言发展

（一）劳动习惯和手的技能的培养

夸美纽斯视懒惰为“撒旦的蒲团”，主张从小培养幼儿的劳动习惯，让他们逐年获得劳动技能。例如，他要求幼儿出生后的前 3 年应学会倒水，能把东西从一处移到另一处，学会将物体卷起、展开、折弯、弄直、戳穿等；4—6 岁时，应能够从事手工劳动，进行各种建造活动。

夸美纽斯还提出要发展手的技能。他认为幼儿习惯于拿粉笔写字母，以后可减轻小学教师的负担，并建议这些课业以游戏的形式进行。

（二）语言发展

夸美纽斯非常重视儿童的语言发展，建议采用游戏的方式来发展语言。他提出，为了发展儿童的语言，首先必须教会他们清楚准确地发出字母、音节和全字的声音，然后说出他们在家中所见的以及作业用的一切东西的名称，培养儿童正确地使用本民族语言说话的技能。

八、论进入公共学校的准备

夸美纽斯认为，母育学校应为儿童做好上小学的准备工作。他指出，父母没有准备就将其子女送往学校是不智之举，“这如同小牛奔往市场，或羊群闯入牛群一样”，学校教师将会被这样的孩子困扰。更为糟糕的是，一些父母为孩子上小学做了错误的准备。这些父母利用幼儿对教师和学校的恐惧来惊吓、刺激他们，致使幼儿情绪沮丧，对学校和教师怀有憎恶和恐惧的情绪。他指出，正确的准备应当是：第一，在幼儿接近入学的时候，父母、家庭教师和监护人以快乐的心情尽力鼓舞幼儿，好像节日和收获葡萄的季节快到时那样；要告诉幼儿入学获得学问是何等美好的事情，消除儿童对学校的焦虑感和恐惧感，唤起幼儿对学校生活的向往。第二，要激发幼儿的求知欲望，唤起他们学习的兴趣。第三，激发幼儿对于未来教师的信任感和爱戴。

夸美纽斯提出，判断某儿童是否适宜进入公共学校学习，可参照以下标准：①该儿童是否真正掌握在母育学校所应学会的东西；②他对问题是否有注意、辨别和判断的能力；③他是否有进一步学习的要求或愿望。

综上所述，夸美纽斯在论述学前教育时，不仅广泛汲取了以往和当时教育思想发展的成果，而且力图把学前教育建立在一定的科学基础上，这是十分可贵的。他批判了儿童生来即有原罪的观点，反对封建等级教育，主张实行“把一切知识教给一切人”的全民普及教育。他坚持教育适应自然的原则，要求教育符合儿童的身心发展特点，这些思想至今仍具有重大意义。夸美纽斯的学前教育理论为近代西方学前教育理论的发展奠定了一定的基础，标志着西方学前教育研究从神学化向人本化的方向转变。他把学前教育正式列入教育系统、主张在家庭中普遍实施学前教育的思想，引起了后来教育家对学前教育的重视。但由于受到时代的限制，夸美纽斯的学前教育思想仍有其局限性，仍然受到宗教思想的束缚，也具有一定的片面性。

第二节 洛克的学前教育理论

约翰·洛克（John Locke，1632—1704），英国哲学家、教育家，英国实科教育和绅士教育的倡导者。他竭力主张培养资产阶级化的贵族或贵族化的资产阶级，并在其教育专著——《教育漫话》中详细论述了自己的教育思想。

一、生平活动与著作

洛克出身于一个律师兼清教徒家庭，自幼受到严格的贵族家庭教育，14 岁进入威斯敏斯特公学，20 岁进入牛津大学学习哲学、法学和医学。大学时代，洛克热衷于培根、笛卡儿、牛顿等人的新思想，还刻苦学习物理、化学特别是医学等学科。毕业后留校任教，讲授希腊文、修辞学和伦理学等科目。

1665 年，洛克离开牛津大学，被任命为英驻德公使馆秘书。翌年回国，结识了艾希利勋爵（即后来的莎夫茨伯利伯爵），担任他的秘书兼家庭教师和医生。1683 年，因莎夫茨伯利反对詹姆士继承王位的活动败露，洛克受牵连遭迫害而出走荷兰。1688 年“光荣革命”后重返英国，在新政府中担任贸易和殖民地事务委员会委员等职，并发表一系列重要著作，例如《政府论》《论宗教宽容》《人类理解论》《教育漫话》等。

二、论教育的作用和目的

洛克受培根思想的影响，反对“天赋观念论”，提出了“白板说”，认为人出生后心灵如同一块白板，“我们的一切知识都是建立在经验上的，而且最后是导源于经验的”。洛克十分重视教育在人的发展中的作用，认为人之好坏、有用或无用，“十之八九是由他们受的教育所决定的”。洛克尤为重视家庭教育，认为教育发挥其正面作用的场所并不在学校，甚至认为学校可能对孩子造成负面的影响，因为当时的学校集合了一群形形色色被教育坏了的、满身毛病的学童，教师也不可能认真地顾及每一个儿童。因此，为了避免“恶习熏染”，洛克主张在家庭中聘用优秀的教师，为儿童提供适合其个性的个别指导。

洛克从他的社会政治观和哲学观出发，提出教育的目的在于培养“绅士”，即把贵族子弟培养成身体强健、举止优雅、“有德行、有用、能干的人”。要培养这种人，必须从幼儿时期开始。

三、论儿童的体育

作为医生和教师，洛克从事过多年医学研究和自然科学工作，对儿童身体的养护和体育提出了许多颇有价值的见解。

洛克十分重视儿童的体育，在《教育漫话》中，他把体育作为第一个问题加以论述，认为“健康之身体”是未来“绅士”的首要条件。他认为，健康的精神寓于健康的身体之中，人们要能工作、要有幸福，必须先有健康；人们要能忍耐劳苦、要能出人头地，也必须先有强健的身体。

为了使儿童拥有强健的体魄，洛克强调身体的锻炼要从小抓起。第一，要让他们养成适应冷热变化的习惯。养育儿童“第一件应该关心的事是无论冬夏，儿童的衣着都不可过暖”。要求孩子每天（即使寒冬）用冷水洗脚或洗澡，“顶好从春天起，最初用温水，然后把水渐渐加冷，这样身体可以适应一切，不致遭受痛苦和危险”。第二，绝不能对孩子娇生惯养，要求孩子衣被轻薄，睡卧用硬床，多过露天生活，经受风雨的考验。他强调说：“如果我们的小主人老是放在阴凉的地方，始终不让他受风吹、被日晒，以免伤了他的肤色，这种办法也许可以把他养成一个美男子，可是不能把他教成一位有用的人才。”

在饮食方面，洛克主张儿童要有节制地生活，每天的饮食要极清淡、极简单，两三岁前最好禁吃油腻的肉食和各种调味品，实行一日三餐，不吃零食，并认为养成“这种节制的精神，无论在健康方面，还是在事业方面都是十分必要的”。

在运动方面，洛克要求儿童除了坚持每天的户外活动外，还要学习游泳。他认为，户外锻炼时可呼吸新鲜空气，磨炼肌肤；学会游泳既有益于健康，还能在特殊场合紧急保护自己。

洛克关于体育的论述内容丰富、系统且新颖，在教育史上占有重要地位。

四、论儿童的德育

洛克把德行放在比知识更重要的地位，他认为，德育是形成人的健康精神至关重要的环节：“我认为一个人或者一个绅士的各种品性中，德行是第一位的，是最不可缺少的，他要被人看重、被人喜爱，要使自己感到喜悦或者还过得去，德行是绝对不可缺少的。如果没有德行，我觉得他今生今世就得不到幸福。”

洛克否认了天赋观念和神的启示，认为道德观念来自教育和生活环境。为了培养儿童的德行，洛克强调进行理性教育。他把听从理性的指导、克制自己的欲望看成是一切道德与价值的重要标准及基础。理性教育是以理智为指导的教育方法，最终使儿童养成用理智来克服欲望的习惯。他说：“一切德性与善恶的原则在于克制理智所不容许的欲望的能力。一个人要能克制自己的欲望，要能不顾自己的倾向而能纯粹顺从理性所认为的最好的指导，虽然欲望在指向另外一个方向。”他认为，只有学会克制欲望，忍受心理上的痛苦，才能培养出节制的美德和刚毅的个性。

洛克还具体论述了理性教育的时机和方法。他认为理性教育要及早抓起，因为一个人个性的形成是连续的，每一阶段都是在上一阶段的基础上发展起来的，儿童时期的习惯不仅极大地影响他的少年期，而且对他整个人生都起着举足轻重的作用。因此，洛克大声疾呼：“凡是有心管教儿童的人，便应该在儿童极小的时候早早加以管教，应该使子女绝对服从父母的意志。”

为了更好地实施理性教育，洛克还提出了理性教育的方法。

一是慎奖励，少惩罚。洛克提醒父母，务必记住我们的培养目的是使儿童长大成为一个有理智、有德行的人。因此，要合理地使用奖励和惩罚。洛克反对滥用奖励和惩罚，但并不主张取消奖惩。他说：“我也承认，善有奖、恶有罚，这是理性动物的唯一的行为动机；它们不啻是御马的缰索和鞭策，且使人类乐于工作，接受领导。”

二是重名誉，恶羞辱。洛克提出了“名誉”这一道德规范问题。他认为，名誉虽不完全是德行的真正原则与标准，但它离德行最近，最能反映德行，也是教育儿童的有效方法。洛克说：“儿童一旦懂得了尊重与羞辱的意义后，尊重与羞辱便是最有力量的一种刺激。如果能使儿童爱好名誉，惧怕羞辱，就使他们具备了一个真正的原则，这个原则就会永远发生作用，使他们走上正轨。”

三是少限制，多练习。洛克反对不考虑孩子是否能够接受就对孩子定下很多限制或规则。对于幼儿来说，那些限制或规则大部分是难以理解的，儿童也不可能自觉地去遵守，所以，难免要违反这些条规。过多的限制或规则可能会出现两种情况：一种是孩子经常因违反规则而受到惩罚；一种是孩子违反了规则，父母视而不见，不惩罚。这对儿童的理性教育都是不利的。在少限制的同时，洛克提倡多练习。他认为，练习既可以使儿童养成一种习惯，还可以从中发现儿童的兴趣、特长和能力，找出最适合他的发展道路，显然比过多的限制或规则更为有效。

四是树榜样，做示范。父母为儿童树立榜样，可以帮助孩子分辨善恶美丑，为孩子树立效仿的对象。针对儿童的身心特点，洛克认为，榜样教育的针对性更强。父母不仅要注意对孩子的榜样教育，更应该注意自身的示范。父母是孩子的启蒙老师，是孩子最直接的模仿者。父母好的行为能影响儿童，不好的行为更能影响儿童。在洛克看来，父母不好的行为不仅会影响孩子的行为，而且会削弱孩子对父母的敬仰之心：“如果谁希望自己的孩子尊重他和他的命令，他自己便应十分尊重他的孩子。”

除此之外，洛克还具体论述了诚实、智慧、勇敢、仁爱等美德，但尤其重视“礼仪”。讲究礼仪是指个人的整个外表和举止要优雅有礼，并根据社交对象与环境的变化灵活自如地表现自己，从而博得朋友的好评，受到欢迎和重视。

五、论儿童的智育

在绅士教育理论中，洛克把智育放在较为次要的位置。他认为，读书、写字和学问虽是必需的，但并不是最主要的。他批评当时人们一谈到教育所想到的就只有学问一件事的风气，强调德行重于学问，“我想如果有人不知道把一个有德行的或者有智慧的人看得比一个大学者更无限可贵，你也会觉得他是一个大傻瓜的”。在洛克看来，如果儿童不能首先在行为与品德上排除不良的习惯，那么，知识教育上的一切努力都是徒劳无益的。

未来的绅士应该是有才干、善于处理事务的人，因此，洛克虽要求儿童学习知识和学问，但内容必须是实际有用的广泛知识。此外，他强调儿童智力的发展与训练，注重培养儿童良好的学习态度，提高他们的学习能力。儿童学习的根本目的是“增进心的活动与能力，而不是扩大心的所有物”。教育者的工作不是把世界上可以知道的东西全部教给学生，而是要让学生爱好知识、尊重知识，使其日后没人教时自己也能前进。

洛克还重视兴趣、直观、循序渐进、好奇心等。他认为，应该让儿童“自己去要求学习，把学习当成另外一种游戏或娱乐去追求”。儿童学习的内容只有经常变化、不断更新，才能使他们专心勤勉地接受而不致感到厌倦。“儿童的天性是使得他们的心理见异思迁的，只要有了新奇的事情就可以打动他们；无论见了什么新奇的事情，他们立刻就急于要尝试……所以他们的快乐差不多全是建立在更换与变化上面的。”

洛克将教育内容科学地分成体育、德育和智育三部分并分别论述，赋予了其丰富的内涵，提出了许多有价值的建议。他的教育思想体现了世俗化和功利性的特点，比夸美纽斯更为彻底地破除了宗教神学的束缚。他的思想在实践和理论上都对英国和西欧教育的现代化做出了重要贡献。但是，由于洛克推崇家庭教育，反对学校教育，因此他的学前教育理论无疑是论述儿童家庭教育的，且其思想局限于绅士教育，缺乏民主性。

第三节　卢梭的学前教育理论

让-雅克·卢梭（Jean-Jacques Rousseau，1712—1778）是 18 世纪法国伟大的启蒙思想家、哲学家、教育家、文学家，法国大革命的思想先驱，杰出的民主政论家和浪漫主义文学流派的开创者，启蒙运动最卓越的代表人物之一，同时也是一名反对封建教育的勇猛战士。他在反对传统的封建教育的同时，提倡自然教育，提出了教育年龄分期思想，论述了儿童教育的原则与方法，确立了以儿童为本位的新儿童观和方法论，对世界各国的教育（包括儿童教育）产生了很大的影响。

一、生平活动与著作

卢梭 1712 年 6 月 28 日生于日内瓦的一个贫穷的钟表匠家庭，母亲在他出生后不到两周就去世了，他从小受父亲的影响很大。卢梭的父亲以钟表业谋生，信仰新教，性格刚正不阿，又酷爱阅读古籍。卢梭自幼聪颖，3 岁识字，7 岁可读一些历史和文学书籍。10 岁时，父亲因受一位贵族的诬告而被迫远走他乡，卢梭被舅父送到日内瓦郊外，随一位牧师学习了两三年的拉丁文、数学和绘画，这是他一生中接受到的唯一一次正规的学校教育。但他经常逃学，喜欢与村童一起在大自然中嬉戏，释放了亲近自然的天性，也孕育了他的自然教育思想。

1724 年，卢梭开始学习公证业务，后又转学雕刻手艺。但由于匠师的虐待，他弃业出走，开始了长期漂泊的生涯。他从事过多种职业，广泛接触了下层社会的贫苦人民，对教会的腐败堕落、政府的黑暗及劳苦民众生活的痛苦和精神的创伤有了深入的了解。同时，他阅读了欧洲各国思想家的著作，从中汲取了思想营养。

1740 年，卢梭开始在里昂修道院的马布利大主教家里担任两个孩子的家庭教师。尽管担任家庭教师只有 1 年时间，卢梭却对教育问题产生了浓厚的兴趣。

1742 年，卢梭来到巴黎，结识了伏尔泰、狄德罗等启蒙思想家。他应邀为《百科全书》撰写词条，投身到启蒙运动先进分子的行列中。这使他形成了全新的社会政治观，对其后来成为启蒙运动的领袖产生了影响。

1749 年夏，卢梭参加了第戎学院的有奖征文竞赛，题目是《论科学和艺术的复兴是否有助于敦风化俗》。卢梭的应征论文以其思想的深刻、感情的充沛和文笔的优美获得首奖，他也因此一举成名。

1756 年，卢梭移居巴黎附近的乡村，专心于著述活动，《新爱洛伊丝》《社会契约论》《爱弥儿》这三部互相联系并构成一个完整思想体系的重要著作先后问世。在文学著作《新爱洛伊丝》（1761 年）中，卢梭讨论了家庭及家庭教育问题；在政治著作《社会契约论》（1762 年）中，他阐述了自己的社会政治观，书中所表达的“天赋人权”“主权在民”思想直指封建专制制度和封建特权，成为近代资产阶级革命的有力武器，被称为法国大革命的“圣经”；在教育著作《爱弥儿》（1762 年）中，他将之前的革命思想运用到教育问题的思考中，批判封建教育制度，提倡自然教育，强调教育要适应儿童天性的发展，被称为“教育上的哥白尼式的革命”。该书分为五卷，前四卷中，他设想了一个名为“爱弥儿”的主人翁从出生到成年的教育过程；第五卷反映了他对女子教育的看法。《爱弥儿》中的革命性的教育思想引起了当时众多先进人士的欢呼，歌德称这本书是教育的自然福音，席勒称卢梭为新的苏格拉底，是耶稣拟造的人。《爱弥儿》还深深吸引了康德，他曾因阅读此书忘却了十几年定时散步的习惯。但是，《爱弥儿》一书出版后，在当时社会上引起轩然大波，不但被教会指为邪说谬论，还遭到一些有识之士的反对。教会动员各地的势力向卢梭进攻，巴黎大主教亲自出面，宣布焚烧《爱弥儿》，随后高等法院下令通缉卢梭。于是，卢梭被迫流亡到瑞士、普鲁士、英国等地，直到 1770 年，才得到赦免令而重返巴黎。

卢梭的晚年贫病交迫，但他仍然用他那支战斗的笔，向封建政权进行着毫不妥协的斗争。1770 年，他完成了自传体著作《忏悔录》。

二、论自然主义教育

（一）自然主义教育的基本含义

卢梭针对传统的封建教育残害人性和违反自然的弊病，提出了自然教育理论。自然主义教育的核心是教育要“归于自然”。《爱弥儿》中开宗明义的第一句话就是：“出自造物主之手的东西，都是好的，而一到了人的手里，就全变坏了。”在他看来，人生而禀赋着自由、理性和良心。人最可贵的本性就是自由，人在他的行动中是自由的，性善是人人相同的，并不因人的贵贱而异。但是，在人类社会进入文明状态之后，文明人违背了自然法则，滥用自己的自由，从而产生了人与人之间的不平等现象。因此，人必须遵循自然的法则，正确地运用自己的自由。否则，就会出现这样的情况：“人是生而自由的，但却无所不在枷锁之中。自以为是其他一切主人的人，反比其他一切更是奴隶。”

卢梭还从儿童所受的多方面的影响来论证教育必须“归于自然”。他指出，人要接受的教育有三个，即“自然的教育”“人的教育”“事物的教育”。他说：“这种教育，我们或是受之于自然，或是受之于人，或是受之于事物。我们的才能和器官的内在的发展，是自然的教育；别人教我们如何利用这种发展，是人的教育；我们对影响我们的事物获得良好的经验，是事物的教育。”自然的教育、人的教育和事物的教育三方面是相互联系的，只有三种教育都趋于同样的目的、圆满地结合，才能使人受到良好的教育，达到自己的目标，而且生活得很有意义。如果一个人身上的这三种教育相互冲突，他所受到的教育就不好。在这三方面教育中，自然的教育完全不能由人力控制，事物的教育在有些方面能够由人决定，人的教育是完全能够由人控制的。所以，我们无法使自然的教育向事物的教育和人的教育靠拢，只能使后两者与自然的教育趋于一致。因此，教育要“归于自然”，必须以自然的教育为中心，使事物的教育和人的教育服从自然的教育，并趋于自然的目标，这样才能使这三方面教育圆满地配合，才是良好有效的教育。

卢梭提倡的自然教育，就是教育要服从自然的永恒法则，适应儿童天性的发展，促进儿童身心的自然发展。人的天性发展是有秩序的，教育必须适应不同时期儿童天性的发展水平。他强调：“大自然希望儿童在成人以前就要像儿童的样子。如果我们打乱了这个次序，我们就会造成一些早熟的果实，它们长得既不丰满也不甜美，而且很快就会腐烂……儿童是有他特有的看法、想法和感情的；如果想用我们的看法、想法和感情去代替他们的看法、想法和感情，那简直是最愚蠢的事情。”教育必须遵循自然天性，就是要求儿童在自身的教育和成长中取得主动地位，无须成人的灌输、压制、强迫。教育者只需创造儿童学习的环境，防范不良的影响。

卢梭的自然主义教育还强调，教育在适应儿童天性的同时，还要适应儿童的个性差异。卢梭说：“每一个人的心灵有它自己的形式，必须按它的形式去指导它。”在他看来，只有很好地了解每个儿童之后，才能对他的发展给予正确的指导，使他身上的天性自由自在地发展起来。适应儿童的个性差异，当然也包括适应男女两性的天性差异。

总之，自然教育就是要遵循自然的规律，考虑人的发展的自然进程，并以此作为确定教育目的、原则、内容和方法的基础。卢梭强调说：“这是我的第一个基本原理。只要把这个原理应用于儿童，就可得出各种教育的法则。”卢梭的自然主义教育是对专制制度下戕害人性的教育所发出的挑战，“归于自然”，遵从天性，就是开创新教育的目标和根本原则。

（二）自然主义教育的培养目标

卢梭在《爱弥儿》中指出，自然主义教育要以培养“自然人”为目的。这种“自然人”是与封建专制制度下所培养出的那种身心受压抑的“公民”“国民”相对立的。“自然人”是身心发达、体脑两健、不受传统束缚、天性自然发展的新人。他们不依从任何固定的社会地位和职业，能适应各种客观发展变化的需要。卢梭笔下的爱弥儿就是这种“自然人”的化身：“他现在已经年过20，长得体态匀称，身心两健，肌肉结实，手脚灵巧；他富于感情、富于理智，心地十分仁慈和善良；他有很好的品德，有很好的审美能力，既爱美又乐于为善；他摆脱了种种酷烈的欲念的支配和偏见的束缚，他一切都服从于理智的法则，他一切都倾听友谊的声音；他具有许多有用的本领，而且还通晓几种艺术；他不把金钱看在眼里，他谋生的手段就是他的一双胳臂，不管他到什么地方去，都不愁没有面包。”

纵观卢梭的论述，“自然人”与传统的封建教育制度所培养出来的“公民”显然是不同的，他们之间的对立主要体现在以下几个方面。

第一，自然人是能独立自主的人，它能独立体现自己的价值，而公民的一切依附于专制社会，不具有独立性，也失去了自身的独特价值。

第二，自然人是平等的，公民是有等级的。自然人是处于自然秩序中的，所有人都是平等的，他们无须担心身份和地位的变迁，更无须为维持地位和身份而施展阴谋诡计。

第三，自然人是自由的人，是无所不宜、无所不能的人，而在社会中的公民常常是某种专门化的职业人，常被囿于单一的职业而失去自由。自然人虽无专长，却善于学习知识；虽无固定职业，却什么都极易学会，因为他首先是人，一个器官和才能都得到很好发展的人。

第四，自然人还是自食其力的人，他靠自己的劳动所得为生。这与专制教育培养出的一批靠他人劳动为生的人绝对不同。自食其力便可不依赖他人，这是实现独立自由的可靠保证。

卢梭还强调：这种“自然人”是生活在社会中的自然人，培养“自然人”不是要使他成为一个野蛮的人，把他赶到森林中去。在他看来，在理性的社会制度中，每个人都既能很好地发展自己的天性，又能把自己看作国家和社会的一分子，这样的人既能尽到作为社会成员的责任，又能保持纯真的天性，不受腐蚀侵染。他在社会秩序中把自然的感情保持在第一位，因此被称为“自然人”，是生活在社会中的自然人。

卢梭提倡培养的“自然人”实质上就是摆脱封建束缚的资产阶级新人。在论述自然主义教育的培养目标时，卢梭提出的反对等级教育，强调体脑并用、身心两健，培养独立适应能力等教育思想，至今仍是教育宝库中的珍贵财富。

（三）自然主义教育的原则与方法

在《爱弥儿》一书中，卢梭以自然教育理论为依据，论述了儿童教育的原则与方法。

卢梭自然主义教育中关于儿童教育的原则就是正确看待儿童，把儿童当作儿童看待，把儿童看作教育中的一个积极因素；教育要适合儿童天性的发展，保持儿童的天性。卢梭猛烈抨击了当时的父母和教师摧残儿童天性的做法。他说，向儿童强迫灌输旧的道德和知识的野蛮教育，为了不可靠的将来而牺牲现在，使孩子受到各种束缚，以至于孩子们本应享受快乐的时光却在哭泣、受惩罚、被恐吓和被奴役中度过。他指出，这种教育将造就一些年纪轻轻的博士和老态龙钟的儿童。这样的人缺乏分辨善恶的能力，缺乏实用的知识，更有甚者，其头脑中充斥着固执、偏见、嫉妒和虚伪等恶习。卢梭还批判了当时贵族家庭将男女儿童打扮成小绅士、小贵妇，要求他们的言行举止像成年人一样

的做法，称其为“荒谬的时尚”。他认为，这样的教育使儿童失去自由和快乐，养成奢侈的习惯和贪图虚荣等不良心理。

卢梭认为教师和家长出现种种不恰当的做法，其原因在于没有正确认识儿童。他指出，不能总把孩子当成大人看待，儿童有其独特的看法、想法和感情，不能用成人的思想去代替儿童的思想。因此，自然主义教育的一个必要前提就是要改变对儿童的看法。他指出，在万事万物的秩序中，人类有他的地位；在人类的秩序中，儿童有他的地位；应当把成人看作成人，把孩子看作孩子。他呼吁人们既不能把儿童当成待管教的奴仆，也不能把他们作为成人的玩物。

从自然主义教育理论出发，卢梭还具体阐述了儿童教育的方法。

1. 给予行动的自由

卢梭反对在儿童心灵成熟之前就向他们灌输种种本是要求成人的东西，以免摧残儿童的心灵。他强调：“多给孩子以真正的自由，少让他们养成驾驭他人思想的习惯，让他们自己多动手，少要别人替他们做事。”为了使儿童的身体得到自然发展，刚出生就要给予儿童行动的自由。如果把幼小生命的四肢用襁褓捆扎起来，并束缚得紧紧的，以致他们的头不能灵活转动，手脚不能自由伸展，那实际上就是剥夺了儿童的自由，妨碍了他们身体的自然发展，阻滞他们的血液循环，影响他们的性格和气质，“他们的第一个感觉，就是一种痛苦的感觉……他们……收到的第一件礼物是锁链，他们受到的第一种待遇是苦刑”。

成人的不干预、不灌输、不压抑和让儿童遵循自然率性发展，即为卢梭所指的“消极教育”。但消极教育并非成人无所作为，而是有两件事要做：一是观察自由活动的儿童，了解其自然倾向和特点，研究他们需要什么，并予以满足；二是防范来自外界的不良影响，这是基于其性善论的理论依据。他认为善良的天性自然已经赋予儿童，只要不受外界污染，儿童就能健康成长。

2. 合理的养护和锻炼

儿童的养护和锻炼应当顺应自然。卢梭认为，婴儿应当由母亲亲自哺乳，由父母亲自养育，要让婴儿接触新鲜空气。儿童的饮食要合于自然，简单而清淡，让他们多吃蔬菜、水果和乳制品，还要让他们养成适应吃任何食物的习惯。

在衣着上，应当让儿童穿得宽松，以利于四肢自由活动。儿童的衣装要朴素，也不必穿得太多，这样才能适应气候的变化。卢梭甚至反对给儿童裹头、戴帽、穿袜、穿鞋，认为只有这样才有利于儿童的正常发育和培养抵抗力。

在睡眠上，应当使儿童有足够的睡眠时间，并对睡眠施以适当训练，使儿童的睡眠时间能随环境需要而改变。儿童的床褥也不宜过于温暖舒适，以养成在哪里都能入睡的能力。

在养护儿童的同时，还应当注意对儿童进行锻炼。这既包括体格上的锻炼，使他们能够生活在一切环境中，经受自然的考验，也包括品质上的锻炼，使他们养成忍受痛苦的本领，具有克服一切困难的勇气。

在儿童的养护和锻炼中，卢梭坚决反对娇生惯养，反对溺爱儿童，认为不能因为儿童啼哭，就一切都顺从他。如果儿童由于习惯或执拗的脾气长时间地哭，唯一能够纠正或防止这种坏习惯的办法，就是任他们怎样哭也不要去理会。

3. 注意语言的发展

卢梭认为，为了更好地促进儿童语言的发展，成人要发一些儿童听得懂的声音，要少，要容易，要清楚，要常常翻来覆去地发给他们听；而且这几个音所表达的词，应当指的是成人拿给他们看的那些看得清楚的东西。成人在儿童面前说话应当说得正确，使他们觉得与成人谈话很高兴。这样，“他们在不知不觉中是会按照你们的语言去纯化他们的语言，用不着你们再去纠正”。

卢梭认为，在儿童的语言发展过程中，一个十分严重且不易预防的弊病是，成人在教孩子说话这件事情上太操之过急。成人越是操之过急，儿童的语言发展越会出现相反的效果，以致有些人终身发音都有毛病，说话也没有条理。卢梭还认为，在儿童的语言发展中要尽量限制他们的词汇，“如果他们的词汇多于他们的概念，他们会讲的事情多于他们对这些事情的思想，那就是一个很大的弊病”。

4. 运用感觉教育

卢梭承认感觉是知识的来源，感觉经验是理性发展的基础：“由于所有一切都是通过人的感官而进入人的头脑的，所以人的最初的理解是一种感性的理解，正是有了这种感性的理解做基础，理智的理解才得以形成，所以说，我们最初的哲学老师是我们的脚、我们的手和我们的眼睛。”因此，注意对儿童进行感觉教育，在智力教育之前先发展他们的感觉能力、充实他们的感觉经验是十分重要的。孩子不成熟、不完善的感官需要通过实际的训练得到逐步提高。卢梭设想了种种训练感官的方法。他认为锻炼儿童的感官，不仅仅是使用感官，而且要通过感官学会正确地判断、学会感受。只有这样，儿童才能懂得怎样摸、怎样看和怎样听。在感觉教育中，应当同时发展儿童的视觉、触觉、听觉、嗅觉、味觉等感官。儿童越锻炼自己的感官，就会变得越聪明。在各种感官的发展中，卢梭特别强调触觉。因为在所有的感官中，运用触觉的时间最多，而且触觉的判断是最可靠的。通过触觉，儿童可以获得关于事物的形状、硬软、大小、轻重等更准确的概念。他提出了夜间游戏、视觉和触觉的配合及绘图作画训练法等训练触觉的方法。

5. 善用模仿

卢梭认为，“人是善于模仿的，动物也是一样，爱好模仿是一种良好的天性”。儿童具有一种模仿的本能，在他们的自然发展过程中会表现出来。因此，成人应当善于运用儿童的模仿本能，使他们模仿善良的品行，从而产生良好的道德教育效果。因为儿童的心灵还处在懵懵懂懂的状态，所以，应当使他们模仿良好的行为，以使其最终能够凭自己的判断和对善的喜爱去实践这些行为。

卢梭强调指出，为了使儿童有好的模仿榜样，教育者要严格地管束自己，在对儿童进行教育时应当冷静和稳重。父母和教师都要以身作则，保持纯朴，谨言慎行，这样会对儿童起到潜移默化的作用：“你要记住，在敢于担当培养一个人的任务以前，自己就

必须要造就成一个人，自己就必须是一个值得推崇的模范。”

同时，成人应当善于运用儿童的模仿本能，使他们养成善于观察的习惯。因为儿童是善于模仿的，他们看见什么东西都想画，照着房子画房子，照着树木画树木，照着人画人，逐渐养成了仔细观察物体的习惯。通过这种模仿，儿童看东西可以更准确，画东西可以更逼真。

6. 自然后果法

根据其自然教育理论，卢梭在道德教育上反对体罚，并提出了“自然后果法”。他说：“我们不能为了惩罚孩子而惩罚孩子，应该使他们觉得这些惩罚正是他们不良行为的自然后果。”对于儿童的过失，不必加以责备和处罚，而是要利用儿童过失所造成的自然后果，使他们自食其果，从而使他们认识其过失并改正。例如，一个性情暴烈的儿童打坏他所使用的物品时，不要忙着给他另外的物品，而要让他感觉到没有物品的不方便；他打破自己房间的窗子时，不要忙着给他配玻璃，而要让他昼夜都受风吹，别担心他受风寒；一个儿童撒谎时，不要忙着去斥责，也不要仅仅因为他撒谎而处罚他，而要使他明白，如果他撒谎，那谎言的种种不良后果都要落在他头上，即使他以后说真话也没有人会相信，即使他没有做什么事情也会被人指责说干了坏事。通过自然后果法，儿童要承受自己所犯错误的后果，他将会认识到事情的对错，认识到什么当做、什么不当做。

卢梭认为，儿童还不能理解抽象的道德概念，还没有养成判断善恶的能力。因此，对他们进行道德说理教育是徒劳的，而且把成人的各种道德要求强加到他们身上，容易使他们产生偏见。卢梭说：“我发现，再没有谁比那些受过许多理性教育的孩子更傻的了……所以，最初几年的教育应当纯粹是消极的。它不在于教学生以道德和真理，而在于防止他的心沾染罪恶，防止他的思想产生谬见。”

三、论教育年龄分期

卢梭非常重视年龄分期在教育中的作用，强调应根据儿童的年龄特点进行教育。他认为，儿童各个年龄阶段都有其特点，并试图以此作为对儿童进行适当教育的根据。卢梭的整个教育体系就是直接以他的年龄分期教育理论为基础的。卢梭的年龄分期教育理论揭示了婴儿、儿童、少年和青年各个时期人的身心发展变化的某些规律及其对教育的深刻意义。

（一）婴儿期（0—2岁）：注重体育

卢梭认为，婴儿从出生的那一天起，就开始从大自然受到教育，“我们的教育是同我们的生命一起开始的”。在这个阶段中，教育的主要内容是体育，体育的任务在于使婴儿的身体获得自然的发展，锻炼他们的体格，促进他们的身体健康。在卢梭看来，体育是一切教育的基础。强健的身体是事业的基础，是个人幸福的源泉，只有健壮的身体才能听从精神的指挥。良好的体质是智力发展的基础，也是优良品德的基础。他认为，一切邪恶都是由衰弱的身体产生的，“教育的最大秘诀是使身体锻炼和思想锻炼互相调剂”。

他还认为身体养护和体育的一切措施都要合乎自然，应“多给孩子以真正的自由”。

他还从合理的饮食、衣着、睡眠和游戏等方面具体论述了如何正确实施体育。

卢梭主张做母亲的要自己哺乳孩子。他认为，在当时的社会，母亲们放弃自己哺育孩子的“头等”责任，造成了母子感情淡薄、家庭关系冷淡的恶果。他还指出，家庭教师也必须跟随儿童到乡村去，并且要由受过良好教育、不重金钱和名利的年轻人从事这一职业，以便更好地成为孩子的伙伴和知心人。家庭教师最为重要的是指导孩子如何做人，而不仅仅是教给孩子知识。

（二）儿童期（2—12 岁）：注重感官教育

卢梭认为，2—12 岁是“理性睡眠时期”，儿童的理智尚未发展，但是身体活动能力和语言能力都发展了，他们的感觉能力也开始发展了，因此，这一时期主要是进行感官教育。儿童通过感觉器官的运用使自己获得丰富的感性经验，以便为日后智力的发展创造条件。

这一时期儿童的理性尚未发展，因而不能接受和形成观念，没有真正的判断。所以，这一时期不适合对儿童进行理性教育和知识教育。卢梭也反对在这一时期让儿童读书，认为这一时期让儿童读书是没用的，甚至对其有害。他认为儿童周围的世界就是一本书，这本书使儿童在不知不觉中持续不断地丰富自己的记忆，从而增强判断能力。成人要做的，只是对儿童周围的事物进行慎重选择。

卢梭的感官教育主要在于“锻炼感官”。通过这样的训练，儿童学习正确的判断，学习怎样去感受。感官锻炼的重要作用在于，进一步加强儿童身体的健康和发展，以有助于未来对儿童智力的开发。儿童的感官发展起来，他们的理智也将会随之发展起来。因此，这一时期最适于儿童学习的是他周围的事物，这是一本活的教材。所以应将儿童的发展交付于自然，让儿童在自然中自由欢乐地跑跳、游戏，用自己的感官去认识世界。此外，卢梭对儿童的各种感官教育都提出了具体的见解，这在教育史上是第一次，因此也是弥足珍贵的。

首先，应当通过日常活动的练习尽早发展触觉。触觉是一种最常用的感觉，从触觉得来的认知比其他感觉更为可靠。

其次，应当通过教儿童学习制图、写生、绘图及做各种游戏来发展儿童的视觉。在练习视觉的同时，应注意发展儿童的判断力。

最后，为了发展听觉，应使儿童练习唱歌，注意做到发音纯正、柔和、悦耳，并使儿童习惯听有节奏、有旋律的声音。

总之，在这一时期，卢梭不主张空洞、抽象的说教，而是主张让儿童亲自接触周围的生活，亲自去尝试。

（三）少年期（12—15 岁）：注重智育与劳动教育

卢梭认为，12—15 岁是人的一生中能力最强、体力发展最旺盛的时期，主要是进行智力教育和劳动教育。

卢梭把培养兴趣和提高能力放在智力教育的首位，并认为智力教育的任务不是教给儿童各种各样的知识，而是培养他们的学习兴趣，教授他们寻求知识的方法，教他们爱真理胜于一切。这样教育出来的人胸怀宽广、性格开朗、头脑聪颖，敢于迎接命运的挑战。

在智育的内容上，卢梭要求学习的是有用的而且能增长人的聪明才智的知识，不要让孩子学习他不可理解的人际关系方面的知识。在此阶段，卢梭只提自然科学，主张将儿童的注意力放在有用的工业和机械技术上。

在智育的方法上，卢梭提出让孩子在实际活动中自觉学习，反对死啃书本，反对长篇大论的口头解释。他笔下的爱弥儿就是通过在散步中看日出日落、晚间看星星月亮来学习天体知识，从实验中学习物理、从旅行中学习地理方位、从魔术中学习电磁知识的。

少年期儿童需要接受的另外一个教育是劳动教育。卢梭从培养“自然人”的独立性出发，认为少年期的孩子应该学会劳动。他认为只有依靠自己的劳动和成果，才能过上自由、健康的生活，保持自己做人的尊严。卢梭还希望通过学习劳动锻炼儿童的思维能力，使其养成反复思考的习惯。少年儿童必须像农民那样劳动，像哲学家那样思考。

（四）青年期（15—20 岁）：注重道德教育

卢梭认为，15—20 岁主要是进行道德教育，包括品行教育、宗教（自然神论）教育和性教育。他认为，只有那些能够克制情欲、遵照理性和良心指引，尽其职责，成为自己的主宰而不受外界诱惑、始终走正道的人，才是有德之人。

道德教育的任务主要是激发善良的感情，养成正确的判断力，培养坚强的意志。卢梭认为，激发和培养道德感情应作为道德修养的开端，以激起儿童仁慈、善良、同情及宽厚之心；培养道德判断力要通过评判历史人物和事件进行训练；培养道德意志，必须通过实际行为特别是帮助穷人的行为进行，使学生做他所能理解的一切良好行为。

宗教教育也是这一阶段道德教育的重要内容。卢梭指出，没有信念，就没有真正的美德。他要求人们爱上帝胜过爱一切，但反对教士们编的荒诞教义，反对教会的繁文缛节，反对对儿童过早灌输宗教观念。

卢梭还提出了青年时期的爱情教育和性教育问题，并将其作为道德教育的一部分。他认为只有纯洁的灵魂才能使爱情更加美满，并能借此摒弃一切不良的生活。

卢梭的自然教育理论及其适应儿童天性发展的教育年龄分期，击中了旧教育的弊病，闪烁着新教育的光辉，在西方教育史上被誉为新旧教育的分水岭。尽管卢梭的教育理论中存在着一些片面、偏激及自相矛盾的地方，但是，其教育理论在历史上具有积极的进步意义，也促使后世儿童观和教育观发生了巨大变革，极大地推动了近代幼儿教育理论的发展，实为开创新教育的一个重要的里程碑。

第四节　奥柏尔林的学前教育理论

奥柏尔林是法国慈善家、教育家，他不仅致力于社会和经济改革，还对学前教育做出了重要贡献。他还基于游戏和儿童兴趣的新颖方法创建了欧洲第一所幼儿学校。奥柏尔林的幼儿教育实践与理论，谱写了法国乃至欧洲学前教育史的最新篇章。因此，他被誉为“幼儿学校的创始人”“幼儿教育的杰出先驱者”。

一、生平和教育活动

1740 年 8 月 31 日，奥柏尔林生于法国东部阿尔萨斯的斯特拉斯堡的一个教师之家。奥柏尔林从高等文科中学毕业后，进入斯特拉斯堡大学攻读哲学和神学。大学毕业后，他曾于 1762—1767 年担任当地一位著名外科医生齐让哈根的家庭教师。在家庭教师的工作中，他积累了最初的教育经验，也获得了一些医学知识，这无疑对他以后的教育生涯产生了影响。

从 1767 年 3 月起，奥柏尔林开始在阿尔萨斯和洛林交界的施泰因塔尔地区的瓦尔德巴赫教区担任新教牧师。施泰因塔尔是一个偏僻、荒凉的山区，由于长年累月的战争和瘟疫的折磨，农民过着贫困和饥寒交迫的生活，也缺少文化教养。因此，奥柏尔林在担任该地区牧师后试图改变当地的经济和社会状况。

奥柏尔林在他的教区教农民增产增收的耕作方法和果树的栽培技术，并帮助农民采用圈养的方法饲养家畜。先进的农业生产方式促进了农业生产的发展，使该地区的生活条件发生了惊人的变化。为了使该地区结束与整个法兰西的经济和文化生活隔绝的局面，奥柏尔林还为建造道路和桥梁奔忙，并致力于发展当地的手工业产品，把编织业逐渐引入了家庭工场。

受到启蒙运动思想影响，奥柏尔林也十分重视教育，他相信教育能把儿童培养成为文明的公民。于是，他努力改变该地区的教育落后状况：原来在他的教区仅有一所学校，校舍破烂不堪，奥柏尔林发动当地居民建造新的校舍，在每个村庄都建立了学校，鼓励居民把子女送到学校里去读书，并提高教师的薪水。这些学校除宗教外，还设立了阅读、书写、计算、历史、地理、天文、农业、日常生活技能等科目。奥柏尔林强调教学方法应该尽量直观，应借助一些图片、模型和实验进行教学。他还举办成人教育讲座，建立了一个小型图书馆，给居民和学生介绍启蒙思想家的著作。

奥柏尔林于 1776 年创办了欧洲的第一所幼儿学校，招收了 50 个 2—6 岁的儿童。由于这所学校也教年龄稍大的儿童手工编织，故也有“编织学校”之称。奥柏尔林夫人、女编织工莎拉·班泽特及奥柏尔林家的女仆路易斯·舍普勒都参加了幼儿学校的教育活动。她们照料那些需要照顾的幼儿，并在该地区农村训练助手（也称指导员），以便建立起同类的学校。舍普勒在奥柏尔林的幼儿学校中起了重要作用，为幼儿教育工作贡献了毕生的精力。

奥柏尔林的社会改革和教育活动受到了施泰因塔尔地区大部分居民的欢迎，他也因此获得了国际上的声誉。1826 年 6 月 1 日，奥柏尔林因病去世。人们为了纪念他，在当地教堂竖了一块黑色大理石纪念碑，上面刻有他的头像并题词：“纪念奥柏尔林——他是这个教区的牧师和父亲，他在这里服务 59 年。”

二、幼儿学校理论

在幼儿学校教育的实践中，奥柏尔林逐渐形成了他的幼儿教育理论。

（一）幼儿学校的目的

奥柏尔林十分重视幼儿教育，他强调说："在童年时期，儿童的心灵是脆弱的和具有可塑性的，我们在这些年里所播下的将不再被抹掉。"因此，教区里那些无人照管和指导的年幼儿童引起了奥柏尔林的极大忧虑。他认为，在早期就应该对儿童开始实施正确的教育。

奥柏尔林创建幼儿学校的目的，是使它成为一种对那些无人照顾的入学前儿童进行必要的照管和通过教育形成良好习惯的机构。在他所辖的教区里，有个村庄的一位年轻妇女曾把邻居的孩子召集起来，教他们编织的方法。奥柏尔林从中得到了启示，产生了创建幼儿学校的想法。于是，他毫不迟疑地与自己的夫人一起建立幼儿学校，在每一个村庄选出女监护人，并用自己的钱为他们修复租来的房屋，使村里的幼儿能在温暖的房子里、在充满温柔和母爱般的监护下度过他们美好的时期。

《奥柏尔林传略》一书曾这样写道："奥柏尔林担心儿童在他的父母忙于家务和其他工作而无暇照管他们时会遇到什么危险或养成一种懒惰和恶劣的习惯，因此，他创建了幼儿学校，把儿童放在里面。在这些幼儿学校里，他们可以自己娱乐，也可以在温柔和慈爱的女指导员的指导下得到教育。"奥柏尔林自己也曾描述过创建幼儿学校的动机。他说，促使他尽一切可能去建立幼儿学校的原因是显而易见的。首先是因为年幼的儿童喜欢到处乱跑，家长时时要帮助他们，即使他们没有表现出什么恶劣的行为，也会染上游手好闲等许多坏习惯。其次是因为本地方言与法语完全不同，所以儿童对许多说教与诗歌的哲理根本不懂，而只知道淘气。奥柏尔林认为，幼儿学校这种教育机构的设立，至少有以下的好处：一是年幼儿童可以结束到处游荡的生活；二是年幼儿童可以逐渐养成劳动的习惯；三是年幼儿童可以得到很好的照管和监护；四是年幼儿童可以学习法语，这对他们尤为重要；五是年幼儿童可以学到一些文化知识；六是年纪稍大的儿童可以学习手工编织挣一些钱，尽管钱不算多。

总之，奥柏尔林创建幼儿学校的目的，就是通过把年幼儿童置于有规律的照管和指导之下，创造出一种有秩序的生活；通过教授正确的法语，使儿童理解法语的赞美诗和说教；通过手工编织的传授，使儿童学会劳动技能，培养勤劳的精神。从某种意义上来说，这种幼儿学校实际上是一种日常托儿所和幼儿园的雏形。

（二）幼儿学校的教育内容与方法

幼儿学校的教育内容包括：标准法语、宗教赞美诗、唱歌、讲童话和格言、观察和采集植物、地图知识、游戏及手工编织方法的传授等。

奥柏尔林认为，儿童早期教育方面的首要任务是语言教育。幼儿学校的任务首先就是利用一切手段在年幼儿童中消除土话，从小就开始教他们纯正的法语。女指导员在向儿童出示一些有关历史、动物和植物领域的图画时，图画上分别用法语和方言标上了名称。每个儿童先用方言高声地朗读，然后再用法语说出来，最后全体儿童一起读。

奥柏尔林创建的幼儿学校并不是每天开放的，而是一周开放2次，把年幼儿童集中起来进行照管和指导。幼儿学校里，没有固定的课程表。在训练儿童养成良好习惯和克服不良习惯的同时，又给他们一些自由，使他们发展自己的能力。上课的时候，儿童们都集中在一起，围成几个大圈。每个大圈配备2名女指导员，一名负责训导和与儿童一起娱乐，另一名教以手工技能。

女指导员注意教给儿童一些对以后生活有用处的知识，其内容都是日常生活中生动有趣的事情，因此，在讲述中常常会引发儿童欢乐的笑声。女指导员有时会拿出一些取材于《圣经》和自然历史的彩色图画给儿童看，教他们把图画的内容解释出来；有时利用刻在木板上的地图，向儿童解释说明其中的地名；有时要求儿童复述一些小故事，用这种方法来培养儿童的记忆力。奥柏尔林还开设了一个小博物馆，展览农业设施和各种工具，使儿童有机会了解实际生活的知识。

奥柏尔林创建的幼儿学校采用教育与游戏相结合的方法，“所有这些学习完全像一种游戏，一种连续不断的娱乐活动”。奥柏尔林认为，应该注意让儿童进行体育活动、游戏和娱乐活动，活动他们的四肢，增进他们的身体健康，并使他们在这些活动中养成友好相处和不争吵的良好行为。另外，奥柏尔林还强调，在对幼儿进行教育时，应该更好地利用鼓励和奖赏的方法。

在道德教育上，奥柏尔林认为，应该培养儿童对父母、教师和长者的尊重，以及对同伴的富有基督精神的爱心与友情；还应该培养儿童遵守纪律、热爱劳动、爱清洁、懂礼貌和诚实等品质。但是，奥柏尔林培养儿童具有道德精神主要是从宗教观出发的，因为他认为，博爱的上帝讨厌那些不良行为，如说谎、虚伪、骂人、不听话、吵架、不注意清洁、懒惰等。

总之，奥柏尔林创建幼儿学校的教育内容是多方面的，并使儿童的活动不间断。在《致法国国民议会的信》中，奥柏尔林曾这样写道：幼儿学校的女指导员首先以本地方言给年幼儿童讲一些故事，然后告诉他们法语的名称，使他们逐渐习惯用法语来述说故事。为了培养儿童的动手能力，还教他们手工编织的方法。游戏活动既满足了儿童自己的快乐需求，又提高了他们的身体素质，更重要的是使他们互相帮助和友好相处。如果儿童的学习积极性稍微有些降低，就让他们学习新的和有趣的事情，不断激发他们新的和富有活力的兴趣。

（三）幼儿学校的教师

奥柏尔林幼儿学校的教师是他聘请的当地一些心地善良且有编织技能的妇女，称为指导员。他为所辖教区的每个村庄训练女指导员，并用自己的钱支付她们的薪水和校舍的租金。女指导员的主要职责是教儿童讲纯正的法语，不让他们讲粗鄙的话；在儿童游戏时避免他们发生危险和不幸的事情；给儿童讲解有关自然、历史、地理及《圣经》的知识；教一些年纪稍大的儿童学习手工编织的方法等。奥柏尔林往往先给女指导员讲解所要教的内容，以便她们更容易地对儿童进行讲解。

奥柏尔林认为，应该定期举行女指导员之间的经验交流活动，以便不断改进儿童的教育工作。他强调说："我希望，从事儿童教育工作的、受人尊敬的人有时应该互相进行比较，至少每 3 个月进行一次交流……在交流会上，大家应该检查一下，是否以艺术的方法尽力把一些儿童培养成全面发展的人。"

奥柏尔林强调指出，幼儿学校的教师要克服偏爱和软弱的心理。如果教师出于偏爱或软弱而对有缺点的儿童给予奖励，那实际上就是欺骗儿童。因此，教师不要对儿童做出不公正的事情，不要对儿童做出不公正的评价。

奥柏尔林幼儿学校的创建，取得了显著的成效。经过幼儿学校的教育，那些原来一无所知的年幼儿童完全判若两人，常常满怀喜悦的心情，有些年纪稍大的儿童还因其进步而激动得流下眼泪。奥柏尔林幼儿学校的实践和理论是颇有新意的，对当时的法国及欧洲其他一些国家的幼儿教育产生了一定的影响。奥柏尔林唤起了社会公众对幼儿教育的极大兴趣，从而推动了学前教育事业的发展。

第五节　裴斯泰洛齐的学前教育理论

约翰·亨利希·裴斯泰洛齐（Johann Heinrich Pestalozzi，1746—1827）是 19 世纪瑞士著名的民主主义教育家，也是一位享有盛誉的教育改革家。他尊重儿童，热爱儿童，提倡爱的教育理论，以忘我的精神从事教育实践活动，把毕生的精力献给了贫苦儿童的教育事业。他努力根据"教育心理学化"的观点论述幼儿教育问题，对后来的欧文、福禄贝尔都产生了深刻的影响。

一、生平活动与著作

1746 年 1 月，裴斯泰洛齐生于瑞士苏黎世的一个医生家庭。5 岁时，父亲去世，他在母亲和忠诚的女仆巴贝丽的抚爱下成长。幼年时，裴斯泰洛齐常到外祖父的村庄里去，目睹了农民苦难生活的状况，萌发了对农民处境的深切同情。

中学毕业后，裴斯泰洛齐进入加罗林学院学习语言学和哲学。在那里，他广泛阅读法国启蒙思想家的著作，研究有关社会、政治和教育的问题，卢梭的著作《社会契约论》《爱弥儿》对他的影响极大。当时，他还参加了苏黎世的青年革命团体"爱国者协会"。1767 年，该协会被政府取缔，裴斯泰洛齐也因参加民主改革活动而被短期拘捕。获释后，他决定到农村去探求帮助农民和"教育救民"的道路，决心通过教育来实现改善农村和农民生活状况的理想。

1768 年，在友人的帮助下，裴斯泰洛齐在家乡购置了一块荒地，建立示范农场，取名为"新庄"，开始了社会的实验活动。他力图以此来影响和帮助附近的农民获得新的农业技术，从而提高产量，改善生活。但由于经营不善，这个示范农场几年后宣告破产。

示范农场的实验失败后，裴斯泰洛齐并未放弃，他转而投身于教育实验，力求通过教育革新来实现自己的社会理想。1774 年，他在新庄开办了一个孤儿院，先后收容了 50 余个 6—18 岁的穷孩子。他生活在这些孤儿中间，以无私的精神忘我地工作。为了使这些儿童获得初步知识、习得谋生能力、懂得做人的道理，裴斯泰洛齐一方面亲自教他们读、写、算的知识，进行道德教育，一方面让他们学习农耕、纺纱等生产技艺，在教育史上开创了教育和生产劳动相结合的实践先例。经过几个月的努力，这些孤儿的精神面貌焕然一新。然而，孤儿院因缺乏经费而被迫于 1780 年停办。

此后，裴斯泰洛齐转向对社会和教育问题的深入思考，总结自己的社会活动和教育活动的经验，专心于著述活动，写成了《隐士的黄昏》。这是他的教育思想的最早阐述，被后人称为“裴斯泰洛齐的教育信条”。后来他又发表了系列教育小说《林哈德与葛笃德》（1781—1787 年），闻名整个欧洲，获得了巨大的声誉。这两部是裴斯泰洛齐的主要教育著作。这些著作总结了他早期的社会活动和教育实践的经验，提出了一些富有新意的教育设想，初步形成了其社会观和教育思想的雏形。

1798 年，瑞士爆发了资产阶级革命并在法国占领军的支持下建立了共和国。但瑞士中部农民因抗拒执政当局而受到血腥镇压，一时留下许多孤儿。1799 年 1 月，瑞士政府在斯坦兹设立了孤儿院，请裴斯泰洛齐前去主持。裴斯泰洛齐欣然接受了这一工作，深信这是实践其教育理想的机会，在此开始了他的第二次教育实验活动。在斯坦兹孤儿院，裴斯泰洛齐与孤儿们同吃同住，为他们付出了诸多心血。他在孤儿院的教育活动，首先是基于对儿童的“爱心”，力求把孤儿院办成一个充满亲子之爱的大家庭式的教育机构。他力求对儿童全面进行“心的教育—手的教育—脑的教育”，使儿童在智力、身体和道德方面都得到发展。为此，他在第一次教育实验的基础上，继续探索知识与工农业技艺、与劳动相结合的教育途径，并探索教育过程的人性基础。这些教育实验进一步为他的学校教育家庭化、要素教育和教育心理学化等思想打下了实践基础。然而，由于战争，孤儿院校舍被征用为伤兵医院，裴斯泰洛齐不得不又一次终止只进行了几个月的教育实验活动。

1800 年，裴斯泰洛齐应邀在布格多夫建立了一所学校，开始了他的第三次教育实验活动。这次教育实验的中心是如何在初等学校根据人性的发展规律，组织合适的教学内容，运用简化的教学方法对儿童进行全面的和谐发展教育。他努力把自己的教育思想付诸实践，使“教育心理学化”的思想逐步完善。1805 年，由于政府要收回这所学校的校址，裴斯泰洛齐不得不带领师生将这所学校迁到伊弗东，改名为伊弗东学院。伊弗东学院不久就闻名整个欧洲，成了世界儿童教育运动的中心。德国幼儿教育家福禄贝尔称它为“教育的圣地”。

伊弗东学院时期是裴斯泰洛齐整个教育生涯中最辉煌的时期。1825 年伊弗东学院停办后，裴斯泰洛齐回到他的故乡新庄生活，并写成了最后的著作《天鹅之歌》和《生活命运》，总结了他一生所从事的教育实验活动及其教育思想。

1827 年 2 月 17 日，裴斯泰洛齐因病在新庄去世。1846 年，瑞士人民为了纪念这位献身贫苦儿童教育事业的伟大教育家，在他的墓前竖了一块纪念碑，碑文中写道：新庄贫民的救星，斯坦兹孤儿的父亲，布格多夫国民学校的创始人，伊弗东的人类教育家……毫不利己，一切为人。

二、论爱的教育

在教育史上，裴斯泰洛齐是提倡爱的教育和实施爱的教育的典范。他热爱儿童，尊重儿童，并把自己的毕生精力献给了贫苦儿童的教育事业。无论是在新庄、斯坦兹，还是在布格多夫、伊弗东，裴斯泰洛齐总是以无私的精神和满腔的热忱从事儿童教育工作。

在总结自己的教育实践经验的基础上，裴斯泰洛齐强调指出："教育的主要原则是爱。"在斯坦兹孤儿院，面对艰难的环境和条件，裴斯泰洛齐始终坚持实施爱的教育。他坚信，教育者的热情将如春天的太阳使冰冻的大地苏醒那样迅速地改变孩子们的状况。后来，裴斯泰洛齐在与友人谈斯坦兹经验的一封信里写道："我一切为了孩子。从早到晚，我一个人和他们在一起，是我的双手，供给他们身体和心灵的一切需要。他们都是直接从我这里得到必要的帮助、安慰和教学。他们的双手被我握着，我的眼睛凝视着他们的眼睛。"在他看来，儿童的幸福就是教育者的幸福，儿童的欢乐就是教育者的欢乐。由于满腔的热情和深沉的爱，裴斯泰洛齐赢得了孩子们的信任和热情，使自己的教育实验活动获得了成功，孩子们的身体、智慧和道德都得到了发展。德国哲学家费希特曾经这样说："裴斯泰洛齐的生活的灵魂是爱。"

裴斯泰洛齐认为，对儿童实施爱的教育的目的，是发掘蕴藏在儿童身上的天赋，并在儿童之间及师生之间建立友好和真诚的关系，"使他们过着共同的新生活，有新的力量，在孩子们中间唤醒他们兄弟般的情谊，使他们成为热情的、公正的和亲切的人"。同时，他又认为，对儿童实施爱的教育，可以使教育者获得他们的信任和热情，并在师生之间建立一种相互信任的真诚关系。在他看来，如果教育者做到了这一点，一切其余的问题也就会随着解决了。

对于如何实施爱的教育，裴斯泰洛齐认为，家庭教育是一种最好的方式。因为家庭生活的黏结力就是爱的黏结力；家庭影响如果以最纯洁的形式出现，就是人类教育中所能想象到的最高尚的因素。在充满爱和有爱的能力的家庭生活环境中，孩子肯定会变好。他主持的新庄和斯坦兹孤儿院以及布格多夫学校，始终体现了家庭教育的模式。在那里，裴斯泰洛齐的爱的感情和言行，深深地感染着每一个儿童，产生了潜移默化的影响。他强调指出，"如果公共教育要对人类有任何真正价值的话，它必须模仿家庭教育的优点"，只有这样，才能使家庭和学校之间没有任何鸿沟。在裴斯泰洛齐看来，教师应当是心胸开阔、性情开朗、感情真挚、和蔼可亲的人，应该像父母对待自己的孩子那样，去开启孩子的心灵和激发孩子的悟性。他们实际上不是父母，但要努力做到像父母。但是，他认为，对儿童实施爱的教育，并不是对他们无原则地放纵。裴斯泰洛齐说："当孩子们固执和难以管束的时候，我是严厉的，而且运用了体罚。"

裴斯泰洛齐对儿童的爱是无私的，他爱的对象是社会最底层的贫苦家庭的儿童。这是裴斯泰洛齐提倡和实施爱的教育的特点。因为他认为，这些贫苦家庭的儿童通常被社会所忽视和歧视，如果不给他们爱，不使他们受到良好的教育，他们的天赋就不能得到充分的发展，所以，他们特别需要爱的教育。可以说，裴斯泰洛齐提倡和实施爱的教育，正是为了实现他提出的教育的最终目的："发展各人天赋的内在力量，使其经过锻炼，使人能尽其才，能在社会上达到他应有的地位。"

三、论教育心理学化

裴斯泰洛齐是第一个明确提出“教育心理学化”口号并付诸实践的教育家，为教育和教学工作建立在受教育者心理活动规律的基础上，开创了新的时代。

裴斯泰洛齐指出，专制主义教育的弊病和危害，在于它违背儿童的天性，采用不适合儿童发展的方法，将一堆无用的知识充塞儿童的头脑。教育心理学化，就是要找到根除这种教育弊病的“教学机制”，这种“教学机制”是基于人类本性的永恒规律的。

教育心理学化，就是把教育提高到科学的水平，将教育科学建立在人的心理活动规律的基础上。首先，要将教育的目的和教育的理论指导置于儿童本性发展的自然法则的基础上。其次，必须使教学内容的选择和编制适合儿童的学习心理规律。在教学内容的组织编排上，他提出了“要素教育论”，即各科课程和教学内容按照普遍存在的基本要素为核心来组织。最后，教学原则和教学方法的心理学化。他说：“大自然在我们面前展现的事物是在广阔的领域分散开来的，是混乱的，教学艺术则是把他们集中到较窄的范围，使之有序地组合，通过相互联系，让他们接近我们的五官，这种相互联系使我们对所有印象的感受便利而有力，因此，在较长时间，逐日增加数量，在日益精确的程度上来提高我们对世界事物的感觉能力。”

教育心理学化，还要让儿童成为他自己的教育者。裴斯泰洛齐认为，尽管儿童像世界上最娇嫩的植物一样，需要温暖、养料、保护，但他身上生来就潜藏着具有发展倾向的天赋能力和力量。这些天赋能力和力量是自然的体现，是天生固有且和谐一致地存在于其内心的。人的能力发展，其动力不在于外界，而在于人的身体之中。人的有机体从它具有生命之日起，自然已确定了它的发展道路，使它逐步成长起来，并引起有机体结构在组织、形式和功能等方面的一系列变化。这种内在的动力是天赋的、不可改变的。裴斯泰洛齐把天赋能力比喻成一颗树种，认为它蕴藏着树的全部属性，是树的精髓；它依靠自己的力量长成大树。因此，儿童来到世上，不仅拥有接受外界刺激的能力，更具有对它们加工和整理的能力。儿童将成为大自然赋予他可以成为而且应该成为的人。这些天赋能力是发展的。裴斯泰洛齐说：“人的能力在他的一生中不断发展，这和树的情况是一样的……一棵树各自独立的部分通过其机体的无形灵魂，以其天赋的有序的统一精神共同工作，以完成共同的功能，即生产果实，人也是如此。”人身体的各个部分都要经过从小到大、从粗到精、从不完善到完善的发展过程，人的能力发展也总是从简单到复杂的。但是，具有高级属性的人与树并不完全相同，那些天赋能力需要借助积极的心理活动和精心安排的练习来获得。

人的天赋能力及其发展是教育的基础，教育就是要发展人的天赋能力。教育要为儿童天赋能力的充分发展提供环境和条件，并通过激发其内部兴趣、提供练习和促进思考等推动这些能力的发展。教育应与儿童心理发展的规律协调一致，使儿童获得身体、智力和道德发展的自主性。裴斯泰洛齐认为，教育应当与自然结合起来。尽管从儿童的头脑能够接受大自然的印象那一刻起，大自然就教育了他们，但自然并不完美，因此，教育不能单纯地遵循自然，而应当帮助和纠正自然。

人的自然由肉体、智力和道德三部分组成，这三部分处在互相联系的一个统一体中。

因此，教育应当考虑到人的全部能力的和谐发展。人的体育、智育和德育也应当是相互联系和统一的。教育者应当依照自然的法则，发展儿童的身体、智力和道德等方面的能力，并兼顾到它们的平衡。

人的全部教育就是让人的自然天性遵循它固有的方式发展的艺术，所以，裴斯泰洛齐毕生致力于自然和教育艺术的结合。他把正确的教育比喻为园丁的艺术："成千上万棵树木在园丁的照料下开放、成长。园丁对树木的实际生长不能有所作为，生长的原理存在于树木本身……他既没有提供生命也没有提供呼吸。他只是看守着，以防任何外部力量的伤害或干扰。他关照着让人们的发展沿着与其发展的法则相一致的轨道进行。但是，他必须充分地认识人类心智的特殊构造，这一构造适于将人的各种能力结合起来以实现他最终的使命。"

裴斯泰洛齐提出的"教育心理学化"是强调教育要符合儿童心理的发展。他深信，儿童开始有意识地接受各种事物的感觉印象时，就需要有符合心理学的训练。虽然裴斯泰洛齐对儿童的心理及其发展还没有做出真正科学的解释，但是，他已深刻地认识到教育科学应当起源于并建立在对人类天性最深入的认识的基础上。所以，他的"教育心理学化"思想显然比夸美纽斯的"教育要适应自然"和卢梭的"教育要顺应自然"的思想前进了一步。

四、论要素教育

要素教育是裴斯泰洛齐教育理论体系中的一个重要组成部分。他在《天鹅之歌》一书中写道："要素方法的问题，就是如何使人的才能和能力的培养与大自然的顺序一致。我多多少少觉察到了这一问题的全部重要性，已花费了后半生的很大一部分精力努力解决它。"这也表明了要素教育在他心目中的重要地位。

要素教育的基本含义是，教育过程要从一些最简单的、为儿童所接受的"要素"开始，再逐步过渡到更加复杂的要素，促使儿童各种天赋能力的全面和谐发展。他认为儿童天赋能力和力量的发展都有其自然的顺序，即从简单到复杂。在关于事物和对象的任何知识中都存在着一些最简单的要素，如果儿童掌握了这些最简单的要素，就能够认识他们所处的周围的世界。他说："最复杂的感觉印象是建立在简单要素的基础上的。你把简单的要素完全弄清楚了，那么，最复杂的感觉印象也就变得简单了。"要素教育，实际上也就是遵循大自然的秩序和儿童心理发展规律。

裴斯泰洛齐强调指出，各种教育都有最简单的要素，是对儿童进行各种教育的依据。为此，他还详细而具体地探讨和论述了德育、智育和体育的要素。

德育最简单的要素是儿童对母亲的爱。这种爱的种子是在母亲和婴儿之间自然亲子关系的基础上产生的。母亲哺育和抚爱婴儿，使婴儿感到满足、愉快，他心中便萌生了爱的情感。当儿童受到惊吓、恐惧时，母亲给予保护和安慰，孩子的心中便萌生了信任的情感。服从和爱、感激和信任交织在一起，他便萌生了良心。随着孩子的成长，他会从爱母亲进而爱双亲，爱兄弟姐妹，爱周围的人，后又扩大到爱所有的人，爱全人类，而爱人类和爱上帝是一致的，信仰和崇敬上帝是德行的最高要求。至此，一个人的道德力量也就得到充分的发展和实现。

裴斯泰洛齐认为，应当重视激发儿童的道德情感。无论在家庭还是学校都要以母爱的精神感化孩子，给予其充分的爱心，以激起儿童的道德情感。他还重视儿童的道德行为练习，因为道德行为只有通过多次练习才能巩固。通过道德行为练习，儿童可以学会自我控制，养成良好的意志品质，并在日常生活中表现出来。在裴斯泰洛齐看来，在全部道德习惯中，自我克制的习惯是最不容易获得的，但是一旦养成这种习惯，它就是最有益处的。

智育最简单的要素是数目、形状和语言。裴斯泰洛齐说："使一切通过感觉印象而获得的认识得以清晰的手段，来自数、形和词。"知识教学应当首先从让儿童观察事物开始。裴斯泰洛齐认为，儿童说话的愿望和能力的发展，是与他通过观察逐渐获得的知识成正比的。在观察时，要把呈现在眼前的含糊不清的对象一一区别开来，并且逐渐使自己获得清晰的概念，儿童必须注意三点：①在他面前的物体有多少？有哪几种？②它们的外貌、形状或轮廓是怎样的？③它们叫什么名称？怎样用一个声音或一个词称呼每个物体？在知识教学过程中，儿童通过计算来掌握数目，通过测量来认识形状，通过说话来学习语言，同时发展了自己的计算、测量和语言能力。裴斯泰洛齐认为，作为知识教学最简单要素的数目、形状和语言，都有其最简单的要素，数目的最简单要素是 1；形状的最简单要素是直线；语言的最简单要素是语音。

体育的最简单要素是各种关节的运动，表现为最简单的体力形式，如抛、搬、推、拉、戳、摇、转等基本动作。这是自然赋予儿童关节活动的能力，是儿童体力发展的基础，也是进行体力活动和体育练习的要素。把这些基本动作结合起来，就可以构成各种复杂的动作。儿童应当从小就开始习惯于各种关节的运动，然后逐步扩展到全身的、更为复杂的体力活动。通过这些由简单到复杂的动作练习，儿童可以进一步发展身体的力量和各种技巧。这种动作练习，还应当与感觉和思维的练习结合起来，协调起来，从而使智力和体力同时得到发展。体育应该从儿童的早期开始，母亲们必须熟悉体操，以便根据儿童的年龄和体力为其选择最适合、最有益的体操运动。裴斯泰洛齐认为，应当把体育和培养儿童良好的卫生习惯结合起来。例如，儿童应当经常洗手、漱口、刷牙和修剪指甲，注意自己的呼吸，在学习或工作时都要保持端正的姿势等。

五、论儿童早期教育

裴斯泰洛齐认为，儿童应当尽可能早地接受教育，最好从出生时就开始。在他看来，及早地注意儿童身体、道德和智力等方面的训练，能使他通向一个更高级的目标，使他能够自由自在且充分地运用造物主所赋予的全部才能，并使这些才能朝着完善人的一切的方向发展。这种训练开始得越早，就越容易成功。

裴斯泰洛齐提出了儿童早期教育的两条法则。

一是既不能过度溺爱，又不能放任自流。他强调："请母亲坚定地遵循这条有效的古老法则，即对婴儿的关心要持之以恒；尽可能坚持同一种做法；如果孩子的需要是实际的，就决不要忽略他们，如果他们的需求是非分的，或者胡搅蛮缠地来表示这种需求，那么就决不能纵溺。这种做法实行得越早，越能持之以恒，孩子所获得的益处也就越大，越持久。"在他看来，如果母亲忽视了这条法则，不管她的用意多么良好，都是不明智的。

二是激发儿童自我发展的动因。裴斯泰洛齐认为，尽管教育是母亲的一个最神圣且最重要的职责，但是儿童也是他自己的教育者，因为他不仅具有注意和记忆某些概念或事实的能力，而且还有不受他人思想支配的独立思考能力。母亲应当清楚地认识到这一点，既要让儿童去阅读、书写、听讲和复述，更要让儿童去思考。“要在幼儿的头脑中形成这种思考习惯——经常性的、自觉的思考习惯，没有什么能比早期发展这种习惯更为有效的了。”

儿童早期教育包括体育、智育、德育、音乐教育和绘画教育等。

1. 体育

裴斯泰洛齐认为，儿童运用四肢，能够增强体质、锻炼技巧，有助于其全部才能的发展，以及潜在能力的发挥。同时，儿童运用四肢也有助于其道德训练，因为合理的体育训练能促进儿童的欢乐和健康，培养儿童的团体精神和兄弟般的情感，培养儿童勤奋的习惯及其勇敢和吃苦耐劳的品质等。在安排运动时，母亲应当认识到儿童的体育必须是渐进的，从容易进行的运动开始，继而进行更为复杂、难度更高的运动。同时，母亲应当熟悉体育的原理，能够从那些初级的、预备性的运动中，根据情况选择出最适合、最有益于孩子的运动。

2. 智育

裴斯泰洛齐认为，母亲应当鼓励儿童的好奇心，应当正确地对待儿童的提问。如果儿童不断地询问他还不理解的问题，或穷根究底、令人厌烦地提出问题，母亲千万不要加以阻止，这样会扼杀儿童智力上的自主性。在早期的智育中，最好采用图片和实物来启迪儿童，抛弃令他感到头痛和难以忍受的纯文字的教学。

3. 德育

裴斯泰洛齐认为，习惯和环境在儿童早期的德育中起着很重要的作用。因为婴儿总是很容易习惯那些他经常见到的以及与母亲关系亲密的人的眼光和关注，所以，他学会了去爱那些母亲喜欢的人，去信任那些母亲信任的人。为了促使婴幼儿的爱和信任情感的发展，母亲应当注意两个方面：一是有始终如一的日常行为举止；二是不能纵容任何一种坏脾气。

4. 音乐教育

裴斯泰洛齐认为，早期的音乐教育可以发展儿童健全的欣赏力和健全的感觉，并能对陶冶情感产生显著的影响，因为音乐可以产生和促进那种能够通过陶冶而形成的人的最高级的情操。只有在野蛮或道德空虚的时代，音乐才会被贬低到无人问津的地步，从这一点来看，音乐教育也有助于道德教育。

5. 绘画教育

裴斯泰洛齐认为，应当重视儿童天生的模仿能力，因为那些表现出好奇心的儿童，会迅速地开始运用他的智力和技能来仿制他所看到的东西。在绘画练习中，应当使儿童在仔细观察的基础上先画出一个物体的各个局部，然后再画出这个物体的全貌。但更重要的是，应当让儿童去临摹大自然。绘画练习之后，还可以让儿童进行制作模型的练习。在他看来，绘画教育也有助于儿童早期的智力教育。

裴斯泰洛齐认为，母亲最好向儿童提供一些玩具，并经常给予帮助，这既能激发他天真的快乐，又能引导他到有益的工作上去。他还指出，“要避免让他们每日每时单调地重复那些小玩意，要使他们的微不足道的娱乐变得丰富多彩，玩耍一旦引起他们的兴趣，就会激发他们的智慧，增强他们的观察力”。

为了实施儿童的早期教育，裴斯泰洛齐强调对母亲的教育。他说：“谁要是深切关心年轻一代的幸福，那么就应把对母亲们的教育看作他的最高目标。”在他看来，在儿童的早期教育中，母亲的爱是最重要的。因为母爱是最强大的力量，母亲与儿童之间的感情是早期教育的动因。裴斯泰洛齐认为，婴儿需要母亲的养护和照顾，并有相应的表现与反馈；母亲也会对婴儿的需要给予满足。母亲能教给孩子各种物体的名称；母亲能和孩子谈谈家庭周围的环境；母亲能给孩子传授各种各样的实用知识；母亲能教孩子去探究和思考。如果不能清楚地看到这一点，儿童早期教育的全部希望和努力只能以失望而告终。因此，应当从教育母亲着手，使母亲认识到儿童早期教育的重要性，并使其在品格和知识上受到教育。裴斯泰洛齐提出，要建立培养未来母亲的学校，“这个学校教育出来的学生要去当教师，去当教育工作者；最重要的是这个学校要使女子的品格自早期岁月起就朝这个方面发展，使之能在早期教育中发挥重要的作用”。

裴斯泰洛齐既是一位教育实践家，又是一位教育理论家，他毕生致力于教育革新实验和教育理论探索。他的教育思想具有鲜明的民主性和革新性，反映了时代对教育的要求，揭示了一定的教育规律。当然，由于其所处时代、自身世界观及实践活动的局限性，他的教育理论中也有不完善的地方。尽管如此，他的教育实践和教育理论对欧洲各国的教育仍然产生了极大的影响，欧洲的一些国家设立了“裴斯泰洛齐式”学校，19 世纪的欧洲还形成了“裴斯泰洛齐运动”。他提出的爱的教育和儿童早期教育思想对以后的幼儿教育家，如赫尔巴特、福禄贝尔、第斯多惠等都产生了重要的影响，后来他们也都不同程度地发展了裴斯泰洛齐的思想。

第六节　福禄贝尔的学前教育理论

德国学前教育家福禄贝尔把自己毕生的精力献给了幼儿教育事业。他创办了世界上第一所幼儿园，建立了较完整的幼儿园教育体系，并倡导了幼儿园运动。他的幼儿教育理论和实践对世界各国幼儿园的发展及幼儿教育理论体系的形成和发展产生了广泛的影响，被世人誉为“幼儿教育之父”。

一、生平活动与幼儿园的创立

1782 年 4 月 21 日，福禄贝尔生于德国图林根地区的一个牧师家庭。出生 10 个月后，母亲因病去世，从此他失去母爱。父亲再婚后，继母对他关心甚少，父亲又忙于教区事务，无暇顾及孩子，因此，他常常独自在树林田野里游荡，把自然界的花草树木作为观察和思索的对象。

福禄贝尔 10 岁时到国民学校读书，15 岁的他念完国民学校便跟随一位林务员当学徒。1799 年，福禄贝尔第一次进入耶拿大学学习自然科学和数学。在那里，他听过德国哲学家费希特和谢林讲课，受到德国古典哲学的很大影响。但因交不起学费，第二年他就中断了学业。

1805 年，福禄贝尔偶然认识了法兰克福模范学校校长格吕纳。格吕纳曾是裴斯泰洛齐的学生。在格吕纳的影响和建议下，福禄贝尔开始了教育工作的生涯。他认真钻研教育著作，尤其是裴斯泰洛齐的教育著作。后来，他在法兰克福的贵族霍尔茨豪森男爵夫人的帮助下，先后两次前往裴斯泰洛齐的伊弗东学校参观学习，对裴斯泰洛齐的教育思想有了更深入的认识。

为了扩展自己的知识、进一步探究人的教育及其发展规律、实践自己的教育思想，福禄贝尔先后进入哥丁根大学和柏林大学学习语言学、物理学、化学、矿物学、哲学和人类学等。

1816 年，福禄贝尔在施塔提尔的格利斯海姆创办了一所学校——“德国普通教养院”。次年，学校迁往鲁道尔施塔特的卡伊尔霍。1826 年，他发表了以卡伊尔霍学校教育实践经验为基础写成的《人的教育》一书。1827 年，他把自己早期教育思想形成和发展的过程记述在自传体作品《给梅林根公爵的信》中。由于德国反动势力的压制和迫害，从 1831 年起，福禄贝尔流亡瑞士，1834—1835 年在瑞士布格多夫担任一所孤儿院的院长。其间，他对早期教育的重要性有了深刻的认识，也积累了解决幼儿教育问题的经验，并决心把他的教育思想全面地运用于儿童早期教育工作中。

1836 年，福禄贝尔回到故乡，开始设计游戏材料。1837 年，他在卡伊尔霍附近的勃兰根堡开办了一个发展幼儿活动本能和自我活动的机构，同时在以前研究成果的基础上创制了一套游戏——“恩物”及其使用说明。福禄贝尔曾想把这个机构取名为“婴儿职业所”或“育婴院”，但都因觉得不妥而没有确定下来。后来有一天，他和助手米登多夫等人在树林中散步时，从所看到的花草树木的自然乐趣中忽有所悟，决定用“幼儿园”（kindergarten）一词来命名自己创办的幼儿教育机构。他把幼儿的活动场所比作花园，把幼儿比作花草树木，把幼儿教师比作园丁，把幼儿的发展比作培植花草树木的过程。这个名称一直到 1840 年 6 月 28 日才被正式公布于世，这标志着世界上第一所幼儿园的诞生。1843 年，福禄贝尔出版幼儿教育专著《母亲与儿歌》，总结了自己的幼儿教育工作经验。1844 年，这所幼儿园迁往巴特利本施泰因的马林塔尔，福禄贝尔一直在那里生活和工作到生命的最后时刻。

由于福禄贝尔的努力——开办幼儿教育讲习班、训练幼儿园的教师，加上德国一些社会人士和教育家的支持，一批新的幼儿园在德国许多城市建立起来，原有的幼儿学校等机构也按福禄贝尔的体系进行了改组。但是 1851 年，由于宗教和政治的原因，普鲁士政府下令禁止设立福禄贝尔式的幼儿园，他也因此遭到沉重打击。1852 年 6 月 2 日，福禄贝尔在马林塔尔去世。1861 年，福禄贝尔生前友人将他有关幼儿教育的文章编辑出版，书名为《幼儿园教育学》。

二、论教育的一般原理

福禄贝尔早年与自然接触密切，后来又受到裴斯泰洛齐、卢梭、夸美纽斯教育思想的影响，因此他的幼儿教育理论体系强调人的发展和教育适应自然。由于家庭宗教气氛浓厚，加之又受到费希特、谢林、克劳泽哲学思想的影响，他的教育理论体现了万物有神论，带有宗教神秘主义的色彩。福禄贝尔的哲学思想是唯心主义的先验论，认为万物存在的根源是宇宙精神（也就是神），神主宰着一切。福禄贝尔基于这种唯心主义的思想，确立了三个教育原则，即教育的一般原理。

（一）统一原则

福禄贝尔认为上帝是万物的统一体，这一原理是他论述教育问题的出发点。他在《人的教育》一书中开宗明义地写道："有一条永恒的法则在一切事物中存在着、作用着、主宰着。这条法则，无论在外部，即在自然中，或在内部，即在精神中，或在两者的结合中，即在生活中，都始终同样地明确与确定……这条支配一切的法则必然以一个万能的、不言而喻的、富有生命的、自觉的、因而是永恒的统一体为基础的……这个统一体就是上帝。"

为了进一步阐述这一原理，福禄贝尔又用"球体法则"来说明。他认为，包罗着从同一中心向各个方向扩散开来的一切东西的圆球，可以解释为无限性的象征，可以最清楚地象征一个统一体。他强调说："自然界一切起作用的、活动的、富有生命的事物的结构，其根据首先在于球体所依据的法则，也就是说，球体法则是自然事物的根本依据。"在他看来，球体是最完善的形体，是作为自然中一切形态和形式的统一体表现出来的，也是在最一般意义上说的最初的和最终的自然形式。

从上帝是万物的统一体的原理及球体法则出发，福禄贝尔认为，人与动物、植物一样，也是上帝的创造物，应当服从于同一条发展规律，服从于同一条永恒的法则。它们最初都是不完善的，到了后来才表现为各方面的均衡、协调和完善。它们都具有展现上帝精神的共同使命。人的教育就是要顺应人的本性，激发和推动人有意识地和完善地展现上帝的精神，达到内部和外部的统一，并指明达到这一目的的途径和手段。人身上所具有的上帝精神，必须通过教育才能在他身上得到表现和发展。

（二）顺应自然的原则

福禄贝尔认为，教育必须顺应自然。对于人来说，重视自然和观察自然是十分重要的。人作为宇宙万物的一部分，具有与宇宙万物一样的发展进程和规律，服从于同一法则。人的力量、天赋及其发展方向、四肢和感官的活动，是按照它们本身在儿童身上出现的必然次序发展的。在福禄贝尔看来，人性是善的，因为人性的本质和根源是神性，而教育、教学和训练的最初标志也必然是容忍的、顺应的，是要保护人的本性的。从刚出生起，人们就必须按照儿童的本性去理解他们和正确对待他们，让他们自由地和全面地运用自己的能力，而不能违反他们的本性，把成人的形式和使命强加于他们。

因此，福禄贝尔强调：“一切专断的、指示性的、绝对的和干预的训练、教育和教学必然地起着毁灭的、阻碍的、破坏的作用。”其危害在于，会使存在于人身上的上帝的精神丧失掉。

福禄贝尔还认为，尽管在每个人身上都包含并体现着整个人性，但它在每个人身上是以完全固有的、特殊的、个人的、独一无二的方式得到表现和塑造的。因此，儿童教育必须重视儿童的个性发展，不能把他们当作没有个性差别的复制品。只有在人的天性不受到干扰、能够自然地发展，且人的个性发展也受到重视的情况下，正确的、真正的人的教育和人的培育才能进行，才能开花结果，才能成熟。

（三）发展原则

福禄贝尔在教育史上第一次把自然哲学中的“进化”概念完全而充分地运用于人的发展和人的教育当中。他认为，宇宙万物都是不断发展的，作为宇宙万物中一部分的人在其生命过程中也是不断发展的，人的发展过程也和自然界的进化过程一样，经历了从不完善到完善、从低级到高级、从简单到复杂的前进序列，最后趋向于永恒的、最终的目的，即展现上帝精神。他强调：“人和人身上的人性应当被看作外表的现象，不能看作一种已经充分发展的、完全形成的，一种已固定、静止的东西，而应当看作一种经久不断地成长着、发展着的，永远是活生生的东西，永远朝着以无限性和永恒性为基础的目标，从发展和训练的一个阶段向另一个阶段前进的东西。”

因此，人出生后就是不断发展的。人身上具有天赋本能，这使得人具有了不断发展的可能性。福禄贝尔把人看作花园里的种子——不断发展着自己的天性，充分发挥着自己的潜能。他认为，每个人诞生时就具有四种本能：一是活动的本能，这是上帝精神在人身体内部的表现。它起初表现为单纯的模仿活动，后来便表现为富有创造性的活动。二是认识的本能，这是潜藏在人身体内部的认识和展现上帝精神的能力。三是艺术的本能，这是人对万事万物进行艺术创造的潜能。四是宗教的本能，这是人发展的最终目的。人的发展过程就是在上述四种本能的基础上实现内部和外部的统一，即变内部为外部、变外部为内部的过程。

福禄贝尔把儿童的发展划分成三个时期：①婴儿期，主要是养护时期。婴儿发展外部器官，从外界吸收和接受多种多样的东西；他们的感官和四肢是最初的活动，也是最初的求知欲。“人的第一个发展阶段对于人，对于他的现在和将来都具有无法描写的重要意义。”②幼儿期，主要是生活时期。幼儿运用他的身体、感官和四肢，开始自动地向外表现内在本质，使得内部的东西变为外部的东西。真正的人的教育便开始了。游戏和说话是这一阶段儿童生活的要素。③少年期，主要是学习时期。儿童开始为了创造物而活动，为了成果而生活，使得外部的东西变为内部的东西。

从整体联系的观点出发，福禄贝尔批评那种把人的各个发展阶段孤立起来的观点，强调人的各个发展阶段之间的连续性。他说：“人为了完成他的使命和实现他的天职而需要经历的发展和训练，乃是一个永久性地连续不断地前进、始终一贯地从一个阶段向另一个阶段上升的不可分割的整体。”他又说：“如果把人不断前进的一系列发展的年岁划分明显的界限和造成截然的对立，从而完全忽视持续不断的进步、活生生的联系和生活的本质，那是十分有害的，起阻碍作用的，甚至会发生破坏作用。”在他看来，在人的整体发展过程中，前一个阶段总是为后一个阶段的发展打下了基础，而后一个阶段总是前一个阶段发展的继续，各个发展阶段紧密相连，既不能忽视，更不能跳过。

三、论幼儿园的作用和任务

福禄贝尔特别强调幼儿期的重要性。在《人的教育》一书中，他强调指出：“人的整个未来生活，直到他将要离开人间的时刻，其根源全在于这一生命阶段，假如儿童在这一年龄阶段遭到损害，假如存在于他身上的未来生命之树的胚芽遭到损害，那么他必须付出最大的艰辛和最大的努力才能成为强健的人，必须克服最大的困难在其朝着这一方向发展和训练的道路上避免这种损害所造成的畸形。”福禄贝尔认识到了幼儿期是人生发展中极其重要的阶段，他重视家庭特别是母亲在早期教育中的作用。但是，在他看来，母亲出于天性，在没有任何指导和学习的前提下本能地、自发地教育自己的孩子是不够的。所以，他主张要创建幼儿园这种幼儿教育机构来协助家庭更好地教育孩子。他把幼儿园作为家庭教育的“补充”而非“代替”，强调幼儿园是家庭教育的继续和扩展。

福禄贝尔创建幼儿园也正反映了当时的时代需要。在福禄贝尔生活的时代，由于资本主义生产的发展，许多妇女甚至稍大一些的儿童都被卷入了生产过程。妇女们无暇照顾和教育家庭中年幼的孩子，于是，各种幼儿教育机构陆续出现，如幼儿学校、看护学校等。但是，福禄贝尔强调，他创建的幼儿园与以前已存在的幼儿学校一类的幼儿教育机构是不同的。他说：“称之为‘幼儿园’与通常称为‘幼儿学校’的类似机构是不相同的。它并不是一所学校，在其中的儿童不是受教育者，而是发展者。”因此，福禄贝尔幼儿园的基本思想是帮助儿童自我表现并由此得到发展。幼儿园教师使儿童参加与其天性相适应的活动，带领他们到花园、树林里做游戏，增强他们的体质，在活动中引导他们进行观察，训练他们的感官，发展他们的活动和创造能力。幼儿园必须拥有一个供游戏用的宽敞而明亮的大房间，并与一个花园相连。只要天气许可，儿童就应在花园里进行各种有益身心健康的活动，如游戏、体操练习等。有的西方学者就指出：“在一定的时期中，教育是儿童兴趣与能力的自然开展，正如花卉一般，在一定时期内展开并且显露出它的色彩……儿童和花卉没有教师或园丁一样要生长，但是这两者有了人照料就生长得更好。正如园丁帮助花卉，使它在开花时把所有的美丽颜色都开放出来；同样，教师帮助儿童实现神所给予他的一切能力。”福禄贝尔深受这个类比的触动，把他的学校称为儿童的花园（幼儿园）。他把儿童放在生长发芽的种子的地位上，把教师放在细心的有知识的园丁的地位上。

1843 年，福禄贝尔在其《关于德意志幼儿园的报告书》中明确指出：“幼儿园收容学龄前 3—6 岁的儿童，以家庭的方法助长儿童的身体发育与精神上诸能力的发展，使其养成良好的习惯。”幼儿园的工作任务是通过各种游戏和活动，培养儿童的社会态度和民族美德，使其认识自然和人类，发展他们的智力和体力及做事或从事生产的技能和技巧，尤其是运用知识与实践的能力。

四、福禄贝尔的恩物

恩物是福禄贝尔创制的一套供儿童使用的教学用品，他认为它们是上帝的恩赐物，故称其为“恩物”。这套教学用品仿照大自然事物的性质、形状和法则，体现了从简单到复杂、从单一到多样的原则，作为儿童认识万物的初步手段，适合儿童教育的要求。它是与儿童天性的发展相适应的。在他看来，恩物的价值在于可以帮助幼儿由简到繁、由易到难、循序渐进地认识自然及其内在规律，最终将自然界的万物统一于上帝精神。

福禄贝尔创制的恩物主要有以下 6 种。

第一种恩物是 6 个用不同颜色的绒毛做成的柔软圆球，分别为红、黄、蓝、绿、紫、白。每个圆球上都系着一根细线，可以提着做各种动作。福禄贝尔认为，圆球是一切玩具中最有价值的，它体现了上帝精神的统一和孩子天性的统一，是运动和变化无限的象征，代表着球状的太阳、月亮、地球等大自然。圆球最适宜于儿童，因为他们容易抓握。通过圆球的不同方向的运动，能使儿童形成“去—来”“上—下”“左—右”“前—后”“转过去—绕过来”等空间概念；通过不同颜色的圆球的比较，能发展儿童辨别颜色的能力；通过玩球，能够训练儿童的四肢和感觉，还能使儿童模仿母亲学会各种发音、理解词的含义，从而有助于发展儿童的语言。福禄贝尔指出，这些球戏还可分成不同的等级，以供不同发展阶段的儿童使用。

第二种恩物是木制的圆球、立方体和圆柱体，直径和高度一样的它们组成了三件一套的玩具。福禄贝尔认为，圆球是运动的象征；立方体是静止的象征；圆柱体是球体和立方体两种形态的结合——竖立时是静止的，卧倒时是运动的。这三者构成了宇宙中的万物。用各种方法使圆球、立方体和圆柱体摇摆、滚动、平衡等，就能展现它们的各种特性。借助于这一种恩物，儿童能辨别球体、立方体和圆柱体的异同，认识物体的各种形状和各种几何形体。儿童可以发挥自己的想象力，想出各种玩法。

第三种恩物是一个可以分成 8 个相同的小立方体的木制大立方体。通过它们的组合和分割，儿童能认识部分与部分、部分与整体之间的关系；同时，儿童可以把 8 块小立方体想象为“砖块”，利用它们建构宇宙中万物的形状，如桌子、椅子、桥、塔等，从而激发自己的建造能力。

第四种恩物是一个可以分成 8 个相同的小长方体的木制大立方体。这一玩具能使儿童认识长方体与立方体的异同；能使儿童获得长、宽、高的概念；能帮助儿童明白算术的基本道理，掌握加减乘除的基本运算规则；还能激发儿童的建造能力。

第五种恩物是一个可以分成 27 个相同的小立方体、6 个相同的大三角体和 12 个相同的小三角体的木制大立方体。通过它们的组合和分割，儿童能进行大量几何图形的学习，认识正方形、长方形和三角形的异同，以及不同角度的变化。

第六种恩物是一个可以分成 18 个相同的小长方体、6 个相同的小方柱体和 12 个相同的小四角体的木制大立方体。借助于这一种恩物，儿童可以获得更多的练习机会，训练自己的建造能力，进一步发展自己的组合能力和想象力。

第一、第二种恩物供 3 岁以前的儿童游戏，第三、四、五、六种恩物供 3—7 岁儿童游戏。第四、五、六种恩物的含义与第三种恩物相似，但组成成分更复杂，可以构成多种多样的物体形状。

另外，他还设计了一些双面彩色板、彩色纸、小棒、金属环等作为儿童建筑游戏的补充。这些恩物，既可以使儿童获得更多的练习机会来训练他们的建造能力，进一步发展他们的组合能力和“整体”与“部分”的概念，了解“一中有多”“多归于一”，也可以发展儿童的创造力和想象力。

在福禄贝尔看来，真正的恩物应满足以下三个条件：一是既能使儿童理解他周围的客观世界，又能表达他们对于这个客观世界的认识；二是能表现各种恩物之间的联系——每种恩物包含前面一切恩物，并预示后继的恩物；三是能表现整体与部分之间的关系——每种恩物本身应表现为完整的有秩序的整体由部分组成，部分又可形成有秩序的整体。

福禄贝尔力图使恩物体现上帝是万物的统一体的思想，不过他创制的恩物客观上有助于扩大儿童的知识，发展他们的创造力和想象力，因而在欧洲各国广泛流行。

在以后的福禄贝尔运动中，福禄贝尔主义者把福禄贝尔创制的恩物扩大为 20 种，并分为游戏恩物（第 1—10 种）和作业恩物（第 11—20 种）两类。在福禄贝尔主义者看来，游戏恩物是儿童游戏的用具，除前述的 6 种恩物外，又增加了表现面、线、环、点的 4 种恩物；作业恩物是儿童作业的材料，包括刺纸、墙纸、画点、剪纸、贴纸、编纸、组纸、折纸、豆细工和黏土细工等 10 种。实际上，这已不符合福禄贝尔创制恩物的原意。

五、论游戏与作业

福禄贝尔强调游戏与作业在幼儿园教育中的地位和作用，他从儿童的能力特别是创造能力的发展出发，对游戏与作业进行了颇有价值的论述。

（一）游戏

福禄贝尔是教育史上系统研究游戏价值并尝试为儿童创立游戏实践体系的第一位教育家。他认为，游戏是儿童内部存在的自我活动的表现，是一种本能性的活动，是儿童内心世界的反映。随着幼儿期的到来，儿童会进一步运用他们的身体、感官和四肢，并力求寻找内部和外部的统一，这一点应当通过游戏来实现。因此，游戏就是幼儿期儿童生活的一个要素。他强调说：“游戏是人在幼儿阶段上最纯洁的精神产物，是人的整个生活、人和一切事物内部隐藏着的自然生活的样品和复制品。游戏能给人快乐、自由、满足，保持内部和外部的平静，同周围世界和平相处。”游戏既是儿童内在本质的自发表现，又是内在本质出于其本身的必要性和需要的向外表现。可以说，游戏是儿童内部需要和冲动的表现。游戏作为儿童最独特的自发活动，成为幼儿教育的基础。在福禄贝尔看来，一个游戏着的儿童、一个沉醉于游戏中的儿童，正是幼儿期儿童生活最美好的表现。从某种意义上说，幼儿园应当是儿童游戏的乐园。

对于幼儿期儿童的发展来说，游戏绝不是无关紧要的小事，而是具有极其重要意义的事情。福禄贝尔认为，通过游戏，儿童第一次给他们自己描绘了世界。所以，游戏直接影响着儿童的生活和教育。“这一年龄阶段的各种游戏是整个未来生活的胚芽，因为整个人的最纯洁的素质和最内在的思想就是在游戏中得到发展和表现的。”正因为如此，福禄贝尔在《人的教育》一书中呼吁母亲鼓励和支持儿童的游戏，父亲保护和指导儿童的游戏。但是，福禄贝尔强调指出，游戏应当适合儿童的体力和智力，并使他们认识周围的自然界和社会生活。

福禄贝尔强调集体性游戏在幼儿园中的重要性。他认为，集体的游戏能给儿童带来愉悦，能使他们学会尊重别人，从而培育儿童之间友爱和信赖的感情。福禄贝尔十分注意象征性游戏对儿童发展的作用，如一根小棍被想象成一匹马等。在他看来，这是儿童想象世界的途径。他甚至在幼儿园的房间地板上画上一个象征统一性的圆圈，每天早晨幼儿们脚踏圆圈，手拉着手，围成一圈祈祷和唱歌，以此象征集体的统一性。

福禄贝尔把游戏分成三类：一是身体的游戏，主要是为了锻炼幼儿的身体。这是幼儿对自然界和周围生活中所观察到的动作的模仿，既可以作为力量和灵活性的练习，也可以是内在的生活勇气和生活乐趣的表达。二是感官的游戏。感官的游戏既可以是听觉的练习，如捉迷藏等，也可以是视觉的练习，如辨别色彩的游戏等。三是精神的游戏，主要是为了训练幼儿的思考与判断能力。

基于对幼儿游戏价值的认识，福禄贝尔提出每一个村镇都应当为幼儿设立公共游戏场所。他认为，公共游戏场所既可以丰富和充实孩子的生活，又可以培养他们共同的社会意识和感情，还可以激发和培养他们的公民和道德品质。因此，福禄贝尔说："不管谁，如果想呼吸一下令人振奋精神的新鲜的生命气息，都得参观一下这些孩子的游戏场所。"

（二）作业

福禄贝尔认为，作业就是给幼儿设计的各种活动。这主要体现了福禄贝尔关于创造的理念。创造必须基于对客观世界的认识，而不是臆造和滥造，否则可能不具有什么教育价值。通过这些作业活动，幼儿得以完善地发展。从某种意义上来说，作业是将恩物的知识运用于实践。

作业的材料包括：与恩物中的立体相对应，供捏泥型、折纸和木刻等使用的材料，如泥沙、纸、纸板等；与恩物中的平面相对应，供剪纸、刺孔、串珠、图片上色和绘画等的材料。福禄贝尔指出，幼儿只有掌握了恩物的使用方法之后，才能开始进行作业活动。尽管作业和恩物是紧密联系的，但二者又有明显的区别，主要表现在：恩物在先，作业在后；恩物的主要作用在于吸收或接受，作业的主要作用在于表现或建造；恩物游戏不改变材料的形态，作业则改变材料的形态。

作业活动是使幼儿的体力、智力和道德和谐发展的一个主要方法。作业活动可以对幼儿进行初步的教育。福禄贝尔制定了一套详细的幼儿园作业大纲，要求幼儿的作业活动必须严格遵循从简单到复杂的原则。例如，绘画这个作业活动应当从画点开始，然后是画横线和竖线以及横竖线的组合，最后才是画一些物体。但他对作业活动规定的顺序有时过于死板，因而表现出形式主义。

福禄贝尔认为，在作业活动中，教师应当对幼儿进行及时的指导和帮助，培养幼儿集中注意力和认真制作的习惯，促使幼儿的表现能力和创造能力得到发展。

在游戏和作业活动中，幼儿往往会有很想多说话的表现。他们把每一个事物都看成是有生命、感情和语言能力的，同时又相信每一个事物都在听他说话。因此，福禄贝尔强调指出，说话也是幼儿期儿童生活的一个要素。从幼儿期开始就应当对儿童进行语言训练，使他们“应当正确地和确切地看待一切事物，应当正确地、确切地、肯定地和纯正地描述一切事物”。

福禄贝尔是近代幼儿教育理论的奠基人，对幼儿教育做出了突出贡献。他首创了“没有书本的学校”——幼儿园，并在长期的幼儿教育实践中，不断摸索、总结出一套幼儿教育的新方法，建立起近代学前教育理论体系。尽管他的理论与实践具有宗教神秘主义和形式主义的特点，但是，他推动了世界范围内的幼儿园运动的兴起和发展，因而被世人誉为“幼儿教育之父”。他创立的幼儿园作为一种幼儿教育机构的形式一直沿用至今；他的幼儿园教育理论，至今对世界各国的幼儿教育工作者仍有启迪的作用。

思考与练习

1．举例说明夸美纽斯对世界幼儿教育发展的贡献。
2．简述洛克的幼儿教育思想。
3．卢梭的儿童自然教育思想对今天的儿童教育有何借鉴意义？
4．评述裴斯泰洛齐的要素教育论。
5．福禄贝尔是如何论述幼儿园教育的？

第十五章 20世纪六国学前教育

学习目标

1. 掌握现代发达国家学前教育发展过程中的重要教育机构、教育事件和教育法规。
2. 比较分析发达国家学前教育改革的动因、措施及其效果。
3. 反思发达国家学前教育发展的经验及其教训对我国学前教育发展的借鉴意义。

从20世纪开始，尤其是20世纪60年代以来，世界各国越来越重视教育的社会地位和重要作用，认识到幼儿教育问题不仅直接关系到每个家庭，也关系到整个国家的教育发展水平。因此，一些发达国家根据各自的社会、经济、文化等特点，在学前教育方面采取了一系列发展措施并付诸实践。其中，英国、法国、德国、美国、日本、苏联（俄罗斯）几个国家的学前教育走在了世界前列，对其他国家的学前教育发展起到了引领作用。

第一节　英国的学前教育

英国20世纪上半期的学前教育发展是比较缓慢的，这主要是由于认识上的片面而导致了行动上的迟缓。当时，英国历届政府只重视初等教育和中等教育而不重视学前教育，只是在有限的人力和物力条件下去实施学前教育。20世纪下半期，世界竞争加剧，英国政府才真正开始重视学前教育。1972年12月，英国教育和科学部为此发表了题为《扩大教育计划》的《教育白皮书》，并制定了发展幼儿教育的计划（1974—1984年）。这极大地推动了英国社会上下对幼儿教育的关心和支持，从而在80年代掀起了“尽快行动起来普及幼儿教育”的热潮。

一、“二战”前的学前教育制度

这个时期英国学前教育的发展以保育学校的创立、发展为主要内容。1918年的《费舍教育法》（又称《费舍法案》）和1933年的《哈多报告》是这一时期政府颁布的与学前教育尤其是与保育学校有关的两个文件。

（一）保育学校创立

英国颁布的初等教育法规定：5 岁为义务教育开始的年龄。1905 年教育委员会规定：地方教育行政当局开办的学校有权拒绝 5 岁以下的儿童入学。这就使得 5 岁以下儿童的教育成为多方关注的社会问题。为解决这一问题，一种新型的幼儿保教机构——保育学校应运而生。

1908 年，麦克米伦姐妹在博乌开设实验诊疗所，两年后改名为德普特福特学校治疗中心。在此基础上，德普特福特学校治疗中心于 1913 年发展成为“野外保育学校”，招收 5 岁以下贫民和工人的儿童。

麦克米伦姐妹开设的保育学校，明确提出了为儿童提供适宜的环境、增进学龄前儿童身心健康发展的办学宗旨。学校借鉴福禄贝尔和玛丽亚·蒙台梭利（Maria Montessori，1870—1952）的教学方法，注重儿童的手工教育、言语教育、感觉训练、家政活动和自由游戏；强调儿童的个性发展，反对拘谨的形式主义的教学，让儿童在自然环境中自由地成长。

麦克米伦姐妹创办的保育学校得到了社会的拥护，自此保育学校在英国各地不断涌现。

（二）《费舍教育法》

1918 年，英国国会通过了《费舍教育法》（The Fisher Act），正式将保育学校纳入国民教育制度中，并把保育学校的设立和援助问题委托给地方教育当局。《费舍教育法》规定，除伙食费和医疗费外，保育学校实行免费入学；承认了 13 所保育学校，并决定对这 13 所保育学校实行国库补助。该法还规定将义务教育年限提高到 5—14 岁，把小学分为 5—7 岁和 7—11 岁两个阶段，教学中注重贯彻“儿童中心”原则。

但受战后经济危机的影响，政府采取了财政紧缩政策，教育经费被压缩到最低限度，保育学校的经费实质上难以保证。因此，这一时期保育学校的发展速度非常缓慢。

（三）《哈多报告》

以哈多（Hadow）为主席的调查委员会，在对英国初等教育进行调查后，于 1933 年发表了《关于幼儿学校以及保育学校的报告》（简称《哈多报告》），它是推动英国幼儿教育理论和实践发展的极为重要的文献。该报告认为：①良好的家庭是 5 岁以下儿童的最佳环境，保育学校对城市儿童智力的发展具有重要作用。②建议将保育学校作为“国民教育制度中理想的附属机构”，成立以 7 岁以下儿童为对象的独立的幼儿学校。③幼儿学校的教师应遵循保育学校的原理，通过开展体育、游戏、会话、唱歌、舞蹈、手工、绘画等活动使 6 岁以下的儿童获得知识。可以说，《哈多报告》既遵循了教育的发展规律，又注重了教学传统。

《哈多报告》吸收了裴斯泰洛齐、蒙台梭利、福禄贝尔和麦克米伦等人的幼儿教育思想，被认为是英国学前教育史上具有划时代意义的文献。但受经济危机的影响，它被暂时搁置起来，直至 1936 年教育委员会要求地方教育行政局调查保育学校的情况时，才出现了新的转机。

（四）幼儿教育方法的改革

20 世纪初期的英国，受美国进步主义教育思想影响，开始重新认识蒙台梭利教育思想，逐渐以注重儿童身心自由发展、培养良好习惯的教育取代了传统幼儿学校中强调写、算的正规教育和重视死记硬背、唯命是从的压抑性教育。一些幼儿学校开始了“做中学”“设计教学法”的改革实验。1915 年，英国召开了“新教育理想协议会”，提倡“尊重儿童个性，使其本性在自由的气氛中得到充分发展”的新教育精神。

二、“二战”后学前教育的发展

“二战”结束后，英国由于经费短缺、师资不够，非义务教育（5 岁以下的幼儿教育）一度处于停滞甚至倒退的状态。20 世纪 60 年代后期，英国经济开始好转，初、中等教育的压力有所减轻，政府这才有精力和条件考虑学前教育的发展，开始为其提供必要的经费援助，以扩大 5 岁以下幼儿的教育。

（一）《巴特勒法案》

1944 年，英国政府通过了一个重要的教育改革法案，即《巴特勒法案》（Butler Act）。该法案以当时教育委员会主席巴特勒的名字命名。法案规定初等教育由 3 种学校实行：①为 2—5 岁的儿童设保育学校（这一年龄段不属于义务教育）；②为 5—7 岁儿童设幼儿学校；③设立 5—11 岁儿童的初等学校，可在校内附设保育班，招收 3—5 岁的儿童。

《巴特勒法案》把设置保育学校或保育班规定为地方教育行政当局不可推卸的责任，但未能将保育学校和幼儿学校连贯起来形成制度，没有把幼儿学校教育包括在初等教育之中。

（二）《普洛登报告》和《教育白皮书》

1967 年，教育咨询委员会委员长普洛登女士发表了题为《儿童及其小学》的报告书（即《普洛登报告》）。该报告在第九章“为义务教育前的幼儿提供教育设施”中提议：①要大力发展幼儿教育，大量增加保育设施的数量，尤其要在教育不发达的地区尽快设立“教育优先地区”。②在公立保育机构得到扩充之前，地方教育当局有权对非营利私立保育团体进行援助，以资鼓励。③应在学前教育中增加更多的教育成分，由教育部门把目前尚由卫生部门负责管理的日托机构接管过来。④幼儿教育应以 20 人为 1 组划成 1 个“保育集体”；1—3 个保育集体组成一个“保育中心”；可以与保育所或儿童中心的诊疗所结合起来。⑤在公共保育机构得到扩充之前，地方教育部门有义务对非营利私立保育团体进行援助。⑥最理想的是将保育集体在内的一切幼儿保护服务机构都统一在各个收容儿童的设施及小学校的领导之下，同时，在制定新的地区计划和对老区重新规划时，也应充分考虑到幼儿教育。

1972 年 12 月，教育科学大臣萨切尔发表《教育白皮书》，提出将“扩大幼儿教育”定为内阁将要实行的四项教育政策之一。白皮书肯定了《普洛登报告》中具有实践意义的建议，并制定了实施计划，预计在 10 年内实现幼儿教育的全部免费，并扩大 5 岁以下儿童的教育。为此，它提出以下要求：第一，要调动各方面的积极性；第二，确保有相当数量的教师队伍；第三，政府为实现上述计划提供必要的经费援助。《教育白皮书》发表后，英国的幼儿教育虽有一定发展，但直到 1978 年，儿童入托率尚未达到白皮书规划的 50%与 90%的指标。

总的来说，英国这一时期的学前教育发展十分缓慢。据 1971 年统计，5 岁以下儿童的入园率仅占同龄儿童的 35%，1980 年入园的儿童只占 2—5 岁学前儿童的 18%。

三、20 世纪八九十年代学前教育的发展

（一）学前教育的机构与管理

进入 20 世纪后半期，英国的幼儿教育机构出现多样化，是世界上许多国家无法比拟的，父母可以从众多的学前教育机构中选择适合自己的类型。比较重要的幼儿教育机构有以下几种类型。

1. 幼儿学校（班）

幼儿学校由教育部门负责，附设在小学里，招收 3—5 岁儿童，进行 1—2 年的学前教育后，儿童就近入校入班；以半日制为主、全日制为辅，半日制一般上午来校来班。从儿童的需要出发设计课程，为儿童提供安全、轻松的环境，为儿童入学做好准备。1990 年，英国的幼儿学校有 1364 所，教师有 3.1 万人，入校（班）儿童有 79.3 万名，其中在私立幼儿学校中的儿童占 6%。

2. 日托中心

日托中心由社会福利部门负责，主要招收社会救济部门选送的 5 岁以下幼儿，或劳动妇女的无人照看的幼儿。日托中心必须接受地方社会福利部门的定期检查，只有在教师资格、环境设施等方面符合要求以后，才予以注册，允许招生。1980 年，英国有 13.1 万所日托机构，1993 年增加到近 33 万所，基本上满足了工作的父母及社区的需要。

3. 联合托儿中心

招收 0—5 岁儿童，全年开放，每天从 8:00—18:00，父母可根据工作需要接送孩子。为使保育与教育有机结合，让幼儿园、家庭、儿童三方面都能受益，该机构鼓励父母积极参与中心的活动，并设有父母屋，将父母参与的可能转变成现实。

4. 学前游戏小组

游戏小组由卫生保健部门负责，设在农村及没有幼儿学校和幼儿班的地方。它为儿童提供游戏伙伴、游戏时间和空间，为父母特别是母亲提供交流、学习的机会，使成千上万的家庭能从中获益。游戏小组重视对工作人员的培训、对机构的管理与监督，有效地提高了学前游戏小组的质量，吸引了越来越多的儿童。据统计，1990 年英国注册的学前游戏小组有 1.8 万个，1996 年上升到 2 万个，服务于 80 万名 5 岁以下的儿童。

5. 家庭保育

符合健康、安全标准，经地方社会服务部门批准注册的家庭，可以开办保育活动。主妇担当教育孩子的重任，但最多只允许招 3 个 5 岁以下的儿童（包括自己的孩子）。英国格外重视对家庭保育的管理，政府资助保育者的培训工作，成立国家儿童保姆协会，在《儿童法》中规定保育者必须注册等，以提高儿童保育者的素质，充分发挥其作用。

此外，英国还设有社区中心婴儿室、4 岁幼儿班、学前班、亲子小组、儿童保育中心等以计时性为主的学前教育机构，满足家长随时接送孩子的需要。

为了解决 4 岁以下儿童的保教问题，提高幼儿的入园率，1995 年英国公布了 7.3 亿英镑的“幼儿凭证计划”，给 4 岁儿童发放教育券，实行正规的学前 1 年免费教育。1997 年，该计划在全国范围内实施，使众多家长能自由选择公立或私立的幼儿教育机构，推动了幼儿教育机构之间的公平竞争，提高了办学质量。

（二）学前教育目标提案

1995 年 9 月，学校课程和评定当局主席罗恩·迪林（Ron Dearing）爵士宣布了义务教育开始时 5 岁儿童应该达到的目标提案。这项提案与“幼儿凭证计划”密切相关。提案规定，学前教育的提供者如果想要参加“幼儿凭证计划”，必须向督学证明他们所提供的教育能使 5 岁以下儿童达到国家规定的标准。提案规定的标准包括 5 个方面，即品德和情操教育，语言、识字与数学，对世界的了解与理解，创造性，以及具体的技能与技巧发展。然而，由于此提案过于注重幼儿知识能力的培养，所以引起了许多争议。

（三）游戏玩具馆

英国第一所玩具馆是由一位教师和一位母亲共同筹建的。他们把不同的家庭组织起来，使儿童能够交换玩具、扩大玩耍的范围。由于玩具的价格日涨，参与的家庭就集资购买玩具，玩具馆应运而生，并得以传播。1972 年，英国玩具馆联合会的成立加快了玩具馆建设的步伐。今天的英国玩具馆，备有各式各样的高质量玩具，如智力玩具、车辆玩具、游戏材料、初级计算机等。

玩具馆充分发挥了玩具这种学习工具在儿童成长中的重要作用，增长了儿童的知识，培养了儿童的交往能力，加强了儿童适应学校生活的能力。

四、特点与启示

英国的学前教育是指义务教育开始前的 5 岁以下儿童的教育，属于义务教育的初级阶段。其幼儿教育到现在仍存在着双轨制，一轨是为上层子弟开设的旨在升入预备学校的私立幼儿园，另一轨是幼儿班和幼儿园。

在英国，家长对幼儿教育的积极参与是一大特色。家长可通过多种方式参与幼儿教育工作和学校管理，这样可以充分发挥幼儿园教育和家庭教育各自的优势，有利于儿童更健康地发展。

幼儿园和幼儿班不进行正规的课堂教学，其日常活动是儿童在教师指导下唱歌、跳舞、游戏、绘画、讲故事等。幼儿园和幼儿班非常重视儿童良好个人习惯和社会习惯的训练，以及身体的发育状况的监测。

总的来说，英国学前教育的发展是十分缓慢的，这和英国经济的不景气有关。这说明，学前教育事业发展的总体水平归根到底取决于生产力的发展水平，但这并不是唯一的决定因素。

第二节　法国的学前教育

进入 20 世纪以后，新教育思潮和教育民主化思潮对法国政府的学前教育政策和学前教育改革产生了积极的影响。第二次世界大战后，为使学前教育更加适合社会发展的需要，法国政府不断对学前教育进行改革，特别是 70 年代中期以来，法国的公立学前教育取得了重大进展，这使法国的学前教育在世界上始终保持领先地位。

一、20 世纪上半期的学前教育

20 世纪初期以来，法国政府综合了传统教育派和现代教育派的观点，一方面强调教师在教学过程中的主体地位，主张教师必须参与教学过程；另一方面，采用了有利于发展儿童能力的新做法，不断增加科技教育的比重，促进儿童个性的发展。

（一）学前教育概况

1905 年、1908 年，法国教育部曾发出指令，批评母育学校“小学化”的倾向，指出母育学校的目的是对学前儿童加以照料，满足他们在体、德、智三方面的发展要求；母育学校是儿童的避难所，要鼓励无人照料的儿童到母育学校来，并给予平等、热情的接待和照顾。上述指令一再强调要使母育学校成为社会底层家庭儿童的“避难所”，反映了政府利用母育学校缓和社会矛盾的政治意图。

这一时期法国在学前教育机构的管理方面已形成制度，公立的母育学校由国家和地方自治团体开办并支付经费，实行免费制度。私立幼儿园的监督由教育部的母育学校女视学官负责。多数私立幼儿班则由小学的督学官监督。母育学校的教师与小学教师一样都由初级师范学校培养。1949 年，法国有公立母育学校 3653 所，私立母育学校 217 所，公立幼儿班 4385 个，私立幼儿班 397 个。

（二）比奈与西蒙的智力量表

1904 年，法国政府要求运用各种方法来鉴别智力缺陷儿童，以便开设特殊学校或特别班，避免儿童不断留级所带来的麻烦。

根据政府的要求，法国心理学家比奈（Binet）与医生西蒙（Simon）于 1905 年编写

出版了第一份智力量表——《比奈-西蒙智力量表》。该量表以3—13岁的儿童为对象，重视对儿童个性差异的研究，要求把教育建立在个性心理学的基础上，主张根据儿童思维方式的差异来因人施教。

1908年，针对第一份智力量表不能明确简便地从年龄角度来说明被试者智力超前或落后程度的缺陷，他们又编写出版了第二份量表，称为《年龄量表》。该量表按年龄分组进行测试，并引入"智龄"这个智力测验的重要术语。1911年，比奈在临终前与西蒙又一次修改量表，使其成为比较科学、系统的儿童智力发展的测验工具。他们的量表被迅速译成多种文字在世界上流行。

二、20世纪下半期学前教育的改革与发展

"二战"后，法国政府非常重视教育的发展，出台了一系列教育改革法令，进行教育改革，如1947年的《郎之万-瓦隆教育改革方案》，1959年的《教育改革法令》，1975年的《法国学校体制现代化建议》等。其中，对学前教育影响较大的是1947年的《郎之万-瓦隆教育改革方案》。它首次提出了"教育民主化"的思想，强调根据不同儿童的个体差异，根据儿童的年龄、能力和心理来设计学校，因而被称作一个真正的"以儿童为中心"的教育改革计划。虽然该方案因受当时法国的经济和政治状况的限制而被搁置，但却影响着战后几十年法国教育改革的方向和进程。

（一）学前教育的改革历程

为使学前教育与初等教育很好地衔接，法国政府从1957年10月1日起，把小学入学的年龄由原来的6岁提前到5岁9个月。这个决定也得到了当时的初等教育视学官和学校当局的赞成。

1969年，为实现幼儿体、智、德方面的稳定发展，母育学校根据教育部的指令，在学习计划和教育方法方面进行了与小学类似的改革，将母育学校的课程分为三大类：①基础知识课，每周15课时，上午进行。②启蒙教育课，每周6课时，下午进行。包括游戏、手工、唱歌等自由的教学活动。③教育科目，每周6学时，午后进行。这个课程计划主要是为了克服绝对化的分科教学，把各科目有机联系起来，使儿童能更为统一、协调和整体地去认识世界、掌握和运用知识。这个新计划是当时重视智育的世界风潮的反映。

20世纪70年代，法国政府更加重视公立学前教育的发展，并把它列为第七个五年计划（1976—1980年）的重点任务之一。1975年的《哈比改革法案》规定："所有的儿童享有接受学校教育的权利，以弥补家庭教育之不足，协助家庭进行教育。"学前教育的目标是：启发儿童个性；消除儿童由于出身和家庭条件差异而造成的成功机会的不均等；早期发现和诊治儿童智力上的缺陷及身体器官上的残疾；帮助儿童顺利完成学前教育向小学教育的过渡。1976年12月，政府颁布关于母育学校的法令，指出母育学校在普通教育中的重要意义。其一，母育学校有助于儿童在身体、智力和情感诸方面的发展，为以后接受小学教育做准备。其二，它可以促使儿童早期发展并从教育方面处理可能存

在的障碍，有助于在以后的学习过程中实现机会均等。该法令要求全面发展城市和农村的学前教育，要求所有 5 岁儿童进入母育学校和小学幼儿班，并在教学内容、方法和管理等方面提出了一系列的要求。

20 世纪 80 年代后，法国政府继续把发展幼儿教育看成是实现教育机会均等、开发人力资源、加强科技竞争、增强国力的重要因素之一，予以高度重视。为了保证学前教育发展的需要，法国采取了中央、省和市镇三级政府分摊经费的办学方法，保证了学前教育经费拥有稳定可靠的来源。1989 年 7 月由总统正式颁布执行的《教育方针法》的附加报告规定，学前教育的目标是："通过对美感的启蒙，对身体的意识，对灵巧动作的掌握和对集体生活的学习，发展幼儿的语言实践能力和个性，同时还应注意发现儿童在感觉、运动或智力方面的障碍，并做及早诊治。"这个目标实际上强调了法国学前教育的四重作用：启蒙教育作用、社会化作用、诊断和治疗作用、与小学的衔接作用。该报告对 20 世纪末的法国学前教育起着重要的指导作用。

20 世纪 90 年代法国学前教育的改革与初等教育的改革紧密联系。1990 年法国政府颁布政令，决定把学前教育与小学教育合为一体，2—11 岁儿童的教育被分为 3 个连续的学习阶段，每个学习阶段一般由 3 个学年组成：①初步学习阶段（2—5 岁），包括母育学校的小班和中班；②基础学习阶段（5—8 岁），包括母育学校大班和小学前 2 年；③深入学习阶段（8—11 岁），包括小学的后 3 年。每个阶段的教学活动按学生的能力和水平实行同学科同水平分组教学。学习阶段的实验和改革，其意义在于重视学生的个体差异和幼小衔接，并以学生为中心组织教学。

（二）学前教育的发展概况

法国学前教育的最高领导机构是教育部的"学校司"。母育学校和小学都隶属于市镇领导。每个学校设有由校长、教师代表、家长代表以及市镇有关代表组成的校务委员会，负责制订本校内部章程，研究有关问题，向决策部门提出意见和建议。

母育学校和小学幼儿班招收 2—6 岁儿童，按年龄分为三个班，教学活动分班进行。小班（2—4 岁）的教学以帮助儿童适应集体生活为中心，注重发展儿童的感觉和运动能力，训练其口头表达能力。小班每天的教学活动由教师自行安排，以游戏为主。中班（4—5 岁）的教学形式仍是游戏和玩耍，但渗入了较多的文化知识性内容，如做些学习书写的准备，比较数量多少，学会数 5 以内的物体，培养博爱的道德观念等。从中班起，教师要特别注意发现在智力上、身体上有缺陷的儿童，以便尽早治疗和补救。大班（5—6 岁）的教学目的是培养儿童学习各种基础科学知识的正确态度，进行最基本的读、写、算的训练，为进入小学做好准备，并结合实际生活向儿童灌输一些基本道德观念。1990 年，法国 2—6 岁儿童的入校率，2 岁为 36.2%，3 岁为 98.0%，4—6 岁为 100%。

学前师资和小学师资由省立师范学校培养，以往招收初中毕业生，但从 1969 年起招收高中毕业生。1979 年，法国又将师范学校的学制由 2 年延长到 3 年。师范学校的教学由大学和师范学校合作，分别负责，结业时分头考核，考核通过后，分别授予大学第一阶段的普通学习文凭和教学能力证书。

三、学前教育的特点及发展趋势

法国学前教育在世界上保持着领先地位，其主要特点有以下几方面。

1）法国政府历来重视学前教育，把它视为国民教育的重要基础和解决母亲不能照顾子女问题的重要手段。

2）法国政府建立了行之有效的教育行政和管理制度，并通过教育立法和有关规定和文件，使学前教育改革有章可循。地方和学校有一定的自主权和灵活性。

3）法国学前教育重视研究儿童个别差异和教学个别化。

4）重视人格的健康和各种潜能的充分发展，培养幼儿关心别人、与人合作、适应环境的能力。

5）幼儿师资与小学教师一起培养，可以互换，解决了幼小衔接的问题。

法国越来越重视幼儿教育，其发展趋势有以下几个方面。

1）为幼儿构建多文化教育的课程，使幼儿了解自己国家的文化，认识、接受外国文化。

2）为幼儿创设良好的相互作用的环境，使幼儿有更多的交往、合作机会，以增长知识经验，发展认知能力，提高交往能力。

3）研究幼儿学习电脑的问题，以便更好地了解幼儿的学习过程，挖掘幼儿的潜力，为入学打好基础。

4）研究家庭教育问题，以便科学地分析父母的教育动机、教育期望、教育态度及教育行为、教育活动对幼儿发展的影响，提高父母的教育能力，使幼儿园和家庭更好地协调起来，促进幼儿的发展。

5）研究残障儿童教育的问题，以便充分调动社会各方力量，为残障儿童的健康成长服务。

当然，法国学前教育也存在一些问题，如部门发布的文件过多，教育行政部门机构庞大，教育管理体制官僚化，效率不高；对学前教育研究不够重视，尤其是地方和学校开展教育实验较少；学前教育机构供不应求，且发展不平衡等。

第三节　德国的学前教育

20世纪后，德国学前教育的基本方针是由1920年的全国“学校会议”和1922年颁布的《儿童福利法》决定的，其主要特点是：幼儿园不是教育制度的一环，而是社会福利制度的一环。这一直影响着德国现代幼儿教育的发展模式。

一、“二战”前的学前教育

“二战”前，德国学前教育机构承袭19世纪末的传统，呈多元化的趋势。除幼儿园外，还有沿袭下来了收容幼儿的慈善机构和幼儿学校等。第一次世界大战以后，德国废除了君主政体，建立了资产阶级的魏玛共和国。魏玛共和国按照民主的原则对教育进行改革，强调德国所有儿童都享有受教育的权利，使他们在身体、精神和社会方面都得到发展，成为有才干的人，同时决定设立公共儿童保护机构——儿童保护局，负责监督和指导民间儿童福利事业，承担给婴幼儿、学童等提供福利设施的任务，既要设立公立的幼儿园，又要鼓励民间慈善团体和宗教机构开办幼儿教育机构。

1922 年，德国政府制定了《青少年法》，其中强调建立"白天的幼儿之家"，包括幼儿园、托儿所及幼儿保护机构等，同时还提出训练修女担任看护工作，要求加强幼儿教师的培训。此时期，幼儿园发展成为德国学前教育的主流。政府还颁布了幼儿园条例，提出建立各种各样的学前教育机构，指出凡招收 2—5 岁儿童者，均可称为幼儿园。政府还规定，一切幼儿园的政府监督，均由教育、卫生两部门负责。幼儿园儿童具体由地方儿童局负责，学校教养儿童均须得到儿童局许可。

1933 年，德国希特勒法西斯政府把教育作为侵略政策的工具，建立了中央集权的学校管理制度。德国的各类学校，包括幼儿园，都必须进行所谓的"种族教育"——强调德意志是最优秀的民族，并在各种教科书中宣扬对法西斯的崇拜和对法西斯头子的盲从。幼儿教育遭到严重破坏。

二、"二战"后的学前教育

1945 年德国被迫宣布无条件投降，1949 年德意志联邦共和国（以下简称联邦德国）建立，其教育也进入了恢复阶段。在联邦德国的教育体制中，学前教育阶段被称作基本阶段。

（一）学前教育的指导思想及内容

联邦德国的学前教育深受幼儿教育家福禄贝尔和蒙台梭利的影响，形成了约定俗成的观念，即倡导"自由发展""自我教育"，注意为儿童创造良好的环境，重视游戏与活动，努力使儿童通过各种活动发展体力、智力和道德感。

联邦各州在学前教育指导思想上虽不完全一致，但有很多共识：认为幼儿园是协助家庭对儿童进行教育的机构，应为培养儿童优良的个性和全面成长打下良好的基础。

幼儿园教学的主要内容有两类：一类是语言教学，包括说、听、绘画、看图说话、唱歌、游戏活动等；另一类是观察能力和思维能力的培养，包括日常生活中经常遇到的色彩、形态、数量、时间等概念的辨别能力的训练，并开展游戏、音乐等活动。

幼儿园教学的教育方法：除采纳福禄贝尔的基本方法外，还吸取杜威的主张和蒙台梭利的教学方法，从做中学，注重丰富多彩的游戏，注重音乐教育和实际操作。在教学组织形式上，主张个别教学、小组活动，不要求组织全班儿童进行集体教学。

（二）学前教育机构的主要类型

联邦德国学前教育的类型大致可分为幼儿园和托儿所。其中，幼儿园又分为普通幼儿园、学校附属幼儿园（或称学前班）、特殊幼儿园、"白天的母亲"、托儿所。普通幼儿园和特殊幼儿园分别招收 3—5 岁儿童与特殊儿童入园。

1. 普通幼儿园

这种幼儿园多由地方政府、教会、企业、社会团体和私人开办，不纳入国家教育规划。直到 1970 年联邦德国才把 3—6 岁的学前教育纳入教育体系的基础部，属于初等教育范畴。幼儿园招收 3—5 岁的儿童，分全日制和半日制。幼儿园以游戏为主要活动，禁止教授基本知识如读、写、算。联邦德国的学前教育不是免费的，除学校附设的幼儿园外，都实行收费政策，但一般根据家长的收入状况及家中子女同时入园的人数来决定征收额、减收额乃至免收学费。这样可以减轻母亲料理家务和照料年幼孩子的负担，解决就业妇女照管孩子困难的问题，同时能够向儿童提供教育帮助，使他们接受早期教育，为进入小学打下基础。1978 年，联邦德国有幼儿园 23 411 所，接收儿童约 140 万人。

2. 学校附属幼儿园

这种幼儿园最初在 1939 年创立于汉堡，附设在小学校内，招收对象是那些到了入学年龄，但身心发展还不成熟、尚不适合进入小学的儿童，以及下半年才满 6 岁的儿童，为他们提供为期一年的特别准备。学校附属幼儿园实行免费制度，其任务是使儿童身心的发展达到小学第一学年的要求。这类幼儿园也不进行读、写、算的教育，而是注重幼儿语言能力、观察能力和思维能力的培养。

3. 特殊幼儿园

特殊幼儿园是专门为身体有残疾、智力发育不正常或聋哑的儿童开设的幼儿教育机构，承担双重职能——治疗和教育。

4. “白天的母亲”

1974 年，由联邦青年、家庭、妇女和健康部核准设立了另一新型的幼儿保教机构——“白天的母亲”。主要做法是：政府提供少量的经费，让一些年轻的妇女在照管自己的小孩之余，再帮助邻近的妇女在白天照管 1—2 个小孩。这些“白天的母亲”须参加短期培训，以获得科学的育儿知识。

5. 托儿所

托儿所接收双职工家庭 0—3 岁的幼儿。20 世纪 80 年代初，联邦德国有公立托儿所近 900 个，有床位近 2.5 万个。

（三）幼儿师资的培养

联邦德国虽然也设有专门培训幼儿园教师的学校，招收初中毕业生和具有同等学力者（修业年限为两年），但由于其学前教育不属于义务教育阶段，幼儿园教师无论是社会地位，还是工资待遇，都不如其他教师。幼儿园教师仅仅是雇员，工资低于小学教师，这引起了幼儿园教师的不满。结果是幼儿园不仅严重缺乏教师，而且教师的素质也不高，因而阻碍了学前教育的发展。可以说，与其他发达国家相比，联邦德国在幼儿师资方面存在很大的差距。

（四）学前教育管理和学前教育政策

联邦德国的幼儿园主要是由教会、普通慈善机构和民间团体开办的，幼儿园的监督工作主要由开办幼儿园的团体自行负责。“二战”后，联邦德国所有公立、私立幼儿园的督察工作均由儿童局负责。幼儿园的入园制度大多由各州自行规定。各类幼儿园中，公立的仅占 1/3，远低于教会（包括天主教和新教）所办的幼儿园。这是因为：19 世纪以来，政府对幼儿教育采取控制但不援助的政策，学前教育长期由市民或非政府机构自行管理；宗教团体的活动异常活跃，成为私立幼儿园的主导力量。幼儿园民办几乎成为联邦德国的一种传统，直到 20 世纪 60 年代中期后才有所改善。

1966 年以后，在美国及其他发达国家的开端计划、开发幼儿智力等计划及思想的影响下，联邦德国政府开始意识到学前教育的重要性。1970 年，联邦教育审议会公布了包括学前教育在内的全国教育制度改革方案。此方案把 3—4 岁儿童的教育纳入教育体系的基础部分，列入了初等教育，把 5—6 岁儿童的教育纳入义务教育。此后，不仅 5 岁以上的幼儿普遍入学，3—5 岁幼儿入园率也不断提高。据统计，联邦德国 1960 年的 3—6 岁幼儿入园率为 1/3，1977 年的 3—5 岁幼儿入园率已达到 3/4。但联邦各州之间存在着巨大差异。例如，1980 年，柏林幼儿园入园率仅为 55%，而巴登-符腾堡州却高达 98%，萨尔州的幼儿园人数甚至超过了当地儿童的实际人数。

三、特点与启示

联邦德国的学前教育与世界其他发达国家相比，确实有许多不足之处。早在 1957 年，联邦德国教育制度委员会就提出了学前教育中存在的问题，并建议进行改革，但并没有收到什么效果。然而，经过长期的发展，联邦德国的学前教育依然形成了许多自己的特色。

自 19 世纪以来，德国的幼儿园绝大部分是由社会团体和私人开设并负担经费的。天主教和基督教等宗教团体开设幼儿园尤为盛行。儿童入园根据自愿，国家不做强制性规定。幼儿园不属于学校系统，不受国家约束。联邦德国没有专门的管理幼儿园的机构，所有公立和私立幼儿园都由各州的青少年局负责监督管理，国家和地区政府都不规定幼儿园的教育大纲和教育方法，而由幼儿园的开办者自行决定。这和联邦政府一贯坚持的地方分权的联邦制是一致的。一方面，它能调动地方和团体举办幼儿园的积极性，有利于充分利用各地方的财力与人力，发挥各自特点和优势；另一方面，又造成联邦德国学前教育发展极不平衡，不利于其学前教育质量的提高。

与许多国家不同的是，联邦德国的普通幼儿园一般不按年龄分班，而是建立 3—5 岁的混合班。这种混合班有利于克服分班对儿童身心发展带来的不利。

联邦德国的幼儿园被认为是协调家庭对儿童进行教育的机构。幼儿园的主要任务是创设出一种不间断的、能够从幼儿园很自然地过渡到初级小学阶段的条件。幼儿园严格禁止读、写、算等基础知识的学习，儿童以自由活动为主。各班设活动室，儿童或独自活动，或寻找伙伴一起游戏。大部分幼儿园为半日制，中午儿童由家长领回家。全日制幼儿园下午也以儿童的自由活动为主。

第四节 美国的学前教育

美国历来重视教育，20 世纪是美国学前教育得到长足发展的时期。从 20 世纪上半期的进步主义幼儿园运动的兴起、蒙台梭利热，到 20 世纪中期的重视智力开发及学前教育机会均等运动，再到 80 年代后幼儿园的整体改革及社会和政府的进一步介入，美国的学前教育步入了健康发展的轨道。

一、20 世纪上半期的学前教育

（一）进步主义幼儿园运动

19 世纪末至 20 世纪三四十年代，美国开展了进步主义幼儿园运动，强调研究儿童，注重儿童教育与实际生活的联系，这是具有美国特色的学前教育改革的开始。

1. 进步主义幼儿园运动产生的历史背景

在 19 世纪下半期美国的幼儿园中，福禄贝尔的幼儿教育理论占据绝对统治地位，恩物和作业成为所有幼儿园的主要教学手段。但是人们没有正确理解和把握福禄贝尔所揭示的幼儿教育的真谛，曲解了游戏和恩物的意义，福禄贝尔理论的合理因素逐渐被人们忽视，而其中的神秘主义、象征主义却被奉为至宝。恩物、作业的内容一成不变，趋向形式主义。

到了 19 世纪末，随着美国经济和政治的发展，改变这种脱离儿童发展、脱离美国社会生活实际的幼儿园教育，根除幼儿园教育中形式主义的呼声日趋高涨。在此背景下，进步主义幼儿园运动应运而生。它是当时声势浩大的教育革新运动——进步主义教育的重要组成部分。

2. 进步主义幼儿园运动的理论依据

为进步主义幼儿园运动提供理论依据的是美国心理学家霍尔和哲学家、教育家杜威。

霍尔提出了心理进化理论“复演说”，他赞同福禄贝尔关于儿童发展阶段及游戏的一些观点，但认为恩物理论及象征主义是不科学的，幼儿园教师闭关自守的本位主义也是非常不合理的。他在调查和实验的基础上，指出美国的幼儿教育中存在着脱离儿童生活实际、忽视儿童健康等方面的问题。该理论为进步主义幼儿园运动提供了心理学依据。

杜威是美国进步主义教育运动的“精神领袖”，他的哲学思想、教育思想也给进步主义幼儿园运动以指导性的影响。他从“教育即生长”“教育即经验改造”“教育即生活”“做中学”等基本观点出发，认为教育的目的是培养儿童适应社会生活的能力，教育应以儿童为中心，让他们通过活动积累直接经验。杜威肯定了福禄贝尔理论中关于儿童的自我活动、游戏及社会参与等原则，反对福禄贝尔理论中的神秘色彩，指责恩物和作业脱离儿童的生活经验，主张把游戏和家庭日常生活联系起来，使儿童在现实生活中得到发展。

3. 进步主义幼儿园运动的兴起与发展

进步主义幼儿园运动的主要领导人是安娜·布莱恩（Anna Bryan）和帕蒂·史密斯·希尔（Patty Smith Hill，1868—1946）。

布莱恩是美国进步主义幼儿园运动的先驱。19 世纪 80 年代，她最先公开批评福禄贝尔式幼儿园的种种缺陷，并在自己的幼儿园里开始试验新的教学方法。她认为应将幼儿看成是主动的、活泼的人，教师应帮助幼儿自己思考，而不是强迫他们领会恩物；应将日常生活引入幼儿园，强调父母的责任，加强幼儿与父母的联系。

希尔是美国进步主义幼儿园运动最杰出的代表之一，曾先后师从杜威和霍尔。希尔 1893 年接管了路易斯维尔免费幼儿园协会和路易斯维尔师范学校的领导工作，并经过十几年的努力，使这里成为进步主义幼儿园运动的中心。1905 年，希尔应邀前往哥伦比亚师范学校执教。在此后的 30 年里，她不停地教书、实验、写作、讲演，培养了大批学生，把进步主义幼儿园运动引向深入。她主张儿童玩具应是积木、桌子、椅子等实在的东西，而不是符号化的东西，并设计发明了一组大型积木玩具——“希尔积木”（Hill Blocks），该玩具很快被各地幼儿园采用。

一方面，进步主义幼儿园运动强调研究儿童，注重儿童教育与实际生活的联系，开展多方面的实验活动，在实践中突破幼儿园闭关自守的局面，使幼儿园教育逐渐发展成为一种与小学教育紧密结合的新型机构，强调家庭和社会的责任，主张对家长、教师进行培训，这些都是值得肯定的。但另一方面，进步主义幼儿园运动也暴露出一些缺陷，主要是过分强调活动，某些解决问题式的教学方法超出了儿童的能力，不利于儿童进一步学习。同时，对于广大学前教育工作者来说，他们还没有能力将学术上的研究成果完全理解并运用到教育实践中去，往往陷入缺乏科学性和实证性的经验主义泥潭，所以进步主义幼儿园运动在 30 年代后受到许多非议。

（二）“蒙台梭利热”

在进步主义幼儿园运动兴起之时，意大利女教育家蒙台梭利在罗马创办“幼儿之家”并获得成功。1910 年，蒙台梭利设计的教具连同她的教育方法一起传入美国。1912—1915 年，蒙台梭利两次访美，宣传自己的学说，很快在美国引起强烈的反响。数百名美国学前教育工作者读了《蒙台梭利方法》后，兴奋地奔赴罗马拜访这位教育家。1913 年，美国蒙台梭利协会成立，蒙台梭利学校纷纷成立，“蒙台梭利热”达到顶峰。然而 1915 年后，“蒙台梭利热”急剧降温、冷却。

“蒙台梭利热”降温的重要原因之一，是遭到了个别声望甚高的进步主义教育家的批评。例如，克伯屈指责蒙台梭利法“实属 19 世纪中期的货色”，其感官训练是“非强制不可的”“孤立的”“脱离幼儿生活实际和生活体验的”“缺乏创造性训练的”。此外，在美国占主导地位的行为主义、精神分析等学派的心理学家们也对蒙台梭利教学法进行了批判。

“蒙台梭利热”尽管昙花一现，但它对美国学前教育界的影响仍然是很大的。《蒙台梭利方法》的语言通俗易懂，引起了人们对学前教育的普遍重视。蒙台梭利强调“儿童的自由”及“自我活动”，促使人们重新探索福禄贝尔的“儿童自动性原则”及“自由作业”的真正含义。她重视感觉训练和智力训练的思想，使人们更加认识到智力开发的重要性。这些都是 20 世纪后半期“蒙台梭利热”再度升温的原因所在。

（三）保育学校的传入

受英国麦克米伦姐妹创办保育学校的启发，芝加哥大学教授夫人团体自发地以集体经营的形式，于 1915 年开设了美国第一所保育学校。

伊利奥特（Eliot）及怀特（White）为推动保育学校在美国的传播和普及做出了突出贡献。她们曾赴英国麦克米伦姐妹的保育学校学习办学经验。伊利奥特于 1922 年 1 月在波士顿创办“拉格街保育学校”（Ruggles Street Nursery）。怀特在底特律麦瑞尔-柏尔玛母亲学校（Merrill-Palmer School of Motherhood）创办了一所附属保育学校，并从麦克米伦中心聘请了部分教员。她们遂成为 20 年代美国保育学校运动的主要领导人。1919 年，美国第一所公立常设保育学校成立，10 年后成立了“全国保育协会”（National Association for Nursery Education）。初期的保育学校多作为教育实习基地或具有研究性质的实验学校。

1933 年，处在经济萧条期间的联邦紧急救助署（Federal Emergency Relief Agency）宣布公立保育学校配合罗斯福的新政，为经济和儿童发展服务，全国设立的保育学校已达 600 多所。“二战”期间，为了确保妇女投入到军事产业中来，联邦政府对保育学校实行经济援助，成立战时紧急保育学校，使保育学校数量猛增。到 1945 年 2 月，美国共有 1481 所保育学校，招收幼儿 69 000 名。尽管此时的保育学校教师素质不高，但从社会效益看，这种措施还是成功的。

“二战”后，联邦政府停止了经济援助，公立保育学校在经营上困难重重。与此同时，私立的收费保育学校却快速发展起来，并占据绝对优势。这种保育学校由于收费比幼儿园昂贵得多，其招收对象只限于认识到早期学前教育意义的少数知识分子阶层的子女。

二、20 世纪下半期的学前教育

（一）学前教育机会均等运动的兴起

“二战”后，美国工业得到飞速发展，贫富差距越来越大，种族歧视继续恶化。这使得广大黑人及少数民族的子女往往被排斥在学前教育之外，在进入义务教育年龄段时，处于明显不利的地位。社会上要求政府解决学前教育机会不均问题的呼声越来越高。在此形势下，50 年代后，美国顺应教育民主化的潮流，兴起了包括学前教育在内的教育机会均等运动。

美国政府于 1964 年宣布向贫困宣战，提出了一系列福利措施和计划，使贫困儿童获得与富裕儿童同等的环境和同等的教育机会。1966 年，美国全国教育协会和美国学校行政协会的联合组织——教育政策委员会，提出了“对所有 5 岁儿童和贫困且没有教育条件的所有 4 岁儿童扩大公共教育”的提案，要求为所有儿童提供学前教育机会，这些提案引起了社会各界的强烈反响。

（二）“开端计划”的实行

1965 年秋，美国联邦教育总署根据 1964 年国会制定的《经济机会法》，提出“开端计划”（Head Start Program），并在全国范围内实行。“开端计划”是美国政府为实现学前教育机会均等的目标而实行的一项重要计划。

具体计划是：由联邦政府拨款（当年国会计划拨款 9640 万美元）将贫困而缺乏教育条件的家庭（包括贫穷的黑人、印第安人、因纽特人及外国贫困移民家庭）4—5 岁的儿童免费收容到公立特设的学前班，进行为期数月至 1 年的保育。保育内容包括：体检、治病、自由游戏、集体活动、户外锻炼、校外活动、文化活动（手工、绘画、搭积木、听故事、音乐欣赏、传授科学常识）等，以消除他们与其他儿童入学前形成的差异，实现“教育机会均等”。据统计，1973 年参加训练计划的儿童总数达 379 000 人，到 1977 年，达 100 万人以上，一般儿童的智商因此提高了 10—15。

“开端计划”实施效果研究表明，这一计划的短期效果是好的，但长期效果则不够理想，这引起了各方的争议。反对派认为“开端计划”中的儿童尽管在认知方面有所进步，但情绪情感方面并未得到相应的发展；许多方案只注重服务范围和数量的扩大，而忽视了教育质量；投资过大但效果并不显著，得不偿失。此后，美国对“开端计划”进行了修正：缩减保育儿童总数，提高教育质量；从 1972 年以后收纳 10%的残疾儿童，并着手进行包括儿童家庭、社区在内的综合革新实验计划；进行与学前教育机构或小学衔接的实验规划；有计划地培训教师等。

尽管人们对“开端计划”的效果褒贬不一，但总的来讲，这一计划的实施无疑大大地促进了美国学前教育的发展。

（三）幼儿智力开发运动

1957 年，苏联“人造地球卫星”的发射成功使美国开始反省本国教育的失误。为了提高中小学的教育质量，从 20 世纪 50 年代末 60 年代初开始，美国掀起了中小学课程与教学方法的改革运动，同时，早期儿童研究蓬勃发展，大规模的幼儿智力开发运动纷纷展开，各种旨在促进幼儿智力开发的学前教育研究计划及学前教育实验纷纷出台。

1. 佩里学前教育研究计划

“佩里学前教育研究计划”（Perry Preschool Program Study）是 20 世纪 60 年代由高瞻（High Scope）教育研究基金会、儿童心理学家魏卡特（Weikart）领导的一项探讨学前教育成效的长期跟踪研究计划。

1962—1965 年，魏卡特领导的课题组在密歇根州伊普西兰蒂（Ypsilanti）一个黑人贫民区招收了 123 名 3—4 岁、智商为 60—90 的黑人儿童作为被试对象。所收儿童被随机分为实验组和对比组。课题组对实验组的儿童进行全面学前教育，而对比组的儿童则不采取任何措施，任其自然发展。被试儿童年满 5 岁后则安排进入同一幼儿园及学校。实验结果表明：实验组孩子只是多经历了 1—2 年的学前教育，其后各年龄组的发展均胜过对比组。例如，智商：实验组儿童 4 岁时比对比组高 13，5 岁时比对比组高 11，6—7 岁时比对比组高 5；精神发展迟缓比率：实验组为 15%，对比组为 49%；19 岁时进大学（或接受职教）比率：实验组为 38%，对比组为 21%。在社会道德规范及犯罪率上，实验组亦明显优于对比组。

2. 学前教育实验

在美国幼儿智力开发运动中，蒙台梭利、布鲁纳、皮亚杰等教育家、心理学家的理论，产生了重要影响，起到了指导作用。

20 世纪 50 年代后期，蒙台梭利方法在美国又重新引起人们的注意。蒙台梭利对早期教育的认识、对于智力发展的看法及其感官训练的方法，以及强调个别指导和科学研究的态度与方法，在需要智力的时代引起了人们的兴趣。到 1972 年，美国蒙台梭利学校达到 762 所。进入 20 世纪 80 年代以后，蒙台梭利教学法不仅在学前教育领域极受欢迎，还逐渐向小学、中学教育扩展。

20 世纪 60 年代后，布鲁纳结构主义教育理论和皮亚杰的认知发展理论被应用于幼儿教育实践。

布鲁纳主张，只要做到使学科教材适合儿童发展的阶段，并按照儿童理解的方式加以组织和表达，任何学科都可用某种方式有效地教给处在任何发展阶段的任何儿童，学龄前儿童也不例外，并认为儿童存在着极大的智力发展的潜力。在他的影响下，学前教育界日益重视幼儿智力开发，强调对幼儿进行科学教育。

与此同时，不少皮亚杰理论的信奉者将皮氏的认知发展理论应用于学前教育实践，设计了种种学前教育实验方案。较有影响的方案是拉华铁里（Lavatelli）的儿童早期课程方案和威斯康星大学皮亚杰学前教育方案。美国伊利诺伊大学教授拉华铁里设计的“儿童早期课程方案”（Early Childhood Curriculum—A Piaget Program）以 4—6 岁儿童为对象，通过系统地提供数种具体运算的内容，以帮助儿童获得逻辑思考的方式，来达到“为具体运算的出现奠定基础”的基本实验目标。拉华铁里的这一方案在强调通过动作去发展智力的方法上与皮亚杰理论是一致的，但不是对皮亚杰的亦步亦趋，其构想与当代重视开发幼儿智力的潮流相吻合。由威斯康星大学幼儿研究中心设计的威斯康星大学“皮氏学前教育实验方案”（Piaget Preschool Education Program）以 3—5 岁儿童为对象，实施蕴含皮亚杰理论有关重要原理的学前教育课程。教师通过向儿童提出探索性的问题，鼓励儿童和同伴、成人、社会及物质环境相互作用，来发展儿童的智力，并培养儿童的独立性、自主性和发明创新能力。

这些方案虽然都强调活动（包括儿童之间的交往活动），注重发展儿童个性及其认知创新能力等，但在具体措施及所要表达的目标方面，则各有千秋。这些方案在付诸实践后，大都声称取得了一定的成效。

此外，美国在智力开发方面还有一些重要举措。1963 年，美国科学促进协会在科学工作者和教师的共同协助下，出版了适用于幼儿园和小学低年级的《科学教育见闻》。他们认为，对于幼儿园的幼儿和小学一年级的学生来说，科学教育应从空间观察和数的关系和测量入手。1969 年，许多电视台开播幼儿电视节目“芝麻街”，利用每天 1

小时的时间，进行科学启蒙教育。节目生动活泼，趣味横生，适应了幼儿的年龄需要，收视率很高，每天约有半数的幼儿收看。此节目还传播到许多国家，深受各国幼儿的欢迎。

三、20 世纪八九十年代的学前教育

20 世纪 80 年代以来，世界各国间的竞争越来越表现为更高层次上的科技竞争、综合国力竞争。面对新技术革命的发展，美国又一次将目光投向教育。1983 年，一份《国家在危急中：教育改革势在必行》的教育改革调查报告在美国引起了轰动，一场以整体性、综合性为特点的包括学前教育在内的教育改革运动开始了。

（一）学前教育观念的演进

20 世纪 80 年代以来，美国学前教育理论得到进一步发展，人们的学前教育观念较之前发生了新的变化：①幼儿园逐渐成为公立学校系统的一部分。1986 年，密西西比州开始为所有 5 岁儿童开办幼儿班，随后全美 50 个州都先后把幼儿园正式纳入公立学校系统中。②强调教育和保育的统一。随着儿童研究的逐渐深入及社会对早出人才的要求，教育和保育可以分开的观念已经过时，各种类型的学前教育方案都强调教育与保育的统一。有些州已采取了协调措施将二者统一起来。例如，1989 年，艾奥瓦州教育厅设立了“儿童发展协调处”，纽约的教育厅设立了“早期儿童服务办公室”，弗吉尼亚州的教育厅设立了“儿童保育与早期教育处”等。③越来越强调儿童的整体发展。在儿童发展目标问题上，过去那种非此即彼的观念和做法不再流行，许多州的各种学前教育方案将幼儿的社会性发展、认知发展、情感发展和身体发展定为确立学前教育目标的基础。④注重对学前儿童进行社会教育。为了使儿童适应幼儿园生活，并为以后参与社会生活做准备，美国学前教育注重利用社区资源、视听材料及操作材料（如美术品等的制作、绘制地图）等方式向儿童进行社会基本知识、基本态度和基本技能的传授，这是美国学前教育不同于他国的重要特点之一。⑤强调学前教育面向全体儿童，即面向包括残障儿童在内的社会各阶层的所有儿童。

（二）学前教育的发展和实施

现实的需要、科学的证明、广泛的宣传，使学前教育得到了美国全社会的重视。各级政府、工商企业界人士、各种社区及个人都积极加入到发展学前教育的行列中。

1. 政府重视，加强立法，不断增加投入

联邦政府对学前教育越来越重视，把发展托幼事业作为国家最重要最迫切的任务之一。

首先，制定各种法律、法规，以保障学前教育的发展。1988 年，美国国会通过了《中小学改善修正案》和《家庭援助法案》。前一法案提出开展“公平教育计划”（Even Start），政府每年拨款用于成人扫盲和为 1—7 岁儿童提供早期教育。后一项法案规定，凡接受政府津贴的家庭，政府发给幼儿入托费。1990 年通过了《儿童早期教育法》和《儿童保

育和发展固定拨款法》。1994年提出了“早期开端计划”，把教育服务对象延伸到贫困家庭2岁的孩子。1997年制定了《教育研究国家重点》，其中提到，第一项重点是：“改进幼年儿童的学习与发展，使所有孩子都能入幼儿园，以便为入学做好准备并能在初等与中等学校学习，并取得良好成绩。”这些教育法规的制定，对美国学前教育事业的发展起到了重要的作用。

其次，增加学前教育的政府拨款。20世纪80年代中前期，由于经济衰退，美国联邦政府针对教育的拨款有所收紧，但对两项学前儿童教育计划的拨款反而有所增加，一是《开端计划》，另一个是未成年人保育援助计划。从80年代后半期开始，许多州政府增加了对学前教育的拨款。例如，佛蒙特州在1985—1990年财政年度用于学前教育的经费几乎增加了3倍；佛罗里达州对幼儿园的拨款1987年为70万美元，1990年猛增到2290万美元。

联邦政府从1991年起每年拨给各州发展托幼事业专款，以弥补地方上这方面经费的不足。1991年拨款7.71亿美元，1995年拨款9.346亿美元。国会于1988年和1990年两次修订《社会保障法》，增添了向低收入家庭孩子提供入托补贴的条款。1992年这方面经费支出为15亿美元。另外，联邦政府拨给各地的发展社会服务事业的经费，约有1/5用于支持早期保育与教育。

1998年政府提出幼儿教育五年计划，主要内容包括：增加对“开端计划”的投入（年投入50多亿美元）；扩大招生名额（到2002年招收100万名贫困家庭幼儿）；加强与扩展师资培训，帮助儿童保育工作者达到认证资格，设立专项奖学金，资助与鼓励立志从事幼教工作的学生。

2. 社会各界关心支持学前教育，企业等单位创办的托儿机构数量逐步增长

美国经济界从长远发展的角度出发，把学前教育看作是向未来的投资。美国经济发展委员会在1985年提交的一份报告中称：“如果美国的孩子不能受到良好的早期教育，美国将无法在未来的全球市场竞争中取胜。很难想象出有比学前教育效益更高的投资项目。”

不少企业特别是一些著名大企业捐赠资金，支持学前教育事业。他们认为：企业举办托儿机构，可以减少职工缺勤与旷工现象，使职工安心生产，提高劳动生产率。企业举办托儿机构对吸引人才、留住人才、稳定职工队伍所起的作用最为显著。为此，一些大企业还设立了专项基金，发展本企业的托幼事业，如美国最大的电脑商IBM（国际商用机器公司）设立了儿童托育资源发展基金，五年投入了2500万美元，其中2200万美元用于托幼事业；AT&T（美国电报电话公司）也设立了托幼发展基金，1993—1995年三年投入1500万美元，用于增设托幼机构，提高保教质量。

3. 加强对学前教育的管理

公立学前教育由各州教育主管部门统一管理，许多州还专设了学前教育协调员或顾问，专门负责各州的学前教育事宜，如学前教育规划、资金分配、幼儿师资管理、学前教育质量评估等。

（三）学前教育类型的多样化

20 世纪 80 年代以来，美国学前教育类型除了幼儿园、保育学校、各种日托中心及传统类型外，还出现了一种颇具特色的以家庭为基础的学前教育计划。这种教育计划在儿童自己的家里进行，其主要目标是把家长（通常是幼儿母亲）培养成为孩子的合格家庭教师。1981 年密苏里州教育局创办的“父母即教师”（Parents As Teachers，PAT）项目最为著名，该组织已将他们的项目推广至全美 47 个州，培训了 8000 名“父母辅导者”。这些工作人员的主要任务是每月对每一个家庭进行一小时的家访。

（四）学前师资培训

美国十分重视学前教育师资的培训和提高。培养幼儿师资的机构有高中和职业技术学校、2 年制社区学院、4 年制学院和大学的早期教育系和研究生院等。为了保证学前教育的师资质量，1991 年 7—8 月，美国师范教育者协会和全美幼儿教育协会制定了美国 0—8 岁儿童教师的任职资格标准。学前教育的教师都必须获得教学证书，由各州教育厅发给修完幼教专业课程并获得学士或硕士学位的申请人。许多州还规定这些申请人需要参加“国家教师考试”。保育学校和日托中心的教师则只需由独立的机构或幼教协会颁发教育文凭。美国还重视在职幼儿教师的提高工作，使每个教师在所任科目和专业等方面不断进步，其主要办法有上夜校或暑期学校、出席教师研讨会、进行校际参观等。

第五节　日本的学前教育

明治维新后，经过 40 年的工业化进程，至第一次世界大战时期，日本已经发展成为资本主义国家，是亚洲最发达的国家之一。它的学前教育也因要适应其政治和经济，特别是军事上的起伏跌宕而不断变化。“二战”后，日本政府采取特殊的保护措施大力恢复和发展教育，推动了学前教育的发展。

一、“二战”前日本的学前教育

（一）学前教育制度的确立

1926 年 4 月，日本文部省颁布了日本第一部较为完整且独立的学前教育法令——《幼儿园令》及其实施规则。该法令的颁布标志着日本学前教育逐渐趋于制度化，进入了一个新的发展时期。

《幼儿园令》规定：①幼儿园教育为学校教育中的一环（首次明确了幼儿园在日本教育体制中的位置）；②幼儿园是为父母都从事生产劳动、无暇进行家庭教育的幼儿设立的保育机构；③幼儿园以保护幼儿身体健康、培养善良性格、辅助家庭教育为目的；④幼儿园的招收对象为劳动者子女，而不是富裕家庭子女，放宽幼儿入园年龄，招收 3 岁以下幼儿，将托儿所纳入幼儿园体系。

（二）自由主义保育思潮涌现

20 世纪初，儿童中心主义教育思潮在欧美兴起，日本一些受西方影响的人士，不顾明治后期天皇《教育敕语》的专制主义及其德育主义观，提出了与西方新教育相呼应的自由主义保育思想。

1907 年，日本教育家谷本富（1867—1946）在第十四届京阪神联合保育会上做了题为“怎样办好幼儿园”的讲演。他说，孩子是一个独立体，具有独立意志、独立人格，不应由成人随意摆布，幼儿园的保育工作必须以“遵循自然”为原则；幼儿园是自由游戏的场所，应禁止一切课业，应让幼儿随心所欲地去做游戏。1908 年，谷本富和中村五六合著了《幼儿教育法》。该书立足于“自然主义原则”，阐明了以游戏为中心的幼儿教育体系，主张幼儿教育要照顾幼儿年龄特征并给出了因人制宜的办法。

儿童中心主义和自由保育思想，对 20 世纪初的官方幼儿教育政策一度产生影响。1911 年，文部省修改的《小学校令》施行规则中，取消了过去对游戏、唱歌、谈话和手技等内容的具体指示，任凭各地自由安排；取消保育时间 5 小时的硬性规定，改由管理者或设置者自定，府县知事批准。

（三）学前教育机构的发展

“二战”前，日本的托儿所和幼儿园是并行发展、各自独立的学前教育机构。

从 1876 年建立第一所公立幼儿园开始，到 20 世纪初，公立幼儿园在日本幼儿园中一直占据主导地位，基本上是为富裕阶层的 3—6 岁幼儿提供教育服务的。文部省从 1896 年开始，规定每年各知事向文部省呈报的学务统计诸事项中，需增加对幼儿园结业升入小学的幼儿数统计一项。1900 年，日本政府修改《小学校令》，规定幼儿园可以附设在小学校里。这些规定刺激了幼儿园在小学校里的增设。然而，公立幼儿园发展缓慢。其原因是：①经费问题。当时的日本政府重视义务教育，随着义务教育年限的延长，地方财政用于小学教育的经费尚且不足，更无力顾及非义务教育的幼儿园。②观念问题。有些守旧人士认为儿童进幼儿园会削弱家庭教育，有损亲子之情，“幼儿园无用论”甚嚣尘上。这使得私立幼儿园数超过公立幼儿园，而且差距越拉越大。据统计，1926 年，日本的私立幼儿园达 692 所，而公立只有 372 所。

托儿所（或称保育所）承担起收容贫民幼儿的任务。托儿所招收学龄前期的婴幼儿，每日保育时间为 11—12 小时。托儿所开始只为母亲和儿童提供养护，后来还强调注重婴幼儿的精神教化。自 1893 年私人建立了第一个托儿所以来，私人托儿所在日本托儿所中就占据主导地位。第一次世界大战后，日本妇女就业率空前提高，许多女士携幼儿上班，此时的婴儿死亡率极高（1918 年达 18.9%）。这一状况引起了社会各方普遍关注，要求办托儿所的呼声四起。1920 年，内务部专设社会局，开始有组织地进行以托儿所为主的儿童保护工作。此后，托儿所在日本各地都有了迅速发展。1922 年，日本有托儿所 121 所，1926 年有 312 所，1936 年有 874 所，1944 年发展到 2184 所（公立 636 所）。可见，在“二战”结束前，日本保育机构获得了长足的发展。

（四）学前教育的军国主义化

从明治后期开始，《教育敕语》的绝对主义教育思潮渗透到整个日本教育领域，它要求培养学生强烈的国民意识，尤其是“义勇奉公以扶翼天壤无穷之皇运”的道德精神。明治后期，特别是20世纪30年代以后的学前教育也笼罩上了日本军国主义色彩，政界一些正规文件中极少出现“要在游戏或其他活动中培养幼儿守规矩的习惯和服从的品德”的语句。这是日本的军国主义特性和法西斯侵略扩张特征在学前教育中的反映。

值得注意的是，这一时期还出现了以科学、实证主义来反对精神万能、反对以《教育敕语》为理念的教育的对抗性研究运动。1936年，保育问题研究会成立，旨在探讨和研究出一套科学的、来源于生活的保育内容，以便培养学前儿童未来的独立生活能力。保育问题研究会的主张表达了日本学前教育界对法西斯主义霸占教育领地的抗议，但终究抵挡不住黑暗的军国主义势力。保育问题研究会会长城户幡太郎也因坚持“科学主义和生活主义”的教育观点，在战争末期被捕。

二、“二战”后学前教育的改革与发展

（一）学前教育事业的发展突飞猛进

“二战”结束后，日本的经济、教育都处于混乱不堪的状况，许多小学和幼儿园变成一片废墟，收容和教育儿童的任务极为艰巨。日本社会在国际环境下认识到幼儿教育的重要性。从20世纪50年代开始加大对学前教育的投入，使幼儿园得到了迅速发展。1946年，日本全国的幼儿园为1033所，1953年已发展到3490所，增加了2倍多。

20世纪60年代以来，日本政府推出了几项振兴学前教育的重要计划。1962年，日本文部省根据政府提出的“培养人才”的政策，制定了从1964年开始的《幼儿教育七年计划》，其目标是使1万人以上的市、镇、村学前儿童入园（所）率达到60%以上。1972年文部省又制定了《振兴幼儿教育十年计划》，其目标是实现4—5岁儿童全部入园（所）。为此，日本实行了学前儿童入园奖励制度，即对于将子女送入公立或私立幼儿园的收入微薄的家庭，减免保育费。1953年，日本全国学前儿童入园（所）率仅为14%，1969年为51.8%，1973年为60.6%，而到1985年时，3—4岁学前儿童入园（所）率为70%，5岁幼儿入园（所）率为90%。至此，日本学前教育水平已跻身于少数最发达国家之列。

1991年，文部省又策划、制定了战后第三次幼儿教育振兴计划，其目标是确保今后10年3—5岁学前儿童有充分的入园（所）机会，并划拨了专项资金，供新建或改建幼儿园设施之用。这些计划的实施，使日本学前教育事业发展更为迅猛。

（二）幼儿园教育大纲的制定与修改

1947年3月，日本国会通过的《学校教育法》第七章中规定，幼儿园是受文部省管辖的正规“学校”的一种，以满足3岁至就学前的学前儿童，指出“幼儿园以保育幼儿、赋予幼儿以适宜环境、促进其身心发展为目的”，为了实现这个目的，必须达到5项目标：①为了健康、安全和幸福的生活，培养日常生活必要的生活习惯，谋求身体诸

机能协调发展；②通过园内集体生活，培养幼儿愉快参加集体生活的态度以及协作、自主、自律精神；③培养幼儿正确认识和对待周围的社会生活及事物的态度；④引导幼儿正确使用语言，培养对童话、画册等的兴趣；⑤通过音乐、游戏、绘画及其他活动，培养幼儿的创造性。《学校教育法》对幼儿园的这些规定与以往相比显然具有划时代的意义。这些规定表明日本在“二战”后力图摒弃“二战”前注重效忠统治者的思想灌输，转而以民主主义教育观为指导来开展幼儿教育的趋势。

1964 年，为配合“人才开发”政策，满足产业界对经济高速增长的需求，文部省对 1956 年的《幼儿园教育大纲》进行修订并予以颁布。修订后的大纲规定日本幼儿园教育的基本方针是：①力求幼儿身心得到协调发展；②培养基本的生活习惯和正确的人生态度；③激发关心自然和社会现象的兴趣，培养初步思考的能力；④提高幼儿的语言能力；⑤通过各种表达活动丰富幼儿的创造力；⑥幼儿的自立性；⑦因材施教；⑧结合幼儿的生活经验、兴趣、要求，全面教育；⑨完善幼儿园生活环境；⑩突出幼儿园特点和与幼儿家庭教育密切配合。大纲将幼儿教育内容系统化，概括为 6 个方面：健康、社会、自然、语言、音乐韵律、绘画手工，并对每个方面都提出了“理想目标”，要求“无遗漏地全部予以指导”。

20 世纪 80 年代以后，日本已经成为世界经济大国。信息化社会的到来、科学技术日新月异的发展，使日本政府更加重视国民教育的各个阶段。在 1984 年的日本教育改革中，政府把幼儿教育列为改革重点之一，要求培养创造型人才并注意幼儿的全面发展。1989 年，日本颁布了新的《幼儿园教育大纲》。新大纲提出，幼儿园教育的根本方针是，根据幼儿时期的特征，通过环境来对幼儿进行培养。幼儿教育的目标是：①为了幼儿健康、安全和幸福地生活，要培养其基本的生活习惯和生活态度，奠定身心健康发展的基础；②培养幼儿对人的爱心和信赖感，形成其自立和合作的态度及初步的道德观念基础；③培养幼儿对自然等身边事物的兴趣和爱好，使其对这些事物产生丰富的情感和初步的思考能力；④在日常生活中培养幼儿对语言的兴趣和关心，使幼儿形成乐于通过听、说进行交流的态度和语言感觉；⑤通过多种多样的体验，培养幼儿丰富的感受性，使幼儿富于创造性。课程目标和内容围绕健康、人际关系、环境、语言、表现五大领域展开。

总的来看，新大纲对幼儿园的方针、任务规定得简明，力求更符合当代社会对幼儿培养的需求。

（三）“二战”后流行的几种保育论思潮

1. 儿童中心保育论

“二战”后，随着西方儿童中心主义教育思潮的传入，日本幼教界逐渐形成了儿童中心主义保育思潮，并在战后初期日本幼儿园教育中起了主导作用。这种思潮以儿童是否快乐作为衡量学前教育工作优劣的一个重要标准，主张让儿童自由游戏，尊重儿童的自由和自发活动。

这一主张在 1948 年 3 月文部省颁布的《保育大纲》中得到了印证。《保育大纲》明确提出，以自由游戏为主，让儿童尽情愉快地活动，愉快地获得幼儿经验，最终把儿童培养成为尊重“个人的价值”、充满“自主精神”的国民。《保育大纲》受到了多数幼儿教育工作者的欢迎。

2. 社会中心保育论

《保育大纲》颁布后，一些批评者认为，《保育大纲》及儿童中心保育论是片面的，并指出幼儿这种不同于成人的值得尊重的独特世界是向成人过渡的一种条件。儿童同样是社会的人，应在将儿童作为儿童来对待的同时，又将他们作为“社会之子”来对待。在对《保育大纲》批评的基础上，形成了与儿童中心论相对应同时又对它进行了补充的社会中心保育论。社会中心保育论者认为，学前教育是培养社会人，在尊重儿童人格的同时，又要将其作为民主社会的成员，在生活中培养他们对社会的认知态度和能力。社会中心保育论是战后日本学前教育出现的另一种思潮。

3. 集体主义保育论

“二战”后，受苏联教育家马卡连柯思想的影响，日本还出现了与上述学前教育思潮并行的另一种教育思潮——集体主义保育论。该保育论认为儿童是通过自己主动的集体生活而得到连续性发展的。

集体主义保育论的代表是民主保育联盟。在 1951 年 11 月召开的日本教职工第一次全国教育研究会上，民主保育联盟发布了《怎样认识保育问题》报告书。该报告书在教育目标上的具体主张：第一，及早地让儿童认识到自己是“整体之一员”；第二，教育他们热爱自己的集体；第三，要让孩子懂得大家携起手来，互相帮助。1953 年，乾孝、天野章合著的《保育儿童心理学》从理论上对上述主张加以论证，他们指出：儿童的认识、知识总是在集体中通过教育得到增长的。

总之，作为与儿童中心保育论相对立的集体主义保育论在“二战”后也形成了一场运动，并与儿童中心保育论及社会中心保育论一起构成战后日本学前教育思想的多元化格局，反映出在受到欧美教育的强大影响之后，日本本土文化和传统教育思潮的复苏。

（四）学前教育的研究

20 世纪 60 年代以后，日本学前教育研究也很活跃，诸如早期智力开发、幼保一元化、幼小衔接、幼儿园和家庭教育的联系、学前教育与终身教育的关系等课题都有不少学者进行了研究并取得重要成果。下面简要介绍两位学者。

井深大，著名实业家及教育家，日本早期发展协会创始人。1970 年出版《到了上幼儿园的年龄就太迟了》。他列举大量事例说明：人的品德或能力并非天生，而是取决于 3 岁前的教育方法；早期教育得法，就可以充分发掘幼儿的潜在能力，而早期儿童的潜能几乎是无限的。其主张与国外有关早期智力开发的主张相呼应，在日本学前教育界产生了广泛的影响。

铃木镇一，音乐教育家，早年留学德国。20 世纪 40 年代开始潜心研究学前儿童小提琴教学，后创立“铃木教学法”。他认为，才能并非天生，而是后天培养的结果；重要的是循循善诱，耐心创造条件激发学前儿童的学习热情。根据该理念，他对婴儿进行

音乐熏陶，3 岁后其进行小提琴训练。开始时幼儿先模仿唱片，熟练后再学习识谱，6 岁毕业。该方法不仅让儿童掌握了优秀琴艺，而且培养了他们良好的品格和意志力。20 世纪 60 年代后，铃木的教育思想及其成果为国内外所瞩目。

（五）学前教育师资的培训

日本非常重视学前教育师资的培训与管理工作。“二战”前，保育所及日本幼儿园的教师均被称为“保姆”。培养保姆的机构最早是东京女子师范学校开设的“保姆练习所”。1882 年，文部省发布的《关于幼稚园的规则》规定：“幼稚园的保姆，必须是具有小学教员资格的女子，或得到其他府县知事许可者。”1901 年，日本建立保姆资格鉴定制度，规定非保姆培训机构毕业的，经各府县小学教员鉴定委员会考核合格者，也可以取得保姆资格。

战后，《学校教育法》将幼儿园的保姆改称为教谕、助教谕，同小学教师一致。所有幼儿园教师都必须获得任职资格证书。教谕发给普通资格证，并终身有效，可在相应学校通用。助教谕发给临时资格证，有效期 3 年。

保育所的教师至今仍被称为保姆。根据《儿童福利法》规定，合格的保姆（即取得资格证书者）必须具备下述三项条件之一：①普通大学、短期大学或保姆养成所毕业生；②高中毕业后，在都、道、府、县举行的保姆考试中合格者；③从事儿童福利事业 5 年以上，经过厚生大臣特批者。其中，符合第一项条件者，占保姆总人数的 60%以上。

日本教师在职进修的途径很多，如插入大学相应的年级作为旁听生学习，参加开放大学学习，参加函授大学学习，进入教师研究院学习等。由此可见，日本对学前教育师资的质量要求是相当严格的。

三、特点与启示

日本学前教育经过 100 多年的努力，已由过去的落后地位跃居今天世界先进地位，积累了丰富经验。

1．依法治教，依法促教

日本非常重视教育法治化建设。可以说，日本每个历史时期学前教育的迅猛发展和质量的提高都和法令的颁布紧密相连。通过一系列法令的颁布，日本既巩固了已有的发展成果，又使学前教育发展有了法律保障，增强了其发展后劲。

2．通过学习外国经验，建立自己的学前教育体系

日本注重向外国学习学前教育经验，学习时既有吸收融合，更有创新改造，从而使本国学前教育走上了独特的发展道路。

3．广开学路，调动一切办学因素

日本注重调动各方面的积极性，广开学路。日本的国立学前教育机构可谓数目寥寥，地方和民办的学前教育机构比比皆是，同时做到了调动办学积极性和保证学前教育质量的统一。

4. 重视师资队伍建设

为了建立一支合格的学前教师队伍，日本不仅成立和指定了某些培养学前教师的机构，而且建立了相应的资格待遇制度、在职进修制度等，还通过鉴定考试，吸收社会上有志于学前教育者从教。

5. 注重学前教育理论的宣传和探究

通过宣传教育，早期教育非常重要的观念早就被日本国民认可，每个家长都十分关心学前教育理论的新成果。日本还非常重视学前教育理论的研究和早期儿童才能的培养和挖掘，一些理论研究成果，如“铃木教学法”为世人瞩目。

第六节　苏联及俄罗斯的学前教育

十月革命以后至 20 世纪末，苏联党和政府一直非常重视公共学前教育，强调学前教育机构对学前儿童进行教育的优越性，制定有关的方针政策，并采取各种措施，促进了学前教育的发展。20 世纪末，苏联解体。在继承与变革的大背景下，俄罗斯既重视继承苏联学前教育的优良传统，又调整了学前教育政策，其学前教育的成就得到了世界学前教育界的一致认可。

一、社会主义学前教育体系的建立

（一）十月革命胜利初期至 20 世纪 20 年代末的学前教育奠基工作

首先，确定了苏联学前教育的性质和任务。1917 年 11 月 12 日，苏联建立了教育人民委员会学前教育局。20 日，教育人民委员会发表关于学前教育的宣言，指出苏维埃共和国的儿童公共免费教育必须从儿童出生时开始；学前教育制度是整个学校制度中的一个组成部分，把学前儿童的教育纳入了国民教育体系。1919 年 3 月举行的第八次苏共代表大会通过的党纲，规定了苏联学前教育的两大任务：第一，按照儿童的年龄特征来实现儿童的全面发展和共产主义教育的任务。第二，解放妇女。苏联学前教育机构的这一职能构成了它与西方许多经济发达国家的学前教育机构本质上的差别。

其次，培养学前教育干部和教师。教育人民委员会学前教育局成立初期，组织了每期为时 3 个月的训练班，培养学前教育的视导人员。1918 年 9 月，苏联在彼得堡设立了世界上第一所国立的学前教育专业高等学府——学前教育学院，其任务是培养学前专业的高级干部。该学院除讲授蒙台梭利的教育理论并布置实习作业，还兼有学前教育理论研究中心的功能。第二莫斯科大学也设立了学前教育系。到 1920 年初，通过学前教育专业训练班培养出的教师达 3280 人。

最后，举行学前教育会议，讨论有关问题。1919—1928 年，在莫斯科举行了四次全俄学前教育代表大会和若干次临时代表会议，讨论了学前教育的任务、教育机构的设立、

经费来源、教学法研究、学前师资培养和学前大纲编写等方面的问题。这些会议对推动苏联学前教育的发展起了重要的作用。

经过各方面的努力，发展学前教育机构的工作初见成效。1920 年，苏联已有 4723 所学前教育机构，共招收儿童 254 527 人。

（二）20 世纪三四十年代幼儿园教育的正规化

1930—1934 年，第一个五年计划的完成、工业的发展和农业集体化的实现，为苏联公共学前教育的发展创造了有利的条件。1930 年 6 月召开的苏共第十六次代表大会规定：拥有一定规模的工厂地区有义务设置托儿所；幼儿园的经费筹措采取国家拨款与吸收社会资金两条腿走路的方针。此后，苏联学前教育机构不仅增加了数量，还新增了长日班、晚班和夜班等服务项目，从而更适应女工的需要。

20 世纪三四十年代，教育人民委员会不断制定和颁布关于幼儿园工作的规程、指南、规则，以促进幼儿园教育的正规化。1932 年，教育人民委员会颁布了第一部国家统一的《幼儿园教育大纲草案》，规定幼儿园教学内容包括社会政治教育、劳动教育、认识自然的教育、体育活动、音乐活动、美术活动、数学和识字等。这对于整顿幼儿园、促进幼儿园教学管理的正规化、提高幼儿教育质量具有重要意义。

1938 年，教育人民委员会制定了《幼儿园规程》和《幼儿园教养员工作指南》。《幼儿园规程》规定了幼儿园的教育目的、任务、组织、基本类型，以及对儿童的营养和幼儿园房舍的要求等，如以本民族语言进行工作和实行一长负责制等要求。《幼儿园教养员工作指南》是根据《幼儿园规程》编写的。它根据儿童的年龄特征，将幼儿园工作的任务、内容和方式等具体化了。

1944 年，教育人民委员会制定了《幼儿园规则》和《幼儿园教养员工作指南》，规定：①无论幼儿园由哪个团体或机构管理，都必须根据《幼儿园规则》和《幼儿园教养员工作指南》开展其工作。②幼儿园是使 3—7 岁儿童受到苏维埃教育的国家机构，目的在于保证儿童的全面发展，同时有助于妇女参加生产劳动、参与社会政治文化生活。③幼儿园应为儿童入学做准备。为此，幼儿园要做到关心儿童的健康，发展儿童的智力，安排各类游戏、文化与艺术教学，组织儿童通过参观和散步去认识周围世界，培养儿童独立的习惯、自我服务的习惯、卫生习惯、劳动习惯、正确使用和爱护物件的习惯，培养儿童守秩序、自制、尊敬长者和父母的品行，培养儿童爱祖国、爱人民、爱领袖、爱军队的情感。④设立幼儿园的任务属于国民教育科、生产企业、苏维埃机构、合作社和集体经济的组织，私人不允许开设幼儿园。

二、苏联战后学前教育改革和发展

“二战”后，为适应形势发展的需要，苏联党和政府及学前教育专家不断致力于公共学前教育的改革。

（一）“托儿所—幼儿园”一元化发展

在战后相当长的时间里，苏联托儿所和幼儿园分别隶属于卫生部和教育部，由此产生了许多矛盾，使学前教育机构的负责人无所适从。

为消除这一不合理现象，实行一元化的行政领导，1959 年 5 月 21 日，苏共中央和苏联部长会议公布了“关于学前教育制度改革的决定”。改革的重点是将托儿所和幼儿园合并，创立统一的学前教育设施，并将这种设施的指导和监督权统一归于各共和国的教育部，卫生部主要负责儿童的保健的工作。决定公布以后，苏联在原有幼儿园和托儿所的基础上，又出现了第三种学前教育机构“托儿所—幼儿园”，招收 2 个月至 6 岁的儿童。

从此以后，苏联新设的学前教育机构基本都是“托儿所—幼儿园”。这类机构逐渐占据多数，成为苏联学前教育机构中的主要类型。

（二）《托儿所—幼儿园统一教学大纲》的制定及修订

为适应新设的学前教育设施，以苏联教育科学学院学前教育研究所第一任所长乌索娃为首，在医学科学院教授洛万诺夫的协助下，苏联对《幼儿园教养员工作指南》进行修订，于 1962 年公布了《托儿所—幼儿园统一教学大纲》（简称《教学大纲》）。这也是世界上第一部综合了婴幼儿教育的大纲。

该《教学大纲》有以下 5 个特点：①将原来婴幼儿和学前儿童互相分割的教育内容系统化。将出生后 2 个月至 6 周岁的儿童按年龄阶段分为 7 个班：第一婴儿期班（出生后第一年）、第二婴儿期班（出生后第二年）、婴儿晚期班（出生后第三年）、学前初期班（出生后第四年）、学前中期班（出生后第五年）、学前晚期班（出生后第六年）、入学预备班（出生后第七年）；②比原来的大纲更为注重游戏；③恢复了以前大纲里被取消的劳动部分，在大班和入学预备班增添了劳动教育；④在入学预备班里进行初步的读写教学，为进入小学做准备；⑤重视教学方法的指导。在出版大纲时，还另外出版了 4 本指导教学方法的书籍。

20 世纪 60 年代末至 70 年代末，苏联教育心理学家在儿童心理发展和教育实验研究方面取得了新成果，初等教育于 1969 年开始由原来的 4 年缩短为 2 年。为了适应这一变化和学前教育工作改革的新要求，苏联先后多次修订 1962 年的《教学大纲》。1970 年，修订后的大纲加强了婴儿期的护理和教育；加强了入学准备班教育内容的知识性，把小学一年级语文、数学的部分大纲要求作为预备班儿童的教学内容，并对各年龄阶段儿童的德、智、体等方面的发展提出了统一要求。

（三）《学前教育构想》

苏联的学前教育发展到 20 世纪 80 年代中期，适龄儿童中已有一半以上接受了公共学前教育。全国有学前教育机构近 14 万所，在托儿童 1550 万人，但仍然不能满足广大居民送儿童入托的需求。因此，苏联还必须进一步发展学前教育机构，扩大学前教育的专业队伍。

为迎接 20 世纪 90 年代和 21 世纪的到来，针对苏联学前教育的一些主要特点或缺点，1989 年 6 月 16 日，苏联国家教育委员会通过决议，批准了《学前教育构想》。该构想体现了以下改革思路。

1）在学前教育机构的设置和管理方面实现法律化、民主化和多样化：多种形式和类型的学前机构并存，家长和工作人员组成幼儿园委员会协商解决问题；幼儿园自我管理、经济独立，自己决定教学内容等。

2）依据新的科研成果，强调学前期在个性形成中的意义。要求在教育教学中既考虑年龄特征，又考虑个体差异，以保证儿童情绪良好、心理健康地发展。

3）要求教育工作人道主义化，以“个性定向型相互作用模式”取代以往的“教学—训导型相互作用模式”，保证儿童的生理和心理健康，形成创造型个性的萌芽。

4）坚持家庭和幼儿园相互渗透的原则，实现家庭教育与公共教育的协调一致。

（四）学前教育的师资培训与科学研究

苏联幼儿园的教师由幼儿师范学校培养。苏联学前教育研究的历史大致经历了如下 3 个发展阶段：第一阶段是苏维埃政权成立之初，主要是引进西方幼儿教育理论。西方的自由教育理论，如蒙台梭利幼儿教育理论、杜威的实用主义教育理论及儿童学等，曾经在苏联及俄罗斯广泛流行；第二阶段是 20 世纪三四十年代，主要是反思西方幼儿教育理论，开始创建具有自己特色的苏维埃幼儿教育理论；第三阶段是卫国战争结束后，主要是成规模、成系统地研究幼儿教育，真正形成自己的特色。

三、苏联学前教育的特点

在长期的历史发展中，苏联的公共学前教育形成了自己的特色，与欧美许多国家的学前教育相比，在很多方面有较大反差，且各有利弊。

（一）学前教育统一领导与集中管理

苏联政府历来十分重视公共学前教育事业的发展，十月革命胜利以后立即建立了专门的学前教育局，以加强对这项事业的领导。苏联把学前教育纳入整个教育体系，使其成为其中的一个重要环节。学前教育机构都是公立的，入托儿童一年费用的 80%由国家负担。党和国家通过教育立法、幼儿园章程、规则和大纲等，对学前教育实行统一管理，认为有了统一的规定，就可以保证完成学前教育的任务，保证教育的质量。

但是，苏联的学前教育领导体制存在明显的弊端，主要的问题是统得太死，缺少灵活性。由于不允许私人举办幼儿园，国家的力量又有限，所以幼儿园的发展有限，供不应求，儿童入托率一直不高。对于上述问题，苏联政府已有所认识。1989 年的《学前教育构想》提出赋予地方和幼儿园以更多的自主权，使多种形式和类型的学前教育机构并存。

（二）教育工作与保育工作紧密结合

苏联的公共学前教育是以解放妇女劳动力和保护、教育儿童为目的的。苏联的学前教育机构从一开始就担负着双重的任务，既要对儿童的日常生活进行护理和照顾，又要对儿童进行全面的教育。他们把发展托儿所和幼儿园放在同等重要的地位，做到了教育工作与保育工作的密切结合，儿童在园时间比欧美国家要长，甚至长达 12 小时；很大一部分教育工作存在于保育工作之中，教育工作者利用每一个生活环节如吃饭、睡觉等，对儿童进行文明卫生习惯和良好道德品质的教育。

（三）教学—训导型教学模式

在苏联的幼儿园实践中，教学—训导模式是主要的教学模式。在这种模式中，教学的目的是用知识、技能和技巧武装儿童，使之听话。教育者必须完成教学大纲的规定，以达到领导和监察机关的要求。教学过程强调教师的主导作用，儿童仅仅被视为接受教育影响的客体。教育偏重面向全体儿童，按小学上课形式进行。儿童的基本活动形式——游戏，不仅在时间上受到限制，而且被成人做了严格的规定。造成的后果是：成人与儿童相互疏远；儿童的消极性大于积极性；神经官能症发作、心理变态；主动性丧失。一旦离开教师，儿童的行为便大相径庭，甚至与期望的、应该的行为毫无共同之处。

针对教学—训导型教学模式存在的弊端，1989 年的《学前教育构想》提出了“个性定向型相互作用模式”，强调教学目的是促进儿童个性的形成。教师与儿童交往时应遵循“不平行、不在上，而在一起”的原则，以保证儿童有心理安全感，形成个性的萌芽。在新的模式中，儿童被看作合作条件下的平等伙伴。

四、俄罗斯的学前教育

1991 年苏联解体，社会制度转型，俄罗斯的政治、经济、文化及教育经历了动荡和变革，学前教育领域取得了重大的成就。

（一）新的学前教育政策

俄罗斯政府继承和发展了苏联的教育，在对苏联教育政策进行取舍与改革的基础上，颁布了新的教育政策。

1991 年俄罗斯颁布《学前教育机构临时条例》，将苏联时期《学前儿童教育机构条例》中的“与家庭配合对学前儿童进行和谐发展的教育和共产主义的教育”表述为“保护和巩固儿童的心理及身体健康，保证他们的智力与个性的发展，关心每个孩子的情感幸福”。1992 年，俄罗斯出台了教育领域的根本大法《俄罗斯联邦教育法》，其中第十八条也规定，学前教育机构、网络要帮助家庭教育学前儿童，保护和增强他们的身心健康，开发他们的智力和纠正他们发展中的缺点。它们共同的特点是强调学前教育要促进儿童的个性发展。

根据 1992 年出台的《俄罗斯联邦教育法》，俄罗斯联邦教育部学前司于 1994—1995 年制定了《学前教育国家标准草案》，这是俄罗斯对学前教育大纲提出的宏观指导，也是对以前学前教育成果的肯定与发展。《学前教育国家标准草案》由三个部分组成：一是对大纲的规定，即学前教育大纲以保护和促进儿童身心健康、和谐发展为宗旨，应具有完整性和综合性的特点，应该体现学前教育的非宗教性；二是对教育过程的规定，即教育过程应体现学前教育活动的互动性，促进教师和学生之间的对话、交流和合作的可能，强调教师和学生、成人和孩子之间的平等关系，克服传统缺陷，应当体现合作性教育、个性发展教育的主流趋势；三是对儿童发展空间的规定，即学前教育机构的环境设计应符合儿童的兴趣和发展的要求。这份学前教育国家标准从目标、实施过程、环境创设原则三个层面对俄罗斯学前教育课程进行了规范。

从 20 世纪 90 年代末开始，俄罗斯在全联邦推行素质教育，包括学前教育阶段的素质教育。相关的规划指出：要鼓励学前教育机构实施现代教学法，制定并实施适用于学前教育机构的新教育大纲和开发儿童社会文化的新技术手段，培养儿童在学前教育阶段应用语言交流的能力；制作并宣传有教育意义的玩具，编排有教育意义的游戏，使之成为学前素质教育的重要工具。

（二）学前教育机构

俄罗斯的学前教育机构大多数由政府组建，少数由企事业单位兴办，企事业单位创办的学前教育机构的设施比政府创办的设施要优越得多。学前教育机构分布在城市、工业区、大学城、城镇、农村、军事基地、疗养院等各个地方。俄罗斯的早期教育机构形式多样，主要有以下几类。

1. 日托中心

俄罗斯日托中心的服务对象是出生后 2 周至 4 岁的儿童，费用主要由家长承担，有时也由家长的雇主负担一部分或全部。日托中心的服务侧重帮助家长照看孩子，以便家长能安心工作，因此都是全日制的。日托中心的幼儿教育课程以游戏为主。这类机构对教师的入职要求较低，教师不一定具有教师资格，主要提供保育服务。

2. 托儿所—幼儿园联合体

托儿所—幼儿园联合体是俄罗斯学前教育机构的重要组成部分，2 个月至 6 岁的儿童均可入学。此类机构并非俄罗斯联邦政府首创，至今已有半个多世纪的历史。苏联成立后到 1959 年前，学前教育机构由幼儿园和托儿所组成。1959 年，苏共中央和部长会议决定，将幼儿园和托儿所合并，称为托儿所—幼儿园，由教育部统一领导和管理。苏联解体后，新成立的俄罗斯联邦政府继承了苏联的学前教育机构，但根据实际情况进行了改革，在前瞻性、科学性、系统性和可操作性等方面远远超过了苏联时期的构想和实践模式。

3. 幼儿园

幼儿园是俄罗斯学前教育机构的主要类型。教师的入职要求较高，不仅需要具备早期教育或儿童发展专业大专以上学历，还必须具备教师资格。现行俄罗斯的幼儿园分为公立和私立两类。

俄罗斯公立幼儿园由政府创办，收费较低，分为小班、中班和大班。小班接收3—4岁的儿童，注重对其进行基本生活知识的传授和简单劳动技能的训练，特别重视其实际动手能力和自我服务能力的培养。4—5岁的儿童就学于中班，教师会对他们进行俄语、数学、音乐、雕塑、绘画、舞蹈、美术教育，帮助儿童掌握读、写、算等简单技能，重视儿童的观察能力、表达能力、思维能力、想象能力和判断能力的培养，并提高他们的审美能力和艺术修养。5—6岁的儿童则转入大班学习，此阶段是最重要的阶段，是为幼小衔接打基础的关键时期。大班主要通过游戏活动，对儿童进行健体、益智和助德的教学，促进儿童认知、个性和社会性的发展，为进入小学做好准备。

俄罗斯的私立幼儿园由各单位、企业、社会团体创建。这种私立幼儿园收费颇高，只有经济条件较好的家庭的子女方能进入，贫困家庭的孩子则欲入无门。私立幼儿园的月平均收费为300—500美元，此种幼儿园可称为地地道道的贵族幼儿园。由于私立幼儿园环境优越、教学设备相对先进、教师队伍素质较高，不少幼儿园还配有外籍英语教师，因此虽然收费较高，但仍受到家长们的青睐。

4. 学前班

俄罗斯的学前班设立在小学里，作为幼儿园和小学的过渡，起着承上启下的作用。虽然俄罗斯的学前班附设在小学里，但由于其教育对象仍为幼儿，所以，学前班无论是环境创设、课程设计还是教育方式都无异于幼儿园。

（三）学前教育课程

俄罗斯的学前教育内容除了游戏和户外娱乐性活动外，还包括丰富多彩的课堂教学内容，比如语言、读、写、算、舞蹈、音乐及艺术、外语等。下面简单介绍其学前美术教育、科学教育、数学教育及社会教育的教育目标。

俄罗斯学前美术教育的目标主要包括：①增长使用和掌握美术材料的技能；学习以富有创造性的、不寻常的方式使用材料；积极参加美术创作；发展有目的工作的能力，以及通过视觉艺术组织和表达思想和感情的能力。②通过欣赏视觉艺术，儿童承认和尊重自己和他人的艺术工作；理解“艺术家”的概念；表现出对美术作品中不同观点的接受能力；领悟环境中的视觉联系；学会观察环境和艺术作品，熟悉艺术内容——线、平衡、颜色、形状、质地等。③尊重其他儿童和其他人创造的艺术作品，儿童应在以下能力上有所增长：讨论艺术家如何创造艺术作品；命名和讨论艺术的内容——线、颜色、质地、形式、形状；领悟美学联系，发展美学意识。

俄罗斯的学前科学教育强调教师要在教学过程中促进儿童思维的发展，培养儿童解决问题和形成概念的能力，向儿童介绍生物科学和自然科学。在俄罗斯的学前教育中，自然科学的教育是介绍性的，是向儿童介绍物质世界。教育不是教科学的概念和原理，而是给儿童提供作用于物体和观察物体如何反应的机会，这为物理和化学学习奠定了基础。在自然科学方面，学前儿童科学教育包括向儿童介绍天文学、化学、气象学和物理学中的初级概念，教师要以让儿童观察、推论、分类、交流和思考的方式，向儿童介绍概念，促进儿童自然科学概念的形成和发展。

俄罗斯学前数学教育的目的在于为儿童提供各种动手操作和探索材料的机会；让儿童参与从物质世界转入抽象世界的活动；让儿童有发展分类、比较、序列、度量、图解、点数和数学运算技能的机会。教师要为儿童选择探索的材料，评价儿童的进步；要用语言描述儿童的活动，向儿童提供能启发其思考的问题；指导儿童进行其他活动等。

社会教育是俄罗斯学前教育课程中不可或缺的部分，也是向学前儿童传递文化或生活方式的重要途径。通过社会性学习，儿童开始发展自我意识，这是儿童了解自己和他人、认识世界的基础。在俄罗斯的学前教育中，学前社会教育的目的包括：促进儿童自尊心和自我价值感的发展；发展儿童交流、分享和与其他人合作的能力，增加有关其他文化和种族的知识；发展儿童尊重其他人的差异和文化独特性的能力等。

（四）学前教育师资培养

在国家政策的重视和指导下，俄罗斯学前教育的师资培养方式不断改革并日趋完善，已经形成了一个起点高、体制完备、操作性强的学前教师教育培养体系。具体来说，俄罗斯学前教育教师培养包括以下三个阶段。

1. 职前培养

俄罗斯学前教育教师的职前培养重视普通知识、教育专业与技能知识及实践操作能力的学习与掌握。近年来，对实践操作能力的重视使俄罗斯学前教育教师的职前培养评价方式发生了重大转变：由强调知识掌握及学习成果的内部评价，转变为强调学生（职前教师）的实践表现与理论运用，以及强调其与儿童相互交往、个性化指导的外部评价。

实践技能的评价由学生的田野经历表现与实习表现组成，其中田野经历是指学生每学期被分配到各幼教机构进行实践、观察、调查与反思的经历，其目的在于让学生在与儿童、家长、同事、社区机构的互动中获得知识、技能与专业态度，一般为 290 个学时。实习则是学生在校的最终职业准备期，实习生在实习导师的指导下逐步独立地进入实际教学环境，是学生综合运用知识与技能的过程，一般要求达到 500 学时。对学生田野经历与实习表现的评价都极为重视学生展示的各种实践能力，如对儿童个性和发展的理解能力、综合运用知识和实际教学的能力、与儿童或家长沟通的能力等。

2. 新教师入职培训

新教师入职培训从 20 世纪 80 年代以来在俄罗斯开始备受重视，原因在于：一方面，新教师在进入真实教育情境时会遇到很多问题，这对其自信心、教学实践和教学效果等会产生较大的负面影响，进而影响其专业发展；另一方面，俄罗斯教师资格认证体系取消了终身制的教师证书，改为进阶式的体系，新任职时所取得的幼儿教师执照只是临时证书，有效期只有 2—3 年。因此，新教师自身也有接受继续教育的迫切愿望，以便通过下一阶段的资格考试。

新教师的入职培训由各州教育部门管理，具体由幼教机构或当地学区的教育督导负责，一般采取非正式导师制和正式导师制两种形式。非正式导师是临时性的，由幼教机构指派或由新教师自选。正式导师则由幼教机构或学区指派，负有明确的责任和义务，包括教学示范，对新教师进行教学、师生互动、家长沟通等方面的指导，使新教师尽快获得有关教学环境的管理知识、师生相处的方法以及与家长沟通的技巧。除以上这些形式，新入职的幼儿教师还可加入一些专业团体机构，通过与专业成员的互动得到相应支持，解决自己工作中的问题。

3. 在职教师的专业发展培训

俄罗斯幼儿教师接受的专业发展培训主要有：第一，教育资源与咨询部门设立的教师专业发展小组提供的培训。第二，学区根据不同的主题设立不同的小组开展培训。第三，社区大学或四年制大学提供的培训课程，以满足个人的专业发展为主。第四，观察与评价模式，即通过现场督察、同行指导和教师评价等方式，为幼儿教师专业发展提供支持。评价人员包括园长或校长、同行等。第五，探究培训模式，包括教师研究小组、教师调查、教师合作组等。

回顾 20 世纪世界学前教育发展历程不难看出，随着社会的发展和人们对学前教育在基础教育中的地位与作用认识的逐步深入，各国都在积极努力地为发展学前教育创造条件，学前教育发展和改革出现了以下趋势。

第一，政府日益重视学前教育，并通过制定相关法律和政策，给学前教育事业的发展以法律和制度上的保证。第二，政府增加对学前教育经费的投入，动员各方面力量发展各种类型的学前教育机构。第三，注意借鉴吸收先进的教育思想和研究成果，构建适合本国国情的有利于学前教育事业发展的管理体制。第四，强调学前儿童的整体发展，既重视学前儿童智力的开发，又关注其社会性和情感的发展。第五，重视学前教育师资队伍的建设，既注意职前的培养，又注重在职培训和提高。第六，加强国际交流与合作，扩大现代化教育手段在学前教育中的应用。

思考与练习

1. 简述英国保育学校的创立及其影响。
2. 简述法国学前教育的主要特点。
3. 试评述美国进步主义幼儿园运动。
4. 试总结法国学前教育发展的主要经验。
5. 试论苏联学前教育发展的历史经验。
6. 总结俄罗斯学前教育的特点。

第十六章
现代学前教育理论

1. 了解爱伦·凯的家庭教育思想。
2. 掌握杜威的幼儿教育理论及其影响。
3. 掌握蒙台梭利的幼儿教育理论及其影响。
4. 掌握罗素的自由教育思想。

20 世纪世界各国的学前教育发展迅速。许多教育家、心理学家对学前教育问题给予了极大的关注，他们创办学前教育机构，探讨学前教育理论，使学前教育理论在心理科学发展和教育实验研究的基础上得以深化，从而推动了现代学前教育的改革与发展。

第一节　爱伦·凯的学前教育理论

爱伦·凯（Ellen Key，1849—1926），瑞典作家、妇女运动活动家、新教育运动倡导者之一，提倡热爱儿童和尊重儿童、保护儿童的权利，注重儿童个性发展和教育。她于 1899 年出版了《儿童的世纪》一书，被视为新教育运动的经典作品。书中明确提出的“20 世纪将是儿童的世纪”，在世界范围内产生了广泛而深远的影响，有力地推动了现代学前教育理论和实践的发展。

一、生平与主要教育活动

爱伦·凯 1849 年生于瑞典南部的斯莫兰，原名卡罗琳娜·苏菲娅·凯，其父是瑞典著名历史学家、激进的国会议员；其母亲的思想也颇为激进，十分关心妇女问题和教育问题。在富有自由思想和文化气息的家庭环境中，爱伦·凯自幼喜爱读书，热爱自然，并在母亲的影响下对社会改革问题产生了兴趣。1868 年，爱伦·凯开始向妇女杂志——《理想》投稿，同时学习、研究卢梭、斯宾塞、尼采、达尔文等人的著作，这构成了她思想的基础。1879 年以后，爱伦·凯虽遭遇家庭变故，生活处境颇为困苦，但她并没有灰心丧气，而是怀着把真理用于人类福利事业的热情，致力于民众教育。在为《家庭杂志》撰稿的同时，她还担任了女子学校的教师，后又在工人学校兼课。

爱伦·凯很早就对妇女权利问题感兴趣，并积极参加保卫母亲和儿童权利的妇女运动。大约在 1900 年，爱伦·凯放弃了其他一切工作，完全致力于宣传自己的主张和发表自己的观点。从 1903 年起，爱伦·凯主要在国外讲学。与此同时，她还出版了各种著作，对当时欧洲思想界产生了较大影响。她的著作主要论述妇女问题和儿童教育问题，主要有《儿童的世纪》（1899 年）、《妇女运动》（1909 年）、《恋爱与婚姻》（1911 年）、《年轻的一代》（1914 年）等。尤其是《儿童的世纪》一书曾被译成多种文字，成为举世闻名的儿童教育经典著作。

二、论家庭教育

（一）家庭教育的意义

爱伦·凯强调家庭教育以及家庭与父母在儿童发展和教育中的重要作用。她认为，家庭不仅应该是儿童肉体的家庭，而且应该是儿童灵魂的家庭，因为健全的家庭生活是儿童真正幸福的人格发展的基础。在一个坦诚、友爱、勤勉和勇往直前的家庭里生活，有助于儿童善良、工作欲及诚挚等品质的培养，促使其生理和心理充分发展。此外，家庭中的艺术品、书籍、积极向上的精神、家庭成员之间的和睦相处有助于儿童纯朴善良等优良品质的发展，对儿童性格及品质的形成起着潜移默化的作用，能丰富他们的想象力，活跃他们的情绪。

她认为家庭不仅是学校教育的预备室，也是一所学校。儿童时期是接受教育的最佳时期，家庭在促进儿童发展的过程中发挥着比学校教育更大的作用，父母应多抽空陪伴孩子，让孩子成为家庭各项活动中的一员，使他们在家庭中受到良好的熏陶。

（二）家庭教育的内容

爱伦·凯认为，儿童在井然有序、温暖如春的家庭中，个性可以得到自由舒展，心灵可以得到陶冶净化。因此，她坚决主张家庭是人类教育中最具建设性的要素。爱伦·凯家庭教育的内容主要包括以下几方面。

1）让儿童分担家务，养成自觉的习惯。在家庭事务上，爱伦·凯主张在力所能及的范围内，让儿童在假期或者周末去做些家务，并逐渐养成一种自觉的习惯。同时，她也强调不论这些临时的工作是自然的还是他人要求的，都不可言报酬。

2）为儿童建立适宜的图书馆。爱伦·凯认为，家庭应为儿童建立精选的图书馆，并在里面仅放些著名的著作，按年代编次序，以方便儿童在学会看书时有选择地看适合的书。

3）让儿童养成动手的习惯。爱伦·凯指出，家庭应为儿童提供充分的工具和材料，让儿童自己动手制造玩具，使其创造力与想象力能从杉果、橡实、棘针、碎磁铁等种种废物中得到发挥。

4）性教育应由母亲承担。爱伦·凯主张儿童对两性关系的好奇等问题必须得到正面的解答，且应由母亲给予正确的解释，这才适合儿童期的发育。每个人必须养成诚实地去讲和诚实地去想这个问题的习惯，社会才能够逐渐形成更高尚的性道德观念。每个人必须完全理解自己作为女性或男性的性别差异，而且明白作为女性或男性所应尽的义务。

（三）家庭教育中对父母的要求

为了使父母教育好自己的孩子，让儿童的个性得到充分发展，爱伦·凯认为，需要出版一本父母指南。父母只有认识到儿童早期教育的重要性，学习心理学的知识，尊重儿童的个性，才能避免在家庭教育中的盲目性和过失及反复无常的现象。父母对待孩子既不能溺爱，又不能虐待。爱伦·凯说："无论是溺爱的父母，还是虐待的父母，虽然方法不同，但他们不懂得孩子应该有自己的意见，自己理想的幸福，自己的正当兴趣和地位，因此造成孩子的痛苦是一样的。"在她看来，这两种父母同样都是不了解孩子的感情和需要，他们的做法实际上都抑制了儿童个性的发展。

爱伦·凯认为家庭中的俭朴与奢侈会对儿童产生不同的影响：俭朴的家庭环境更有利于儿童的成长，奢侈的环境不利于儿童的发展。为此，她建议即使经济状况允许，父母为了孩子也应避免奢华。她提倡要使儿童接触到真实的生活，让他们学会利用家庭环境给自己带来快乐，并承担自己的行为所造成的后果。做父母的不要袒护儿童，使他们免遭自身行为所带来的痛苦。

爱伦·凯认为在家庭教育中，孩子的父母，尤其是母亲负有重要的责任。父母要倾注全部的精力重视孩子的发展和教育问题，做父母的应该明白孩子需要家庭的温暖，否则父母应该受到训诫。爱伦·凯认为，父母主要应承担以下职责。

1）平等地对待孩子，不要随意对孩子发布命令。爱伦·凯认为，当孩子与父母一起平等地生活时，他就能从父母的生命之源和能力中获得自己所需要的养料，以促进自己个性的成长。如果父母常常以粗暴的态度对待孩子，用训斥乃至鞭打的方法来使倔强的孩子驯服，那不但没有效果，反而会把许多要不得的东西给了孩子。

2）允许儿童根据自己的兴趣、爱好和能力充分自由地活动。爱伦·凯一再主张父母要倾注全部精力对儿童的成长过程进行系统的研究和观察，以保证其个性得到正常发展。父母应该在儿童诞生后对其进行心理研究，并将这种研究始终贯穿在儿童的活动、休息和玩耍的全过程中。

3）在儿童个性和人格形成过程中发挥榜样作用。爱伦·凯认为，由于儿童的模仿力很强，善于学习大人，因此，要给儿童提供好的榜样。她强调："榜样是习惯的基础，而习惯是人格的基础。"因为当大人都在做着好事时，儿童也学会了做好事；大人都在享受着自然与艺术的美时，儿童也会知道享受自然与艺术的美，并不用大人去教他。

三、论未来幼儿学校

爱伦·凯批判那个时代学校教育存在的以学科教学为核心、实施灌输式教学、注重形式化的考试制度等问题，并分别从教育目标及原则、教育内容、教学方法等几个方面对未来理想的幼儿学校进行了论述。

（一）教育目标及原则

在爱伦·凯看来，教学的目的在于使学生提高求知欲望并获得知识、形成概念，提出独立的见解。她认为，理性的儿童教育机构的第一个目标是教育者要善于发现并研究儿童身上的特殊才能，第二个目标是教育者要为无特殊才能的儿童制定一项学习计划，使其智力和个性得到发展。为了实现教育目标，她提出了学校教育的四条基本原则：①凡是学生对之有明显的个人倾向的学科，必须允许学生进行专门的研究；②在一定时间内集中学习一定的学科（在同一时间内学习一门、至多两门主要学科）；③在学校的整个时期内允许学生独立学习；④学校的全部课程与生活实际相联系。

（二）教育内容

爱伦·凯认为，未来幼儿学校的课程内容主要应包括两类：一类是直接读“大家”的原著；另一类则是手工、园艺、游戏等。因此，在具体的教学内容上，她认为学校应开设阅读、语法、作文、历史、地理、数学、博物等课程，并允许学生自由选择。她主张学校应设有展览室、作业室和实验室，学生可以自由参观、作业和研究；学校应安排手工艺和园艺训练，以便儿童进行独立活动，发展作业能力，锻炼动手能力。

爱伦·凯批评学校科目太分散，强调集中教学的重要性。她要求将有一定联系的科目合并在一起，组成一个较大领域的科目，这样可以避免所学内容脱节，如历史课应该同时包括文学史、艺术史和教会史。另外，爱伦·凯认为学校必须考虑每个儿童的特点，教学应尽可能地针对儿童的具体情况和求知需求，帮助他们形成自己的观点。因此，她主张学校取消班级授课制度，按照儿童的兴趣和禀赋分组教学，甚至个别施教，但基本课程应该是相同的。

（三）教学方法

爱伦·凯批评传统注入式教育，提倡未来学校运用“苏格拉底法”，即启发式的教学方法，以便教会儿童自己去观察和解决问题，使他们利用地图、词典和书籍等学习的辅助手段，自己去克服困难，打开通向胜利的道路，从而获得广阔的视野和强大的学习能力。她认为，当儿童学习上存在错误时，如果那种错误不是一贯的、严重的、会浪费太多时间的，应由他们自己去发现和改正。为了使教学富有成效，爱伦·凯要求教师热爱儿童，善于与儿童共同游戏、共同生活，逐步探索适合儿童个性特点的教学方法。

爱伦·凯认为，在教学中，教师应及时提问，以确定学生对这门学科的学习达到了何种程度；教师应给予学生积极的评价，鼓励他们独立完成作业；教师偶尔也应批评儿童片面的表达，以促使他们做出全面的描述；教师应帮助儿童总结有关经验的规律，以便他们学以致用。

另外，爱伦·凯还认为，未来学校的校园环境应该非常美丽且崇尚自然，有宽广的庭园环绕，每个学生像在家里一样，既可以在其中自由地整理花草，也可以自由地进行舞蹈和游戏。在这里，美丽的图书馆、实物标本陈列室和研究室取代了普通的教室。爱伦·凯也对未来学校的教师提出了一定的要求，认为他们必须能够理解儿童，有独立的见解，并且能够为儿童创设一个适宜的学习环境。

由于对妇女、儿童、婚姻及道德行为等问题的深刻论述，爱伦·凯被誉为“瑞典的雅典娜”。虽然她没有躬行儿童教育实践，但是，她提倡热爱儿童和尊重儿童，注重儿童的早期教育，促使儿童个性的发展，倡导理想的家庭，强调家庭及父母在儿童发展与教育中的作用，对现代学前教育理论与实践的发展产生了很大的影响，特别是她提出的“儿童的世纪”的口号，吹响了20世纪学前教育改革与发展的进军号角。然而，爱伦·凯轻视幼儿园的作用，这显然是片面的和消极的。

第二节　杜威的学前教育理论

美国哲学家、教育家约翰·杜威是实用主义教育理论的创始人，也是实用主义哲学最有影响的代表人物之一。他的教育理论不仅对美国，而且对许多国家的学前儿童教育和学校教育产生了深刻的影响。

一、生平与主要教育活动

杜威1859年出生于美国佛蒙特州柏林顿的一个杂货商家庭。在父母的影响下，杜威自幼养成了阅读书籍的习惯。但他不满当时公立学校传统的教育方法，十分喜爱课余阅读和户外活动。在杜威学术思想活动的早期，他感兴趣的是哲学、心理学和伦理学，而非教育学。1882年他考入了约翰霍普金斯大学读研究生，主攻古典哲学。1884年获得哲学博士学位后，杜威到密歇根大学任教，一直到1894年（其中1888—1889年在明尼苏达大学任教）。在此期间，他的哲学体系开始成熟起来，并开始对教育问题产生了兴趣。

1894年，杜威接受了新成立的芝加哥大学的聘请，在该校担任哲学、心理学和教育学系的系主任，并从事研究生的教学工作。正是在这一时期，杜威开始形成自己的特色哲学思想，并进行了影响极大的教育实验活动。1896年，杜威创办了芝加哥大学实验学校，招收4—14岁的儿童，进行课程、教材和方法的改革实验活动，有效地把教育理论和实践结合了起来。这对杜威教育理论的形成影响甚大。在这期间，杜威发表了许多重要的教育论著，其中《我的教育信条》（1897年）是他关于教育的纲领性著作，展示出其对教育问题的基本看法，是杜威教育理论形成的重要标志。

1904年，因在实验学校的管理问题上与芝加哥大学存在分歧，杜威离开了芝加哥大学，赴哥伦比亚大学任哲学教授。除了在国内演讲旅行外，他还到日本、中国、土耳其、墨西哥和苏联等国进行过访问和讲演。1930年以后，杜威是哥伦比亚大学的名誉教授。

杜威一生在哲学、教育和心理学等方面撰写了约40本著作和700篇文章。其中，主要的教育著作有《我的教育信条》、《学校与社会》、《儿童与课程》、《民主主义与教育》和《经验与教育》等。

二、实用主义经验论

杜威继承和发展了美国哲学家查尔斯·皮尔斯（Charles Peirce）和詹姆士的实用主义哲

学，并把它具体应用到社会事务和教育领域中。关于哲学和教育之间的密切关系，他明确指出："哲学就是教育的最一般方面的理论。""教育乃是使哲学上的分歧具体化并受到检验的实验室。"

杜威认为，"经验"是人的有机体与环境相互作用的结果（或称统一体），是人的主动尝试行为与环境的反作用形成的一种特殊的结合。这样，行动和结果之间的连续不断的联系和结合就形成了经验。但是，杜威所说的"经验"具有无所不包的性质，把人（经验的主体）和环境（经验的客体）及经验的过程都包括在内，并把它们看成是同一过程的两个方面，相互联系以至合而为一。他说："精神和物质两者属于同一个东西，这就是那些构成自然的事件的复合。"在杜威看来，"存在即被经验"，人的主观经验是客观世界存在的基本前提。没有人的兴趣和愿望构成的主观经验，也就谈不上客观世界中一切事物的存在。杜威还说："经验包含一个主动的因素和一个被动的因素，这两个因素以特有的形式结合着……在主动的方面，经验就是尝试……在被动的方面，经验就是经受结果。"杜威认为，没有这种真正有意义的经验，也就没有学习。

杜威曾给教育下了一个专门的定义："教育就是经验的改造或改组。这种改造或改组既能增加经验的意义，又能提高指导原来经验进程的能力。"到晚年时，他又把自己的教育哲学概括成一句话："教育以经验为内容，经验既是手段又是目的。"可以说，"经验"是杜威教育哲学中最重要的一个词，也是他教育理论体系的核心。

三、教育的本质

（一）教育即生活

杜威从教育与社会生活的关系角度提出教育的本质即生活，认为教育就是儿童现在生活的过程，而不是将来生活的预备。他说"生活就是发展，而不断发展、不断生长，就是生活"，但是，没有教育就不能生活，所以教育即生活。在他看来，最好的教育就是"从生活中学习""从经验中学习"。教育就是给儿童提供保证其生长或充分生活的条件，而不问他们的年龄大小；当儿童出生时，教育就在无意识中开始了。这种教育不断地发展儿童的个人能力、熏染他的意识、形成他的习惯、锻炼他的思想，并激发他的感情和情绪。

（二）教育即生长

杜威认为，生活就是生长，儿童的发展与成长就是原始本能生长的过程。他说："生长是生活的特征，所以教育就是生长；在它自身以外，没有别的目的。"这样，杜威就把生物学上的名词"生长"运用到教育上来了。虽然从语法上讲，"教育即生长"是不通的，但是杜威的本意也不是把教育和生长混为一谈。杜威从个人因素或心理学的角度提出"教育即生长"的教育本质观，其实质是在提倡一种新的儿童发展观和教育观。在他看来，教育绝不是强迫儿童去吸收外面的东西，而是要使人类与生俱来的能力得以生长。教育过程在它的自身以外无目的，教育的目的就在于，通过组织保证持续生长的各种力量，以便使教育得以继续进行。

（三）学校即社会

杜威认为，既然教育是一种社会生活过程，那么学校就是社会生活的一种形式。在此基础上，杜威提出了“学校即社会”的观点。他说：“学校应该成为一个小型的社会，一个雏形的社会。”“使得每个学校都成为一个雏形的社会生活，以反映大社会生活的各种类型的作业进行活动……当学校能在这样一个小社会里引导和训练每个儿童成为社会的成员，用服务的精神熏陶他，并授予有效的自我指导的工具时，我们将有一个有价值的、可爱的、和谐的大社会的最深切而最好的保证。”

杜威还认为，学校不应该仅仅被看作一个传授某些知识的场所，也不是社会生活在学校中的简单重现。“学校即社会”的具体要求：一是学校本身必须是一种社会生活，具有社会生活的全部含义；二是校内学习与校外学习连接起来，两者之间应有自由的相互影响。学校作为一种特殊的环境，其功能在于简化和整理发展倾向的各种因素，把现存的社会风俗纯化和理想化，创造一个比儿童顺其自然时可能接触的更广阔、更美好、更平衡的环境。

在杜威的教育理论体系中，“教育即生活”“教育即生长”“教育即经验的改造”实际上是同一个意思。尽管在论述这一基本观点时，杜威批判了传统教育的弊病，但他在一定程度上忽视了教育和生活之间的区别。杜威提出的“学校即社会”是针对传统学校弊病的，但它在一定程度上取消了学校与社会两者之间的界线。

四、教学理论

（一）从做中学

在批判传统学校教育的基础上，杜威提出了“从做中学”的教学原则。杜威认为，儿童出生后几乎对每一件事情都要学习，如看、听、伸手、触摸、保持身体平衡、爬、走等。但他要达到精通熟练，就需要练习，需要观察，需要选择有效的动作。他指出：“人们最初的知识和最牢固地保持的知识，是关于怎样做（how to do）的知识……应该认识到，自然的发展进程总是从包含着从做中学（learning by doing）的那些情境开始。”因此，杜威强调教学的过程应该是“做”的过程。在他看来，儿童应该有机会运用他的身体，并由此使他的自然冲动有表现的机会。对儿童来说，“做事”本身就是一种最好的教育。如果儿童没有“做”的机会，必然会阻碍其自然的发展。

杜威认为，“从做中学”，实际上就是“从活动中学”“从经验中学”。它使得学校中的知识获得与儿童在共同生活的环境中所进行的活动或工作联系了起来。他明确指出，儿童生来就有一种要做事和要工作的愿望，对活动或工作具有强烈的兴趣。让儿童从那些真正有教育意义和兴趣的活动中学习，有助于儿童的生长和发展。杜威指出，贯彻“从做中学”的原则，会使学校的影响更加生动和持久。

（二）思维与教学

针对传统教育忽视儿童思维能力培养这一点，杜威强调指出，好的教学活动必须能够激发儿童的思维，培养他们的思维习惯和能力。他认为，思维就是明智的学习方法，就是在教学过程中明智的经验。在他看来，如果没有某种思维的因素，就不可能产生有意义的经验。因此，学校必须提供可以引起思维经验的情景。

杜威认为，思维的过程包括感知问题的所在、观察各方面的情况、提出假定的结论并进行推理，积极地进行实践的检验等。具体来说可以分成五个步骤：①疑难的情境；②确定疑难的所在，并从疑难中提出问题；③提出解决问题的种种假设，引起观察和其他心智活动以及搜集事实材料；④推断哪一种假设能够解决问题；⑤通过实验验证或修改假设。这种思维过程一般被后人称为“思维五步”。

从“思维五步”的观点出发，杜威指出，教学过程也相应地分成五个步骤：①教师给儿童准备一个真实的经验情境，一个与实际经验相联系的情境，同时根据儿童的本能需要和生活经验给予一些暗示，使儿童有兴趣了解某个问题，以便去获得某种为现在的生活所需要的经验。②在这个情境中须能产生真实的问题，作为思维的刺激物。在这个阶段，儿童要有足够的资料及更多的实际材料，以便应付在情境中产生的问题。这些资料和实际材料首先是儿童本人现有的生活经验、活动或事实。③从资料的应用和必要的观察中产生对解决问题的思考和假设。在这个阶段，儿童要进行设计、发明、创造和筹划，以找到问题的答案。④儿童自己负责一步步地展开解决问题的方法，同时把这些方法加以整理和排列，使其有条不紊。⑤儿童通过应用来检验他的想法，验证假设的价值，在亲自动手做的过程中，自己去做出判断。杜威所说的这种教学过程，在教育史上一般被称为“教学五步”。杜威认为，在这种教学过程中，儿童通过发现式的学习，可以学到知识以应付社会生活的需要。但他也指出，这实在不是一件容易的事。

五、儿童与教师

在儿童与教师的关系方面，杜威批判了传统教育的做法。他强调：传统教育的“重心是在儿童之外，在教师，在教科书以及在其他你所高兴的任何地方，唯独不在儿童自己即时的本能活动之中。在那样的条件下，就谈不上关于儿童的生活”。在他看来，在传统教育中，来自教师的刺激和控制太多，而对儿童的兴趣和经验的需要考虑太少，甚至忽略了儿童这个教育对象。杜威曾这样说：“现在，我们教育中将引起的改变是重心的转移。这是一种变革，这是一种革命，这是和哥白尼把天文学的中心从地球转到太阳一样的那种革命。这里，儿童变成了太阳，而教育的一切措施则围绕着他们转动，儿童是中心，教育的措施便围绕他们而组织起来。”

杜威认为，教育以儿童为中心，是与儿童的本能和需要协调一致的。心理是一个生长的过程，教育必须从心理上探索儿童的能力、兴趣和习惯开始，而以儿童为中心正体现了这一点。所以，杜威强调说：“学习是主动的，它包含着心理的积极开展。它包含着从心理内部开始的有机体的同化作用。毫不夸张地说，我们必须站在儿童的立场上，并且以儿童为自己的出发点。”在杜威看来，儿童的发展、儿童的生长，就是教育理想的所在。

在论述教育以儿童为中心的同时，杜威还认为，教师不应该采取“放手”的政策。

教师应该把儿童的兴趣和需要转变成他们发展的手段和使他们的能力进一步发展的工具，既不压制，也不放任。教育过程既是儿童和教师共同参与的过程，也是其真正合作和相互作用的过程。教师不仅要为儿童提供生长的机会和条件，而且应耐心地观察儿童、了解儿童的兴趣和能力，注意儿童的哪些冲动在向前发展，以便给予真正的引导。

对于传统教育中教师的地位和作用，杜威进行了尖锐的批判，但他并没有否定教师的作用，其与传统教育的区别在于教师应该如何发挥作用。然而，在论述儿童与教师的关系时，杜威过分强调了儿童在教育过程中的地位。正如美国心理学家和教育家布鲁纳指出的："教育必须从'心理上探索儿童的能力、兴趣和习惯'开始，但是，一个出发点并不就是整个旅程。为了儿童去牺牲成人或为了成人去牺牲儿童，其错误是相同的。"

作为现代西方教育史上最有影响力的一位教育家，杜威顺应时代的要求，对传统教育的弊病进行了批判，提出了"从做中学"的教学论体系，否定了传统学科本位的课程，提出了以学生直接经验为主的活动课程，强调儿童心理的发展和研究以及思维能力的训练，主张教育的一切措施都应该有利于儿童的成长，这不仅有一定的合理因素，而且对现代教育理论（包括幼儿教育理论）的发展起了促进作用。然而，也很少有教育家像杜威那样在受到那么多赞扬的同时，又受到了那么多的批评和攻击。究其原因，除了杜威教育著作的晦涩和他人的误解外，他的教育理论体系本身也存在着不足之处。

第三节　蒙台梭利的学前教育理论

意大利学前教育家蒙台梭利，是 20 世纪杰出的学前教育实践家和思想家。她毕生致力于探索"科学的教育学"，创办了举世闻名的学前教育机构——儿童之家，创立了独特的学前教育法，撰写了大量的学前教育理论著作，促进了现代学前教育的改革和发展，成为西方教育史上与福禄贝尔齐名的学前教育家。

一、生平与主要教育活动

蒙台梭利 1870 年出生于意大利安科纳省的一个天主教家庭，从小乐于助人，具有坚强的个性。中学毕业后，她不顾社会舆论和父亲的反对，于 1890 年秋天进入罗马大学医学院，靠奖学金和兼任教师完成了学业，于 1896 年成为意大利历史上第一位女医学博士。毕业后，蒙台梭利担任了罗马大学附属精神病诊所的助理医生，从事身心缺陷儿童的诊断和治疗工作。因工作需要，她深入研究低能儿童教育的先驱思想，尤其是美国精神病医生塞甘（Seguin）的《白痴的精神医疗、卫生及教育》和法国医学家伊塔（Itard）的《关于野生儿阿维龙的报告和回忆录》，这使她在思想上受到了影响并尝试在实践中应用这些原理。1898 年她在都灵召开的国际医学大会上发表演讲，认为儿童智力低下主要是教育问题而不是医学问题，强调指出智力缺陷儿童应当和正常儿童一样享有受教育的权利。

1900 年春，全国智力缺陷儿童教育联盟在罗马开办了一个医学教育机构。它附设在一所实验示范学校，蒙台梭利受聘担任校长。其间，蒙台梭利全身心投入到低能儿童的教育和训练工作中，取得了丰硕的成果。入学低能儿童不仅掌握了基本的生活技能，而且初步掌握了读、写、算的基本知识和技能。蒙台梭利开始考虑，假如缺陷儿童经过合适的教育可以达到正常儿童的标准，那么用类似的方法教育和训练正常儿童是不是可以使其获得更高的发展水平？1901 年，蒙台梭利决定投身于正常儿童教育这个广阔领域，重点研究 3—6 岁儿童的教育问题，于是重回罗马大学进修哲学、教育学、实验心理学和人类学等课程。

1907 年，蒙台梭利在罗马贫民区创办了一所招收 3—6 岁贫民儿童的幼儿学校，并命名为“儿童之家”。她将此前运用于低能儿童教育和训练的方法经过适当修改后用于正常儿童的教育，也取得了极大成功，并引起了社会的极大关注。1909 年，蒙台梭利总结“儿童之家”的经验，写成了《蒙台梭利方法》（原名为《应用于儿童之家幼儿教育的科学教育方法》），记述了儿童之家的实践及其理论，在世界上产生了广泛的影响。为了进一步传播自己的教育理论，蒙台梭利不仅在国内开设训练班，而且在英国、法国、巴基斯坦和印度等国开设国际训练班。1919—1937 年，她在伦敦开设的两年一期的国际训练班，每期 6 个月，培养了许多蒙台梭利学校教师。1929 年，国际蒙台梭利协会在荷兰成立，蒙台梭利去世前一直担任该协会的主席。

除《蒙台梭利方法》外，蒙台梭利的其他主要著作有《蒙台梭利儿童教育手册》《高级蒙台梭利教学法》《童年的秘密》《吸收性心智》等。

二、儿童观

蒙台梭利深受卢梭的自然教育、裴斯泰洛齐的和谐教育和福禄贝尔的自由教育观的影响，她根据自己对儿童发展的观察和实验研究，并结合生物学、遗传学、生理学、心理学和生命哲学的观点，提出了自己对儿童的独特看法。

（一）儿童发展具有独特的心理胚胎期

蒙台梭利认为，人之所以不能像动物那样在出生后就充分表现出自己的本能，是因为人的本能是在生活中不断与环境交往互动的结果。她认为人类有两个“胚胎期”：一个是在母体内生长发育的过程，称之为“生理胚胎期”；另一个则是人类特有的“心理（精神）胚胎期”。“心理胚胎期”主要表现在 0—3 岁的婴幼儿阶段，是幼儿心理形成的关键期，与幼儿生理发展的路径相同，开始也是一片空白，但在“内在生命潜力”的驱使下，吸收外界刺激和印象，最终产生心理活动。

（二）儿童具有“吸收性心智”

蒙台梭利认为，6 岁之前的儿童本身具有一种吸收知识的自然能力，即所谓的“吸收性心智”。借助这一能力，儿童可以通过与周围环境的接触，获得各种印象和文化，从而形成自己的心理、个性和行为模式。

（三）儿童发展具有敏感期

蒙台梭利受荷兰生物学家德弗里斯（De Vries，1848—1935）的影响，提出儿童心理发展的“敏感期”。蒙台梭利认为，儿童对于环境的刺激有一定的敏感时期，这种敏感时期与生长现象密切相关，并与年龄相适应，即在某一年龄阶段对某种知识的掌握和某一技能的形成变得异常容易和快捷，而过了这一时期，某一知识的掌握和技能的形成就会变得困难。蒙台梭利认为，在儿童的心理发展中会出现各种“敏感期”，并试图对儿童的敏感期加以区分，提出1—4岁是秩序的敏感期；0—5岁是感觉的敏感期（2—5岁时达到顶峰）；0—6岁是动作的敏感期；从出生后两个月到8岁是语言的敏感期。

蒙台梭利主张在儿童心理发展的敏感期对其进行教育、引导和帮助，从而促进儿童心理的正常发展，避免因错过敏感期而导致儿童心理发展障碍。

（四）儿童发展在工作中实现

蒙台梭利认为活动在儿童心理发展中发挥着极其重要的作用。她指出，儿童在内在生命力的驱使和心理发展需要的双重作用下会产生一种自发性活动，并通过与环境的交互作用获得相关经验，实现自己的心理发展。

蒙台梭利认为工作是儿童最主要和最喜爱的活动，而不是游戏。她认为游戏，尤其是假想性游戏会把儿童引向不切实际的幻想，不利于儿童严肃、认真、准确、求实、责任感和严格遵守纪律的精神和习惯的养成。在她看来，只有工作能培养儿童多方面的能力，并促进儿童心理的发展。

三、儿童教育的原则及环境

（一）儿童教育的原则

蒙台梭利尖锐地批评传统的学校教育和旧的家庭教育，指出它们忽视儿童的内在因素、压抑儿童个性的发展，其结果必然阻碍儿童生理和心理的正常发展。在蒙台梭利看来，儿童教育是人类最重要的一个问题。它的目的是两重性的：生理的和社会的。从生理方面来看，是帮助个人实现自然发展；从社会方面来看，是使个人为适应环境做好准备。为了促进儿童生理和心理的良好发展，儿童的教育应该始于诞生时。在儿童的教育中，要注意以下两条原则。

1. 自由的原则

根据蒙台梭利的儿童观，儿童的内在冲动是通过自由活动表现出来的，他能根据自己的心理需要和倾向以及自己的特殊爱好选择物体进行活动。蒙台梭利强调说，“科学教育学的基本原理将是学生的自由：允许个人的发展和儿童天性的自由表现。”但是，儿童有充分活动的自由并不意味着他可以为所欲为，想做什么就做什么。蒙台梭利认为，儿童必须在自由的基础上培养纪律性。例如，儿童之家的儿童要遵守以下规则：保持个人的整洁；服从教导；表现良好的品行等。在她看来，自由并不是放纵，自由和纪律是同一个事物不可分离的两个方面。自由活动是形成真正的纪律的重要方式，而真正的纪律也必须建立在自由活动的基础上。

2. 工作的原则

蒙台梭利认为，使儿童身心协调发展的活动就是“工作”。如果儿童能全神贯注地工作，说明这种工作能满足他内在的需要。在敏感期，给儿童满足其内心需要的活动，他就能专注地和独自地反复进行练习。这个过程也就是儿童生理和心理实体化的过程。这不仅使儿童得到了心理上的满足，也使他获得了独立的能力。蒙台梭利曾列举这样一个例子：一个大约 3 岁的女孩在玩圆柱嵌入物时，尽管周围有许多干扰，但她仍专心致志地一遍一遍重复“放进”和“取出”的动作，处于忘却外部世界的状态，一直重复工作到第 42 遍时才停下来，此时的她仿佛从梦中醒来并高兴地微笑着。因此，蒙台梭利强调说：“每次当儿童经历这种体验之后，他们就像经过休整的人，充满着活力，仿佛感受到某种极大的欣喜。”她又说：“人之所以成为人，不是因为教师的教，而是因为他自己的工作。”总之，工作对于儿童来说是极有帮助的，有助于他的肌肉的协调和控制，能使他发现自己的潜力；有助于他培养独立性和意志力，能使他在生命力不断展现的神秘世界中练习自己并进一步完善自我。

（二）儿童教育的环境

蒙台梭利认为，儿童的内在潜能是在环境的刺激、帮助下发展起来的，是个体与环境之间相互作用的结果。她强调指出，对于儿童生理和心理的正常发展来说，准备一个适宜的环境是十分重要的。她说：“必须注意为儿童期设置一个适当的世界和一个适当的环境，这是一个绝对迫切的需要。”她指出，旧的教育只注重教师和儿童两个因素，不重视环境，新的教育应当包括教师、环境和儿童三个因素；并指出由于现代人们的生活环境极其复杂，许多地方对儿童并不适宜，因此必须给儿童提供一个“有准备的环境”。

蒙台梭利所谓的“有准备的环境”，是一个符合儿童需要的真实的环境。根据“儿童之家”的教育经验，她对“有准备的环境”提出了以下标准和要求：①必须是有规律、有秩序的生活环境；②能提供美观、实用、对儿童有吸引力的生活设备和用具；③能丰富儿童的生活印象；④能为儿童提供感官训练的教材或教具；⑤可让儿童独立地活动、自然地表现，并意识到自己的力量；⑥能引导儿童形成一定的行为规范。

四、儿童教育的内容

在蒙台梭利的教育体系中，儿童教育的内容和方法是一个重要的组成部分。蒙台梭利指出，儿童之家中对儿童的教育应该包括以下三个方面。

（一）感官教育

1. 感官教育的意义

感官教育在蒙台梭利教育体系中占有重要地位，是其儿童教育实验的主要内容。首先，感官教育有助于儿童智力的发展。蒙台梭利认为，必须对儿童进行系统的和多方面的感官训练，使他们通过对外部世界的直接接触，发展敏锐的感觉和观察力。通过感官训练，儿童能够学会有条不紊地分门别类，奠定了智力发展的基础。其次，3—7 岁是儿童生理和心理快速发展的时期，也是感官能力发展的敏感期，感官教育不仅能够促进儿童智力的发展，而且可以在实施感觉训练的过程中，发现儿童身上某些影响其智力发展的感官缺陷，以便采取矫正和补救措施。最后，感官教育能培养儿童的观察力，提高其适应环境的能力。

2. 感官教育的内容

蒙台梭利极为重视感官教育，她的感官教育主要包括视觉、听觉、嗅觉、味觉及触觉的教育，其中触觉训练是感官训练的主要内容。蒙台梭利说“儿童常常以触觉代替视觉或听觉”，也就是常以触觉来认识周围事物，所以她尤为重视触觉。触觉训练根据性质的不同，可以分为辨别物体是光滑的还是粗糙的滑度触觉训练、辨别温度冷热的温度触觉训练、辨别物体轻重的重量触觉训练，以及辨别物体大小、长短、厚薄和形体的实体触觉训练等。视觉训练包括识别物体度量、形状和颜色的训练。听觉训练包括辨别和比较极其微弱的声音，并对噪声产生反感。嗅觉训练包括提高嗅觉的灵敏度训练。味觉训练包括识别各种味道的训练。

3. 感官教育教具

蒙台梭利认为，应该将外部世界对儿童感官具有吸引力的刺激系统地组织起来，设计和制成教具材料，并利用这些教具材料引导儿童进行有目的和有秩序的感官训练活动。她针对各种感官，专门设计了具有独创性的教具材料。例如，训练触觉的教具材料有“粗滑板”（在长方形木板上光滑和粗糙的纸各贴一半或光滑和粗糙的纸交错贴）、“轻重板”（用 3 种不同质地的木料制成的光滑小板，漆上不同的颜色）；训练视觉的教具材料有圆柱嵌入物、各种几何图形的嵌板、64 种颜色和色调深浅不同的丝线卷板等；训练听觉的教具材料有 6 个分别装着不同小东西和摇动时会发出不同声音的有盖木盒、外形相同但敲打时会发出不同音色的小铃铛串等。

蒙台梭利感官教育教具具有以下特点：第一，教具根据其用途可分为不同的种类，每一类教具基本上都由若干部件组成，所有部件除了某一维度有量的差异外，其余部件性质相同。例如，训练感知重量的教具，所有部件均具有相同的性质与形状，只是每个部件之间存在量的差异，以便使儿童通过操作这些教具，训练其对重量感觉的敏感性。第二，每种教具材料都配合一系列的固定动作，各训练一种特殊的感觉。在由易到难地、有次序地使用教具材料进行感官训练时，应该使儿童的注意力集中于一种感觉的刺激，以增进实际的感觉经验。例如，在训练触觉时，要求儿童蒙着眼睛进行训练，以排除视觉的干扰。第三，教育的自动性。在儿童之家，不是教师直接把知识教给儿童，而是儿童通过自己操作教具来进行自我学习。蒙台梭利教具具有“自我更正错误”的功能，即儿童在操作教具过程中，能在观察、辨别、比较和判断的基础上，找出错误并自我更正。

（二）读、写、算的练习

在是否让儿童学习读、写、算的问题上，蒙台梭利不同于一般的心理学家或儿童教育专家，她认为3—6岁的儿童天生就具备学习文化的能力，并处在学习读、写、算的敏感期。教育者应充分利用这种学习能力，通过为其提供适当的教材和教具、创设有准备的环境，对儿童的学习技能进行训练，促进儿童发展。

1. 书写练习

在儿童的学习技能训练中，蒙台梭利将写字的练习优先于阅读的练习。她认为书写的关键在于握笔，即肌肉的控制能力。因此，通过触觉训练就能够循序渐进地过渡到书写的练习。其具体实施步骤为：

第一阶段，掌握和运用书写工具的肌肉运动机制练习。

第二阶段，掌握字母的形体。

第三阶段，练习组词。

2. 阅读练习

儿童应在掌握了书写技能后，再开始进行阅读练习。蒙台梭利认为阅读是一种纯粹的智力活动，能够帮助儿童发展思维和运用语言的能力。阅读的教材主要包括清晰书写的单词、短语纸片和卡片。阅读练习的主要途径仍然是各种感官教具，并通过读字游戏和读句子游戏对儿童的阅读能力进行训练。

3. 计算练习

在学习计算时，可以先利用儿童日常生活中接触到的物体，帮助他们练习计数。然后，再用图形数字进行认数和记数的练习。最后，教儿童学会1—20的加减乘除。蒙台梭利根据自己的实际经验指出，6岁以前的儿童对此不会有什么困难。

（三）实际生活练习

蒙台梭利十分重视儿童的实际生活练习。她认为实际生活练习可以培养儿童独立生活和适应环境的能力。

1. 生活技能练习

生活技能练习具体包括得体的坐、卧、行、走姿势，正确的呼吸与语言表达，剪指甲，洗澡以及系鞋带等。蒙台梭利认为，儿童之家应该摆设与儿童身材相适应的小型家具，如小桌子、小扶手椅及儿童自己可以方便打开的小橱。还应该备有小扫把、色彩缤纷的抹布、小刷子、小肥皂和轻便的清洁卫生用具等。室内应有足够的空间，让儿童自由地活动和练习。她还设计了专门的教具，使儿童通过反复练习，学会系纽扣、系鞋带、打结等动作。等到这些动作熟练后，儿童们就会想到试着自己穿衣服或帮其他人穿衣服。

2. 园艺活动

受卢梭自然主义教育思想的影响，蒙台梭利主张儿童应多到大自然中从事园艺活动。具体的园艺活动包括刨土、下种、浇水、植花等。蒙台梭利把园艺活动的价值概括为五个方面：第一，引导儿童观察生命现象，培养儿童对大自然的感情；第二，符合儿童兴趣，有利于健康；第三，可以引导儿童通过自我教育而发展预见性；第四，可以发展儿童智力；第五，可以练习儿童动作的协调性。

3. 手工作业

蒙台梭利主张儿童进行专门的手工作业，如绘画、泥工等。儿童可以先用手指触摸各种几何图形的轮廓，再把这些形体放在纸上，把它们的轮廓勾画出来，然后用颜色笔给形体轮廓涂色。经过一段时间的练习，儿童会由涂得不规则变成涂得正确和均匀整齐。对于这样的绘画工作，儿童往往乐此不疲，为以后的书写做了准备。另外，儿童也可以用泥土做日常用品和各种物品的小模型，应该让儿童按照自己喜欢的方式去做。但蒙台梭利反对通过绘画等工作来培养儿童的想象力。

4. 体操

蒙台梭利认为 3—6 岁的儿童需要的体操类型为保健体操，主要形式是练习走路。走路首先要保持身体平衡，为此她设计了走线练习，如走直线、椭圆形线与 8 字形线的练习。除以上基本体操外，蒙台梭利还专门探讨了自由体操、教育体操和呼吸体操的具体实施办法和训练价值。

在蒙台梭利看来，儿童的实际生活练习除了能培养他们的独立性和使其掌握技能外，还可以练习各种动作，使他们更加完善。从动作练习这一点来看，实际生活练习与肌肉训练是密切联系的。蒙台梭利认为："我们的方法最重要的实用方面之一，就是在儿童生活中训练肌肉，乃至紧密地联系他们的实际生活。"

五、论教师

蒙台梭利将其教育哲学思想概括为"follow the child（跟随儿童）"。她认为教育不是教师自上而下的传授，而是教师协助儿童自下而上地发展。在蒙台梭利的教育体系中，"教师"被称为"指导师"。她认为教师是儿童的观察者和引导者，主要职责是给儿童准备一个适宜的环境，给他们开个头和做些必要的指导，其余的应该让儿童自己去完成。教师还应该是个心理学家，能真正理解儿童和了解儿童的内在需要，不压抑儿童的兴趣和自由活动。概括起来，蒙台梭利认为教师需要扮演以下角色。

（一）环境的提供者

蒙台梭利认为儿童的发展是在其主动吸收环境的过程中实现的，所以，教师应为儿童提供适宜的有准备的环境。适宜的有准备的环境主要应包括两部分：一是物质环境，二是人文环境。物质环境主要指的是蒙台梭利教具、教师自制教具材料及儿童化的室内设施；人文环境主要指的是各种有价值的人类文化遗产。因此，蒙台梭利认为，教师应该接受专门的训练，从精神上做好准备，熟悉心理学的原理和方法，熟悉教具的性质和途径，掌握教育方法，成为适宜环境的提供者。

（二）示范者

在儿童之家，教师不直接把知识教给儿童，而是让儿童通过自己操作教具来进行自我学习。教具不是教师教学的工具，而是儿童自发工作的操作材料。但在儿童自由选择与使用教具之前，教师应该示范教具的操作方法。当儿童在操作教具过程中出现错误时，教师应再次示范或引导其选择其他教具。

（三）观察者

蒙台梭利强调教师的主要任务是观察和引导，她说："应用我的方法，教师教得少而观察得多；教师的作用在于引导儿童的心理活动和他们的身体发展。"她认为在儿童操作教具进行自我教育的过程中，教师的主要职责是随时观察儿童的行为，了解儿童对教具材料的兴趣、操作教具的水平及"工作"的持续时间等，以便更好地了解儿童的发展水平及需要，促使教师创设更为适宜的"有准备的环境"。

蒙台梭利的教育学说与儿童之家的实践，使她在学前教育领域成为继福禄贝尔之后影响最大的一个人，被称为"幼儿园的改革家"。蒙台梭利强调探索儿童的心灵，尊重热爱儿童，重视儿童的早期教育，精心设计各种教具材料，促使儿童生理和心理的自然发展。她的许多观点是符合现代儿童发展与教育理论的，具有一定的科学性和合理性。蒙台梭利教育法也成为现代学前教育的主要方法之一。但是，她的教育学说中也存在着一些片面的观点，连蒙台梭利本人也明确表示过，她的学说体系还不够完善。

第四节　罗素的学前教育理论

伯特兰·罗素（Bertrand Russell，1872—1970）是英国著名的哲学家、数学家、社会活动家和教育家。他曾创办皮肯希尔学校，进行教育实验活动。他在《教育与美好生活》一书，论述了改革教育特别是儿童早期教育的思想和方法，对 20 世纪以后世界学前教育的改革和发展具有较大的影响。

一、生平与主要教育活动

罗素 1872 年出生于英国威尔士蒙默思郡的一个贵族家庭。幼年时，他的父母先后病故，由祖母抚养长大。祖母对他的生活、学习要求十分严格，为他提供了良好的教育条件。1890 年 10 月，罗素考取了剑桥大学三一学院攻读数学，后改学哲学。1894 年，他以优异的成绩从哲学系毕业。大学毕业后，罗素既从事大量的学术研究和讲学活动，也进行社会政治活动和教育实践活动。1921 年后，他开始把注意力集中在儿童教育问题上，对儿童教育问题的关注超过了其他所有问题。在《教育与美好生活》（1926 年）一书中，他系统地论述了对儿童教育的看法。为进一步探讨现代教育改革，他在 1927 年创办了皮肯希尔学校，这所学校倡导自由，反对压制，使儿童能够根据他们自己的天性充分地发展。然而，由于财政上的困难，加上罗素的教育方法过于理想化和缺少合适的教师，1940 年这所学校关闭。

罗素曾到许多国家讲学。1896 年，他应邀到美国约翰斯·霍普金斯大学和布林·马尔大学讲学；1910 年，他在母校剑桥大学讲授逻辑和数学原理；1914 年，他赴美国哈佛大学主持“洛威尔讲座”；1920 年，他应“中国讲学会”的邀请来中国讲学；1938—1944 年，他在美国芝加哥大学、加州大学、纽约市立大学等处讲学；1950 年，他到澳大利亚、美国讲学。频繁的讲学活动使罗素的思想在许多国家传播开来，也丰富了他本人的思想。

罗素的学术成果众多，涉及哲学、文学、教育等众多领域，其中最有影响力的论著有《社会改造原理》《哲学问题》《教育与美好生活》《教育论》《教育与社会秩序》《西方哲学史》《人类的知识——其范围与限度》。鉴于罗素对人类文化的巨大贡献，1950 年他获得了诺贝尔文学奖。1958 年，他获得联合国教科文组织颁发的卡加林奖。同年，他还获得了丹麦的索宁奖。1970 年 2 月 2 日，罗素在威尔士去世，享年 98 岁。

二、论自由教育

（一）自由教育的意义

罗素认为，自由教育对于儿童情感和理智的发展是十分重要的。一方面，儿童情感的发展需要很大程度的自由。缺乏自由的儿童常常会同成人发生冲突，并对周围的一切怀有敌意和仇恨，最后导致一系列恶果。另一方面，儿童理智的发展需要创造性和理智兴趣。缺乏自由就会使儿童天生的好奇心和求知欲及兴趣毁灭。正如“被强迫进食的儿童将会对食物产生厌恶感，同样，被强迫学习的儿童也会厌恶知识”。

（二）自由教育的目的

从对理想的社会与理想的人的分析出发，罗素提出了以人为本的教育目的，其具体内容是培养幼儿具有人类普遍需要的理想品格，即活力、勇敢、敏感以及智慧。

1. 培养和发展活力

在罗素看来，活力就是正常的健康人所具有的精力，是形成理想品格的首要基础。它使人们从生活中感受快乐，减少痛苦，有助于人们增加对外界事物的兴趣，可以培养吃苦耐劳的精神并防止嫉妒等。这些是人人都应具有的重要品性。因此，教育者应培养和发展活力，塑造幼儿健康的体魄，为他们的求知活动打下扎实的基础。

2. 培养和发展勇气

罗素认为，勇气是理想品格中的第二种品质，是人在内心深处真正彻底克服恐惧的品性，而不是表面上的勇敢。它是积极的和出于天性的，而不是消极的和被迫的。真正的教育要使儿童获得非抑制性的勇气，这样才能发展儿童的本能和愿望，达到获得美好生活的目标。

3．培养和发展敏感性

敏感对单纯的勇敢有矫正作用，它可分为情感、认识、审美三个范畴。罗素所说的敏感主要指前者。他认为，当多种刺激都能使某人产生感情时，此人便是敏感的。可取的敏感是指许多事物都能正常地引起愉快或不愉快的感觉。它分为两个阶段，第一阶段是对食物和温暖的单纯快感与对赞扬的快感。第二阶段是同情，同情又分纯自然的同情和扩大的同情两种。第二种同情是更高形式的同情，它表现在："第一，即使当受害者不是特别亲近的客体时，也感到同情；第二，当所发生的痛苦仅为耳闻，并非目睹时，也感到同情。"

4．培养和发展智慧

智慧就是实际的知识和接受知识的能力。在一个人的教育中，训练智慧占有相当重要的地位，但智慧生活的本能基础是好奇心。在罗素看来，要培养和开发智慧，必须保护儿童的好奇心。在智慧的培养上，他强调三点：第一，要有适当的好奇心，好奇心一死，活跃的智力活动也就终止了；第二，要有一定的求知方法，包括观察的习惯、相信知识、耐心、勤奋、虚心等；第三，要有勇气，敢于发表不同观点。

（三）自由教育的内容

罗素提倡的自由教育主要包括两个方面：一是学或不学以及学什么的自由，二是见解和行动的自由。罗素认为，所有的儿童（除低能儿童外）都有必要学会读写，因此，只能部分地给予儿童学和不学的自由。然而，儿童应有更多的学什么的自由。他认为，见解的自由既关系到教师也关系到学生。在各种教育上的自由中，它是最重要的，也是唯一没有任何限制的自由。当然，行动的自由也是重要的，只要儿童的行动是有益的或至少是无害的，儿童就应该有行动的自由，但他绝不能干涉别人的自由。

罗素不主张毫无纪律的绝对自由。他提倡的自由教育并不意味着儿童想做什么就做什么。在他看来，自由必须有具体的范围，凡是对别人或本人有损害的自由都要受到限制。因此，实施自由教育的关键在于自由和纪律之间的一种巧妙的结合。教育者应该在尽可能给儿童以更多的自由，更好地尊重儿童个人自由的同时，伴随必要的权威与纪律，但要按照自由的原则来行使权威和运用纪律。皮肯希尔学校在规定必要的纪律的同时，更强调的是儿童的自律。罗素指出，在儿童教育工作中，压制是一个坏方法，它从未真正成功过，而且会造成儿童心理失常。

三、论品性教育

（一）品性教育的意义

罗素认为，儿童教育可分成两个阶段：一是品性教育阶段（0—6 岁），二是智力教育阶段（6 岁以后）。6 岁以前是对儿童进行品格教育的最佳时期。在这一阶段，儿童极易受外界塑造。在品性教育阶段，教育应该努力培养儿童的良好习惯。罗素指出，人生初期首先养成的习惯十分重要，幼儿期养成的每个恶习都会成为良好习惯形成的障碍。如果幼儿最初养成的习惯是好的，就可以免去日后的许多麻烦。不仅如此，最早养成的习惯在儿童后来的生活中，还会如同本能一样具有牢固的支配权。最初形成的好习惯往往牢不可破，容易形成心理定式，而幼儿期以后形成的新的习惯不可能具有同样的力量。因此，罗素强调，幼儿期的品性教育具有重要的意义。

（二）品性教育的内容与方法

1. 形成良好的习惯

罗素认为，从孩子出生起，父母不仅应重视其身体健康，而且更为重要的是，应该开始培养其良好的习惯，如有规律地睡眠、饮食和排泄等。为了使儿童养成良好的习惯，父母应正确处理好与儿童的关系，使儿童懂得生活中的一系列常规，并尽量满足有利于儿童健康成长的必要条件，鼓励儿童的自发活动和自娱活动，及时为儿童提供活动和求知的机会，以培养儿童的自制力和一些有规律的生活常规等。

2. 培养勇敢的品质

罗素认为，1 岁以后，儿童逐渐学会了行走和说话，这为他们带来了自由感和权力感。儿童对大千世界表现出无限的好奇心，好奇使儿童的生活充满了乐趣，但同时也容易使他们产生恐惧心理。

罗素通过观察和分析，把恐惧分为两种：一是非理性恐惧，指儿童对无危险事物表现出的恐惧，如对影子和机械玩具的恐惧等；二是理性恐惧，指儿童对危险事物表示出的恐惧，如对悬崖的恐惧等。罗素指出，无论哪种恐惧，都应逐步克服，因为长期恐惧的心理会使儿童形成懦弱胆怯的性格，会使儿童泯灭好奇心，这些都不利于儿童品格的形成和智力的发展。

为了避免儿童产生恐惧心理，首先，成人不要有恐惧心理，并有意识地鼓励和培养儿童的勇敢精神。即使成人有恐惧心理，也不要在儿童面前表现出来，以免把恐惧的情绪无意中传染给儿童。其次，如果儿童已经产生了恐惧心理，就应采取一切对身体和品格教育无害的方法尽早加以克服，培养儿童战胜恐惧的勇敢品格。

3. 培养想象的能力

爱好游戏是儿童的天性。游戏活动既能给儿童带来无穷乐趣，也有助于儿童的身体健康，还可以使儿童获得新经验和新能力。

罗素认为，游戏可分为两种：一种是训练能力的游戏，可以使儿童获得新的能力；另一种是假想性游戏，可以使儿童发展想象力。罗素指出，儿童在假想性游戏中的“幻想”不是一种病态现象，而是正常的，是对现实生活的一种补偿。儿童绝不会把“幻想”当作现实的、永远的替代，相反，他会努力把幻想转化为事实。他认为：“只要给儿童以必要的知识和技能，就不必担心儿童会停留在幻想水平上。”

游戏满足了儿童的多种好奇心，儿童在“幻想”中得到了安全感。同时，游戏也是儿童“权力欲”的表现。权力欲作为一种儿童时期的本能冲动，是儿童发展的主要本能动力，是儿童游戏的最主要源泉。在游戏中，权力欲表现为学习做事和想象。既然儿童喜欢游戏，教育者就应该通过各种游戏满足其权力欲和好奇心，培养其想象力。罗素认为：扼杀儿童的幻想就是使他们成为现状的奴隶，成为拴在地上的动物，以致不能创造天堂。

4. 培养建设性品格

罗素认为，建设性和破坏性都是儿童本能的特性，与权力意志密切相关。他说："用心理学术语来说，产生预先设计的结构，就是建设；让自然的力量随意变更现存的事物，就是破坏。"这两种相反的品质，可以同时存在于一个儿童身上。培养建设性的品质，减少和消除破坏性的品质，是儿童教育的重要方面。一般来说，儿童的游戏常以破坏开始，到后来的发展阶段才转向建设，这种由破坏性向建设性的转化对儿童具有重要意义。正是在建设中，儿童形成了许多美德，增强了自尊心，并培养出了忍耐性、坚持性和观察力等。

建设性是儿童的重要品格之一，对其他品格起着良好的作用。罗素指出："许多美德的最初开始是由体验到建设性活动的愉快引起的。"为了更好地培养儿童建设性的品质，应该使儿童从小就感受到生命的价值，教他获得多种建设性技能，鼓励他的创造性想象的积极活动。

罗素认为，最好的生活大多建筑在创造的冲动上面，许多美德的萌芽是由于经历建设的快乐而产生的，根除残酷的最简单的方法是增加对建设和发展的兴趣。因此，他主张充分发展儿童建设的本能，并认为最好的办法是让儿童参加建设活动。儿童通过亲身体验，一方面能学会建设性的技能，另一方面知道珍惜劳动果实，不会随意破坏他人的成果。

5. 培养公平意识

罗素认为，自私是人的本性，教育不能无视儿童的本性，关键在于认清儿童利己心与占有欲的性质，并予以恰当的引导。为了帮助儿童克服利己心与占有欲，应把公平意识教给儿童。但这绝不是采用各种手段使儿童做出自我牺牲。罗素说："我们应该努力将公平的意识注入到儿童的思想与习惯中去。"应该使儿童懂得，每个人都有权在世界上占有一定的位置、拥有一定的权利和财物，并有理由享有他自己的权利和财物；但不应占据他人的位置和财物，不应要求不属于他的东西。

罗素认为，自我牺牲是不正确的训条，如果一味地要求儿童自我牺牲，不是引起儿童的愤怒和反抗，就是导致儿童虚伪的利他行为。教育者应该向儿童灌输公平的观念，不偏不倚地对待每个儿童。应该在儿童群体中进行公平的教育。因为只有在年龄相近和兴趣相似的儿童之间，才能进行真正的平等交流，达到相互理解和相互尊重。

6. 培养诚实的品质

这是道德教育主要的目标之一。罗素认为，儿童天生是诚实的，不诚实是后天形成的，而且实际上几乎总是恐惧的结果。他认为："如果儿童是毫无恐惧地教育出来的，那他总会是诚实的。"

罗素认为，诚实不仅表现在语言上，更应该体现在思想上。教育者一方面要以身作则，以诚待人，另一方面不要一味责罚儿童。培养儿童诚实的精神关键在于教育者要诚实地对待儿童，尽可能诚实地回答儿童提出的一切问题，不能对儿童撒谎。在儿童说谎时，不要责骂和威吓，而要说服并讲明说谎的坏处，让儿童慢慢地认识到诚实的合理性和必要性。如果儿童一说谎就给予严厉处罚，那只能加深他的恐惧，进而强化其说谎的动机。

7. 培养爱心和同情心

罗素认为，爱心与知识是儿童教育的两个重要条件，是正确行为的两种主要因素，也是儿童教育的良好结果。因此，教育者应该以自己的爱心和同情心来培养儿童的爱心和同情心。他说："我们不否认儿童需要成人保护，但我们主张这种保护必须表示出爱心和帮助，而不是引起儿童的恐惧。"罗素反对教育者把爱作为一项义务强加给儿童，认为爱不能创造，只能任其自由发展。给予儿童的爱应该是一种自然的、纯真的、本能的爱。没有任何方法可以强迫儿童产生爱心和同情心，唯一可靠的办法是观察自然，明确产生爱心和同情心的条件，然后努力创造这些条件。

罗素认为，在培养儿童爱心和同情心的过程中，可以通过讲述历史故事，使儿童认识到世界上的美与丑、善与恶，增加他们对受苦难的人们的理解和同情。教育者在讲述故事时应该注意方法，选择恰当的教育时机，运用教育机制，精心选择一些事件，使儿童同情受难者，憎恨邪恶者。

（三）品性教育的原则

1. 情境性和具体性

罗素认为儿童的品性教育必须是直接的、具体的、可操作的，即应该在个体的生活、学习情境中，对儿童进行相应的品性教育。儿童只有在获得某种品性的具体经验后，才能将其运用到其他经验之中。罗素指出："所有的道德教育必须是直接的及具体的，即须从自然生长的情境中发展起来，并且不可超越在这个特殊场合所应做之事。"

2. 奖惩分明，慎用惩罚

罗素认为，儿童教育需要奖励和惩罚。他说："没有赞扬和责备，进行教育是不可能的。"但在运用奖励和惩罚时必须谨慎。例如，应避免把两个儿童的优缺点作对比；运用惩罚必须少于奖励；对于理所当然应该做的事情不应该奖励；惩罚不应该使受罚者感到有罪，而要使他觉得他正在错过别人享受的快乐；严格禁止体罚等。

在对儿童运用惩罚时，教育者一定要公平公正。当儿童确实犯有错误时才进行惩罚。罗素强调："我相信惩罚在教育中有某种极小的位置，但是，我怀疑，惩罚是否总是要那么严厉。"罗素坚决反对对儿童进行体罚。他认为，轻微形式的体罚虽不致为害，但也没有好处；严厉形式的体罚则是残忍与暴虐的。

3. 重视伙伴关系

罗素认为，伙伴关系尤其是 3—6 岁儿童之间的伙伴关系，在儿童品性教育中起着重要的作用。他指出："有许多事情没有其他儿童的帮助是不可能做到的。随着儿童年龄的增长，这一点越来越突出。"罗素把儿童的伙伴按年龄分为三类：一是年长儿童，二是同龄儿童，三是年幼儿童。成人与年幼儿童间的能力相差悬殊，而年长儿童与其能力差别较小，因此，更能够激发其进取心，为年幼儿童提供可以达到的目标，易于为年幼儿童模仿，为他们的学习提供榜样。儿童到了 4 岁以后，生活中更需要同龄儿童，因为在与同龄儿童的交往中，最容易学会公平思想、培养合作精神。另外，儿童也应该经常与比他年龄小的孩子相处，这样才有机会实践友爱、谦让、分享等重要的品格信条。

作为一位社会思想家和教育家，罗素从改造社会和人性的角度出发，批判地吸收了现代心理科学的研究成果，结合自己的教育实践探讨了教育问题，并在学前教育方面提出了许多颇有启发性的见解，他的教育思想在一定程度上顺应了当时的教育思潮。

思考与练习

1. 爱伦·凯是如何论述家庭教育的？
2. 杜威是如何论述教育的本质的？
3. 简述蒙台梭利的学前教育思想。
4. 试评述罗素的自由教育思想。

第十七章
当代西方学前教育发展概述

学习目标

1. 了解当代西方学前教育发展的现状及其特点。
2. 掌握当代西方广泛应用的学前教育方案的内容并能对其进行简单评价。
3. 掌握当代西方学前教育研究的主要特点。

20 世纪，西方学前教育随着其政治、经济、文化的变化几经变革，无论是教育理论还是教育实践都有了很大的变化和进步。到 20 世纪末，随着世界局势的稳定，西方学前教育的发展也进入平稳发展时期。各国学前教育存在着趋于人本化、多元化、普及化的共同之处，同时也因历史文化的差异而各具特色。

第一节　当代西方学前教育的现状

当代西方国家不仅在经济水平上位居世界前列，其教育水平也处于领先地位。虽然各国学前教育发展水平不尽相同，但综合西方各国学前教育发展的总体趋势，其发展现状有以下几个共同特点。

一、学前教育普及化和质量的提高

教育发展水平的一个重要指标就是入学率。根据联合国教科文组织统计研究所 2003 年后发布的 6 份《全球教育摘要》年度报告，以欧洲国家为例，多数国家学前教育的普及率比较高。欧洲 39 国中，23%的国家学前教育毛在园率为 100%，51%的国家在 90%以上，77%的国家在 70%以上，低于 50%的国家只有 3 个，仅占 15%。美国学前教育也是全民的教育，布什政府颁布的《不让一个孩子掉队法》为美国学前教育提供了丰富的资源，促使美国学前教育普及率大幅提高。

随着西方学前教育普及率的不断提高，教育质量问题的研究逐渐成为人们关注的重点。为了普遍提高托幼机构保育和教育的质量，一些国家的政府或专业团体纷纷发表指导托幼机构教育工作的文件及其对于托幼机构教育质量标准的看法。例如，2000 年 3 月，英国教育和就业部颁布了英国历史上第一个关于基础阶段教育（3—5 岁）的国家课程指南，并于同年9月起在全国实施。美国最大的幼儿教育学术团体——美国幼儿教育协会（National Association for the Education of Young Children，NAEYC）在1984年颁布了关于高质量的托幼机构的认证标准，指出高质量的托幼机构教育应当是发展适宜的教育，即应当是适宜于婴幼儿身心发展的年龄特点和个体发展水平的教育，而不应当是小学教育的下放或提前开始。这些关于教育质量问题的持续性研究使得学前教育的实践逐渐从追求数量转向追求质量。

二、国家财政支持幼儿教育

19世纪中叶以前，幼儿教育一直是私人行为，直到20世纪才逐渐发展成为公众的责任，国家介入幼儿教育成为一个世界性的发展趋势。在西方国家，政府介入幼儿教育的方式很多，如制定政策、加强管理、制定幼教质量标准并监督执行、建立教师资格和培训制度等，公共财政支持也是国家介入幼儿教育的重要方式。

国家财政支持幼儿教育的方式有很多，各国根据国情、政策采取的方式也不一样。第一，以欧洲的经合组织（OECD）国家为例，一些国家的财政支持是不论父母的就业状况和收入如何，幼儿教育都是免费的；还有一些国家则采用国家财政支持和根据父母收入交费并行的方式，父母所支付的部分一般不多于费用的30%；还有很多国家采取国民教育向下延伸的方式，如美国就是其中之一。第二，采取专项拨款资助那些社会处境不佳的幼儿进行早期教育，也是一个国家财政支持学前教育的重要手段，如美国的“提前开端计划”和英国的“确保开端计划”等。第三，西方大部分政府都举办一定数量的公办园或对政府认可的非营利性私立幼教机构提供财政补助。第四，通过各种方式（如返还个税、发放补助等）为幼儿家庭提供保育和教育资助。

三、学前教育是政府、社区、家庭的共同责任

西方国家把教育看作全社会共同的责任，特别强调社区和家庭的参与。

1. 重视社区在学前教育中的作用

西方国家的学前教育机构特别重视与社区的沟通和结合。社区参与学前教育主要有以下几种方式。

第一，制定以社区为依托的学前教育方案。社区也是教育的重要组成部分，应充分发挥社区的优势和力量进行幼儿教育。以德国为例，有两种典型的教育方案：①家庭助手方案，即社区青年服务部、慈善机构把经过培训的社会工作者组织起来，分派到一些特殊家庭里去工作，每周义务为家庭服务5—10个小时，帮助父母掌握教养孩子的基本知识和技能。②家庭互助方案，即社区把家庭联合起来，结成对子，互相帮助，共同提高教育孩子的艺术。

第二，融入社区的课程改革。20世纪90年代以来，世界各国十分重视学前教育课程改革，有的国家设计了专门的社区课程，或在课程中加入有关社区生活和社区问题的内容，使儿童有更多的机会认识社区，培养社区意识，增强本土情感。例如，美国学前教育专家E.V.埃斯尔等人1992年在为儿童设计的自我概念课程中，包含了“社区及社

区助手”的主题内容，由“身份、角色及其关系、周围环境、运动、安全、健康、食物、交往”八个方面组成。不同年龄的儿童要对社区有不同程度的认识和了解，学习与社区有关的知识。

第三，充分利用社区的资源。采取多种方式利用社区的资源，如带领儿童到博物馆、图书馆、美术馆、展览馆、科学馆，甚至工地和农村去参观，增加儿童对国家政治、历史、文化、艺术、社会生活等方面的感性知识；让儿童到社区中进行实际操作劳动。

第四，教师充分发挥自己的优势，积极为社区服务，促进社区的发展。例如，英国幼儿教师长期利用节假日为周围居民举办幼儿教育班、英语班、法语班、美容班、舞蹈班等。同时，社区对学前教育师资培养也有重要影响，许多国家学前教育师资的培养目标、培训机构和培训课程都融入了社区内容。例如，芬兰要求教师在制定学年教育计划时，不但要认识到儿童的兴趣爱好、知识经验、特殊才能和数量，而且还要考虑到儿童的家庭背景、社区环境。美国要求教师在设计教育活动时，不仅要以学前教育理论、儿童能力为基础，而且要以社区的价值观为基石，并在居民生活区中设立了社区学院，培训学前教育师资。

2. 强调家庭在学前教育中的责任

当代西方国家注重学前教育机构与家庭的密切合作，认为学前教育是一个系统工程，必须充分发挥家庭的教育作用才能使学前教育的效果更好。以美国为例，为加强对家长的指导，美国密苏里州教育局在 1981 年创办了“父母即教师”项目，在全美范围内培训“父母辅导者”。这些工作人员的主要责任是每月对每个家庭进行一个小时的家访，为家长提供儿童成长的建议和计划。

四、学前教育覆盖率提高

法国、德国、美国、英国等西方国家的早期教育都是在早期儿童教育和关怀（early childhood education and care，ECEC）方案之下进行的，这些早期教育方案涉及教育、健康、社会和福利等部门主管的各种全日制和非全日制方案，其机构有公立的也有私立的，包括各种学前学校（如幼儿园、托儿所、补偿教育方案等）、儿童照看中心、家庭型的日托机构以及家庭支持方案（为低幼儿童提供的短期服务）。

通过 ECEC 方案的一个非常重要的指标——覆盖率，我们可以看到西方国家早期教育发展的概况。对于 0—3 岁的儿童教育，西方国家中覆盖率最高的是丹麦，大约 60%的 6 个月至 3 岁大的儿童能够参与 ECEC 方案；在芬兰和瑞典，大约一半的 1—2 岁儿童能够参与；在比利时和法国，大约 30%的 3 个月到 3 岁的儿童能够参与；而在德国和意大利，3 岁以下儿童获得早期教育方案的比率则比较低，分别只有约 5%和 6%。当然这个比率也有着极大的地区性差异，譬如在德国东部各州，覆盖率就高达 50%，意大利的博劳纳地区也达 30%。

在西方国家的早期教育方案中，除了美国的“PAT”方案外，比较著名的还有新西兰的“普卢凯特计划”。这项计划是新西兰在 1993 年启动的以前首相名字命名的 3 岁前婴儿发展与教育的国家计划。

第二节　当代西方广泛应用的学前教育方案

当代西方国家学前教育发展有一个非常重要的特点，那就是热衷于对教育模式和教学法的不懈研究。下面简单介绍几种在当代西方国家学前教育机构乃至全世界教育机构中久负盛名并广泛应用的幼儿教育方案。

一、蒙台梭利教育法

本书第十六章第三节中已经详细介绍了蒙台梭利的教学思想，所以这里就不再赘述。值得一提的是，经过教育实践的检验，这种教学思想符合历史的需要。在不断变革的教育理念和实践中，蒙台梭利思想的精髓传入世界各国并被广泛应用。蒙台梭利学校已经遍及世界各国，在西方国家中，蒙台梭利教育法成为众多流行课程方案之一。

二、瑞吉欧教育方案

瑞吉欧教育方案的发源地是意大利。瑞吉欧是意大利东北部的一座城市，自 20 世纪 60 年代以来，学前教育专家洛利斯·马拉古齐（Loris Malaguzzi）和当地的幼教工作者一起兴办并发展了该地的学前教育事业。数十年的艰苦创业，形成了一套“独特与革新的哲学和课程假设，学校组织方法以及环境设计的原则”。人们称这个综合体为“瑞吉欧·艾米里亚教育取向”，即我们说的瑞吉欧教育方案。

1. 理论依据

瑞吉欧教育理念的依据主要来自三个方面：第一，欧美主流的进步主义教育；第二，皮亚杰和维果茨基等心理学家的建构心理学；第三，意大利学前教育传统及战后左派政治改革。

2. 教育理念

第一，“走进儿童心灵”的儿童观。洛利斯·马拉古齐在《孩子的一百种语言》一书中充分表达了这一思想。马拉古齐认为儿童是一个能自我认识、思考、发现、发明、幻想和表达世界的栩栩如生的孩子，是自我成长中作为主角的孩子，是富有巨大潜能的孩子。瑞吉欧的教育成就应该归功于这种“走进儿童心灵”的儿童观。第二，儿童有一百种语言，可通过符号表征系统促进儿童的成长。瑞吉欧教育把文字、动作、图像、绘画、建筑构造、雕塑、木偶戏、戏剧、音乐等都作为儿童语言，并将其归纳为表达语言、沟通语言、符号语言（标记、文字）、认知语言、道德语言、象征语言、逻辑语言、想象语言和关系语言等，鼓励孩子通过表达性、沟通性及认知性语言来探索环境和表达自我。第三，互动合作的理念。瑞吉欧教育主张：儿童的学习不是独立建构的，而是在与家长和教师、同伴的相互作用过程中建构的，儿童是在特定的文化背景中建构知识、情感和人格的。“互动合作”的理念也表现在幼儿机构的管理方面。瑞吉欧教育方案认为，教育是整个市镇活动和文化分享的枢纽，而家庭和学校的互动合作有助于教育新方法的发展，并被视为不同智慧汇集的要素，儿童教育责任由学校和家庭共同承担。他们深信，只有当老师与家长共同参与时，才可能带给儿童最好的经验。

3. 教育实践

1）项目活动——幼儿学习的过程。项目活动是瑞吉欧教育方案的主要特色，是师生共建的弹性课程与探索性教学。它的基本要素有三：一是解决真实生活中的问题；二是以小组为单位共同进行较长期深入的主题探索；三是成人与幼儿共同建构、共同表达、共同成长的学习过程。项目活动中主题的选择是非预设的，主要来自幼儿的真实生活经验、兴趣和问题，并在众多的问题中做出选择和判断，教师往往是决策者。

2）开放的、新形态的学习环境。首先，开放的环境是幼儿园的第三位老师。教育由复杂的互动关系构成，也只有环境中各个因素的共同参与，才是许多互动关系实现的关键。因此，学校的建筑结构、空间配置、材料选择和投放都应经过精心的挑选和设计，以传达沟通的意图，激发人与人之间及人与物之间的交流和互动。其次，充分利用幼儿园内及周围的空间。瑞吉欧教育方案认为，环境是产生互动的容器，具有教育性价值。教室及工作室的环境布置应随项目活动的发展变化而不断地充实和调整。在空间的设置中，也要注意给幼儿保留个体活动、小组活动及团体活动的空间。最后，充分利用墙面，把墙面作为记录儿童作品的场所，让墙面说话。小组每做一个主题都有师生共做的展示板，以充分利用视觉艺术的价值。

3）教师的角色是伙伴、园丁、向导、记录者、研究者。在这几种角色中，教师应注重其作为记录者的角色。教师作为记录者的任务和意义是帮助自己走进幼儿的心灵，知道他们是怎么思考、怎么操作的，懂得他们是如何互动、如何观察、如何想象、如何表达的。幼儿通过记录看到自己完成的工作时，会更加好奇、感兴趣及有自信心，家长看到记录可以了解幼儿在学校获得经验的过程，分享孩子在校的真实经验，密切亲子关系。最可贵的是，记录是教师研究的一种重要形式，从中可以看到师生关系，看到自己的作用和教学技巧的成长等。

据 1991 年美国《新闻周刊》报道，世界十大最佳学校中，学龄前学校首推瑞吉欧·艾米里亚学前教育机构，并称其为“全世界最好的学前班”。它被视为欧洲教育改革的典范，并对当今世界各国的学前教育产生了重要影响。

三、银行街教育方案（Bank Street Approach）

银行街教育方案也称发展—互动模式，是由美国银行街教育学院——原名教育实验所（The Bureau of Educational Experiments）发起的以“发展—互动”理念为基础的对 0—8 岁儿童进行的教育。

1. 理论依据

银行街教育学院综合利用弗洛伊德的心理动力学理论、皮亚杰的认知发展理论、杜威的进步主义教育思想，发展出“发展—互动”的教育方法。发展是指个体成长的方式和理解世界的方式，以及当孩子和成人成熟时所反映出来的特征；互动是指个体与环境（由孩子、成人及物质世界组成）之间的互动，以及认知发展和情绪发展之间的互动和相互关联。

2. 目标

银行街教育方案具有以下几个目标：①培养儿童与环境进行有效互动的能力。②发展儿童的独立自主性和自我意识，包括自我认同、独立行事、学会选择、能够接受别人帮助等。③发展儿童的社会性，包括关心他人、发展友谊、尊重多元、认识到人与人之间的相互关系、学会感受自己是社会团体的一部分等。④鼓励儿童的创造。

3. 内容

银行街教育方案强调儿童的社会性发展，“社会学习”是该方案的核心。它以社会学习为核心的课程分为 6 大类：①人类与环境的互动；②人类为生存而产生的从家庭到国家的各级社会单位及其与人类的关系；③人类世代相传；④宗教、科学和艺术等；⑤个体和群体的行为；⑥变化的世界。学习的主题既取决于儿童的兴趣和年龄，也取决于儿童的生活经验和社会要求儿童掌握的社会知识和技能。

4. 方法

课程的实施主要分为以下几个步骤：①选择主题；②确定目标；③教师学习与主题有关的内容，并收集资料；④开展活动；⑤家庭参与；⑥高潮活动；⑦观察和评价。

5. 教师作用

银行街教育方案强调教师要为儿童创造适合其年龄特征和个性需求的学习环境——包括物质环境及心理环境，心理环境涉及教师的个性特征、行为风格、文化背景和教学经验等。教师的职责首先应该是了解儿童的年龄发展阶段和特征，以及每个儿童的独特个性；在此基础上，教师应该把教室组织成儿童的工作室，使孩子能在这里自由地操作和使用各种物体，自己选择活动并独立完成计划。同时，教师要积极观察儿童的各种行为表现，能对儿童的自发活动做出积极反应，并激励和引导儿童探究问题。

6. 与家庭的合作

银行街教育方案鼓励家庭的参与，重视学校正式教育环境以外的儿童学习和发展。该方案认为教育环境就是一个社区，家庭、家庭所在的附近地区及儿童成长的文化和民族群体都是一个个社区，每一个儿童、每一个人都是这些社区的一分子。儿童在这些不同的社区中，通过与他人的交往、相互作用和联系而进行学习。

四、高瞻（High Scope）教育方案

高瞻教育方案是由高瞻教育研究基金会（High Scope Educational Research Foundation）创立的，以其广泛的适用性和可操作性受到世界的青睐。该方案包括婴幼儿教育方案、

学前教育方案、小学教育方案、青少年教育方案，其中以学前教育方案最为有名。高瞻教育方案的学前教育方案是最先形成的，其他方案都是在这个方案的基础上发展而来的，这里仅介绍它的学前教育方案。

1. 主体性的教育思想：主动性学习

主动性学习是高瞻学前教育方案的核心理念。该方案坚信儿童只有在其兴趣与需求的基础上进行学习，效果才是最佳的。主动学习就是在一天的生活中，儿童按照自己的兴趣需要，自由地选择各种材料和玩具，不受干扰地去操作这些材料。这种自主性的选择与操作，使儿童能自由地探索疑问，解决问题，并能自发地与成人、同伴交流。主动性学习包括四个基本要素：直接地操作物体，对活动进行反思，来自儿童内在的动机、需要和解决问题。主动学习是一个完整的过程，简而言之，是在儿童内在兴趣需要的基础上，对物体进行操作，开展活动，在活动中解决问题，并通过对活动的反思巩固自己的认知。这种主动性学习环境与氛围，有利于儿童自主、自立、自信、探索、创造等主体性品质的培养，这些品质、能力、态度在当前终生教育、合作性、创造性越来越重要的社会里，对儿童的发展与成长的影响是深远的。

2. 全面发展的教育目标：关键性经验

高瞻学前教育方案要培养的是全面发展的儿童。这种全面发展的理念由其关键性经验体现出来。关键性经验（key experiences）是指孩子们应该掌握的知识技能、品性。高瞻学前教育方案当前确定的关键性经验有 58 条，被分成 10 类：学前教育方案创造性表征、运动、音乐、语言与文字、主体性与社会交往、分类、排序、时间感、空间感、数概念。这些经验就是学前儿童接受教育的内容。对老师而言，这些关键性经验为老师的计划活动提供了指南，是他们努力促使儿童发展的方向。此外，高瞻学前教育方案对每个关键经验活动如何进行都提供了具体的指导和策略。

3. 独具特色的一日常规：计划—实施—回顾时间

在高瞻学前教育方案中，一天的时间被分成几个固定的时间段，包括计划—实施—回顾时间、小组活动时间、大组活动时间、户外活动时间、过渡时间。每个时间段都有一个固定而灵活的活动内容，各时间段之间的转换是顺畅而自然的。高瞻学前教育方案认为，建立一日常规，会使儿童的活动具有目的性。在所有的活动中，计划—实施—回顾时间是最重要的活动时间，由 3 个活动组成：一是在老师的帮助下幼儿自主、自由地计划自己将要做什么；二是把自己的计划与想法付诸实施；三是在实施完后，孩子们分组讨论、回顾自己的活动，并可以展示自己工作的成果。可见，高瞻学前教育方案不仅重视儿童自发的活动操作，而且重视儿童的反思、回顾。它切实贯彻了主动性学习的精神，也完全符合皮亚杰重视个体主动活动和个体的反身抽象的主动建构主义理论。

4. 精心设计的环境与精心挑选的材料

高瞻学前教育方案非常重视物理环境的布置和材料的挑选。环境及材料必须是吸引人的，必须符合儿童身心发展的特点。材料应是丰富的，能够支持儿童多种多样的游戏活动，能够支持儿童各种感知觉的发展，能够反映不同儿童家庭的文化，同时，这些材料都应按类存放，儿童能够容易地拿到并正确地归还原处。整个幼儿教育中心通常被分成几个兴趣区，如沙水区、建筑区、积木区、读写区、记数区、分类区、木工区、玩具区、娃娃家区等。这些兴趣区数量的多少不是固定的，内容也不是一成不变的，可以根据各幼儿教育中心的实际情况及孩子们的兴趣设置或改变。高瞻学前教育方案不仅提供了环境设置的基本原则，而且对每个兴趣区安置在幼儿中心的什么地方、每个区应该放些什么材料，都有具体细致的说明，具有相当高的可操作性。

5. 老师的角色：合作者、支持者、计划者

虽然在高瞻学前教育方案中，儿童是主体，但老师依然起着十分重要的作用，他们是支持者、合作者、计划者。首先，老师支持儿童的兴趣，支持儿童的主动学习，支持儿童的合作交流。其次，老师与儿童都参与活动，在主动的学习活动中建立一种亲密的伙伴关系，老师是儿童集体活动的一员。最后，老师又是计划者，在关键经验的指引下，对照儿童发展的水平，为小组活动时间和大组活动时间计划活动的内容。但是这种计划只是老师的一种预想，可以引导儿童实施，却不应强加给儿童们。

6. 对儿童发展的评估：全面的情景性评估

高瞻学前教育方案对儿童的发展水平进行评定的目的不是给他们打分，而是通过评估来分析儿童当前的发展水平，并以此来指导老师接下来如何更好地支持孩子们进一步的发展。这种评估不是一次完成的，它包括一系列的工作：成人对儿童的观察，做记录，与儿童交谈；在每天的教员工作会上讨论他们观察的结果，分析记录所蕴含的信息，并利用好评估工具——儿童观察记录（child observation record，COR）。COR是一个全面的评估工具，包括主体性、社会交往能力、创造性表征、音乐与运动、语言与文字、数理逻辑等六个内容的评估。通过这种全面的情景性评估，老师能深刻认识儿童的能力与不足。在此基础上，老师能更好地与家长交流，能依据儿童发展的不足制定与实施相应的计划与活动，从而促进他们的全面发展。

7. 高瞻学前教育方案简评

高瞻学前教育方案不要求使用特殊的教育材料，其核心在于为儿童设置学习环境，有很强的操作性。在众多的学前教育方案中，高瞻学前教育方案是一种能高质量地服务儿童的有系统、有组织的教育方案。但是该方案也有其局限性：①在课程目标上偏向儿童认知能力的发展，对儿童情感及社会性发展方面没有特别明确的目标；②对于教师的专业素养要求较高，这也使该课程的普及受到限制。

五、光谱教育方案（Project Spectrum）

光谱教育方案是由哈佛大学霍华德·加德纳（Howard Gardner）教授和塔夫茨大学费尔德曼（Feldman）教授率领哈佛大学零点方案（Project Zero）研究小组和塔夫茨大学的研究小组合作完成的一个长达 10 年的早期教育方案。“这个工作是基于这样一种信念：每一位儿童所展现的不同能力的剖面是各具特色的，如同智慧的光谱。智慧的力量

并不是固定的，通过教育的机会和一个充满激励材料和活动的环境，可以增加它的力量。一旦儿童的强项被发现，教师可以利用这些信息设计一个更具个人化的教育方案。”因此，被称为“光谱教育方案”，简称“光谱方案”。

1. 理论基础

光谱方案是以加德纳的“多元智力”理论和费尔德曼的“非普遍性发展”理论为基础的。

加德纳教授在 1983 年出版的《智能的结构》（*Frames of Mind*）和 2000 年的《智力的重构——21 世纪的多元智力》（*Intelligence Reframed*: *Multiple Intelligences for the 21st Century*）两书中提出了新的智力定义。在此基础上，他提出了自己的“多元智力”理论：个体身上存在着相对独立的、与特定认知领域或知识范畴相联系的 7 种或者 8 种智力（语文、数理逻辑、空间、音乐、肢体动觉、人际、内省、自然观察）。费尔德曼教授在《超越普遍性的认知发展》一书中提出了“非普遍性发展”理论。费尔德曼认为，“人类在很多领域的发展既不会是每一个人都必须经历的，也不会是脱离激发这些活动的特定环境而产生的”，因此发展不仅包括普遍性的发展（每个人都必须经历的自发的发展），而且包括非普遍性的发展。

加德纳的“多元智力”和费尔德曼的“非普遍性发展”理论都认为：①人类的认知存在差异性，个体认知发展存在独特的倾向性。②生理上的倾向性与文化中的学习机会之间存在互动性，人类文化不仅影响，同时还积极地建构个体发展的方向和程度。③认知能力是分领域的，文化和教育创造了个体的发展，因此个体的认知能力只有在接触了来自不同领域的材料和信息之后才能得到充分的发展和评估。④认知发展的最高层次就是创造能力，是创造性解决问题和生产有用产品的能力，是突破前人范式的结果。

2. 内容

根据“多元智力”理论的 8 种智力，光谱方案有 8 个领域：语言、数学、运动、音乐、常识、力学和建构、社会认识、美术。光谱方案活动主要分 4 个步骤：①让儿童见识或接触广泛的学习领域；②在丰富的学习环境中发现儿童的强项；③发展儿童的强项；④把强项迁移到其他领域和学业表现中去。从目前的教育实践来看，光谱方案采取的主要活动方式有在教室里设立学习中心、与社区（如儿童博物馆）联合、实行导师制等。

3. 组织与实施

光谱方案在 8 个知识领域里为教师提供了不同类型的活动样板，使教师能够看到儿童的长处，并能够在儿童长处的基础上有所作为。每个知识领域由 15—20 个活动组成，选择这些活动的理由：①能反映各种类型的智能；②在各个学习领域内，能强调和练习关键能力；③在有意义的背景中，与解决问题的技能有关；④能为教师提供为每个儿童准备适合的课程的信息。

每个知识领域的活动都是自由游戏和结构化活动的组合。有些结构化活动是与技能联系在一起的，目的是让儿童能在这个知识领域中以现有的或略高一点的能力去完成学习任务。还有些结构化的活动将儿童的各种学习经验与课程目标整合为一体。每个知识领域的每组活动都用类似的形式加以表述：首先，有一个关于该知识领域的简介；其次，提出一些与在此领域学习有关的关键能力。有些领域还对活动所需的材料做了交代。

光谱方案对每一个具体的活动都列出了目标、核心成分、材料及具体步骤，其活动的结束部分，还常包括教师应该注意的事项、对教师的建议、活动的改进和拓展等。这些活动都有益于教师的教学和评价，即教师可以将核心成分表作为观察和记录儿童在知识领域中学习兴趣和能力的依据。光谱方案的学习活动分为 4 个类型：①以儿童为中心的小组活动：教师简述或做简单演示，4—6 名儿童自己进行活动。②以教师为中心的小组活动：教师与一个小组的儿童一起活动。③以儿童为中心的大组活动：教师向儿童介绍活动，随后全体儿童或半数以上儿童进行活动。④以教师为中心的大组活动：教师指导下的全班活动，教师对于儿童完成任务起重要的作用。在每一组活动的后面，都有一些“课后作业”，为的是使家长能够参与儿童的活动过程。在许多情况下，这些活动与教室中的活动是相对应的，因此，这些技能和概念在学校和家庭中都能得到强化，而活动所需的材料大部分能在家庭中找到。

4. 特点

从光谱方案的内容来看，其特点主要有 3 个：一是课程和评估相结合，这是光谱方案最主要的特点；二是课程的综合性；三是对传统评估方案的超越性。

5. 光谱方案简评

光谱方案是适合儿童发展水平和工作风格的课程，真实反映儿童发展程度和发展方向的评估是光谱方案的核心。在儿童的强项和弱项之间建立联系，以强项带动弱项，以及课程和评估相结合是光谱方案的显著特色。光谱方案所反映的儿童观、教育观和评估观，都给我们带来了不少的启示，能够促使我们对早期教育课程、教学和评估等各个问题进行思考。

六、发展适宜性课程方案

发展适宜性课程方案是美国幼儿教育协会颁布的《关于 0—8 岁儿童早期教育中发展适宜性教育方案》中的一部分。该方案是在 1986 年和 1987 年颁布方案的基础上修订的结果，代表了美国幼儿教育的发展方向。

发展适宜性课程方案适合于 0—8 岁儿童的照料中心、家庭保育所、公立和私立幼儿园、学前班、小学低年级学校，其发展适宜性表现为它是“有助于儿童发展的方案”，即有助于儿童达到一定发展目标的方案。

发展适宜性课程方案是建立在教师对儿童群体、个体及其赖以生活和学习的社会文化环境了解的基础上的。它从 5 个维度对早期教育的实践方法进行具体指导：①营造一个相互关爱的学习共同体；②教学要能够促进儿童的学习和发展；③构建发展适宜性课程；④评估儿童的学习和发展；⑤与家庭建立互动关系。

1. 理论基础

发展适宜性课程方案是以对儿童如何学习和发展的了解为基础的。因此，它以生理

学、脑科学和神经科学的发展为前提，把基本理念建立在广泛的理论基础之上。发展适宜性课程方案的心理学基础包括皮亚杰的认知发展阶段理论、加涅的信息加工理论、马斯洛的需要层次理论、维果茨基的社会文化互动理论、加德纳的多元智能理论，以及皮亚杰和柯尔伯格的儿童道德发展理论等；其教育学基础吸收了蒙台梭利、丽莲·凯兹等教育家的观点，以及意大利瑞吉欧教育方案的教育理念。此外，发展适宜性课程方案还借鉴了布朗芬·布伦纳的生态学观点和鹰架式教学等课程理论。

2. 基本观点

1）课程是一种经过精心设计和安排的结构，它包含了儿童要掌握的各项内容、儿童为达到规定的课程目标的系统过程、教师为帮助儿童实现这些目标应采取的行为及教学环境等。

2）课程的内容由学科中的主题事件构成。

3）适宜性课程的指导方针。

4）参照以上指导方针，从课程的综合性、发展和学习的连续性、课程的关联性和有效性及课程的内容和方法等方面入手，提出了对于某一年龄段儿童适宜和不适宜的教育方法。

3. 评价

发展适宜性课程方案颁布后，成为世界儿童教育领域引用最广的文献之一。该方案具有突出的特点：①是一种综合性课程，并在课程实施过程中尝试进行混龄教育；②基于美国社会文化多元的特点，倡导一种多元文化教育；③是一种具有前瞻性的操作性强的课程。

第三节　当代西方学前教育研究的主要特点

西方学前教育的快速发展很大程度上得益于教育研究的前瞻性。研究引领实践，实践促进研究是教育发展的必然。在当代，西方学前教育研究呈现出以下几个特点。

一、基础研究与应用研究相结合

当代西方的学前教育研究非常重视基础研究和应用研究的结合。基础研究引领应用研究，同时又寻求来自应用研究的支持；应用研究渴求基础研究的指导，同时又不断为基础研究提出新的研究课题。原来远离实践的基础理论研究有了“用武之地”，学前教育改革实践中的应用研究有了理论的引导和支撑。例如，蒙台梭利的教育思想和皮亚杰的认知发展理论作为当代学前教育舞台上有重要影响的理论，均有自己独到的理论体系及与理论体系相匹配的教育方案或课程方案。蒙台梭利教育法和高瞻学前教育方案也可以被看作西方理论研究和实践研究相结合的典范。

二、课程开发研究与课程评价研究相结合

20 世纪 90 年代以来，幼儿园课程开发研究和幼儿园课程评价研究逐渐同时进行和相互交织。由幼儿园课程开发研究开始，西方幼儿园课程开发研究和幼儿园课程评价研究已经紧密地结合在一起，形成了一种“你中有我、我中有你”的新关系。例如，意大利瑞吉欧教育方案非常强调教师通过各种评价手段观察、记录儿童在教育活动中的表现，并根据所观察到的儿童的发展状况和教育需求随时调整下一步的教育活动方案，以生成新的课程。教师对幼儿的观察和评价在课程的组织和实施中随时进行。教师根据课程实施过程中幼儿在实际情境中的真实反应，不断对课程进行进一步的提升和调整，课程的不断开发与课程的持续评价走向一体化。再如，光谱方案对课程的评价不是课程开发前的前测和课程实施后的后测，也不是和课程开发分开进行（但很重视在课程实施的过程中不断对课程进行评价）的形成性评价，而是一个自始至终相互交织在一起、难分彼此的“一体化进程”。

正是由于课程开发研究和课程评价研究走向结合，西方学前教育改革中才出现了“发展性课程”和“发展性评价”以及“发展性课程”与“发展性评价”的紧密结合。发展性课程是基于发展性评价的课程，发展性评价能促进发展性课程的发展，课程评价研究再也不是游离于课程开发研究之外的研究活动，而是与课程开发研究交织在一起并促进课程发展的研究活动。

三、课程开发研究与教师发展研究相结合

幼儿园课程开发研究和幼儿教师的专业化成长研究紧密地结合在一起，已经成为西方学前教育研究的一个重要特点。20 世纪 80 年代以前，西方的学前教育课程研究多由课程专家在研究机构里进行，幼儿教师发展的途径不外乎职前专门学校的培训和在职返回专门学校进修等形式。20 世纪 90 年代以来，西方的早期教育课程研究形成了专家指导下的以教师为中心的课程开发新模式。幼儿教师发展的途径除了职前学习和在职进修外，增加了在专家的指导下和专家一起、和课程一起，在开发课程的过程中得到发展的新途径。

课程开发研究和教师发展研究的结合催生出一种新的课程模式，成就一个或几个有作为的专家，带出一批研究型的幼儿教师，已经成为西方幼儿教育研究的一个重要特点。

思考与练习

1. 简述当代西方学前教育发展的基本特点。
2. 查阅文献，了解当代世界几种流行教育方案的内容并简单评价。
3. 当代西方学前教育研究有什么特点和趋势？
4. 如何看待当代学前教育发展的现状？

主要参考文献

北京市教育科学研究所，1989. 陈鹤琴全集（第二卷）[M]. 南京：江苏教育出版社.

北京市教育科学研究所，1991. 陈鹤琴全集（第五卷）[M]. 南京：江苏教育出版社.

柏拉图，1986. 理想国 [M]. 郭斌和，张竹明，译. 北京：商务印书馆.

陈祥龙，2013. 贾谊的学前教育思想论析 [J]. 教育文化论坛（4）：59-62.

陈元晖，1981. 老解放区教育简史 [M]. 北京：教育科学出版社.

戴本博，1989. 外国教育史（上）[M]. 北京：人民教育出版社.

戴自俺，龚思雪，1987. 陶行知幼儿教育的理论与实践 [M]. 成都：四川教育出版社.

杜成宪，单中惠，2010. 幼儿教育思想史 [M]. 北京：人民教育出版社.

杜成宪，王伦信，1998. 中国幼儿教育史 [M]. 上海：上海教育出版社.

冯永刚，2007. 形式多样的俄罗斯学前教育机构之二 幼儿园——俄罗斯学前教育机构的主要类型 [J]. 教育导刊：下半月，（6）：59-60.

冯永刚，2007. 形式多样的俄罗斯学前教育机构之三 托儿所—幼儿园联合体：深受家长欢迎的学前教育机构 [J]. 教育导刊：下半月，（7）：60-61.

福禄贝尔，1991. 人的教育 [M]. 孙祖复，译. 北京：人民教育出版社.

顾明远，梁忠义，2000. 世界教育大系：幼儿教育 [M]. 长春：吉林教育出版社.

郝建英，卓萍，2015. 学前教育简史 [M]. 北京：高等教育出版社.

何晓夏，2014. 简明中国学前教育史 [M]. 3 版. 北京：北京师范大学出版社.

胡福贞，2003. 怀素抱朴，幽兰吐慧——俞锡玑先生访谈录 [J]. 学前教育研究，10：28-30.

胡金平，周采，2011. 中外学前教育史 [M]. 北京：高等教育出版社.

华东师范大学教育系，杭州大学教育系，1985. 西方古代教育论著选 [M]. 北京：人民教育出版社.

金祥林，2014. 简明中外学前教育史 [M]. 上海：上海交通大学出版社.

夸美纽斯，2014. 大教学论 [M]. 傅任敢，译. 北京：教育科学出版社.

李敏宜，霍力岩，2003. 透视光谱方案的设计思路 [J]. 学前教育研究，8：8-11.

李生兰，2006. 美国学前教育机构与家庭合作共育的形式及启示（上）[J]. 幼儿教育，11：11-13.

梁香珠，2014. 王守仁儿童教育思想研究 [D]. 福州：福建师范大学.

柳志红，2003. 桑榆未晚童心在，海棠犹香真情怀——赵寄石访谈录 [J]. 学前教育研究，12：27-29.

卢梭，1978. 爱弥儿 [M]. 李平沤，译. 北京：商务印书馆.

罗素，1990. 教育论 [M]. 靳建国，译. 北京：东方出版社.

蒙台梭利，2003. 蒙台梭利早期教育法 [M]. 祝东平，译. 北京：中国发展出版社.

蒙台梭利，2005. 童年的秘密 [M]. 马荣根，译. 北京：人民教育出版社.

蒙田，1987. 蒙田随笔 [M]. 梁宗岱，黄建华，译. 长沙：湖南人民出版社.

裴斯泰洛齐，2001. 裴斯泰洛齐教育论著选 [M]. 夏之莲，等译. 北京：人民教育出版社.

皮军功，2003. 矢志不移的追求——访左淑东先生 [J]. 学前教育研究（6）：28-30.

皮军功，2003. 吾生也有涯，而知也无涯——访黄人颂先生 [J]. 学前教育研究（7）：60-62.

皮军功，2003. 辛勤耕耘六十载 献身幼教半世情——访卢乐山教授 [J]. 学前教育研究（2）：24-26.

皮军功，2003. 一位令人尊敬的“幼教老太太”——访孙岩同志 [J]. 学前教育研究（4）：36-38.

任钟印，2001. 昆体良教育论著选［M］. 北京：人民教育出版社.

单中惠，刘传德，1997. 外国幼儿教育史［M］. 上海：上海教育出版社.

单中惠，杨汉麟，2004. 西方教育学名著提要［M］. 南昌：江西人民出版社.

单中惠，朱镜人，2004. 外国教育经典解读［M］. 上海：上海教育出版社.

商玉兰，2014. 中外学前教育史［M］. 沈阳：辽宁大学出版社.

孙玲，2005. 王守仁儿童教育思想及其现实意义［J］. 太原教育学院学报（B06）：22-25.

唐淑，钟昭华，1993. 中国学前教育史［M］. 北京：人民教育出版社.

滕大春，1989. 外国教育通史（二、三卷）［M］. 济南：山东教育出版社.

田景正，杨佳，2014. 中外学前教育史［M］. 北京：北京师范大学出版社.

王承绪，徐辉，1992. 战后英国教育研究［M］. 南昌：江西教育出版社.

王天一，夏之莲，朱美玉，1993. 外国教育史［M］. 北京：北京师范大学出版社.

王晓艳，2000. 改革中的俄罗斯学前教育［J］. 内蒙古教育（1）：39-41.

王晓燕，1999. 俄罗斯学前教育改革概览［J］. 学前教育研究（1）：56-58.

王宜鹏，夏如波，2018. 中外学前教育史［M］. 2 版. 南京：南京大学出版社.

吴式颖，1999. 外国教育史教程［M］. 北京：人民教育出版社.

萧云瑞，诸惠芳，邹海燕，2003. 外国教育史话［M］. 北京：人民教育出版社.

邢利娅，张燕，2002. 幼儿教育管理理论与实践［M］. 北京：北京师范大学出版社.

亚里士多德，1965. 政治学［M］. 吴寿彭，译. 北京：商务印书馆.

严仲连，陈时见，2000. 美国幼儿园课程的改革及启示［J］. 学前教育研究（6）：66-68.

杨汉麟，周采，1998. 外国幼儿教育史［M］. 南宁：广西教育出版社.

杨雅男，2013. 朱熹的蒙学与哲学［D］. 天津：天津大学.

袁锐锷，2002. 外国教育史新编［M］. 广州：广东高等教育出版社.

约翰 • 洛克，1979. 教育漫话［M］. 傅任敢，译. 北京：人民教育出版社.

张泸，1985. 张宗麟幼儿教育论集［M］. 长沙：湖南教育出版社.

张江洪，2002. 论贾谊的思想［D］. 长沙：湖南师范大学.

张雪门，1994. 张雪门幼儿教育文集［M］. 北京：北京少年儿童出版社.

张亚军，马林，2014. 学前教育简史［M］. 长春：东北师范大学出版社.

赵祥麟，王承绪，1981. 杜威教育论著选［M］. 上海：华东师范大学出版社.

中国学前教育史编写组，1989. 中国学前教育史资料选［M］. 北京：人民教育出版社.

周采，杨汉麟，1999. 外国学前教育史［M］. 北京：北京师范大学出版社.

周玉衡，范喜庆，2009. 学前教育史［M］. 上海：复旦大学出版社.

朱家雄，2002. 超越儿童认识发展的普遍性——从光谱计划看当今学前教育发展的新动向［J］. 学前教育研究（5）：5-7.